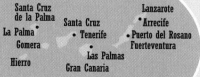

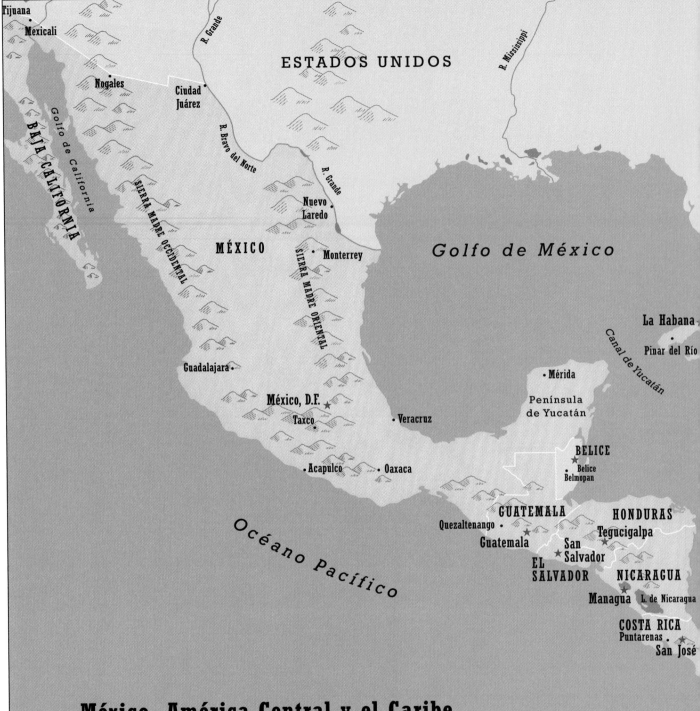

México, América Central y el Caribe

Tijuana
Mexicali
Nogales
Ciudad Juárez
ESTADOS UNIDOS
R. Grande
R. Mississippi
R. Bravo del Norte
R. Grande
Nuevo Laredo
Monterrey
Golfo de California
BAJA CALIFORNIA
SIERRA MADRE OCCIDENTAL
SIERRA MADRE ORIENTAL
MÉXICO
Golfo de México
La Habana
Pinar del Río
Canal de Yucatán
Mérida
Guadalajara
Península de Yucatán
México, D.F.
Taxco
Veracruz
Acapulco
Oaxaca
BELICE
Belice
Belmopan
GUATEMALA
HONDURAS
Quezaltenango
Tegucigalpa
Guatemala
San Salvador
EL SALVADOR
NICARAGUA
Océano Pacífico
Managua
L. de Nicaragua
COSTA RICA
Puntarenas
San José

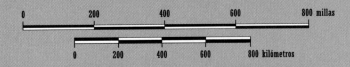

| 0 | 200 | 400 | 600 | 800 millas |
| 0 | 200 | 400 | 600 | 800 kilómetros |

Océano Atlántico

Estrecho de Florida

Las Bahamas

• Matanzas

• Cienfuegos CUBA

• Camagüey

Guantánamo

Santiago HAITÍ
de Cuba

• Kingston ★

JAMAICA

REPÚBLICA
DOMINICANA

★ Santo
Port-au-Prince Domingo

PUERTO
RICO

Mayagüez
Ponce • ★ San
Juan

Islas Vírgenes

Antigua

Guadalupe
Dominica

Martinique
Santa Lucía

San   Barbados
Vicente

Granada

Antillas Menores

Mar del Caribe

Aruba

Bonaire

Curaçao

Isla de
Margarita

Trinidad Tobago

★ Port-of-Spain

★ Caracas

Canal de
Panamá

• Colón

Panamá

PANAMÁ

Golfo
de
Panamá

VENEZUELA

R. Orinoco

GUYANA

GUAYANA
FRANCESA

SURINAM

R. Magdalena

AMÉRICA DEL SUR

★ Bogotá

COLOMBIA

ECUADOR

BRASIL

PERÚ

Annotated Instructor's Edition

Conexiones

Comunicación y cultura

Eduardo Zayas-Bazán
East Tennessee State University

Susan M. Bacon
University of Cincinnati

Dulce García
The City College of New York

Prentice Hall
Upper Saddle River, New Jersey 07458

Editor-in-Chief: *Rosemary Bradley*
Acquisitions Editor: *Kristine Suárez*
Editor/Development Manager: *Glenn A. Wilson*
Associate Editor: *Heather Finstuen*
Editorial Assistant: *Nadejda Rozeva*
AVP, Director of Production and Manufacturing: *Barbara Kittle*
Executive Managing Editor: *Ann Marie McCarthy*
Editorial/Production Supervision: *Nancy Stevenson*
Creative Design Director: *Leslie Osher*
Art Director/Interior and Cover Design: *Ximena P. Tamvakopoulos*
Line Art Coordinator: *Guy Ruggiero*
Electronic Line Art Creation: *Andy Levine*
Director, Image Resource Center: *Lori Morris-Nantz*
Photo Research Supervisor: *Melinda Reo*
Image Permission Supervisor: *Kay Dellosa*
Photo Researcher: *Diana Gongora*
Executive Marketing Manager: *Ilse Wolfe*
Marketing Coordinator: *Kathryn Sheehan*
Manufacturing Manager: *Nick Sklitsis*
Buyer: *Tricia Kenny*
Cover art: *Detail, Park Güell Bench by Antonio Gaudí, Kea, London/Francesco Venturi*

This book was set in 10/12.5 Sabon by wee design group and TSI Graphics
and was printed and bound by World Color.
The cover was printed by Phoenix Color Corp.

Annotated Instructor's Edition: ISBN 0-13-107111-4
Student text: ISBN 0-13-107129-7
Student text, student cassettes, and Spanish on the Internet guide: ISBN 0-13-083867-5

Prentice-Hall International (UK) Limited, London
Prentice-Hall of Australia Pty. Limited, Sydney
Prentice-Hall Canada Inc., Toronto
Prentice-Hall Hispanoamericana, S.A., Mexico
Prentice-Hall of India Private Limited, New Delhi
Prentice-Hall of Japan, Inc., Tokyo
Simon & Schuster Asia Pte. Ltd., Singapore
Editora Prentice-Hall do Brasil, Ltda., Rio de Janeiro

Brief contents

Scope and Sequence

	Comunicación	Estructuras	Cultura
1 **El más allá** 2–39	Discussing life, death, and the supernatural Narrating in the past	1. The preterit tense 8 2. The imperfect tense 15 3. Preterit vs. imperfect 23	El día de los muertos 14 El tema de la muerte 26 **Ritmos:** Tish Hinojosa—*La llorona* 32 **Imágenes:** Francisco Goya—*El hechizo* 33 **Páginas:** Enrique Anderson Imbert—*El fantasma* 35
2 **La tecnología y el progreso** 40–73	Discussing world issues of today and tomorrow Describing people and things Predicting future occurrences Expressing hopes and doubts	1. **Ser**, **estar**, and **haber** 45 2. The future tense 50 3. The subjunctive in noun clauses 57	El movimiento ecológico costarricense 50 La lucha contra la contaminación en México D.F. 61 **Ritmos:** Maná—*¿Dónde jugarán los niños?* 66 **Imágenes:** Antonio Berni—*Juanito en la laguna* 67 **Páginas:** José Ruibal—*Los mutantes* 69
3 **Los derechos humanos** 74–105	Discussing human rights Discussing foreign policy Reacting to issues	1. The subjunctive with impersonal expressions 79 2. Direct and indirect objects and pronouns and the personal **a** 87 3. **Gustar** and similar verbs 94	Las arpilleras chilenas y las madres de la Plaza de Mayo 81 Rigoberta Menchú y el indigenismo guatemalteco 93 **Ritmos:** Víctor Jara—*Te recuerdo, Amanda* 99 **Imágenes:** Francisco Goitía—*Tata Jesucristo* 101 **Páginas:** Armando Valladares—*No importa, llevaré por ti...* 103, *Un terror que me asalta* 104

Conexiones

Conexiones: Comunicación y cultura is a new and exciting Intermediate Spanish course that features high interest topics, an effective and uniquely sequenced review of selected grammatical points, and a thorough integration of language and culture. Chapter topics reflect issues of interest and concern to today's college and university students, providing students with many opportunities to make connections with what they're discussing in other courses. Each chapter of the student text synthesizes the development of language skills and cultural awareness through the active use of art, music, and literature from the Spanish-speaking world. Activities are designed to foster involvement, participation, and exchange in discussion and compositions. Active, personalized, and real communication about real issues and experiences is at the heart of *Conexiones.*

Sequence and organization of structure review

The sequence and organization of the review and presentation of Spanish grammatical structures in *Conexiones* is motivated by concerns expressed by instructors from around the country. The concern we share is that the grammar sequence in most Intermediate Spanish programs places verbal moods and tenses presented in the second half of introductory courses in the second half of intermediate texts. This repetition of a first-year sequence results in students progressing to advanced levels without a thorough understanding of the indicative and subjunctive moods and without a concrete grounding in the forms and usage of certain tenses. Even worse, students who do not study beyond the intermediate level leave their usually four-semester study of Spanish with little more than first-year competence.

Conexiones offers an alternative. The first *lección* reviews the preterit and imperfect tenses, equipping students to shift back and forth naturally between the present and the past as they speak, read, and write throughout the course. The review of the present subjunctive begins in the second *lección;* students are exposed to and use the subjunctive mood alongside the indicative all through the program, refining their understanding of both the concept and usage of mood—essential to Spanish and other languages—throughout the intermediate level of study. This approach results in a classroom language environment that reflects the way in which Spanish is spoken by millions of people around the world and in which students are increasingly likely to experience it at home in the United States and Canada.

Chapter organization and pedagogy

Written entirely in Spanish with the exception of grammar review explanations, *Conexiones* consists of twelve *lecciones,* each divided into three parts: *Primera parte, Segunda parte,* and *Síntesis.* Each *parte* maintains the following consistent structure:

¡Así es la vida! A variety of language models (newspaper and magazine articles, interviews, dialogues, letters, illustrations, advertisements, and other types of realia) set the stage for the assimilation of communicative functions, previewing vocabulary

presented and grammatical structures reviewed in the *lección,* and providing relevant, interesting content and cultural information. Very rich in content, *¡Así es la vida!* is not merely a language sample; it is a forum where students discover new things about the world around them from a Hispanic perspective.

¡Así lo decimos! A thematically organized presentation of words and expressions follows the chapter-opening text. First, *Vocabulario primordial* provides a list of review vocabulary related to the chapter theme. These cognates and words with which students should be familiar at the second-year level are presented without English translation. *Vocabulario clave* then presents new words and expressions relevant to the chapter's theme, drawing heavily on *¡Así es la vida!* New items are organized by part of speech and presented with their English equivalents. Finally, *Ampliación* provides an opportunity to learn patterns of noun, verb, and adjective formation using familiar words and new items presented immediately before. Following many of the *¡Así lo decimos!* vocabulary lists, a section called *¡Cuidado!* presents tricky cognates, discusses differences in usage between Spanish and English, and alerts students to false cognates and groups of words such as *salvar, guardar,* and *ahorrar* that all translate to a single word in English. Activities that follow the vocabulary presentation provide a global orientation to the chapter topic and give students the opportunity to use the new vocabulary in meaningful and communicative contexts.

Estructuras. Grammar explanations are clear and concise, reviewing and expanding on explanations found in introductory texts. Important points are illustrated with art and realia, and abundant practice opportunities range from contextualized and meaningful form practice to a variety of personalized and communicative exercises and activities. A special section of the accompanying workbook reviews very basic first-year material, allowing for appropriate coverage of more complex points in the main text. Students can use this special workbook review section on their own, or instructors can suggest specific exercises for students who may need guided review.

A propósito... Each *lección* in **Conexiones** highlights and explores aspects of Hispanic culture in terms of customs and traditions, history, and daily life in brief topical discussions. Students compare what they learn about Hispanic culture and civilization with their own culture in the *Vamos a comparar* activity. This exploration of relevant and interesting topics in the Spanish- and English-speaking worlds leads students to find similarities, differences, and most importantly, understanding and appreciation. The *A propósito...* sections are written entirely in Spanish and make use of art, photographs, and realia that can serve as a point of departure for class discussion beyond what is discussed in the brief essay and *Vamos a comparar* activity.

Síntesis. Each *lección* concludes with the *Síntesis,* an activities section that combines and recycles material presented in the two *partes* of the given *lección* and in previous *lecciones.* Students combine vocabulary, structures, and cultural knowledge in open-ended situational exercises and task-driven activities. Within the *Síntesis* section, a special *Conexiones* box provides open-ended discussion questions with opportunities to develop critical thinking skills and make connections with other courses and the world outside the Spanish classroom. Each *Síntesis* further develops listening, speaking, reading, and writing skills by engaging students with traditional and popular songs, paintings, short stories, poems, and short plays from a variety of Spanish-speaking cultures—all within a cultural framework—distinguishing the *Síntesis* section of the **Conexiones** program from similar sections in other texts.

A escuchar. The in-text listening sections contain recordings of language samples without in-text scripts (scripts are printed in the Annotated Instructor's Edition). Students complete listening exercises in class, in the language lab, or at home before progressing to subsequent activities. Without the crutch of a printed script, students truly practice and hone their aural comprehension skills.

Ritmos. The lyrics of popular and traditional songs—appropriate to the chapter's theme, vocabulary, and structures—are printed in the text and recorded by original artists from Spain and the Americas. Students are sure to enjoy this feature of *Conexiones* as they get a feel for the kinds of music their Spanish and Latin American counterparts might listen to. The recordings are available on a cassette for instructors to play in class.

Imágenes. Each chapter's *Síntesis* includes a painting or other graphic image by a Hispanic artist. Apart from exposing students to Hispanic art and enhancing their overall experience with Spanish, the images in *Imágenes* serve as springboards for class discussion and compositions. Each image is accompanied by discussion questions (*Perspectivas e impresiones*) that ask students to express their reactions to the paintings by making creative use of the Spanish they've learned.

Páginas. Literary selections are presented with a complete pre- and post-reading pedagogical apparatus, including biographical information about the selected writers. Pre-reading activities set the stage by getting students to think about issues raised in the selection, then *Estrategias de la lectura* discusses strategies they can use to develop good reading skills. Post-reading activities are designed to foment an appreciation of Hispanic literature while introducing students to basic techniques of analysis and interpretation. All readings have been selected for their relevance to students' lives and experiences as well as their reflection of the themes and topics explored in the corresponding *lección*.

Taller. Students are guided through the writing process as they begin to compose paragraphs, short compositions, and essays on topics that stem from the wealth of information presented and ideas explored in the chapter. A mix of process writing techniques and traditional approaches to composition make *Taller* an effective tool for a variety of students and instructors alike.

Program components

Conexiones: Comunicación y cultura is a complete Intermediate Spanish program that includes the following components:

- Student Text
- Student Cassette
- Workbook
- Workbook Answer Key
- Lab Manual
- Audioprogram
- *Conexiones* Interactive CD-ROM

- *Conexiones* Website (http://www.prenhall.com/conexiones)
- *Spanish on the Internet*
- *Conexiones* Video

In addition to the components for student use or use in the classroom and lab, *Conexiones* offers the following components especially for instructors:

- Annotated Instructor's Edition
- Instructor's Resource Manual
- *Salón de profesores* on the *Conexiones* Website
- Computerized Testing Program (PC and Mac)

Student Text or Student Text/Cassette Package

Conexiones is available for purchase with or without a student cassette that contains recordings of the *A escuchar* listening activities contained in each chapter. A copy of the student cassette is included in the complete audioprogram that is provided free of charge for departmental language labs.

Workbook

The organization of the Workbook parallels that of the main text, but includes a preliminary review chapter that covers basic grammatical concepts not included in the textbook. Instructors may assign this at the beginning of the course; it also provides a useful review for students at any time. The Workbook provides further practice of each chapter's vocabulary and grammatical structures through form-based exercises including sentence-building activities, completion exercises, fill-ins, and realia-based activities. Reading and writing skills are developed in a series of interesting and personalized activities that ask students to draw on each chapter's vocabulary, grammatical structures, and theme. Additional activities encourage students to make connections and comparisons with the Hispanic world.

Workbook Answer Key

A separate Answer Key to the workbook activities is available for instructors who want students to check their own work.

Lab Manual

The Lab Manual activities are used in conjunction with the Audioprogram recordings of listening comprehension passages. Listening strands include recordings of authentic conversations, interviews, announcements, news reports, and so on. A variety of comprehension-check and information-processing activities follows each listening passage. Answers to these activities are found at the end of the Lab Manual.

Audioprogram

The *Conexiones* Audioprogram consists of eight cassettes. These include six listening cassettes to accompany the Lab Manual, the student cassette containing recordings of the in-text *A escuchar* activities, and a cassette containing recordings of the songs included in the *Ritmos* section of each chapter.

Conexiones Website (http://www.prenhall.com/conexiones)

The *Conexiones* Website contains a wealth of practice and expansion exercises for students as well as a resource section for instructors. Each chapter of the website complements a chapter in the text, and contains automatically graded exercises that practice and reinforce the vocabulary and cultural information in each chapter, as well as link-based activities that take the student to a wealth of Spanish-language websites for linguistic and cultural discovery.

Conexiones Interactive CD-ROM

The *Conexiones* Interactive CD-ROM includes task-based activities using authentic material that further engages students with the high-interest topics of the text. Designed specifically to accompany the text, *Conexiones* Interactive helps students develop their reading, writing, listening, and speaking skills while they work at their own pace. Students read newspaper articles, receive e-mail, and listen to discussions, evaluating the information and responding with their own opinions and advice. The CD-ROM also includes vocabulary games, links to the *Conexiones* Website, and reference materials such as a glossary and verb charts.

Conexiones Video

The *Conexiones* Video presents authentic clips from Spain and Latin America. For each chapter, two or three interesting video segments expand on the chapter themes, providing authentic listening practice and a basis for class discussion, while further engaging students with the peoples and cultures of the Spanish-speaking world.

Annotated Instructor's Edition

Marginal notations in the Annotated Instructor's Edition include teaching tips and hints that offer effective classroom techniques. Additional notations include tapescripts for the *A escuchar* sections and notes for expanding on in-class activities.

Instructor's Resource Manual

The Instructor's Resource Manual contains sample course syllabi, suggestions for lesson plans and assignment of supplements, and guidance on integrating the website and CD-ROM into the course. Further sections provide activities to accompany the *Conexiones* video, tips for using video successfully in the classroom, and information on additional audio and video resources for the instructor.

Computerized Testing Program (PC and Mac)

The Computerized Testing Program consists of vocabulary quizzes for each *Así lo decimos* section and alternate versions of full tests for each chapter. Each test uses a variety of techniques and formats to evaluate students' progress and assimilation of chapter material, and instructors can mix, match, and modify testing materials according to their needs.

Acknowledgments

Conexiones is the result of over four years of reviewing and development. We are indebted to all those people whose ideas, suggestions, and criticisms have helped shape this program. The authors and publishers would especially like to acknowledge and thank:

Marta Antón, IUPUI
Lucrecia Artalejo, Northeastern Illinois University
Deborah Baldini, University of Missouri—St. Louis
Herbert J. Brandt, IUPUI
Jeffery Bruner, West Virginia University
Judy Collier, Goucher College
G. Ronald Freeman, California State University
Mary C. Iribarren, University of New Mexico
Linda McMannes, Baylor University
Ann M. Ortiz, Campbell University
Carmen González Román, University of Maryland at College Park
Oscar U. Somoza, University of Denver
Rosa Stewart, University of Victoria, Canada
Lourdes Torres, University of Kentucky

We would also like to thank Pennie Nichols-Alem for the monumental task of developing our manuscript into a solid text with unflappable calm and an unflinching sense of humor. We are indebted, as well, to our friends and colleagues at Prentice Hall, some of whom have seen this project through since its beginnings, and others who have come aboard at later stages with spirit and enthusiasm. We would especially like to thank Nancy Stevenson for supervising the process by which our ideas became a book with patience and good will, and with her Ximena P. Tamvakopoulos for a beautiful and vibrant design, Guy Ruggiero for working with artists to get illustrations just right, and Ann Marie McCarthy for overseeing the entire production process.

Our thanks go out to Alejandro Herrera of the Colegio Mayor Diego de Covarrubias at the Universidad Compultense de Madrid for letting us use the Colegio's e-mail during the summer of 1998 to finish the manuscript. Our deep appreciation to Elena Pedroso and María Bingham of East Tennessee State University, Gastón Fernández-Torriente, Emeritus of the University of Arkansas at Fayetteville, and Gastón J. Fernández, Emeritus of Clemson University for their invaluable help in the editing process.

We are grateful, as well, to the College of Arts and Sciences and the Department of Romance Languages at the University of Cincinnati for supporting and recognizing the value of this project. We thank the graduate students and instructors at the University of Cincinnati, particularly Alison Garrard, Edy Carro, and Aaron Taylor, for their reactions to materials and their support throughout. We thank Camille Bacon for offering an undergraduate perspective on many of the materials and activities. We also thank the instructors and undergraduate students of the SILC Program, Pitzer College, for their enthusiastic participation and testing of many of the activities. We are grateful to Aitor Bikandi Mejías, Colby College; Francisco Jiménez, Santa Clara University; and

Raquel Mejías, Instituto Tecnológico de Estudios Superiores de Monterrey, Campus Monterrey, for their insights and advice; to Alonso Cáceres for his careful review of workbook activities; and to Adela Abboud for copyediting the manuscript. Most importantly, we thank our friends and families for their patience and support, as ever.

Conexiones is dedicated to Eddy, Elena Allen, Lauren, Lindsey, and Will.

Conexiones

1

El más allá

Comunicación

◆ **Discussing life, death, and the supernatural**
◆ **Narrating in the past**

Warm-up for *¡Así es la vida!*
Have students define *sexto senti-do*. Then, have students read the introduction and give examples of *el sexto sentido*. Have them name TV shows and movies such as *The X-Files* that deal with the paranormal.

Suggestion for *¡Así es la vida!* Ask what the connection is between *el sexto sentido* and *los elegidos*.

Suggestion for *¡Así es la vida!* Have students read the questionnaire one time for meaning, then a second time to respond to it. You may want to move directly to **Activity 1-6** and have students compare their responses.

Estructuras

◆ **The preterit tense**
◆ **The imperfect tense**
◆ **Preterit vs. imperfect**

Cultura

◆ **El día de los muertos**
◆ **El tema de la muerte**
◆ **Ritmos: Tish Hinojosa—*La Llorona***
◆ **Imágenes: Francisco José Goya—*El hechizo***
◆ **Páginas: Enrique Anderson Imbert—*El fantasma***

"Los elegidos"

Además de los cinco sentidos, muchas personas dicen que poseen un "sexto sentido", es decir, la habilidad de percibir más allá de lo que los cinco sentidos nos permiten. La percepción extrasensorial o el "sexto sentido" es un fenómeno que se estudia seriamente en muchos países; sin embargo, muchas personas afirman que no existe. ¿Qué piensas tú? Puedes averiguar si tienes este talento especial tomando la siguiente prueba:

1. ¿Alguna vez has soñado algo que después se hizo realidad?
   a) Sí, muchas veces.   b) Sí, una o dos veces.   c) No, nunca.

2. Cuando eras niño/a, ¿tenías un/a amigo/a imaginario/a?
   a) Sí, por mucho tiempo.   b) Sí, por un corto tiempo.   c) No.

3. ¿Has adivinado alguna vez lo que está escrito en una carta antes de leerla?
   a) Sí, muchas veces.   b) Sí, una o dos veces.   c) No.

4. ¿Te has encontrado alguna vez en alguna situación en la que sabías lo que otra persona estaba pensando?
   a) Sí, muchas veces.   b) Sí, una o dos veces.   c) Nunca.

5. ¿Cuándo fue la última vez que tuviste una experiencia extrasensorial?
   a) Recientemente.   b) Hace unos meses.   c) Nunca.

6. Cuando eras niño/a, ¿adivinabas qué regalos ibas a recibir en tu cumpleaños antes de recibirlos?
   a) Sí, siempre.   b) Sí, algunas veces.   c) No, nunca.

7. La última vez que entraste en una casa donde nunca habías estado, ¿sentiste inmediatamente una sensación de incomodidad, serenidad, alegría o tristeza?
   a) Sí.   b) No, pero la había sentido antes.   c) No, nunca me ha pasado.

8. ¿Alguna vez has presentido que iba a sonar el teléfono y llamó alguien en ese momento?
   a) Sí, muchas veces.   b) Sí, una o dos veces.   c) No, nunca.

9. La última vez que escuchaste la radio ¿tocaron una canción en la que estabas pensando en ese momento?
   a) Sí, me ha ocurrido a menudo.   b) No, pero me ha ocurrido antes.   c) Nunca me ha ocurrido.

10. ¿Alguna vez te visitó o te llamó alguien en quien pensabas en ese momento y que hacía mucho tiempo que no veías?
    a) Sí, muchas veces.   b) Sí, una o dos veces.   c) No, nunca.

11. ¿Alguna vez le indicaste a otra persona dónde se encontraba un objeto perdido sin tener que buscarlo?
    a) Sí, varias veces.   b) Sí, una vez.   c) No, nunca.

12. La última vez que tuviste un lápiz en la mano, ¿dibujaste o escribiste algo automáticamente?
    a) Sí, siempre me pasa.   b) Sí, me ha pasado a menudo.   c) Nunca me ha pasado.

13. ¿Has confiado en tu intuición para tomar una decisión?
    a) Sí, siempre.   b) Sí, a veces.   c) No, nunca.

¿Cómo tabular tus respuestas?

Suma todos los puntos: a=3 puntos, b=2 puntos, c=0 puntos.

30–39 puntos ¡Definitivamente tienes facultades muy especiales! Tienes un sexto sentido.

9–29 puntos ¡Eres un ser sensible, creativo y de mente muy amplia! Tienes la capacidad de desarrollar un sexto sentido si te disciplinas lo suficiente.

0–8 puntos ¡Eres una persona que no se deja llevar por sensaciones ni intuiciones! Sólo tomas por seguro lo que ves y lo que oyes. Según tu puntuación, no tienes un sexto sentido, pero si quieres, ¡nunca es tarde para aprender a desarrollarlo!

Vocabulario primordial

la astrología	el monstruo
el cadáver	pálido/a
el esqueleto	psíquico/a
extraño/a	raro/a
el extraterrestre	el ruido
el horóscopo	el signo del zodíaco
llorar	la tumba

Vocabulario clave

Verbos

adivinar	to guess
apagar	to extinguish, to turn off
asustar	to frighten
atreverse (a)	to dare (to do something)
averiguar	to find out
convertirse (ie, i) (en)	to turn into
deprimirse	to become depressed
disfrazarse	to disguise one's self
encender (ie)	to set fire, to light
enterarse	to find out
enterrar (ie)	to bury
evitar	to avoid
fijar	to set (a date)
quejarse	to complain
retar	to dare (challenge)
superar	to overcome
temer	to fear

Sustantivos

el/la adivino/a	fortuneteller
el alma	soul
el/la brujo/a	witch
la calavera	skull
el desengaño	disillusion
el/la difunto/a	dead person
el engaño	deceit

el espejo	mirror
el fantasma	ghost
el/la ladrón/ladrona	thief
la máscara	mask
el más allá	the hereafter
el mito	myth
el papel	part, role (in a play or movie)
la pena	affliction
la pesadilla	nightmare
el presentimiento	premonition
el relato	tale
la sombra	shadow
el susto	fright

Adjetivos

embrujado/a	bewitched
escondido/a	hidden
malévolo/a	malevolent
penado/a	suffering

Adverbios

aun	even
aún	still, yet
todavía	still, yet

Ampliación

Verbos	Sustantivos	Adjetivos
acostumbrar(se)	la costumbre	acostumbrado/a
contar (ue)	el cuento	contado/a
embrujar(se)	la bruja/el brujo	embrujado/a
esperar	la esperanza	esperado/a
gritar	el grito	gritado/a
imaginar(se)	la imaginación	imaginario/a
	la magia, el/la mago/a	mágico/a
	el misterio	misterioso/a
morir (ue)	el muerto/la muerte	muerto/a
oscurecer(se)	la oscuridad	oscuro/a
sentir (ie, i)	el sentido	sentido/a
temer	el temor	temido/a

¡cuidado!

solo(a)/sólo/realizar/darse cuenta

solo/a (adj.)   *alone*

Los extraterrestres salieron **solos** en su nave.   *The extraterrestrials left alone in their spaceship.*

sólo (adv.)   *only*

Hay **sólo** una tumba en ese cementerio.   *There is only one tomb in that cemetery.*

realizar   *to carry out, to come true, to realize*

El joven **realizó** su sueño de ser mago.   *The young man realized (carried out) his dream of becoming a magician.*

darse cuenta   *to realize, to become aware*

Me di cuenta de que estaba solo en la casa.   *I realized I was alone in the house.*

Suggestion. Have students write their own *¡Cuidado!* box for *aun/ aún.* You may wish to take this opportunity to review use of the written accent in general.

Suggestion for *¡Cuidado!* Point out that since *sólo* is an adverb, it does not change for agreement.

Aplicación

1-1 En la oficina de la psiquiatra. Completa la conversación entre doña Lupita y don Segismundo con la forma correcta de la palabra más apropiada de ¡Así lo decimos! para cada número.

DOÑA LUPITA: Oiga, don Segismundo, ¿no le parece que doña Carmen está muy deprimida? Cada vez que la vemos se pone *(begins to)* a (1)_____. No sé por qué está tan triste, pero tiene que hacer un esfuerzo *(an effort)* para (2)_____lo. Ninguno de sus amigos quiere hablar con ella. La (3)_____.

DON SEGISMUNDO: Creo que es su naturaleza ser un poco temerosa también. Tengo entendido que lo (4)_____ todo: la noche, los fantasmas, (5)_____, lo desconocido... No (6)_____ a salir sola. De noche, no le gusta (7)_____la luz porque oye ruidos (8)_____. La verdad es que es un poco rara. Tiene sueños horribles, verdaderas (9)_____. Creo que una vez experimentó un gran (10)_____.

DOÑA LUPITA: Es verdad. Dicen que tuvo un (11)_____ de que algo iba a ocurrir, luego vio una (12)_____ en el espejo. Visitó a un (13)_____ quien le dijo que estaba embrujada. Ahora quiere comunicarse con el (14)_____.

DON SEGISMUNDO: ¡Estará loca! Ahora entiendo por qué viene a consultar a la doctora Salinas.

DOÑA LUPITA: Pero, don Segismundo, ¡ella es la doctora Salinas! ¿No lo sabía?

Responses to Activity 1-1. 1. *llorar* 2. *superar* 3. *evitan* 4. *teme* 5. *los brujos/los difuntos/ los espejos,* etc. 6. *se atreve* 7. *apagar* 8. *malévolos/extraños* 9. *pesadillas* 10. *susto* 11. *presentimiento* 12. *calavera* 13. *adivino* 14. *más allá*

👥 **1-2 ¡Qué película!** Nombren y describan películas o novelas en que figuren los siguientes elementos o personajes.

MODELO: una máscara

En la película Mask, *en la que la actriz y cantante Cher es la protagonista, el personaje que hace el papel de su hijo lleva una máscara porque le da pena mostrar en público su cara deformada.*

una bruja	un esqueleto
el engaño	un extraterrestre
la esperanza	un mito
un espejo	la muerte
un muerto	el sexto sentido
un psíquico	una tumba

Composición for Activity 1-3. Have students use several of the expressions in an original paragraph.

1-3 Exprésate mejor. Muchas expresiones vienen de la misma raíz y están relacionadas a su significado. Lee las siguientes oraciones. Usa una variación de cada palabra en itálica para escribir una oración nueva que elabore la idea de la oración original.

MODELO: En *El mago de Oz* Dorothy se enfrenta con una *bruja* mala. *Ésta ha embrujado al señor Espantapájaros.*

1. El adivino nos *contó* que íbamos a conocer a una persona alta y misteriosa.
2. Era evidente que el señor *se había muerto* hacía mucho tiempo.
3. Si crees en el más allá, tienes una buena *imaginación*.
4. ¿No oíste *el grito* que salió del cementerio?
5. Estamos *acostumbrados* a imaginarnos lo peor en ese barrio tan horrible.
6. La vieja *espera* que la llevemos al cementerio a visitar la tumba de su esposo.
7. Si *temes* la noche, nunca vas a salir de tu casa.
8. ¡Pero todo está muy *oscuro* a estas horas!

Expansion for Activity 1-4. Have students work in triads to practice using the *ustedes* or *vosotros* forms: *¿Cuándo fue la última vez que vosotros visteis...?*

👥 **1-4 ¿Cuándo fue la última vez que...?** Explíquense cuándo fue la última vez que hicieron lo siguiente.

MODELO: tuviste un presentimiento

Antes de venir a clase hoy tuve el presentimiento que se iba a cancelar. Estaba equivocado/a. ¡El profesor no cancela nunca la clase!

1. viste una escena misteriosa
2. visitaste una casa embrujada
3. consultaste a un/a adivino/a
4. retaste a un/a compañero/a a que hiciera algo difícil
5. te pusiste una máscara
6. te atreviste a visitar un cementerio de noche
7. te disfrazaste
8. evitaste ir a un lugar peligroso

👥 **1-5 Una experiencia terrorífica.** Inventen un relato breve usando todas las siguientes descripciones que puedan.

MODELO: una noche oscura

Era una noche oscura y la plaza estaba vacía…

forma pálida	grito espantoso
cementerio abandonado	luces apagadas
cuerpo enterrado	viaje mágico
alma atormentada	tesoro escondido
susto mortal	experiencia imaginaria

👥 **1-6 El sexto sentido.** Respondan a las siguientes preguntas para comparar los resultados de la prueba de ¡**Así es la vida!**

1. ¿Qué semejanzas y diferencias hay entre las respuestas que indicaron?
2. ¿Cuál de ustedes lo toma más en serio?
3. ¿Conocen a alguien que tenga talentos extrasensoriales?
4. ¿Han visitado un/a astrólogo/a o un adivino/a?
5. ¿Han hablado alguna vez con un/a astrólogo/a sobre personajes famosos? Si no lo han hecho, ¿les gustaría hacerlo?

👥 **1-7 El zodíaco, ¿te fías?** Expresen sus opiniones basadas en el zodíaco.

Warm-up for Activity 1-7. Make a bar graph to illustrate the number of people in the class who have each sign. Ask if they see any trend in birth dates and astrological signs.

LO QUE USTED PUEDE ESPERAR DE CADA SIGNO

♈ **ARIES** Mucho coraje y entusiasmo para realizar planes relacionados a la tierra natal o la familia.

♉ **TAURO** Éxito con los amigos, los familiares y la persona amada. También mucha suerte en juegos y concursos.

♊ **GÉMINIS** Un gran incentivo para realizar cambios y un cuidado especial con la salud.

♋ **CANCER** Impulso e ingenio en el sector comercial y sensibilidad en las relaciones afectivas.

♌ **LEO** Ciertas complicaciones en el área financiera y poco prestigio entre personas conocidas o familiares.

♍ **VIRGO** Muchos viajes y diversiones. Disposición para el perfeccionamiento profesional.

♎ **LIBRA** Equilibrio y buen sentido en todos los asuntos vinculados a su trabajo y vida social.

♏ **ESCORPIO** Mucha protección personal en el ambiente familiar, en el trabajo y especialmente en el amor.

♐ **SAGITARIO** Un optimismo exagerado y también una gran precipitación en el amor y en el trabajo.

♑ **CAPRICORNIO** Más disciplina, organización, responsabilidad y control en las finanzas.

♒ **ACUARIO** Nuevas oportunidades relacionadas al sector profesional, con buen retorno financiero.

♓ **PISCIS** La intuición más acentuada y un mejor control de las relaciones afectivas.

1. ¿Creen ustedes en el zodíaco?
2. ¿Cuáles son sus signos?
3. ¿Cómo se caracterizan los de su signo?
4. ¿Prefieren tener compañeros de su signo o de otro?
5. ¿Conocen un/a lector/a de naipes de tarot? ¿Saben dónde encontrar uno/a?
6. ¿Qué tipo de persona cree en el zodíaco?

Warm-up for preterit tense. Relate a series of personal events to illustrate the concept of actions completed in the past, for example, *Ayer llegué a la universidad a las ocho de la mañana, dicté dos clases, almorcé, y me reuní con algunos estudiantes.*

1. The preterit tense

¿Quién fue ése?

Suggestion for preterit tense. Have students challenge each other by naming subjects and verbs for other classmates to conjugate and use in context. For example, *yo/escribir: Escribí una carta a mi familia.*

Uses of the preterit

The preterit, one of two simple past tenses in Spanish, narrates an event or a series of events at a particular point in time and events or actions with a specified or implied beginning, end, or both. It is used to indicate:

◆ completed past actions or events

Anoche **fui** a la función del mago.   *Last night I went to the magician's show.*

◆ actions that began or finished (either explicitly or implicitly)

El fantasma le **habló** a las 6:00 y **no desapareció** hasta las 9:00.   *The ghost spoke to her at 6:00 and didn't disappear until 9:00.*

◆ abrupt changes of emotions or physical or mental states in the past

Mario se **asustó** cuando **vio** al monstruo en la película.   *Mario became (got) scared when he saw the monster in the movie.*

◆ events that took place in an instant or in a limited period of time (whether stated or not)

La bruja **se cayó** de la escoba.   *The witch fell off the broom.*

Los jóvenes **vivieron** en una casa embrujada. **Estuvieron** allí desde enero hasta julio del año pasado.   *The youths lived in a haunted house. They lived there from January until July last year.*

◆ a series of events in a narration (to advance the plot)

El fantasma **apareció** en el espejo,   *The ghost appeared in the mirror,*
se **dirigió** a mí y me **habló**.   *turned to me, and spoke.*

	REGULAR FORMS OF THE PRETERIT		
	tomar	**comer**	**vivir**
yo	to**mé**	co**mí**	vi**ví**
tú	to**maste**	co**miste**	vi**viste**
Ud./él/ella	to**mó**	co**mió**	vi**vió**
nosotros/as	to**mamos**	co**mimos**	vi**vimos**
vosotros/as	to**masteis**	co**misteis**	vi**visteis**
Uds./ellos/ellas	to**maron**	co**mieron**	vi**vieron**

Aplicación

1-8 El psíquico. Completa el párrafo sobre la visita de Elvira al psíquico para saber cómo resolvió su dilema. Usa la forma correcta del pretérito del verbo más apropiado de la lista para cada número.

aconsejar	decidir	fijar	quedar	tomar
adivinar	entrar	llegar	salir	volver

Elvira tocaba chelo en la Sinfónica Nacional de México, pero también quería estudiar para ser ingeniera. (1)_____ consultar a un psíquico para saber cuáles eran sus opciones. (2)_____ una cita con él para el lunes por la tarde. (3)_____ de su casa a las 2 y (4)_____ a las 2:30. (5)_____ al consultorio y (6)_____ asiento. Cuando el psíquico la vio, (7)_____ en seguida sus pensamientos. Le (8)_____ que estudiara ingeniería física para comprender mejor su instrumento musical y que continuara tocándolo en la sinfónica. Elvira (9)_____ muy contenta con los consejos y (10)_____ a su casa para practicar el chelo.

👥 **1-9 Fantasmas.** Imagínense que ustedes son fantasmas que viven en una casa y la familia acaba de enterarse de que están allí. Túrnense para hacerse y contestar las siguientes preguntas.

1. ¿Dónde apareciste primero?
2. ¿Quiénes gritaron al verte?
3. ¿Cómo reaccionaron los niños cuando te vieron en el espejo?
4. ¿Quién encendió todas las luces?
5. ¿Qué decidieron hacer los padres?
6. ¿A quién llamaron para solicitar ayuda?
7. ¿Cómo trataron de comunicarse contigo?
8. ¿Qué trataste de comunicarle a la familia?

Responses to Activity 1-8.
1. *Decidió* 2. *Fijó* 3. *Salió* 4. *llegó* 5. *Entró* 6. *tomó* 7. *adivinó* 8. *aconsejó* 9. *quedó* 10. *volvió*

Expansion for Activity 1-8. Have students write an original paragraph using the *yo* or the *nosotros* form.

Composición for Activity 1-9. Have students use the questions for a guided composition.

Warm-up for irregular preterit verbs. Give students the following verbs orally, and have volunteers state the singular forms and use them in context: *fuimos, estuvisteis, pusieron, vinimos, quisieron, hicimos, dijisteis, tuvieron, pudisteis, supieron, trajimos, anduvimos.*

COMMON IRREGULAR VERBS IN THE PRETERIT

-ar with **-er/-ir** forms:

dar	di	diste	dio	dimos	disteis	dieron
ser **ir**	fui	fuiste	fue	fuimos	fuisteis	fueron

The verbs below use the following pattern, with the exception of a few spelling changes. Note, there are no accents on these endings:

-e	-imos
-iste	-isteis
-o	-ieron

u in stem:

estar	estuve	estuviste	estuvo	estuvimos	estuvisteis	estuvieron
tener	tuve	tuviste	tuvo	tuvimos	tuvisteis	tuvieron
andar	anduve ...					
poder	pude ...					
poner	puse...					
saber	supe...					

i in stem:

hacer	hice	hiciste	hizo	hicimos	hicisteis	hicieron
querer	quise...					
venir	vine...					

-ieron → **eron**:

decir	dije	dijiste	dijo	dijimos	dijisteis	dijeron
traer	traje	trajiste	trajo	trajimos	trajisteis	trajeron
haber			hubo			

◆ When the verb **haber** means *there was/were,* always use the third person singular.

Hubo tres muertos en el accidente.	*There were three deaths in the accident.*
Hubo un muerto en el acidente.	*There was a death in the accident.*

◆ The verbs **ser** and **ir** have the same forms in the preterit. The context will clarify the meaning.

Fuimos a ver a la gitana.	*We went to see the gypsy.*
Fui famoso en la otra vida.	*I was famous in my other life.*

◆ **Dar** uses the same forms as the **-er** and **-ir** verbs, but without accents.

El astrólogo le **dio** una carta a la señora.	*The astrologer gave a card to the woman.*

Verbs with spelling changes in the preterit

◆ Verbs that end in -**er** and -**ir** preceded by a vowel (for example, **creer**, **caer**, **leer**, and **oír**) change the **i** ⟶ **y** in the third person.

-í	-imos
-iste	-isteis
-yó	-yeron

Mi abuelo **creyó** que la sombra era el fantasma de mi abuela.
Mi grandfather believed the shadow was my grandmother's ghost.

Al aparecer el fantasma, se **cayeron** los cuadros de la pared.
When the ghost appeared, the pictures fell from the wall.

Mis amigos **leyeron** *Drácula* antes de ver la película.
My friends read Dracula *before seeing the movie.*

De pronto se **oyó** un gemido horrible.
Suddenly a horrible scream was heard.

◆ Verbs that end in -**car**, -**gar**, and -**zar** have a spelling change in the first person singular of the preterit in order to maintain the original sound. All other forms of these verbs are conjugated regularly. Some verbs that follow this pattern are **buscar**, **explicar**, **practicar**, **tocar**, **llegar**, **pagar**, **obligar**, **almorzar**, **abrazar**, **comenzar**, and **empezar**.

c ⟶ qu	buscar	busqué, buscaste, buscó…
g ⟶ gu	llegar	llegué, llegaste, llegó…
z ⟶ c	almorzar	almorcé, almorzaste, almorzó…

Busqué una novela de misterio.	*I looked for a mystery novel.*
No **toqué** el cadáver.	*I didn't touch the body.*
Llegué tarde al entierro.	*I arrived late to the burial.*
Pagué mucho por el disfraz.	*I paid a lot for the costume.*

Aplicación

1-10 Una clase de astrología. Completa el párrafo con la forma correcta de cada verbo entre paréntesis.

Responses to Activity 1-10.
1. comencé 2. pagó 3. explicó
4. practicamos 5. obligó 6. abracé
7. di

La semana pasada yo (1. comenzar) _____ a estudiar astrología. Mi compañera de cuarto, que es millonaria, invitó a una astróloga a la "sororidad" y nos (2. pagar) _____ la clase de tres horas. La profesora nos (3. explicar) _____ los signos zodiacales. Las hermanas de la "sororidad" y yo (4. practicar) _____ hacer mapas astrológicos. Uno de los ejercicios nos (5. obligar) _____ a pensar en los sueños. Al final de la clase (6. yo: abrazar) _____ a mi compañera y le (7. dar) _____ las gracias por ser tan generosa con nosotras. Ahora cuando veo las estrellas y los planetas, los veo de una manera totalmente diferente.

Suggestion for Activity 1-11.
Explain that Tito Puente is a famous Puerto Rican band leader.

Responses to Activity 1-11.
1. *dio* 2. *fue* 3. *fue* 4. *comenzó/ empezó* 5. *se puso* 6. *tuvo* 7. *Pagué* 8. *hizo* 9. *Toqué* 10. *fue* 11. *expliqué* 12. *Practiqué*

1-11 Una entrevista con Tito Puente. Completa el diálogo de una manera lógica con la forma correcta del pretérito del verbo de la lista más apropiado para cada número. Uno de los verbos se usa dos veces.

comenzar	explicar	pagar	ser
dar	hacer	ponerse	tener
empezar	ir	practicar	tocar

REPORTERO: Buenas tardes, señor Puente. Usted (1)_____ un concierto anoche en el teatro Colón. ¿Cómo le (2)_____?

TITO: Pues, de maravilla. La función (3)_____ a las nueve, pero la gente (4)_____ a llegar mucho antes.

REPORTERO: Usted (5)_____ un magnífico traje de seda blanca con adornos azules. ¿Me permite preguntar cuánto (6)_____ que pagar por el traje?

TITO: (7)_____ más de mil dólares porque fue diseñado para mí. Lo (8)_____ Chanel.

REPORTERO: ¿Qué tocó en el concierto?

TITO: (9)_____ toda una variedad de música caribeña: el merengue, el cha-cha-chá, la rumba… El público (10)_____ muy receptivo y después del concierto yo le (11)_____ al público un poco sobre el ritmo caribeño.

REPORTERO: Bueno, señor Puente, le agradecemos la entrevista y la cerramos con una pregunta final: ¿Cuánto tiempo practicó usted con su orquesta para prepararse para este concierto?

TITO: (12)_____ diez horas, es el mínimo de práctica para un concierto.

👥 **1-12 ¿Qué pasó?** Túrnense para contar lo que pasó en una película de horror o en un programa de televisión que cada uno/a haya visto sin nombrar el título. Usen la forma correcta del pretérito de un mínimo de diez verbos de la lista. El/La que escucha debe tratar de adivinar qué película o programa el/la otro/a describió.

MODELO: *El difunto abrazó a su hermano y después buscó a su hermana.*

abrazar	empezar	llegar	querer
almorzar	estar	pagar	tocar
buscar	hacer	poner	traer
dar	leer	oír	venir
decir			

Preterit of stem-changing verbs e → i, o → u

◆ Stem-changing **-ir** verbs in the present tense also have stem changes in the preterit. The changes are **e → i** and **o → u** and only occur in the third person singular and plural.

	pedir (i) *to ask for*	**dormir** (u) *to sleep*
yo	pedí	dormí
tú	pediste	dormiste
Ud./él/ella	pidió	durmió
nosotros/as	pedimos	dormimos
vosotros/as	pedisteis	dormisteis
Uds./ellos/ellas	pidieron	durmieron

◆ These verbs follow a similar pattern:

divertirse (i)	**preferir** (i)	**seguir** (i)
mentir (i)	**reírse** (i)	**sentir** (i)
morir (u)	**repetir** (i)	**servir** (i)

En *El mago de Oz* **murieron** las brujas malas.

In The Wizard of Oz *the wicked witches died.*

Mi sobrino **sintió** escalofríos cuando vio la película *ET.*

My nephew got the chills when he saw the movie ET.

Aplicación

1-13 Una cena misteriosa. Contesta estas preguntas para describir una cena misteriosa, real o imaginaria. Incluye detalles misteriosos o terroríficos.

1. ¿Dónde fue la cena?
2. ¿Quién estuvo contigo?
3. ¿Qué pediste de tomar?
4. ¿Qué pidió la otra persona?
5. ¿Qué se sirvió de primer plato? ¿de segundo? ¿de postre?
6. ¿Repitieron algún plato?
7. ¿Se divirtieron mucho?
8. ¿Se rieron durante la cena?
9. ¿Se durmió alguien después de la cena?
10. ¿Cómo te sentiste al final? ¿Cómo se sintió tu compañero/a?

1-14 ¿Qué hiciste anoche? Escribe un párrafo de cinco o seis oraciones para explicar qué hiciste anoche.

Suggestion for Activity 1-13. Have students present their tale to the class. Class members should ask them for additional details.

Expansion for Activity 1-14. Have students trade their paragraphs with each other. The recipient then tells the story in the third person.

Expansion for Activity 1-15.
Have the detective report back to his/her supervisor.

1-15 ¡Un extraterrestre! Imagínense que uno/a de ustedes ha tenido un encuentro con un extraterrestre y el/la otro/a investiga qué ocurrió. El/La detective toma apuntes para después reportarle el incidente a la clase.

1. ¿Cuándo viste al extraterrestre por primera vez?
2. ¿Cómo llegó el extraterrestre?
3. ¿Cómo te comunicaste con el extraterrestre?
4. ¿Qué le dijiste al extraterrestre?
5. ¿Qué te contestó?
6. ¿Qué te pidió el extraterrestre?
7. ¿Cuándo se fue el extraterrestre?
8. ¿Cuándo llamaste a la policía?

1-16 Una experiencia extrasensorial. Cuéntense una experiencia extrasensorial que tuvieron, imaginaron o soñaron. ¿Qué les pasó?

1-17 El/La adivino/a. Imagínense que saben leer las manos. Léanse las manos para adivinar cinco cosas que cada uno/a de ustedes hizo el año pasado.

MODELO: *Veo en tus manos que el año pasado hiciste un largo viaje a…*

Warm up for A propósito…
Ask students how they feel about a cemetery. When was the last time that they went to one?

Conexiones for A propósito…
Have students further discuss the economics, sociology, and psychology of death in the United States and/or Canada.

A propósito…

El Día de los muertos

En muchos países hispanos se observa el Día de los muertos (el 2 de noviembre) para recordar y honrar a los miembros de la familia que han fallecido. Especialmente en México se ve reflejado el sincretismo de las herencias indígena y española en la manera en que se celebra esta festividad. Se anticipa el día con la preparación de un altar para honrar la vida de los familiares muertos. Se decora el altar con flores anaranjadas y moradas (símbolos de la muerte), calaveras de azúcar, velas, fotos, prendas personales, comida y bebida. Cada objeto refleja algún aspecto de la vida de la persona honrada; por ejemplo, alguna comida que le gustaba al difunto, alguna prenda preferida. Por varias semanas antes del Día de los Muertos, se vende pan de muerto, un pan sabroso. También se venden calaveras de azúcar o de chocolate en las que los familiares pueden escribir el nombre de la persona honrada.

La noche del primero de noviembre, hay procesiones por las calles en ruta al cementerio. Mucha gente pasa la noche en el cementerio rezando por el buen pasaje de sus familiares hacia el cielo. Las tumbas se decoran con velas, flores y recuerdos de los difuntos. Aunque es una celebración solemne, también es una ocasión feliz porque les hace recordar a los seres queridos que han muerto. En la tradición indígena se considera la muerte como parte de la vida. Según Rufino Tamayo, el gran pintor mexicano, las calaveras y los esqueletos simbolizan no sólo la muerte, sino también la manera mexicana de burlarse de la muerte. Si vas a México para esa fecha, cómprate una calavera de azúcar y visita un cementerio para observar esta hermosa tradición.

Vamos a comparar…

¿En qué fecha se honra a los antepasados en tu país? ¿Cómo es la celebración? ¿Qué colores simbolizan para ti la muerte? ¿En qué ocasiones vas al cementerio?

2. The imperfect tense

Uses of the imperfect

The imperfect is the other simple past tense in Spanish.

◆ The Spanish imperfect has four common English equivalents: the simple past, the past progressive, and either "would" or "used to" + infinitive to refer to habitual actions in the past.

La vieja **lloraba** todos los días.	}	*The old woman cried every day.* *The old woman was crying every day.* *The old woman would cry every day.* *The old woman used to cry every day.*

◆ The imperfect tense is used to describe a continuous past action or state, with no reference (implied or otherwise) to the beginning or end of the action. An action in the imperfect is indefinite in terms of the duration of time.

Cuando **era** niña, **tenía** un amigo imaginario.

When I was a child, I had an imaginary friend.

◆ The imperfect is used to describe repeated, habitual, or continuous actions in the past.

Los niños siempre **se asustaban** al pasar por esa casa abandonada.

The children always became frightened upon passing that abandoned house.

Warm-up for the imperfect tense. Relate a series of repeated events that can be contrasted with the present, for example, *Ahora no madrugo los sábados, pero cuando era joven siempre me levantaba temprano para ver mis programas favoritos en la televisión.*

◆ The imperfect is used to describe an action or event occurring at the same time as another event.

La vieja **contaba** la leyenda mientras nosotros la **escuchábamos** atentamente.
The old woman told the legend while we listened attentively.

◆ When one action interrupts another, the action that interrupts is expressed in the preterit and the interrupted action in the imperfect.

Enterraban el cadáver cuando **abrió** los ojos.
They were burying the body when it opened its eyes.

Suggestion to practice the imperfect tense. Have students use verbs from *¡Así lo decimos!* in the imperfect, for example, *De joven, nunca adivinaba lo que iba a recibir para la Navidad.*

The imperfect forms

Most verbs in the imperfect are regular.

REGULAR FORMS OF THE IMPERFECT			
	hablar	**comer**	**vivir**
yo	hablaba	comía	vivía
tú	hablabas	comías	vivías
Ud./él/ella	hablaba	comía	vivía
nosotros	hablábamos	comíamos	vivíamos
vosotros	hablabais	comíais	vivíais
Uds./ellos/ellas	hablaban	comían	vivían

◆ Only the first person plural of **-ar** verbs has a written accent mark. All **-er** and **-ir** verbs have the same imperfect endings, and all forms have a written accent mark.

◆ There are only three irregular verbs in the imperfect.

IRREGULAR VERBS IN THE IMPERFECT			
	ir	**ser**	**ver**
yo	iba	era	veía
tú	ibas	eras	veías
Ud./él/ella	iba	era	veía
nosotros	íbamos	éramos	veíamos
vosotros	ibais	erais	veíais
Uds./ellos/ellas	iban	eran	veían

◆ Only the first-person plural forms of **ir** and **ser** have a written accent mark; all forms of **ver** require an accent mark.

◆ The imperfect of the verb **ir** plus the infinitive is used to express immediate future in the past, especially if the action (whether implicitly or explicitly) was interrupted or not completed.

Yo **iba** a subir a la nave del extraterrestre.
I was going to board the spaceship.

Aplicación

1-18 Una visita al cementerio. Luis Recio, un joven mexicano, describe sus visitas al cementerio el Día de los Muertos. Completa su descripción con la forma correcta del imperfecto del verbo más apropiado de la lista para cada número.

Responses to 1-18. 1. *vivía* 2. *íbamos* 3. *nos levantábamos* 4. *preparábamos* 5. *llevábamos* 6. *Comprábamos* 7. *comíamos* 8. *nos sentábamos* 9. *contaban* 10. *eran* 11. *nos reíamos* 12. *regresábamos* 13. *nos sentíamos*

comer	contar	llevar	regresar	sentarse	ser	vivir
comprar	levantarse	preparar	reírse	sentirse	visitar	

Cuando yo (1)_____ en Monterrey, mi familia y yo siempre (2)_____ al cementerio el Día de los Muertos. Ese día, usualmente (3)_____ temprano y (4)_____ una comida grande que (5)_____ al cementerio. (6)_____ pan de muerto en la panadería y bellas calaveras de azúcar en la dulcería. A veces (7)_____ las calaveras en el camino. En el cementerio (8)_____ todos junto a la tumba de mis abuelos. Mis tíos y mis padres nos (9)_____ anécdotas cómicas de cuando nuestros abuelos (10)_____ jóvenes. Nosotros (11)_____ mucho de sus relatos y cuando (12)_____ a la casa (13)_____ más unidos y felices. ¡Cómo extraño esos tiempos pasados ahora que vivo lejos de mi familia en la capital!

1-19 Una experiencia con E.T. Usa el imperfecto y escribe siete u ocho oraciones. Describe el interior de la nave de un extraterrestre (E.T.).

MODELO: *Había una puerta pequeña…*

Suggestion for Activity 1-19. Suggest alternative contexts, for example, *una casa embrujada.*

1-20 Cuando era más joven. Usando el imperfecto, cuéntense cinco cosas que no se atrevían a hacer cuando eran más jóvenes, pero que ahora les parecen normales. Tomen apuntes para después contárselas a la clase.

MODELO: *Cuando era más joven no me atrevía a entrar solo en un cementerio porque me daba miedo.*

1-21 ¿Cómo te parecía la universidad las primeras semanas? Cuéntense sus primeras impresiones de la universidad.

MODELO: *Las primeras semanas la universidad me parecía mucho más grande. Pensaba que la cafetería era enorme. No sabía cuál era el mejor lugar para estacionar el coche…*

1-22 Retorno al futuro. Imagínate que éste es el año 2010. Escribe una carta nostálgica a un/a compañero/a en la que le cuentas cómo era tu vida en el año 1999.

MODELO: *En 1999, cuando yo tenía … años, mi vida era muy diferente…*

Expansion for Activity 1-22. *Tu tatarabuelo te escribe una carta describiéndote cómo era su vida cuando era joven.*

La Llorona

La leyenda de "La Llorona" es la más popular de todas las leyendas americanas y existen múltiples versiones. En algunas se nota el sincretismo de las culturas indígenas con la española. A continuación se leerá una versión contada por un mexicano que vivía en la Ciudad de México al comienzo de este siglo.

Desde la conquista de México en el siglo XVI, muchos visitantes a la capital han tenido la mala fortuna de conocer a La Llorona. Según la leyenda, después de la conquista se oían tristes y prolongadísimos gemidos de una mujer afligida por una honda pena moral o tremendo dolor físico. Los que se atrevían a salir y ver qué había, veían algo como un vapor sobre las altas torres y los techos y las calles. Siempre iba vestida de blanco con un espeso velo que le cubría la cara. Se arrodillaba hacia el oriente; daba un lamento; luego se levantaba y se dirigía hacia el lago donde desaparecía. Su aspecto aterrorizaba a todos, hasta a los más valientes conquistadores. Cada vez que llegaba al lago, parecía que se sumergía en el agua. Recorría caminos, entraba en las aldeas,° pueblos y ciudades, se hundía° en las aguas de los lagos y los ríos, subía a las cimas° en donde había cruces° para llorar al pie de ellas, se desaparecía al entrar en el cementerio.

villages; submerged herself
peaks; crosses

La Llorona era lo más temido de todos los peligros de la noche. Era capaz de matar a quien encontrara, sólo mirándolo. Parecía una mujer normal, bella y culta por su vestido elegante y su rebozo blanco. Pero cuando le hablaba a alguien, la persona se moría en el acto. Se decía que buscaba a sus hijos perdidos.

Algunos dicen que fue una persona verdadera que cometió pecados° horren- *sins* dos. Tuvo muchos hijos, pero cada vez que daba a luz, arrojaba a la criatura al canal y la ahogaba. Después de muchos años, se arrepintió; no se sabe si fue por el consejo de algún sacerdote o algún santo. Pero después empezó a rondar las calles, llorando y gritando la pérdida de sus hijos y asustando a todos los que la oían. Pero nadie la veía, sólo se oía. A veces despertaba a un sereno y le pregunta- ba la hora, pero luego se desaparecía y el sereno tenía la ilusión de que le había sacado el aliento y se quedaba frío como una piedra.° Una vez, un sereno la vio *stone* cerca de la iglesia de Santa Anita y le empezó a echar piropos. Le dijo que era muy hermosa y que debía descubrirse la cara. Pero luego, cuando se quitó el rebozo, le mostró no una cara hermosa, sino una calavera sonriente y un esquele-

to sin carne. De su boca salió un aliento frío que le congeló° el corazón e hizo *froze* que se desmayara.

Otros creen que representaba a una diosa azteca que tenía varios nombres: Cihuacohuatl (mujer serpiente), Tititl (nues- tra madre), Teoyaominqui (la diosa que recoge las almas de los muertos) y Quilaztli (la que tiene gemelos). Su apariencia repre- sentaba un mal agüero de la conquista por los españoles y la destrucción de sus hijos.

Lo curioso es que, la misma noche, se veía a La Llorona en muchas partes de México: en Oaxaca, en Acapulco, en Monterrey… Cuando la gente le pregun- taba por qué iba sola de noche llorando, siempre les decía que iba en busca de sus hijos. Y cada persona con quien se cruzaba, enloquecía y moría después de verla.

Hoy en día poca gente la saluda, pero todavía se oye, especialmente de noche cuando no hay luna. No la he visto personalmente, pero la he escucha- do varias veces.

Vocabulario primordial

la curiosidad	lo sobrenatural
lo desconocido	la soledad
miedoso/a	la tristeza
la niñez	

Adjetivos

espeso/a	*thick*
hondo/a	*deep*
vacío/a	*empty*

Adverbios

al rato	*after a while*
de golpe	*suddenly*
de repente	*suddenly*
de seguido	*continuously*

Vocabulario clave

Verbos

ahogar(se)	*to drown*
arrodillarse	*to kneel*
arrojar	*to throw*
desmayarse	*to faint*
echar piropos	*to compliment; to flatter*
esconder	*to hide*
extrañar	*to miss*
herir (ie, i)	*to wound*
huir (y)	*to flee*
permanecer (zc)	*to stay*
recorrer	*to wander*
resignarse	*to resign oneself*
rondar	*to haunt*
temblar (ie)	*to tremble*

Sustantivos

la aflicción	*sorrow*
el agüero	*omen*
el aliento	*breath*
el anciano/a	*old person*
el entierro	*burial*
el gemido	*wail*
el/la gitano/a	*gypsy*
el lago	*lake*
el rebozo	*shawl*
el/la sereno/a	*night watchman*
el techo	*roof*
la torre	*tower*
el velo	*veil*

Ampliación

Verbos	Sustantivos	Adjetivos
acercar(se)	las cercanías	cercano/a
afligir	la aflicción	afligido/a
arrepentir(se)	el arrepentimiento	arrepentido/a
deprimir(se)	la depresión	deprimente, deprimido/a
disgustar(se)	el disgusto	disgustado/a
enloquecer(se) (zc)	la locura, el/la loco/a	enloquecido/a
	el espíritu	espiritual
	el fenómeno	fenomenal
percibir	la percepción	percibido/a
perder	la pérdida	perdido/a
sufrir	el sufrimiento	sufrido/a

¡cuidado!

dejar/dejar de

dejar	*to leave behind*
Dejé mi disfraz en el coche.	*I left my costume in the car.*
dejar de + inf.	*to stop (doing something)*
¿**Dejaste de** dormir con la luz encendida?	*Did you stop sleeping with the light on?*
dejar + inf.	*to allow, let*
Mi madre no me **dejaba salir** solo de noche.	*My mother wouldn't let me go out alone at night.*

Aplicación

1-23 La leyenda. Contesta las siguientes preguntas con la información sobre *La Llorona* y lo que ya sabes de otras leyendas.

1. ¿Por qué crees que una leyenda tiene toques históricos y toques inventados?
2. ¿Qué leyendas conoces de tu cultura? ¿Hay alguna figura en tu cultura que dé tanto miedo como La Llorona? ¿Cuál es el origen y/o el motivo de esa figura?
3. ¿Qué hizo La Llorona que le causó tanta pena?
4. ¿Cómo iba vestida y cuándo se veía?
5. ¿Qué representaba según la mitología azteca?
6. ¿Qué otra figura legendaria o mítica aparece en más de un lugar en una sola noche?
7. ¿Cuál será el mensaje didáctico de la leyenda de *La Llorona*?
8. ¿Qué crees que simboliza el color blanco en la leyenda de *La Llorona*? ¿y en otras leyendas?
9. En la civilización azteca, la vida y la muerte existían juntas. ¿Qué relación tienen la vida y la muerte en las leyendas de tu cultura?
10. ¿Qué importancia tiene la tradición oral para las leyendas como *La Llorona*? ¿Qué leyendas de tu cultura se diseminan a través de una tradición oral?

1-24 Exprésate mejor. Lee las siguientes oraciones. Usa una variación de cada palabra en itálica para escribir una oración que elabore la idea de la oración original.

MODELO: Al *oscurecerse*, los árboles tomaron la forma de figuras gigantescas.
Teníamos miedo porque se podía ver poco por la oscuridad.

1. La señora *sufrió* mucho por la muerte de sus hijos.
2. Me *afligió* horriblemente oír de la tragedia.
3. Ella cayó en una *depresión* muy honda cuando tuvo el accidente.
4. Me parece que la señora está completamente *loca*.
5. Ahora tiene la *costumbre* de rondar por las calles de noche.
6. Siempre pasea por *las cercanías* del pueblo.
7. Aunque su vestido es elegante, a veces se *percibe* con una cara de caballo.
8. Ella *disgusta* a todos los que la ven.
9. Su *espíritu* amenaza a todos los que salen solos de noche.
10. Se dice que ahora está *arrepentida*.

Composición for Activity 1-24. Have students use several of these expressions in an original paragraph.

1-25 La pura verdad. Háganse preguntas indiscretas y confesiones con las expresiones **dejar, dejar de + infinitivo** y **dejar + infinitivo**.

MODELO: (dejar) E1: *¿Cuándo fue la última vez que dejaste tu cartera en casa?*
E2: *La dejé ayer porque estaba muy distraído/a.*

1-26 En mi experiencia... Inventen oraciones con estos elementos de lo sobrenatural o lo desconocido.

MODELO: **agüero** *Para mí, es de mal agüero ver un pájaro negro antes de que yo salga de viaje.*

1. gemido
2. huir
3. esconder
4. temblar
5. pena
6. extrañar
7. gitano/a
8. velo

Warm-up for Activity 1-27.
¿Conoces a alguien que lea las manos? ¿Dónde encuentras a este tipo de gente? ¿Te fías?

👥 **1-27 El misterio de las manos.** Muchas personas piensan que las líneas de las manos revelan diferentes aspectos de la personalidad y hasta pueden predecir el futuro y revelar el pasado de una persona. Basándose en la siguiente información, léanse las manos. ¡A ver qué descubren!

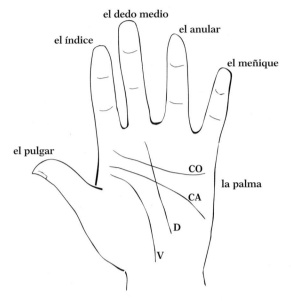

V, línea de la vida; **CA**, línea de la cabeza; **CO**, línea del corazón; **D**, línea del destino

línea de la vida:
normal y fuerte: buena salud y energía física
interrumpida: salud delicada
ancha y pálida: se enoja fácilmente, envidia a otros
ancha y roja: personalidad violenta, salud robusta
desigual en color y en ancho: personalidad voluble y salud variable
doble: naturaleza fuerte y sensual
cerca del pulgar: falta de buenos sentimientos
con líneas que cruzan: sentimientos amorosos

línea de la cabeza:
separada de la línea de la vida: independencia, seguridad en uno mismo
recta y termina en el borde de la mano: sinceridad, inteligencia
hacia abajo y termina en la mitad de la mano: personalidad sumisa
muy hacia abajo y termina en el borde de la mano: fantasía desequilibrada
recta, dividiendo la mano en dos partes iguales: razón domina el sentimiento
inclinada hacia arriba: dominio de los sentimientos
quebrada: cerebro desordenado
si termina en una rama: talento para el arte dramático; temperamental
empieza debajo del índice: naturaleza inconstante
hacia el pulgar: egoísmo exagerado

línea del corazón:
firme y normal: equilibrio en la vida sentimental
muy alta y cerca de la base de los dedos: personalidad alegre
en ramas: sensibilidad enfermiza
en forma de cadena: vida llena de ilusiones y desengaños
pálida en forma de cadena: dureza de corazón
larga y cruza la palma: extrema sensibilidad
fina y rosada: malos sentimientos
empieza entre el índice y el dedo medio: seducción natural
ancha y roja: impetuosidad en el amor
ancha y pálida en forma de cadena: dureza de sentimientos

línea del destino:
ausencia: debilidad, vida monótona
doble: grandes dotes de inventiva
doble, torcida y quebrada: muchos cambios en la vida
recta y sale del dedo medio: grandes venturas y éxito en la vida
empieza en la línea de la cabeza: imprudencia y falta de voluntad
líneas que cruzan: obstáculos o disgustos

👥 **1-28 Una leyenda.** Túrnense para contar una leyenda que conozcan. Recuerden que las leyendas suelen basarse (*are usually based*) en algo que ocurrió realmente.

MODELO: *La leyenda de Lizzie Borden es una en que la mujer, Lizzie, mató a su madre, golpeándola 40 veces con un hacha.*

Estructuras

3. Preterit vs. imperfect

La luna estaba llena cuando de pronto apareció una bruja
que volaba en una escoba... un lobo empezó a aullar.

Warm-up for preterit vs. imperfect. Describe in detail this scene and add other events, for example, *Era muy de noche. Había pocas estrellas. Hacía frío. La bruja era fea. El lobo era temible. Me asusté al verlos.*

◆ In Spanish, the use of the preterit or imperfect reflects the way the speaker views the action or event being expressed. The preterit conveys a specific time frame in which an action took place whereas the imperfect expresses the ongoing nature or repetition of actions, or simply describes people, objects, or situations.

◆ When the preterit and imperfect are used together, the imperfect describes the surroundings or what was happening while the preterit expresses the action that takes place.

Suggestion for preterit vs. imperfect. Refer back to *La Llorona* to describe another scene that was punctuated by events. *Era una noche muy oscura cuando ella apareció por primera vez. Llevaba un rebozo blanco que le cubría la cara. Tenía facciones horroríficas.*

Todo **estaba** oscuro. A lo lejos unos perros **aullaban**. **Deshice** la cerradura, **abrí** la verja y **entré** al jardín.

Everything was dark. In the distance some dogs were barking. I undid the lock, opened the iron gate, and entered the garden.

◆ When one action interrupts another, the action that is interrupted (was going on) is expressed in the imperfect and the interrupting action is expressed in the preterit.

Caminaba hacia la gran casa cuando alguien me **tapó** la boca y me **arrastró** hacia los arbustos.

I was walking toward the great house when someone covered my mouth and dragged me toward the bushes.

Preterit	Imperfect
1. completed actions	1. background/description
El mago **sacó** un conejo del sombrero. *The magician pulled a rabbit from his hat.*	Todos **observaban** al mago con interés y asombro. *Everyone observed the magician with interest and amazement.*
2. beginning/end	2. ongoing
La Llorona **entró** al agua y **desapareció**. *La Llorona entered the water and disappeared.*	Escondidos detrás de un árbol, **veíamos** a La Llorona desaparecer. *Hidden behind a tree, we watched (were watching) La Llorona disappear.*
3. series of completed actions	3. habits
Me acerqué al cadáver, **vi** su cara y **grité**. *I approached the body, saw his face, and screamed.*	Todas las noches, durante mi paseo, **pasaba** por ese cementerio. *Every night, during my stroll, I passed that cemetery.*
4. time frame/weather event	4. time/weather as background
El fantasma **rondó** la casa por 200 años. *The ghost roamed the house for 200 years.* Ayer **llovió** todo el día. *Yesterday it rained all day.*	**Eran** las dos de la tarde y **llovía** mucho. *It was two in the afternoon and it was raining hard.*
5. mental, emotional, physical changes	5. mental, emotional, physical conditions
La bruja **se convirtió** en princesa. *The witch turned herself into a princess.* La mujer **se enloqueció** al ver al espíritu. *The woman went crazy upon seeing the spirit.*	**Era** muy alta y bella. *She was very tall and beautiful.* La pobre **estaba** completamente loca. *The poor thing was absolutely crazy.*

◆ The preterit and imperfect used in the progressive forms emphasize an action in progress. Unlike the more common imperfect progressive, the preterit progressive implies the action has ended.

El perro le **estuvo aullando** a la luna hasta que lo metí en la casa.	*The dog was howling at the moon until I put him in the house.*
Mis amigos y yo **estábamos charlando** en el jardín cuando oímos un ruido muy extraño.	*My friends and I were chatting in the garden when we heard a strange sound.*

Aplicación

1-29 La luz misteriosa. Completa la entrevista que hace el reportero para el periódico *La Estrella de León* con la forma correcta del pretérito o imperfecto de cada verbo entre paréntesis.

REPORTERO: ¿Qué hora (1. ser) _____ cuando ustedes (2. ver) _____ la luz?

GONZALO: No sé. Mi esposa y yo (3. acostarse) _____ a las once. Nosotros (4. estar) _____ completamente dormidos cuando de repente (5. oír) _____ un horrible gemido. (6. Levantarse) _____ en seguida y (7. correr) _____ a la ventana. Allí en el cerro (8. ver) _____ una luz misteriosa.

REPORTERO: ¿Cómo (9. ser) _____?

GONZALO: Al principio (10. parecer) _____ una nube que (11. flotar) _____ encima de la tierra. Pero luego, (12. tomar) _____ la forma de una mujer. (13. Estar) _____ vestida de blanco con un rebozo que le (14. cubrir) _____ la cara. (15. Tener) _____ el pelo largo y suelto. De pronto (16. arrodillarse) _____ y (17. comenzar) _____ a llorar.

REPORTERO: ¿ (18. Poder) _____ usted oír por qué (19. llorar) _____?

GONZALO: Sólo (20. lamentar) _____ que había perdido a sus hijos.

REPORTERO: ¿Qué más (21. ver) _____?

GONZALO: De pronto, (22. quitarse) _____ el velo y (23. nosotros: ver) _____ que su cara (24. ser) _____ sólo una calavera. Al mirarnos, nos (25. dar) _____ un gran susto.

REPORTERO: ¿Cree usted que (26. ser) _____ La Llorona?

GONZALO: Sin duda.

1-30 ¿Qué hacías cuando…? Piensa en cinco momentos importantes de tu vida y escribe una descripción breve de lo que hacías, dónde estabas o cómo eras cuando ocurrieron.

MODELO: *Tenía cinco años cuando mi familia compró una casa nueva y nos mudamos.*

👥 **1-31 Nuestra otra vida.** Inventen una vida pasada juntos/as. ¿Qué o quiénes eran? ¿Cómo eran? ¿Qué hicieron? ¿Qué cosas les pasaron? Luego, cuéntenselo todo a la clase.

👥 **1-32 En una casa embrujada.** Uno/a de ustedes ha estado encerrado/a en una casa embrujada por una semana; el/la otro/a es parasicólogo/a. El/La parasicólogo/a hace preguntas sobre la experiencia de la persona encerrada para saber qué cosas extrañas ocurrieron, cómo se sentía, si había fantasmas, cómo era la casa, etcétera. Luego el/la parasicólogo/a se lo cuenta a la clase.

Responses to Activity 1-29.
1. *era* 2. *vieron* 3. *nos acostamos* 4. *estábamos* 5. *oímos* 6. *Nos levantamos* 7. *corrimos* 8. *vimos* 9. *era* 10. *parecía* 11. *flotaba* 12. *tomó* 13. *Estaba* 14. *cubría* 15. *Tenía* 16. *se arrodilló* 17. *comenzó* 18. *Podía/Pudo* 19. *lloraba* 20. *lamentaba* 21. *vieron* 22. *se quitó* 23. *vimos* 24. *era* 25. *dio* 26. *era*

Expansion for Activity 1-29. Have students write a parallel dialogue interview with someone who has experienced an extra-sensorial event.

Suggestion for Activity 1-31. Don Juan, Don Quijote, Isabel de Castilla.

1-33 AÑO CERO. Lee el aviso de la revista *AÑO CERO*. Usa las preguntas como guía para contarles tu caso. Puede ser una experiencia tuya o una inventada. Incluye una descripción de lo que te pasó y cómo te afectó.

Cuéntenos su caso

¿Ha vivido usted o sido testigo de una experiencia o acontecimiento extraordinario, en el que haya encontrado un significado oculto o que de alguna manera haya influido posteriormente en su vida? ¿Tiene alguna explicación personal que ofrecer sobre el mismo? Escríbanos contándonos en primera persona lo sucedido. AÑO CERO publicará las cartas más interesantes, puesto que a todos nos ha afectado alguna vez personalmente una vivencia increíble.

Dirija su correspondencia a: Revista AÑO CERO, calle Miguel Yuste, 26, 20837 Madrid, indicando en el sobre "Protagonistas de lo insólito".

A propósito...

El tema de la muerte

Los hispanos tratan la muerte totalmente diferente a los anglosajones. En el mundo hispano la muerte es un tema popular de conversación. El trato de los ancianos y enfermos también es diferente porque aunque hay asilos para los gravemente enfermos, es muy común cuidar a un familiar anciano y/o enfermo en casa hasta que se muere. Otro contraste es el velorio *(wake)* que típicamente tiene lugar en casa, no en una funeraria. En el pasado, era común vestir al difunto y sacar una foto de toda la familia con el cadáver en medio de la foto para tener un último recuerdo del difunto. Los periódicos hispanos siempre llevan anuncios conmemorando la muerte de un familiar o de un conocido y otros anunciando misas para conmemorar el aniversario de un fallecimiento. El tema de la muerte se ve por todas partes: en la música, en el arte, en la comida, hasta en los dibujos satíricos del periódico, que se burlan de los políticos a través de la muerte.

Vamos a comparar . . .

¿Conoces una familia que haya atendido a un familiar enfermo de gravedad en casa? ¿Has asistido a un velorio en casa de la familia del fallecido? ¿Qué diferencias hay entre un cementerio de los Estados Unidos o Canadá y uno del mundo hispano? ¿Qué diferencias encuentras entre la manera de tratar la muerte en el mundo hispano y la de tratarla en tu cultura?

Different meanings: preterit vs. imperfect

Suggestion. Have students personalize these different meanings by creating their own questions, for example, *¿Qué supiste ayer? ¿Quién lo sabía antes que tú? ¿Cuándo conociste a …? ¿Se conocían cuando empezaron sus estudios?*

◆ Certain Spanish verbs change meanings in the preterit due to the focus on the beginning of the action or the effort put forth.

Preterit: initiation and effort	Imperfect: ongoing action (no particular beginning or end)
conocer	
La **conocí** en una fiesta de disfraces.	**Conocía** a varios adivinos.
I met her at a costume party. (beginning of knowing her)	*I used to know (was acquainted with) several fortune tellers.*
poder	
¿**Pudo** acercarse al anciano sin temblar?	**Podía** hablar con el anciano todos los días.
She managed to approach the old man without trembling. (could and did—effort put forth)	*She could talk to the old man every day. (had the ability and/or opportunity, no reference to a specific effort or incident)*
no poder	
No **pudo** acostumbrarse a la oscuridad.	No **podía** acostumbrarse a la oscuridad.
He couldn't (failed to) get used to the dark. (a specific effort and failure implied)	*He couldn't get used to the dark. (no reference to a specific effort or failure)*
querer	
Quiso asustarme.	**Quería** asustarme.
She tried to frighten me. (wanted and acted upon it)	*She wanted to frighten me. (no reference to effort or success)*
no querer	
No **quisieron** hablar con la gitana.	No **querían** hablar con la gitana.
They refused to talk to the gypsy. (acted upon the desire not to)	*They didn't want to talk to the gypsy. (but perhaps did)*
saber	
Supimos que él era un extraterrestre.	**Sabíamos** que era un extraterrestre.
We found out he was an extraterrestrial. (beginning of knowing about it)	*We knew that he was an extraterrestrial.*
tener	
Tuve un agüero muy pertubador.	Mi mamá **tenía** talento para adivinar el futuro.
I received (beginning of having) a disturbing omen.	*My mom had a talent for guessing the future.*
tener que	
El paciente **tuvo que** contarme su sueño.	Lourdes **tenía que** superar la pérdida de su trabajo.
The patient had to tell me his dream (he acted upon it).	*Lourdes had to get over losing her job (and had not done it yet).*
costar	
Mi libro de astrología **costó** $50.	El libro de astrología **costaba** $50.
My astrology book cost $50 (and I bought it).	*The astrology book cost (was) $50. (implies not bought)*

Aplicación

1-34 El mundo del más allá. Completa la conversación con la forma correcta del pretérito o imperfecto del verbo de la lista más apropiado para cada número.

conocer	costar	poder	querer	saber	tener

LUCI: Yo no (1)_____ la leyenda de la Llorona. ¡Me fascinó!

HÉCTOR: Yo tampoco. (2)_____ la oportunidad de escucharla ayer por primera vez.

LUCI: No (3)_____ que tenía origen en la mitología azteca.

HÉCTOR: Me interesa mucho saber más. Fui a la librería porque (4)_____ comprar un libro de leyendas, pero (5)_____ demasiado y no lo compré.

LUCI: Creo que en la biblioteca hay algunos libros buenos. (6)_____ encontrar uno que me gustó mucho.

HÉCTOR: ¿(7. ellos)_____ más de uno?

LUCI: Sí, encontré varios.

👥 1-35 Preguntas indiscretas. Cada uno/a prepara una lista de ocho preguntas para entrevistar a un personaje famoso. Luego, alternen el papel del entrevistador/a y el del personaje famoso. Usen el pretérito y el imperfecto de los siguientes verbos en las preguntas.

conocer	costar	(no) poder	(no) querer	saber	tener (que)

MODELO: **saber** (al expresidente de México, señor Salinas de Gortari) *¿Cuándo supo que el gobierno mexicano sospechaba que usted había cometido fraude?*

👥 1-36 Un logro personal. Usando algunos de los verbos a continuación, cuéntense experiencias en las que hayan superado (*overcome*) dificultades para lograr una meta personal. Háganse preguntas sobre cómo se sentían durante el proceso.

(no) poder	conocer	(no) querer	saber	tener (que)

MODELO: *Desde niña, quería jugar al beisbol en el mismo equipo que mi hermano mayor. Cuando ingresé a la preparatoria, quise jugar en el equipo del colegio, pero el entrenador no quiso dejarme jugar por ser una muchacha. Mi hermano y yo supimos que en otra escuela sí podían jugar las muchachas, y tuvimos que cambiar de colegio para jugar juntos en el mismo equipo.*

Actividades

1-37 Historia transformada. Lee la historia de Orencio Sancho Caballero publicada en la revista *AÑO CERO*. Luego, subraya todos los verbos en el pretérito y en el imperfecto. Cambia algunos detalles de la historia para crear una original. Luego, cuéntale tu historia a la clase.

MODELO: *Durante una noche de julio de 1997, me desperté a las tres de la madrugada sobresaltado por un gemido extraño. Al abrir los ojos, me encontré con un monstruo …*

Conexiones **for Activity 1-37.** Have students locate Jerez de la Frontera on a map of Spain and collect information on its climate, topography, and population density. Compare it to a region in the United States or Canada.

Dos enormes cabezas me observaban

Durante una noche de finales de agosto o principios de septiembre de 1991, me desperté a las cuatro de la madrugada sobresaltado por un zumbido extraño. Al abrir los ojos me encontré con dos cabezas de color verde agua. Durante uno o dos segundos ellos no se percataron de que había abierto los ojos. En el momento en que se dieron cuenta de que no estaba durmiendo, se miraron y esgrimieron una sonrisa, lo que me relajó profundamente, con una sensación de paz y tranquilidad interior como no la he tenido nunca, ya que hasta ese momento estaba bloqueado por el miedo a que me hubiesen hecho algo. Volví a cerrar los ojos y me quedé dormido. Cuando desperté ya no había nadie en la habitación.

Por la mañana, comprobé que mi reloj estaba atrasado unos quince o veinte minutos, lo mismo que el despertador que tenía en la mesilla. En principio pensé que todo se debía a un sueño, hasta que un día un amigo me comentó que en una revista había localizado esos "enanos cabezones" de los que yo le había hablado. Compré el número y comprobé que los dibujos que lo ilustraban eran idénticos a los que vi aquella noche.

¿Qué pasó durante el tiempo en que los relojes se pararon? No lo sé. Lo único es que después descubrí algo así como manchas de hongos en mi espalda y en el pecho izquierdo, del tamaño de una moneda. Desde aquellos momentos he pasado bastante intran-quilidad temiendo que puedan volver a presentarse. ∎

Orencio Sancho Caballero
Jerez de la Frontera
(Cádiz)

Expansion for Activity 1-38.
Have students design an original comic strip, describe the scene, and narrate the events.

👥 **1-38 Un mago falso.** Trabajen juntos/as para interpretar esta tira cómica. La narración debe ser en el pasado.

MODELO: *Mario era un joven mexicano que vivía en …*

1-39 ¿Con quién/Qué soñaste? Cuéntense un sueño que hayan tenido. Al escuchar, tomen apuntes para ofrecer cada uno su interpretación. Luego, compartan sus sueños e interpretaciones con la clase.

cone×iones

Los sueños, ¿mensajes del más allá? ¿Cómo son las imágenes de un sueño? A diferencia del recuerdo de un acontecimiento o de una narrativa típica, un sueño no siempre encadena las imágenes "lógicamente". Trabajando en parejas, cuéntense sueños que hayan tenido cuyos significados son enigmáticos y ayúdense a interpretarlos. Después, conversen sobre sus sueños con los demás grupos. ¿Tienen algunas imágenes en común? ¿Qué puede significar esto?

A ESCUCHAR

Mary Urbanc y la gitana. Mary Urbanc es una estudiante norteamericana y hace tres meses que estudia en Madrid. Piensa pasar un año en la capital española para luego regresar a su universidad en los Estados Unidos. Durante los fines de semana a Mary le gusta visitar diferentes ciudades de España. En un viaje a Granada, se encontró con una gitana que quería leerle la mano. A continuación escucharás la conversación entre ellas.

Comprensión. Indica si las siguientes oraciones son ciertas (C) o falsas (F), según lo que oyes. Luego, corrige las falsas.

_____ 1. Mary era algo supersticiosa.
_____ 2. La gitana le predijo su futuro.
_____ 3. La gitana le cobró 100 pesetas.
_____ 4. Mary trabajaba en un negocio norteamericano.
_____ 5. Los padres preferían que estudiara lenguas extranjeras.
_____ 6. Mary llevaba menos de un año en España.
_____ 7. Mary tenía un novio español.
_____ 8. Mary no quería volver a los Estados Unidos.
_____ 9. Mary tenía un hermano menor.
_____ 10. El hermano de Mary se asustó de un fantasma.
_____ 11. El hermano hablaba mucho con Mary por teléfono.
_____ 12. La gitana no sabía predecir el futuro.

El/La adivino/a. Construyan un diálogo entre un/a adivino/a y su cliente sobre un suceso en el pasado. Usen algunos de estos verbos: **conocer, saber, costar, querer, poder** y **tener.**

GITANA: Tu hermanito siempre ha temido mucho a los fantasmas. Querías hacerle una broma la noche antes de salir para España. Te disfrazaste de fantasma, te escondiste en tu habitación y lo asustaste. Tu hermanito gritó y lloró mucho. Todavía te sientes mal por eso.

MARY: Sí, es cierto. Él aún lo recuerda y está muy enojado. La semana pasada no quiso hablar conmigo por teléfono. ¿Va a perdonarme mi hermano?

GITANA: ¿El futuro?... ¡Cien pesetas!

Note for Conexiones. This activity offers points of connection with Psychology, and with Literature in terms of the study of imagery and symbolism. You may want to bring in a dictionary of symbols such as Joan Eduardo Cirlot's *Diccionario de simbolismo.*

Suggestion for A escuchar. Ask students if they have ever had their hands read.

Follow-up for A escuchar. Ask students if they believe in palm reading and why or why not.

Tapescript for A escuchar.
GITANA: Mi niña, ¿quieres saber tu pasado, tu presente o tu futuro?
MARY: No, no, señora, gracias. Esas cosas me asustan. No quiero saber lo que va a ocurrirme. Además, no creo mucho en eso.
GITANA: Si no crees en esas cosas, mi niña, ¿por qué tienes miedo? ... Si quieres, sólo te digo el pasado, para comprobarte que es verdadero mi talento y así no sabrás lo que va a pasarte en el futuro.
MARY: Bueno, bueno. Voy a hacerlo sólo por curiosidad. ¿Cuánto cuesta?
GITANA: Cien pesetas, para ti, mi niña.
NARR: La anciana le toma la mano a Mary, la sostiene y la mira con mucha atención.
GITANA: Tú estudiabas negocios porque tus padres así lo querían, pero un día te miraste en el espejo y te dijiste: "¿A quién estoy engañando? Yo quiero estudiar idiomas." Entonces cambiaste de idea y decidiste estudiar español.
MARY: Sí, sí.
GITANA: Hace sólo unos meses que estás aquí... Viniste a España para aprender más y conocer gente... pero ayer hablaste por teléfono con alguien muy importante para ti... ah... un chico... un chico de tu país... y te dijo que te extrañaba mucho. En ese momento pensaste en regresar.
MARY: ¡Sí, sí! Pero decidí terminar el curso.
GITANA: Lo sé, mi niña. Eso está bien.
MARY: Quiero saber más, aún no estoy convencida. Quiero saber algo más específico... a ver si sabe usted qué pasó con mi hermanito antes de irme.
GITANA: Cien pesetas, mi niña.
MARY: Aquí tiene.

Ritmos
Tish Hinojosa

La leyenda de La Llorona ha dado lugar a una canción muy popular de la que hay muchas versiones, también. En esta balada, el amante, un hombre de piel oscura, le cuenta a La Llorona cómo fue que la conoció y cómo se siente con respecto a ella. Esta versión la canta Tish Hinojosa, una chicana de San Antonio, Texas.

La Llorona

Salías del Templo un día, Llorona
cuando al pasar yo te vi.

    Ay de mi, Llorona, Llorona, Llorona,
    de un campo un lirio
5   Ay de mí, Llorona, Llorona, Llorona,
    Llévame al río.

dress worn by native women

Hermoso huipil° llevabas, Llorona,
que la Virgen te creí. (bis)
No sé lo que tienen las flores, Llorona,
10 las flores de un campo santo. (bis)
Que cuando las mueve el viento, Llorona,
parece que están llorando. (bis)
Dos besos llevo en la frente, Llorona,
que no se apartan de mí. (bis)
15 El último de mi madre, Llorona,
y el primero que te di. (bis)
No sé lo que tienen las flores, Llorona,
las flores de un campo santo. (bis)
Que cuando las mueve el viento, Llorona,
20 parece que están llorando. (bis)
Tápame con tu rebozo, Llorona,
porque me muero de frío. (bis)

1-40 Impresiones. Contesta las siguientes preguntas sobre la canción.

1. ¿Qué impresión te da esta música? ¿Es triste, alegre, deprimente? ¿Por qué?
2. ¿Qué visión presenta de La Llorona?
3. ¿Cómo es el amante?
4. ¿Cómo se compara la versión cantada con la que leíste?
5. ¿Conoces una balada en inglés con un tema parecido?

 *Imágenes*

Francisco José Goya y Lucientes

Suggestions for *Imágenes*. Ask students what other famous Spanish painters they know. Ask them if they have attended an art class.

***Conexiones* for *Imágenes*.** Have students look for other biographical details about Goya on the Internet or at the library that could help explain the vision portrayed in this painting. Have them bring copies of paintings that represent his other styles as well. They may also construct a time line to illustrate what was occurring in Europe, the United States, and other parts of the world during the time that Goya lived and painted.

Francisco José Goya y Lucientes nació en 1746 en la provincia de Zaragoza, España. Goya fue un pintor sumamente original que rompió con las modalidades artísticas de su tiempo y que desarrolló un estilo propio. Fue uno de los pintores más importantes de la historia del arte español y mundial. Sus pinturas presentan una visión muy personal de las costumbres de su tiempo y de figuras políticas e históricas. En sus famosas "pinturas negras", Goya representaba temas macabros y tenebrosos del mundo de la fantasía popular y de su prodigiosa imaginación como la que verás a continuación. Goya murió en 1828.

Francisco Goya, "El hechizo", 1787–88, Fundación Lázaro Galdiano

Perspectivas e impresiones

1-41 ¿Qué opinas? Estudia las imágenes de la pintura de Goya. ¿Qué figuras ves? ¿Qué crees que simbolizan? ¿Qué sentimientos despierta en ti esta pintura? Goya dijo una vez: "el sueño de la razón produce monstruos". ¿Qué entiendes por esta frase? ¿Conoces otro artista que retrate imágenes macabras también? Usando el pretérito y el imperfecto, prepara una pequeña narración (una historia) que explique y describa lo que ves.

MODELO: *Habíase una vez …*

Páginas

Enrique Anderson Imbert

Enrique Anderson Imbert nació en Córdoba, Argentina, el 12 de febrero de 1910. Empezó a escribir muy joven y sus primeros cuentos fueron publicados cuando tenía 17 años. En 1947 aceptó un puesto de profesor de literatura en la Universidad de Michigan. En 1965 se creó para él la primera cátedra (*professorship*) de literatura hispanoamericana en la Universidad de Harvard y allí se quedó hasta su jubilación en 1980. El cuento "El fantasma" apareció en el libro *Las pruebas del caos*, publicado en Argentina en 1946. Esta original narración nos cuenta y describe en tercera persona los pensamientos y experiencias que tiene el protagonista después de la muerte.

Antes de leer

Estrategias de la lectura

El primer párrafo de un cuento a menudo introduce mucha información importante—el tema, el tono, el personaje o los personajes principales, etcétera. Antes de leer un cuento, puedes leer con mucho cuidado el primer párrafo para orientarte y anticipar.

1-41 Una idea global. Lee el primer párrafo del cuento y subraya las palabras que presenten el tema del cuento. ¿Cuál es? ¿Cómo es el tono del cuento? ¿Qué palabras o frases transmiten el tono? ¿Cuál es la situación familiar del señor? ¿Qúe edad tendrá? ¿Cómo lo sabes? ¿Por qué crees que se siente desengañado por su muerte? Mientras leas el cuento, apunta cómo el narrador desarrolla el tema de la muerte como algo normal y natural.

1-42 Algunas expresiones claves. Estas expresiones aparecen en el cuento. A ver si puedes adivinar su relación al inglés por su contexto.

1. La mujer se arrojó sobre su marido y lo encontró *exánime*. Lloró y lloró.
2. El fantasma podía volar por el aire pero no podía *traspasar* los objetos sólidos.
3. Después de la muerte de su esposa, sus hijas se quedaron *huérfanas* de madre.
4. El cuerpo descansaba en el *ataúd*.
5. Las hijas nunca se casaron; murieron *solteras*.
6. Los enterraron a todos en el *camposanto*.

El fantasma

Se dio cuenta de que acababa de morirse cuando vio que su propio cuerpo, como si no fuera el suyo sino el de un doble, se desplomaba° sobre la silla y lo arrastraba° en la caída. Cadáver y silla quedaron tendidos sobre la alfombra, en medio de la habitación.

was collapsing
dragged

5 ¿Con que eso era la muerte?

¡Qué desengaño! Había querido averiguar cómo era el tránsito al otro mundo ¡y resultaba que no había ningún otro mundo! La misma capacidad de los muertos, la misma distancia entre mueble y mueble, el mismo repicar de la lluvia sobre el techo… Y sobre todo ¡qué inmutables, qué indiferentes a su muerte los objetos
10 que él siempre había creído amigos! la lámpara encendida, el sombrero en la percha… Todo, todo estaba igual. Sólo la silla volteada y su propio cadáver, cara al cielo raso°.

ceiling

Se inclinó y se miró en su cadáver como antes solía mirarse en el espejo. ¡Qué avejentado°! ¡Y estas envolturas de carne gastada!

viejo

15 "Si yo pudiera alzarle los párpados° quizá la luz azul de mis ojos ennobleciera otra vez el cuerpo", pensó.

eyelids

Porque así, sin la mirada, esos mofletes°, arrugas°, las cuevas velludas° de la nariz y los dos dientes amarillos mordiendo el labio exangüe° estaban revelando su aborrecida condición de mamífero.

chubby cheeks; wrinkles; hairy
bloodless

20 —Ahora que sé que del otro lado no hay ángeles ni abismos me vuelvo a mi humilde morada°.

casa

Y con buen humor se aproximó a su cadáver —jaula vacía°— y fue a entrar para animarlo otra vez.

empty cage

¡Tan fácil que hubiera sido! Pero no pudo. No pudo porque en ese mismo
25 instante se abrió la puerta y se entremetió su mujer, alarmada por el ruido de la silla y cuerpos caídos.

Note on *habría ocurrido.* Point out that the conditional is often used, like the future tense, to convey conjecture. Students will review the concept of conjecture with the future tense in *Lección 2.*

—¡No entres! —gritó él, pero sin voz. Era tarde. La mujer se arrojó sobre su marido y al sentirlo exánime lloró y lloró.

—¡Cállate! ¡Lo has echado todo a perder!—gritaba él, pero sin voz.

¡Qué mala suerte! ¿Por qué no se le habría ocurrido encerrarse con llave durante la experiencia? Ahora, con testigo estaba muerto, definitivamente muerto. ¡Qué mala suerte!

observó
like a ship's bow between the waves of hair
entraron corriendo

Acechó° a su mujer, casi desvanecida sobre su cadáver; y a su propio cadáver, con la nariz como una proa entre las ondas de pelo° de su mujer. Sus tres niñas irrumpieron a la carrera° como si disputaran un dulce, se frenaron de golpe, poco a poco se acercaron y al rato todas lloraban, unas sobre otras. También él lloraba viéndose allí en el suelo, porque comprendió que estar muerto es como estar vivo, pero solo, muy solo.

Salió de la habitación, triste.

¿Adónde iría?

Ya no tuvo esperanzas de una vida sobrenatural. No. Ho había ningún misterio.

Y empezó a descender, escalón por escalón con gran pesadumbre.

landing

impenetrables

movements; sneak in

niches

Se paró en el rellano°. Advirtió que, muerto y todo, por creer que se movía como si tuviera piernas y brazos, había elegido como perspectiva la altura donde antes llevaba sus ojos físicos. ¡Puro hábito! Ahora quiso probar las nuevas ventajas y se echó a volar por las curvas del aire. Lo único que no pudo hacer fue traspasar los cuerpos sólidos, tan opacos, tan insobornables° como siempre. Chocaba contra ellos. No es que le doliera: simplemente no podía atravesarlos. Puertas, ventanas, pasadizos, todos los canales que abre el hombre a su actividad, seguían imponiéndoles direcciones a sus revoloteos°. Pudo colarse° por el ojo de una cerradura, pero a duras penas. No era una especie de virus filtrable para el que siempre hay paso: sólo podía penetrar por las rendijas° que los hombres descubren a simple vista. ¿Tendría ahora el tamaño de una pupila de ojo? Sin embargo, se sentía como cuando vivo, invisible, sí, pero no incorpóreo. No quiso volar más, y bajó a retomar sobre el suelo su estatura de hombre. Conservaba la memoria de su cuerpo ausente, de las posturas que antes había adoptado en cada caso de las distancias precisas donde estarían su piel, su pelo, sus miembros. Evocaba así a su alrededor su propia figura; y se insertaba donde antes había tenido las pupilas.

Esa noche veló al lado de su cadáver, junto a su mujer. Se acercó también a sus amigos y oyó sus conversaciones. Lo vio todo. Hasta el último instante, cuando los terrones del camposanto sonaron lúgubres° sobre el cajón y lo cubrieron.

grave dirt resounded dismally

whale; of mingling with the teeming throng

Él había sido toda su vida un hombre doméstico. De su oficina a su casa, de su casa a su oficina. Y nada, fuera de su mujer y sus hijas. No tuvo ahora tentaciones de viajar al estómago de la ballena° o de recorrer el gran hormiguero°. Prefirió hacer que se sentaba en el viejo sillón y gozó de la paz de los suyos.

Pronto se resignó a no poder comunicarles ningún signo de su presencia. Le bastaba con que su mujer alzara los ojos y mirase su retrato a lo alto de la pared.

A veces se lamentó de no encontrarse en sus paseos con otro muerto siquiera para cambiar impresiones. Pero no se aburría. Acompañaba a su mujer a todas partes e iba al cine con las niñas.

En el invierno su mujer cayó enferma, y él deseó que se muriera. Tenía la esperanza de que, al morir, el alma de ella vendría a hacerle compañía. Y se murió su mujer, pero su alma fue tan invisible para él como para las huérfanas.

Quedó otra vez solo, más solo aún, puesto que no pudo ver a su mujer. Se consoló con el presentimiento de que el alma de ella estaba a su lado, contemplando también a las hijas comunes… ¿Se daría cuenta su mujer de que él estaba allí? Sí,… ¡claro!… qué duda había… ¡Era tan natural!

Hasta que un día tuvo por primera vez desde que estaba muerto, esa sensación de más allá, de misterio, que tantas veces lo había sobrecogido° cuando vivo: ¿y si toda la casa estuviera poblada de sombras de lejanos parientes, de amigos olvidados, de fisgones° que divertían su eternidad espiando a las huérfanas?

Se estremeció de disgusto, como si hubiera metido la mano en una cueva de gusanos°. ¡Almas, almas, centenares de almas extrañas, deslizándose unas encima de otras, ciegas entre sí, pero con sus maliciosos ojos abiertos al aire que respiraban sus hijas!

Nunca pudo recobrarse de esa sospecha, aunque con el tiempo consiguió despreocuparse: ¡qué iba a hacer!

Su cuñada había recogido a las huérfanas. Allí se sintió otra vez en su hogar. Y pasaron los años. Y vio morir, solteras, una tras otra a sus tres hijas. Se apagó así, para siempre, ese fuego de carne° que en otras familias más abundantes va extinguiéndose como un incendio en el campo. Pero él sabía que en lo invisible de la muerte su familia seguía triunfando, que todos, por el gusto de adivinarse juntos, habitaban la misma casa, prendidos a su cuñada como náufragos al último leño°.

También murió su cuñada.

Se acercó al ataúd donde la velaban, miró su rostro, que todavía se ofrecía como un espejo al misterio, y sollozó, solo, solo, ¡qué solo! Ya no había nadie en el mundo de los vivos que los atrajera a todos con la fuerza del cariño. Ya no había posibilidades de citarse en un punto del universo. Ya no había esperanzas. Allí, entre los cirios en llama°, debían de estar las almas de su mujer y de sus hijas. Les dijo "¡Adiós!", sabiendo que no podían oírlo, salió al patio y voló noche arriba.

overcome

snoops

worms

i.e., he no longer had descendants

castaways to the last scrap of wood

lit candles

Follow-up for *Páginas*. Ask students what they would have liked the soul to be able to do.

Expansion for *Páginas*.

- Have students interview the ghost for a talk show.
- Have students role-play the scene at his wake or burial. What *elogio* was given? What comfort was given to his wife and daughters?
- Brainstorm the advice the ghost would give to his wife and daughters if he could.

Después de leer

1-43 ¿Cómo lo interpretas tú? Contesta las preguntas sobre el cuento, basándote en el texto o en lo que puedas inferir del mismo.

1. ¿Cómo pasaba su tiempo el señor después de su muerte?
2. ¿Qué podía y qué no podía hacer como fantasma?
3. ¿De qué se lamentaba a veces?
4. ¿Cómo sería la relación entre él y su mujer y sus hijas?
5. ¿Qué hizo el fantasma después de que todos se habían muerto?
6. ¿Por qué crees que no se quedó en la casa de la cuñada?

1-44 Temas de discusión. Hablen de los siguientes temas y prepárense para presentar sus opiniones a la clase.

1. ¿Qué visión de la muerte (optimista, pesimista) se presenta en el cuento? ¿Qué es lo peor de estar muerto, según el cuento? ¿Cómo se compara con la visión de ustedes?
2. ¿Creen que hay vida después de la muerte? ¿Cómo será?
3. ¿Creen en los fantasmas? ¿Por qué existen o no existen? ¿Cómo se comunican con nosotros?

Taller
Una narración en el pasado

Suggestion for *Taller*. Several of these steps can be done in class in pairs to help students feel at ease with the procedures.

1. **Examinar.** Vuelve a leer los tres primeros párrafos de "El fantasma" e identifica los usos del imperfecto y del pretérito. ¿Para qué sirve cada tiempo verbal en esta narración?

2. **Escoger.** Escoge uno de los siguientes temas para elaborar una narración y sigue los pasos para desarrollarla.

   una experiencia sobrenatural
   un truco de un mago famoso (por ejemplo, Houdini o
     David Copperfield)
   un sueño o una pesadilla que hayas tenido
   una película de horror
   tu otra vida
   un cuento original del más allá

3. **Crear la escena.** Usa el imperfecto para escribir tres o cuatro oraciones que describan la escena. Incluye tus impresiones del ambiente, los participantes, el tiempo, lo visual y lo sentido.

4. **Inventar los sucesos.** Usa el pretérito para narrar lo que pasó, qué hicieron los participantes, cómo reaccionaron, etcétera. Usa las siguientes expresiones para dar continuidad a la acción.

al día (mes, año) siguiente	de repente
al final	después de que
al mismo tiempo	durante
al principio	entonces
al rato	inmediatamente
de pronto	tan pronto como

5. **Ampliar el estado psicológico, el suspenso.** Indica, al mismo tiempo que narras los sucesos, cómo se sentían los participantes, qué pensaban, qué iban a hacer, qué pensaban que iba a pasar, etcétera. Usa el vocabulario de esta lección en tu narración.

6. **Resolver.** Usa el pretérito para indicar cómo se resolvió la situación.

7. **Revisar.** Revisa el uso de los tiempos verbales y la concordancia de sustantivos y verbos, adjetivos y artículos en tu narración.

8. **Compartir.** Intercambia tu trabajo con el de un/a compañero/a. Mientras leen las narraciones, hagan comentarios y sugerencias sobre el contenido, la estructura y la gramática.

9. **Entregar.** Pasa tu trabajo en limpio, incorporando las sugerencias de tu compañero/a y entrégaselo a tu profesor/a.

2 La tecnología y el progreso

Comunicación

- ◆ Discussing world issues of today and tomorrow
- ◆ Describing people and things
- ◆ Predicting future occurrences
- ◆ Expressing hopes and doubts

Estructuras

- ◆ Uses of *ser*, *estar*, **and** *haber*
- ◆ The future tense
- ◆ The Spanish subjunctive in noun clauses

Cultura

- ◆ **El movimiento ecológico costarricense**
- ◆ **La lucha contra la contaminación en México, D. F.**
- ◆ **Ritmos: Maná**—*¿Dónde jugarán los niños?*
- ◆ **Imágenes: Antonio Berni**—*Juanito en la laguna*
- ◆ **Páginas: José Ruibal**—*Los mutantes*

EL DR. CARLOS SALVADOR ES UN EXPERTO EN CONTAMINACIÓN AMBIENTAL. UN PERIODISTA LO ENTREVISTA SOBRE ESTE TEMA TAN CRUCIAL PARA EL FUTURO DEL MUNDO.

ENTREVISTADOR: ¿A qué llama usted contaminación?

DR. SALVADOR: La contaminación implica una alteración de la pureza de cualquiera de los elementos que constituye nuestro planeta. Es uno de los gravísimos problemas que ha traído la civilización. Hasta hace tres décadas, todavía no se preveían las nefastas consecuencias de la contaminación sobre la vida en todo el mundo.

ENTREVISTADOR: ¿Cuáles son las causas más importantes de la contaminación ambiental?

DR. SALVADOR: Lo que más influye en la contaminación del aire son las industrias y los vehículos a motor por la cantidad de petróleo que consumen. Esta combustión da origen al monóxido de carbono, al plomo y a algunos otros gases que representan un grave peligro para todo lo que es la vida del planeta: vida humana, vida animal y vida vegetal.

Como la temperatura de la Tierra está subiendo, se cree que los océanos aumentarán de 80 a 90 centímetros su nivel, produciendo la inundación de muchísimas zonas costeras, con el consecuente desplazamiento de la población y las pérdidas de las industrias que están en las costas. La sequía se agravaría y la desertificación afectaría cada vez a zonas más extensas, con repercusiones en la agricultura y, consecuentemente, en la producción de alimentos a nivel mundial.

La contaminación ambiental por el plomo es otro fenómeno muy grave. El consumo de gasolinas de baja calidad produce en las personas alteraciones de la sangre y, en los niños, daño cerebral y menor capacidad intelectual. Si a esto sumamos otros factores limitantes propios de poblaciones tercermundistas, como la malnutrición y la deficiente educación, los resultados son impactantes.

ENTREVISTADOR: Muchos ya entienden algo de la contaminación externa pero se les olvida la que existe dentro de nuestros hogares o lugares de trabajo. ¿Puede usted dar un ejemplo?

DR. SALVADOR: El cigarrillo constituye uno de los factores de más alto índice de contaminación con grave perjuicio, no sólo para las personas que fuman, sino para las que están a su alrededor, produciendo una serie de enfermedades que van desde el cáncer pulmonar, el enfisema, el infarto cardíaco y la bronquitis, hasta daños a los niños que están en gestación de madres que fuman. Éstos reciben inocentemente los efectos del tabaco con sus más de cuatro mil tóxicos, incluyendo la nicotina, que es una sustancia altamente adictiva.

ENTREVISTADOR: ¿Cuáles son las consecuencias de la contaminación en el organismo?

DR. SALVADOR: La contaminación aérea, por el clásico *smog,* es muy importante en algunas ciudades e implica un aumento de la tasa de enfermedades respiratorias. El monóxido de carbono, el anhídrico sulfuroso, el dióxido de carbono, los cloro-fluoro-carbonados, al ingresar al interior del organismo, tienen un efecto irritativo sobre el epitelio, sobre la mucosa del árbol respiratorio.

La alternativa es: o controlamos la contaminación, o para nuestros hijos, aún más para nuestros nietos, la situación será muy difícil, ya que los problemas de salud llegarían a límites insostenibles y la supervivencia de algunas especies peligraría. ■

¡Así lo decimos!

Vocabulario primordial

el agua	el enfisema
el aluminio	las especies en peligro
el asma	de extinción
la atmósfera	el hidrógeno
la bacteria	el lago
la bronquitis	la lluvia ácida
el cáncer pulmonar	el monóxido de carbono
el cemento	el nitrógeno
la contaminación	el océano
la destrucción	el oxígeno
el dióxido de carbono	el petróleo
el ecosistema	el plástico
la energía eléctrica,	el río
nuclear, solar	el uranio

Vocabulario clave

Verbos

botar	to throw away
calentar (ie)	to warm
congelar	to freeze
dañar	to damage
desechar	to throw away
desintegrarse	to disintegrate
desperdiciar	to waste
extinguir	to extinguish
perjudicar	to harm
prevenir (ie)*	to prevent
quemar	to burn
rescatar	to rescue

Sustantivos

el acero	steel
el arroyo	stream
la basura	trash
el bosque	forest
la capa del ozono	ozone layer
el carbón	coal
el cartón	cardboard
la ceniza	ash
el combustible	fuel
el cristal	glass

*como venir

el desecho	rubbish; debris
el desperdicio	waste
el efecto invernadero	greenhouse effect
la especie	species
la fábrica	factory
el hierro	iron
el humo	smoke
el infarto cardíaco	heart attack
la madera	wood
la materia prima	raw material
el medio ambiente	environment
el nivel	level
el plomo	lead
el rescate	rescue
la selva	jungle
la sequía	drought
la sustancia	substance

Adjetivos

ambiental	environmental
dañino/a	damaging
nefasto/a	disastrous
perjudicial	harmful
potable	safe to drink

Otras palabras y expresiones

alrededor	around
a través de	through
sobre	on, over

Ampliación

Verbos	Sustantivos	Adjetivos
afectar	el efecto	afectado/a
conservar	la conservación	conservado/a
contagiar	el contagio	contagioso/a
contaminar	la contaminación,	contaminado/a
	el contaminante	
dañar	el daño	dañino/a, dañado/a
deforestar	la deforestación	deforestado/a
desaparecer (zc)	la desaparición	desaparecido/a
destruir (y)	la destrucción	destruido/a
extinguir	la extinción	extinto/a
infectar	la infección	infectado/a
irritar	la irritación	irritado/a
proteger	la protección	protegido/a
purificar	la purificación	puro/a, purificado/a
reciclar	el reciclaje	reciclado/a
salvar	la salvación	salvado/a

Aplicación

2-1 ¿Qué es la contaminación? Según el Dr. Salvador, ¿cuáles de las siguientes oraciones caracterizan la contaminación? Indica si cada oración es cierta (C) o falsa (F) y corrige las oraciones falsas.

Responses for Activity 2-1.
1. F 2. F 3. C 4. C 5. F 6. F
7. C 8. F

1. _____ La contaminación es un problema que no afecta más que los países en vías de desarrollo.
2. _____ La causa más importante de la contaminación es el automóvil.
3. _____ El gas del plomo es especialmente peligroso para el desarrollo intelectual de los niños.
4. _____ El bajo nivel de educación, la pobre alimentación y la contaminación por el plomo se combinan para causar aun más daño en países tercermundistas.
5. _____ Según el Dr. Salvador, la contaminación sólo se encuentra fuera de nuestras casas y fuera de los edificios donde trabajamos.
6. _____ La adicción al cigarrillo es un problema principalmente para los fumadores.
7. _____ El enfisema es una enfermedad de los pulmones.
8. _____ Según el Dr. Salvador, el problema de la contaminación se resolverá para el año 2005.

2-2 El origen, el uso y el efecto. ¿Cuál es el origen y el uso, y qué efecto tienen estos productos de nuestra civilización?

Conexiones for Activity 2-2. Have students locate regions where these are produced or occur naturally.

MODELO: el petróleo

Es un producto de la tierra. Se usa para producir combustible para los coches y las otras máquinas. El humo del petróleo contamina el aire y destruye la capa del ozono.

1. el humo
2. el carbón
3. el plástico
4. la madera
5. el aluminio
6. el uranio
7. la lluvia ácida
8. el acero
9. los desechos industriales
10. la sequía

2-3 Exprésate mejor. Lee las siguientes oraciones. Usa una variación de cada palabra en itálica para escribir una oración nueva que elabore la idea de la oración original.

Composición for Activity 2-3. Have students write a paragraph using terms from *Ampliación*.

MODELO: La tuberculosis es una enfermedad *contagiosa*. *La tos de una persona con tuberculosis nos puede* contagiar.

1. Es necesario filtrar los *desechos* de una fábrica de productos químicos para que no contaminen el medio ambiente.
2. Los *contaminantes* causan mucho daño en la salud de la gente joven.
3. Muchas ciudades tienen un programa obligatorio de *reciclaje*.
4. En la Florida hay una campaña de *rescate* de los animales en peligro de extinción.
5. Muchas sustancias químicas contribuyen a *la destrucción* de la capa del ozono.
6. En Costa Rica hay un movimiento para detener la *deforestación* de las montañas.
7. En muchas partes del mundo es necesario tomar agua *purificada* en botella.
8. La región del desierto de Atacama en Chile es completamente *seca*.
9. En las Islas Galápagos hay una tortuga gigante que se llama Jorge Solitario. Como es la última tortuga de su especie, está en peligro de *extinción*.
10. Muchos científicos temen la *desintegración* de la capa del ozono.

Conexiones for Activity 2-4. Have students work in small groups to gather additional information from the encyclopedia or the World Wide Web.

👥 2-4 Causas y consecuencias. Expliquen las causas y las consecuencias de estos problemas ambientales.

MODELO: En algunos países del tercer mundo todavía usan gasolina con plomo.

E1: *La gasolina con plomo cuesta menos que la gasolina que no tiene plomo.*

E2: *Pero es dañina especialmente para los niños.*

1. Las ciudades grandes tienen *smog*.
2. Los árboles que rodean la Ciudad de México están muriéndose.
3. Ciertos días, especialmente en invierno, se cierran las escuelas de la Ciudad de México y no se permite que los niños salgan a la calle.
4. Muchos jóvenes fuman cigarrillos.
5. El costo del seguro médico ha subido muchísimo durante la última década.
6. Las ciudades de las naciones tercermundistas son cada vez más grandes.
7. Muchas familias tienen más de un coche.
8. El cincuenta por ciento de las personas que padecen de cáncer pulmonar son mujeres.
9. En los Estados Unidos, Canadá e Inglaterra hay restricciones sobre las campañas publicitarias del cigarrillo.
10. Hay cada vez más casos de asma infantil en las ciudades grandes.

Expansion for Activity 2-5. Have students estimate the cost of their solutions to these problems and explain how they might be financed.

Suggestion for Activity 2-6. Compile the *lemas* into a student-produced publication or create a bulletin board display.

Expansion for Activity 2-7. Have volunteers take the role of reporters at a press conference to interview the anti-conservationists.

Conexiones for Activity 2-7. Read this description of *las maquiladoras* and have students complete the activity that follows. Write the *modelo* on the board.

Las maquiladoras. *Las maquiladoras son fábricas que reciben las materias primas de un país, fabrican un artículo, y después lo vuelven a exportar al país de origen. Hagan una lista de cinco o seis bienes de consumo que lleven etiqueta norteamericana o canadiense, parte de cuya fabricación se haga en otro país. Luego discutan las razones y las posibles consecuencias de esta práctica.*

MODELO: *La ropa de algodón muchas veces tiene etiqueta norteamericana (Levi, Calvin Klein, Guess), pero es fabricada en la República Dominicana, Guatemala, o China.*

👥 2-5 En mi opinión. De los siguientes problemas ecológicos, decidan cuáles son los más graves para ustedes y expliquen por qué. ¿Pueden ofrecer algunas soluciones a los problemas?

el efecto invernadero
la lluvia ácida
los desechos nucleares
el sobreuso de antibióticos
la desaparición de las especies
la explotación de los recursos naturales
los derrames de petróleo
el agujero en la capa de ozono
el bajo nivel de fertilidad
los animales con deformaciones genéticas
¿otro?

👥 2-6 ¡El agua es la vida! ¡Cuídala! Éste es el lema publicitario para conservar el agua en México. Hagan una lista de otros lemas publicitarios. Luego escojan un problema socio-ecológico y preparen una campaña publicitaria para diseminar información y/o influir en el público. Preséntenle el problema y la campaña a la clase.

👥 2-7 El abogado del diablo. Monten una campaña negativa dando razones convincentes para no implementar la conservación del medio ambiente. Pueden incluir razones económicas, sociales, políticas y/o personales.

Estructuras

1. Uses of **ser**, **estar**, and **haber**

El agua es la vida.

Use **ser**:

◆ with a noun or pronoun that identifies the subject.

Juan **es** químico.	*John is a chemist.*
Nosotros no **somos** fumadores.	*We are not smokers.*

Note for *ser*. This may also be called a predicate nominative.

◆ with adjectives or nouns that identify the nationality, religious and political affiliations, or occupation of the subject.

Somos españolas.	*We are Spaniards.*
Los misioneros **eran** menonitas.	*The missionaries were Mennonites.*
Mi hermana **es** científica.	*My sister is a scientist.*

◆ with adjectives to express characteristics of the subject such as size, color, and shape.

La selva amazónica **es** inmensa.	*The Amazon jungle is inmense.*
El petróleo **es** negro.	*Oil is black.*
La mesa **es** redonda.	*The table is round.*

◆ with the preposition **de** to indicate origin or possession, and to tell what material something is made of.

Evelio **es de** Guatemala.	*Evelio is from Guatemala.*
Las bolsas plásticas **son de** Luisa.	*The plastic bags are Luisa's.*
El tanque **es de** acero.	*The tank is made of steel.*

◆ to indicate where and when events take place.

La conferencia **fue** en el auditorio.	*The conference was in the auditorium.*
Las entrevistas **son** a las ocho.	*The interviews are at eight.*

◆ to express dates, days of the week, months and seasons of the year.

Era martes, el 12 de octubre de 1999. *It was Tuesday, October 12, 1999.*
Es verano y hace mucho calor. *It's summer and it's very hot.*

◆ to express time.

Son las cinco de la tarde. *It's five o'clock in the afternoon.*
Era la una de la mañana. *It was one in the morning.*

◆ with the preposition **para** to tell for whom or for what something is intended.

¿Para quién **es** el tanque de oxígeno? *For whom is the oxygen tank?*
Es para el señor Ramírez. *It's for Mr. Ramírez.*

◆ in impersonal expressions.

Es importante hacer la investigación. *It's important to do the research.*
La contaminación **es alarmante**. *The pollution is alarming.*

Note for *ser*. See *Lección 12* for a more detailed presentation of the passive voice.

◆ with a past participle to express the passive voice. (Notice that in the passive voice, the subject is acted upon by a person or persons introduced by **por**, and that the past participle agrees in gender and number with the subject.)

Las playas **fueron contaminadas por** el pueblo. *The beaches were contaminated by the people.*
El parque **fue limpiado por** los estudiantes. *The park was cleaned by the students.*

***Use* estar:**

◆ to indicate the location of objects and persons.

El agujero de la capa del ozono **está**   *The hole in the ozone layer is over*
  sobre el Polo Norte.   *the North Pole.*
Los científicos **están** allí para estudiarlo. *The scientists are there to study it.*

◆ with progressive (**-ndo** form) constructions.

La fábrica petroquímica **estaba**   *The petrochemical factory was*
  reciclando sus desechos.   *recycling its waste.*
¡Qué peste! La fábrica papelera   *What a smell! The paper factory is*
  está quemando algo.   *burning something.*

◆ with adjectives to express a physical or mental/emotional state or condition of
  the subject.

El agua **está** fría para agosto.   *The water is cold for August.*
El paciente **estaba** deprimido   *The patient was depressed when they*
  cuando lo aislaron.   *isolated him.*

◆ with a past participle to describe the resultant condition of a previous action.

La playa **está contaminada.**   *The beach is contaminated.*
Los peces **están muertos.**   *The fish are dead.*

◆ to express change from the norm, whether perceived or real.

Estás muy flaca. ¿Comes bien?   *You're (you look) thin. Are you*
                                          eating well?
El profesor **está** muy simpático hoy. *The professor is (being/acting) very*
                                          nice today.

◆ Some adjectives have different meanings when used with **ser** or **estar.**

WITH **SER**	ADJECTIVE	WITH **ESTAR**
to be boring	**aburrido/a**	*to be bored*
to be good, kind	**bueno/a**	*to be well, in good health*
to be funny	**divertido/a**	*to be amused*
to be clever	**listo/a**	*to be ready*
to be bad, evil	**malo/a**	*to be sick, ill*
to be handsome	**guapo/a**	*to look handsome*
to be pretty	**bonito/a**	*to look pretty*
to be ugly	**feo/a**	*to look ugly*
to be smart, lively	**vivo/a**	*to be alive*

Use haber:

Note for *haber*. See *Lección 4* for a more detailed presentation of the present perfect tense.

◆ as the auxiliary verb in the perfect tenses.

Nunca **he cortado** un árbol.   *I have never cut a tree.*
Habían recogido la basura   *They had picked up the trash*
    en su calle.   *in their street.*

◆ in the special third-person singular form, **hay** (**había/habrá**, etc.), to signal the existence of one or more nouns (*there is/was/are/were/will be*, etc.).

Hay bosques pluviales en Ecuador.   *There are rain forests in Ecuador.*
Había aire puro en esa montaña.   *There was pure air on that mountain.*
Habrá aun más problemas ecológicos   *There will be even more ecological*
    para nuestros nietos.   *problems for our grandchildren.*

◆ in the expression **hay** (**había/habrá**) **que** + *infinitive* to convey *to be necessary to…* or *one (we) must….*

Hay que conservar electricidad.   *We must conserve electricity.*
En el futuro **habrá que** iniciar   *In the future it will be necessary to*
    un programa de reciclaje.   *begin a recycling program.*

Aplicación

Conexiones for Activity 2-8. Use natural or man-made disasters instead of people, e.g., *El Niño, el huracán Hugo, el volcán Mt. St. Helens.*

2-8 ¿Quién es? ¿Cómo es? ¿De dónde es? Piensa en una persona o un personaje muy conocido y descríbeselo/la a la clase. Usa tantos detalles como sea posible. Después, la clase tratará de adivinar quién es.

MODELO: Sandra Cisneros

Es una novelista mexicoamericana. Es de Chicago. Es muy talentosa. Es escritora de Woman Hollering Creek. *Es una de mis cuentistas favoritas.*

Expansion for Activity 2-9. Give students the following instructions to expand the activity.

¡Es importante! Hagan una lista de seis o más cosas que son importantes, necesarias y urgentes que se haga para proteger el medio ambiente. MODELO: Es importante reciclar los deshechos.

≗≗ 2-9 Impresiones. ¿Qué impresión tienen ustedes cuando primero ven u oyen acerca de estos problemas ecológicos? Primero apunten sus impresiones, y luego hagan una lista de las cosas que hay que hacer para remediar el problema.

MODELO: el aire de la Ciudad de México

Está horriblemente contaminado. Es importante reducir las emisiones de los coches. Además, hay que buscar maneras de reducir la contaminación industrial.

1. la deforestación de Haití
2. los desechos nucleares
3. los peces muertos en Nueva Inglaterra
4. los derrames de petróleo
5. los incendios en las selvas del Lejano *(Far)* Este
6. los automóviles grandes que usan mucha gasolina
7. el efecto meterológico llamado "El Niño"
8. los volcanes activos

👥 **2-10 ¿Dónde? ¿Cómo?** Expliquen dónde están estos lugares, qué hay en ellos, por qué son famosos y/o por qué han recibido atención últimamente. Después, piense cada uno/a en otro lugar y descríbaselo a tu compañero/a sin identificarlo. Cada uno/a trata de adivinar el lugar que el/la otro/a describe.

MODELO: Buenos Aires

E1: *¿Dónde está Buenos Aires?*

E2: *Está en Argentina. Es la capital. Es una ciudad grande y cosmopolita. Hay teatros, museos, bares y buenos restaurantes. Es famosa por sus barrios étnicos, su comida, su música y sus comunidades artísticas.*

1. Nueva York
2. Madrid
3. Patagonia
4. Acapulco
5. las islas Galápagos
6. el Canal de Panamá
7. Gibraltar
8. los Andes
9. el río Amazonas
10. Popocatépetl

👥 **2-11 ¿Quiénes? y ¿Por qué?** Inventen oraciones con los siguientes participios, según el modelo. Pueden trabajar juntos o turnarse.

MODELO: preparando / preparado

El gobierno está preparando una campaña anti-tabaco dirigida a los jóvenes. Estará preparada para el primero de septiembre cuando se abran las escuelas.

1. desperdiciando / desperdiciado
2. protegiendo / protegido
3. contaminando / contaminado
4. destruyendo / destruido
5. purificando / purificado
6. desapareciendo / desaparecido
7. conservando / conservado
8. perjudicando / perjudicado

Suggestion for Activity 2-11. Have students form sentences that contrast meaning of past participles used with *ser* or *estar*, e.g. *El agua está contaminada. Fue contaminada por la fábrica de fertilizantes.*

👥 **2-12 Una crisis ecológica.** Piensen en una crisis que haya ocurrido recientemente y explíquenla. Usen los verbos **ser, estar,** o **haber** para comunicar la gravedad del acontecimiento. Todos deben contribuir ideas y/o hacer preguntas.

MODELO: *Hubo una erupción volcánica en Nueva Zelandia. Toda la tierra está cubierta de cenizas y piedras volcánicas. El aire está lleno de polvo y es difícil respirar. Es necesario evacuar a la gente.*

A propósito...

El movimiento ecológico costarricense

En Latinoamérica hasta hace un par de décadas no había gran preocupación por la contaminación del aire, los ríos, los lagos y los océanos. La tala *(felling)* indiscriminada de los bosques tropicales para abrir paso a la civilización había destruido cientos de especies de plantas, animales, pájaros e insectos que contribuían al equilibrio ecológico de los bosques. Costa Rica es el país que más esfuerzo ha hecho para cambiar esta situación. El Ministerio de Recursos Naturales de Costa Rica comenzó un plan de repoblación forestal. En 1988 este Ministerio por primera vez auspició *(sponsored)* la limpieza de basura de cuatro playas del Atlántico y del Pacífico de Costa Rica. En esa ocasión más de 2.000 voluntarios, la mayoría estudiantes, recogieron la basura de estas playas. Después se formó una comisión nacional de limpieza y ahora todos los años, además de las playas, se incluye la limpieza de los parques de las ciudades. En Costa Rica se está educando a la juventud para que aprecie la naturaleza. Allí existen numerosos proyectos para el mejoramiento del medio ambiente tales como la siembra *(planting)* de árboles y el reciclaje de productos de papel, cartón, vidrio, aluminio y plástico.

Vamos a comparar

¿Qué estamos haciendo en los Estados Unidos y Canadá para mejorar el medio ambiente? ¿Participan ustedes en algún programa de reciclaje? Expliquen. Muchos países hispanos piensan que los países industrializados son culpables del pobre estado del medio ambiente y creen que estos países ahora deben ayudar económicamente a la preservación de los bosques tropicales de Latinoamérica. ¿Qué opinan de esto?

2. The future tense

◆ The Spanish future tense, like the English *will + verb* structure, expresses what will happen in the future.

- The Spanish future tense is formed with the present tense endings of the verb **haber**. The silent **h** is dropped. There is only one set of endings for the **-ar**, **-er**, and **-ir** verbs. Note that all endings, except for the **nosotros** form, have a written accent mark.

	TOMAR	COMER	VIVIR
yo	tomaré	comeré	viviré
tú	tomarás	comerás	vivirás
Ud./él/ella	tomará	comerá	vivirá
nosotros/as	tomaremos	comeremos	viviremos
vosotros/as	tomaréis	comeréis	viviréis
Uds./ellos/ellas	tomarán	comerán	vivirán

Mañana **hablaremos** con el médico.	*Tomorrow we will talk with the physician.*
¿**Vendrás** a la conferencia conmigo?	*Will you come to the lecture with me?*

- The Spanish future tense never expresses the idea of *willingness,* as does the English future.

¿Quieres ayudarme/Me ayudas a dejar de fumar?	*Will you help me stop smoking?*

- There are several Spanish verbs that have irregular stems in the future. The irregular stems can be grouped into three categories:

1. The future stem is different from the stem of the regular verb.

decir	**dir-**	diré, dirás…
hacer	**har-**	haré, harás…

2. The **e** of the infinitive is dropped to form the stem of the future.

haber	**habr-**	habré, habrás…
poder	**podr-**	podré, podrás…
querer	**querr-**	querré, querrás…
saber	**sabr-**	sabré, sabrás…

3. The **e** or the **i** of the infinitive is replaced by **d** to form the stem of the future.

poner	**pondr-**	pondré, pondrás…
salir	**saldr-**	saldré, saldrás…
tener	**tendr-**	tendré, tendrás…
venir	**vendr-**	vendré, vendrás…

A que ya sabías...

The future to express probability or conjecture

The future tense can often express probability or conjecture in the present in Spanish.

¿Habrá trucha en ese río?
I wonder if there's trout in that river.

–¿**Estará** contaminado el aire?
–*Could the air be contaminated?*
–Sí, **será** por el plomo de la gasolina.
–*Yes, it's probably because of the lead in the gasoline.*

Aplicación

Conexiones for Activity 2-13. Have students make political or ecological predictions based on information from other classes or the news. For example, *El presidente establecerá una comisión para estudiar la contaminación de las playas de la costa del Atlántico.*

2-13 Promesas para el Año Nuevo. Usa el tiempo futuro para escribir una lista de tus propósitos para el próximo año.

MODELO: *Terminaré mis estudios y buscaré trabajo en una empresa que se ocupe del medio ambiente.*

2-14 Candidato/a para alcalde. Haz una lista de los problemas ecológicos que tiene tu comunidad. Imagínate que eres candidato/a para alcalde y que necesitas explicar tu programa político. En una composición de un mínimo de diez oraciones, expresa cómo resolverás esos problemas.

Conexiones for Activity 2-15. Have students research political conditions in Spanish-speaking countries in order to predict who will be the next president, or what political changes will take place.

2-15 Predicciones. Hagan por lo menos diez predicciones para el mundo en el año 2015 y luego preséntenlas a la clase.

MODELO: *Las clases universitarias se tomarán en casa por medio de la computadora; los estudiantes conocerán a los profesores sólo por correo electrónico y sólo verán su imagen en una pantalla.*

Expansion for Activity 2-16. Have students describe places or events.

2-16 ¿Quién será? Escribe cada uno/a cinco o más descripciones cortas de personas conocidas o compañeros de clase. Luego, túrnense para leerlas a la clase. La clase debe adivinar quiénes serán las personas descritas.

MODELO: E1: *Es un actor español muy guapo. Está casado con Melanie Griffith. ¿Quién será?*
E2: *Será Antonio Banderas.*

EL TELÉGRAFO

Futurólogo anuncia teledemocracia y parejas cambiantes

Nuevas predicciones para el 2015

El matrimonio pasará pronto a la historia para dar paso a una nueva era de parejas cambiantes; mientras que los ciudadanos votarán utilizando el mando a distancia de sus televisores, en lugar de la tradicional papeleta.

Esas son algunas de las predicciones que hace el conocido futurólogo alemán Gerd Gerken en su nuevo libro *Trends 2015*, cuyas principales conclusiones publica en su último número el semanario austríaco *News*.

Gerken pronostica un futuro muy negro para la prensa escrita y afirma que en el año 2015 ya no habrá productos impresos, ni revistas, ni semanarios, ni libros y sólo ordenadores "multimedia". La mayoría de las cadenas de televisión privadas fracasarán con sus "programas basura", mientras que el dinero será para la llamada "televisión de pago", es decir para las emisoras que ofrez-can programas a la carta: tanto noticias políticas, deportivas o económicas como películas o espectáculos.

El ordenador multimedia significará también el fin de las colecciones privadas de discos compactos, ya que podrán pedirse por vía electrónica.

En la familia se producirá una auténtica revolución ya que las parejas estables, que se prometen amor eterno, serán algo del pasado, y las nuevas parejas serán cambiantes: el ideal futuro no será "hasta que la muerte nos separe", sino el cambio de pareja según evolucione la propia personalidad.

Al mismo tiempo, predice Gerken, la cibernética permitirá a cada cual vivir sus propias fantasías con ayuda de un simple disquete.

En palabras de Gerken, "la televisión será en el futuro algo así como pólvora para el cerebro" y al final se instituirá "la teledemocracia, en la que cada vez más asuntos políticos se decidirán por cable". Habrá una especie de referéndum, como en Suiza, con la diferencia de que la papeleta y la cabina de voto serán sustituidas por la presión de una tecla de mando a distancia.

La jornada laboral se acortará sensiblemente, y así en el año 2010 no se trabajará más de 30 horas semanales y diez años después, no más de 20 horas. Cada vez más personas trabajarán en sus propios domicilios gracias al ordenador, y la remuneración no será fija sino que dependerá de la eficacia y del rendimiento de cada individuo, pudiendo estimularse mediante substancias para el cerebro que actuarán como drogas.

La cibernética dará lugar a una auténtica revolución en el ocio. En el llamado ciberespacio, el individuo podrá vivir, como si fueran auténticas, experiencias más emocionantes que las reales. La felicidad del individuo será la nueva droga del ocio y las personas se irán solas de vacaciones, en busca del propio yo.

—*Viena • EFE*

Vocabulario primordial

automático/a
el cable
el circuito
la computadora / el
    ordenador (España)
la conexión
el correo electrónico
el disco compacto
el disco duro
el disquete
el/la empresario/a

el filtro
la impresora
los medios de comu-
    nicación en masa
el motor
la planta
la producción en
    masa
el radar
la radiación
el satélite

Campos (y profesiones) clave en el futuro

la astrofísica (el/la astrofísico/a)
la bioquímica (el/la bioquímico/a)
la cibernética
la electrónica
la genética (el/la geneticista)
la ingeniería nuclear (el/la ingeniero/a nuclear)
la química (el/la químico/a)
el/la técnico/a

Vocabulario clave

Verbos

asegurar	to ensure
aumentar	to increase
incendiar	to set on fire
predecir (i)*	to predict
prever	to foresee

Sustantivos

el alambre	wire
el aparato	device
la calidad	quality
la cantidad	amount
el/la fabricante	manufacturer, builder
la informática	computer science
la jornada laboral	workday
la medida	measure
los medios de difusión	broadcasting
el ocio	leisure time
la onda	(radio) wave
la pantalla	screen
la pieza	piece
la red informática	Internet
la tecla	key
el teclado	keyboard

Adjetivos

atrasado/a	late; backward; slow (as in clock)
beneficioso/a	beneficial
grave	serious
quemado/a	burned
saludable	healthy

*como decir

Ampliación

Verbos	Sustantivos	Adjetivos
afectar	el efecto	afectado/a
agravar	la gravedad	grave
asegurar	la seguridad	seguro/a
aumentar	el aumento	aumentado/a
avanzar	el avance	avanzado/a
construir (y)	la construcción	construido/a
convertir (ie, i)	la conversión	convertido/a
desaparecer (zc)	la desaparición	desaparecido/a
disminuir (y)	la disminución	disminuido/a
fabricar	la fabricación	fabricado/a
mantener (ie)	el mantenimiento	mantenido/a
predecir (i)	la predicción	predicho/a
prever	la previsión	previsto/a

¡cuidado!

calidad/cualidad

Calidad y **cualidad** are both cognates of the English word *quality* but have different meanings.

calidad   *quality* as in a measure of worth

Todo depende de la **calidad** de los materiales.
Everything depends on the quality of the materials.

cualidad   *quality* as in a characteristic of a person or thing

Su dedicación es la **cualidad** que más le admiro.
His/Her dedication is the quality I most admire.

Aplicación

2-17 Nuevas predicciones. Lee rápidamente los tres primeros párrafos del artículo y contesta las siguientes preguntas para concretar las ideas más importantes.

1. ¿Qué es un futurólogo?
2. ¿Qué dos cosas se pronostican en el primer párrafo?
3. ¿Quién las hace?
4. ¿Para cuándo se realizarán las predicciones?
5. ¿Cuál será el medio dominante de comunicación?
6. En tu opinión, ¿son predicciones optimistas o pesimistas?

Suggestion for Activity 2-17. Have students identify the thesis statement and two or three supporting statements.

2-18 Información clave. Vuelve a leer rápidamente el artículo y subraya por lo menos quince cognados que encuentres. Usa algunos de los cognados para resumir en dos o tres oraciones el tema del artículo.

2-19 Las conclusiones del futurólogo. Las siguientes preguntas se relacionan con las opiniones del señor Gerken. Contesta las preguntas según el artículo.

1. ¿Por qué no veremos "programas basura" en la televisión para el año 2015?
2. ¿Cómo escucharemos música?
3. ¿Qué efecto tendrá la revolución cibernética en la familia?
4. ¿Cómo votaremos en las elecciones?
5. ¿Qué será el sustituto de la familia?
6. ¿Cómo será la semana laboral? ¿Cuántas horas trabajaremos y dónde?
7. ¿Qué implica la reducción de horas para la remuneración?
8. ¿Cómo nos divertiremos en nuestros ratos de ocio?
9. Según el Sr. Gerken, ¿quién será la persona más importante en el futuro para nosotros?

Composición for Activity 2-19. Have students use the questions as a guide to write a summary of the article.

2-20 Exprésate mejor. Lee las siguientes oraciones. Usa una variación de la palabra en itálica para escribir una oración nueva que elabore la idea de la oración original.

MODELO: El gobierno *ha agravado* la crisis del medio ambiente porque ha permitido más excavaciones de petróleo. *Ignora* la gravedad *de la contaminación de los mares.*

1. En los últimos años la tasa de divorcio *ha disminuido* en los Estados Unidos.
2. La *predicción* para la población del año 2000 es de más de 250 millones de personas.
3. Durante la época de la colonia española, miles de indígenas fueron *convertidos* al catolicismo.
4. ¿Es posible *prever* el futuro?
5. En México, los gobernantes no *mantuvieron* bien la comunicación entre el gobierno y el pueblo.
6. Muchas partes del automóvil norteamericano son *fabricadas* en México.
7. Según la *predicción* de los estadistas, para el año 2015, los hispanos serán el mayor grupo minoritario de los Estados Unidos.
8. En Guatemala, Chile y Argentina todavía se habla de los *desaparecidos*.

Composición for Activity 2-20. Have students use several of the expressions in a paragraph related to the article.

2-21 En su opinión... Escojan tres de las predicciones del señor Gerken y discutan sus opiniones sobre ellas. Luego, presenten sus ideas a la clase.

Conexiones for Activity 2-22. Have students name and explain the function of the parts of a computer and how they have changed in the last five years.

2-22 ¿Qué es? Describan diferentes aparatos, diciendo para quiénes, dónde y para qué sirven, pero sin identificarlos. Túrnense para describir y adivinar. Pueden usar aparatos de la lista u otros.

MODELO: E1: *Sirve para procesar palabras, ordenar información, calcular, mantener bases de datos. Se usa en todas partes, en la oficina, en casa, en el laboratorio.*
E2: *la computadora / el ordenador*

1. la pantalla
2. el motor
3. el disquete
4. la impresora
5. el filtro

6. el satélite
7. el teclado
8. el disco duro
9. el radar
10. la radiación

2-23 Yo no viviría sin... De las condiciones u objetos que siguen, ¿cuáles son los más importantes para ustedes personalmente y para la sociedad en general? Túrnense para explicar por qué.

MODELO: *Para mí, ...es sumamente importante porque... Para la sociedad, es importante... porque...*

1. una semana laboral de sólo 20 horas
2. un programa de ocio organizado en mi trabajo
3. un trabajo que se puede hacer en casa
4. un matrimonio estable
5. tiempo libre con los amigos
6. éxito en mi trabajo
7. los avances de la ingeniería genética
8. información de la red informática
9. protección contra las ondas de radiación
10. aislamiento de los demás

2-24 Abandonados en una nave espacial. Ustedes han sido abandonados en el espacio y tienen que aterrizar en el planeta Marte. Elijan diez artículos de la lista y decidan el orden de su importancia para sobrevivir o volver a la Tierra. Luego, justifíquenle a la clase sus selecciones y el orden de importancia que tienen.

una computadora
algunos discos compactos
una caja de cerillos o fósforos
una impresora
un radio
un radar
algunos programas de realidad virtual
unos audífonos
algunas células de plantas de frijoles
un periódico
un televisor

un filtro
un motor
un satélite
agua por un año para dos personas
un metro cúbico de tierra
un aparato para purificar el aire
un tanque de oxígeno
alambre
suficientes alimentos para poder
  subsistir

Estructuras

3. The Spanish subjunctive in noun clauses

A clause is a string of words containing a subject and a conjugated verb. A main (or independent) clause stands alone and expresses a complete idea. A subordinate (or dependent) clause cannot stand alone and depends on the main clause to complete its message. Sentences with a main clause and a subordinate clause are called complex sentences, with the subordinate clause functioning as a noun, adjective, or adverb. The subjunctive mood often occurs in subordinate clauses.

◆ A noun clause is used as the direct object or subject of the verb, or as the object of a preposition.

Necesito **la computadora.** (direct object = noun)
Necesito **la computadora nueva.** (direct object = noun phrase)
Necesito **que Ud. me dé su computadora.** (direct object = noun clause)

main clause . . . . . . **que** . . . . . . dependent noun clause
(subject + verb)   (different subject + verb in subjunctive)

◆ The subjunctive is not automatically used in subordinate noun clauses. The present subjunctive, like the present indicative, expresses actions or states in the present or near future. Unlike the indicative, which expresses real/factual actions or states, the subjunctive describes hypothetical situations, that is, actions or states that may or may not be real/factual, or that are "conditioned" by the emotive perception or attitude of the speaker or subject. Compare the following complex sentences with noun clauses:

Suggestion for Indicative/ Subjunctive contrasts. Use additional examples that are currently being discussed in the news.

Indicative	Subjunctive
Sabemos que **limpian** la playa hoy.	Recomendamos que **limpien** la playa hoy.
Dicen que el aparato **está** dañado.	Temen que el aparato **esté** dañado.
Es verdad que el ocio **es** beneficioso.	Es posible que el ocio **sea** beneficioso.

- The sentences that use the indicative in the noun clause present the ideas as fact: *we know, they say, it's true*. The subjunctive is required in the contrasting sentences due to the ideas established in the main clauses: *we recommend* (but it may not happen), *they fear* (emotive conditioning of situation, no certainty expressed), and *it's possible* (not certain).

The present subjunctive of regular verbs

- The present subjunctive is based on the first-person singular form of the present indicative: drop the **-o** and add the appropriate subjunctive endings. Note that **-ar** verbs have an **e** with the present subjunctive endings, while **-er** and **-ir** verbs have an **a.** Some people find it helpful to think in terms of "opposite vowel," with **a** being the *opposite* of **e** and **i.**

hablar	habl~~o~~	→	habl + e	hable
comer	com~~o~~	→	com + a	coma
vivir	viv~~o~~	→	viv + a	viva

The chart shows the present subjunctive forms of regular verbs. Note that the endings of **-er** and **-ir** verbs are identical.

	HABLAR	COMER	VIVIR	PENSAR	DECIR
yo	hable	coma	viva	piense	diga
tú	hables	comas	vivas	pienses	digas
Ud./él/ella	hable	coma	viva	piense	diga
nosotros	hablemos	comamos	vivamos	pensemos	digamos
vosotros	habléis	comáis	viváis	penséis	digáis
Uds./ellos/ellas	hablen	coman	vivan	piensen	digan

- With verbs that are irregular in the **yo** form of the present indicative (except verbs whose first person indicative ends in **-oy**), use the irregular **yo** form to form the subjunctive.

tener: tengo → tenga, tengas, tenga, tengamos, tengáis, tengan
ver: veo → vea, veas, vea, veamos, veáis, vean

- Note that **-ar** and **-er** stem-changing verbs, just as in the indicative, change in all forms *except* **nosotros** and **vosotros.**

pensar → piense, pienses, piense, pensemos, penséis, piensen
querer → quiera, quieras, quiera, queramos, queráis, quieran

- For **-ir** stem-changing verbs, the unstressed **e** changes to **i,** and the unstressed **o** changes to **u** in the **nosotros** and **vosotros** subjunctive forms.

sentir → sienta, sientas, sienta, sintamos, sintáis, sientan
dormir → duerma, duermas, duerma, durmamos, durmáis, duerman

- Verbs whose infinitives end in **-car**, **-gar**, and **-zar** have spelling changes in the present subjunctive.

-car:	c	→	**qu**	buscar	→	busque, busques, busque, busquemos, etc.
-gar:	g	→	**gu**	llegar	→	llegue, llegues, etc.
-zar:	z	→	**c**	empezar	→	empiece, empieces, etc.

A que ya sabías...

Verbs with irregular present subjunctive forms

Six verbs have irregular present subjunctive forms:

dar	**estar**	**haber**	**ir**	**saber**	**ser**
dé	esté	haya	vaya	sepa	sea
des	estés	hayas	vayas	sepas	seas
dé	esté	haya	vaya	sepa	sea
demos	estemos	hayamos	vayamos	sepamos	seamos
deis	estéis	hayáis	vayáis	sepáis	seáis
den	estén	hayan	vayan	sepan	sean

Subjunctive vs. indicative in noun clauses

- The subjunctive is used in noun clauses when the main clause express wishes, preferences and recommendations, emotions or feelings, and doubt or denial.

Insisto en que **destruyas** la evidencia.	*I insist that you destroy the evidence.*
Nos alegramos de que **puedas** ver el satélite.	*We are glad that you are able to see the satellite.*
Es bueno que **investiguen** las emisiones de esa fábrica.	*It's good that they're investigating the emissions from that factory.*
El ingeniero **niega** que la especie **desaparezca.**	*The engineer denies that the species will disappear.*

A que ya sabías...

The following expressions in a main clause can trigger the subjunctive in a subordinate noun clause. Can you think of others?

Willing	**Emotion**	**Doubt and denial**	**Impersonal expressions**
decir	alegrarse	dudar	es bueno
desear	estar triste	negar	es difícil
esperar	sentir	no creer	es dudoso
mandar	temer	no estar seguro	es fácil
ojalá	tener miedo		es increíble
permitir			es interesante
preferir			es malo
prohibir			es mejor
querer			es (im)posible
recomendar			es probable

♦ The subject of a subordinate noun clause must be different from the subject of the main clause except after expressions of doubt or denial. If there is only one subject, use an infinitive rather than a subordinate clause.

El político quiere que destruyamos la evidencia.	*The politician wants us to destroy the evidence.*
El político quiere destruir la evidencia.	*The politician wants to destroy the evidence.*
Dudo que llegue tarde hoy, pues salgo temprano.	*I doubt I'll be late today; I'm leaving early.*

♦ When there is no doubt about an action or event, use the indicative in the noun clause to convey certainty or conviction. Expressions of certainty or conviction in the main clause may be **estar seguro, creer, pensar, ser evidente,** etc.

Estoy seguro que la planta **purifica** el agua.	*I am sure that the plant purifies the water.*
Creo que el río **está** contaminado.	*I believe that the river is contaminated.*
Es evidente que la limpieza ha ayudado.	*It's evident that the clean-up has helped.*

Note for *no negar* and *no dudar*. You may want to point out that many Spanish speakers routinely use the subjunctive after *no negar* and *no dudar.*

♦ Note that when an expression of certainty or conviction is negated in the main clause, the subjunctive is used in the subordinate clause. Conversely, a speaker may negate an expression of doubt or denial in the main clause to convey certainty or conviction, and so use the indicative in the subordinate clause.

No creo que **haga** calor mañana.	*I don't think it'll be hot tomorrow.*
No niego que **hace** calor, pero no me gusta el aire acondicionado.	*I don't deny that it's hot, but I don't like air conditioning.*

However, the speaker can reveal underlying feelings, suspicions, opinions, etc. by using the subjunctive or indicative when the opposite may be expected.

Como ecologista **no niego** que las compañías petroleras **hagan** todo lo posible para proteger la vida marítima.	*As an ecologist, I don't deny that the oil companies may do all that is possible to protect marine life.*

Suggestion. This is a good opportunity to show students that grammatical structures can help them convey meaning more precisely. In the example, while the ecologist is not denying that the oil companies take steps to protect marine life, he/she is not confirming it either. You may wish to further illustrate this point with the following contexts and examples. An atheist and his/her new roommate, a religious studies major, are getting to know each other better and have the following conversation: —*No creo que Dios existe.* —*Pues, no creo que sea necesario tratar de convencerte.* A young man and his mother are talking about her meeting his fiancée for the first time: —*Mamá, Viviana es muy simpática; no dudo que te va a caer bien.* —*Hijo, no dudo que sea simpática, pero quiero conocerla yo misma.*

Aplicación

2-25 El futuro cibernético. Completa el párrafo con la forma correcta del subjuntivo del verbo apropiado para cada oración. Subraya la cláusula principal de cada oración y explica por qué exige el subjuntivo.

aprender	ir	pensar
comprar	mandar	tener

Es necesario que nosotros (1) _____ en cómo vamos a trabajar y vivir dentro de los límites del ciberespacio. Primero, es urgente que todos (2) _____ computadora, módem e impresora. Segundo, es lógico que (3) _____ una impresora rápida y de color. Tercero, vale la pena que (4) _____ a procesar palabras y a usar correo eléctronico. Para el próximo siglo es probable que no (5) _____ a trabajar a una oficina, sino que (6) _____ el trabajo desde la casa por vías electrónicas.

Responses for Activity 2-25.
1. *pensemos* 2. *compremos*
3. *tengamos* 4. *aprendamos*
5. *vayamos* 6. *mandemos*

2-26 Desafío. Rétense con las formas y el uso del subjuntivo. Combinen sujetos y verbos para crear oraciones lógicas o absurdas. Pueden crear oraciones afirmativas o negativas.

MODELO: E1: *tú / dormir*
　　　　　E2: *Quiero que tú duermas ocho horas esta noche.*

nosotros	empezar	traer
tu profesor/a	conocer	ser
morir	mi familia	hacer
construir	salir	los ingenieros
los industriales	fabricar	ver
tú	buscar	
el gobierno	venir	

Suggestion for Activity 2-26.
Have students form two teams and take turns challenging each other to conjugate a verb in the subjunctive, and to use it in a meaningful sentence.

Expansion for *A propósito...*
Have students explain what we could do in the United States and Canada to improve the environment.

Composición* for *A propósito...
Have students write ten things that could be done in their communities to decrease pollution.

A propósito...

La lucha contra la contaminación en México, D.F.

El Distrito Federal de México, nombre formal de la Ciudad de México, es una de las mayores metrópolis del mundo con más de 22.000.000 de habitantes. Está situada en un valle y rodeada de montañas que no permiten que el viento disperse el aire sobre la ciudad. Sus fábricas y los cientos de miles de vehículos que circulan por sus calles producen monóxido de carbono y otros gases. Estos gases nocivos quedan atrapados arriba de la ciudad y la convierten en una de las ciudades más contaminadas del planeta.

Periódicamente ocurren inversiones térmicas, fenómeno por el cual desciende el aire frío e impide que los gases nocivos se eleven y desaparezcan. En esas ocasiones no hay suficiente oxígeno, lo cual ha resultado a veces en la muerte de personas, animales domésticos y pájaros.

El gobierno ha tratado de resolver esta situación con una serie de medidas para disminuir el tráfico de automóviles. Por ejemplo, en México, D.F. los autos llevan calcomanías *(stickers)* de distintos colores que indican los días en que el auto puede o no puede usarse. También se está estudiando la posibilidad de construir gigantescos ventiladores alrededor de la ciudad para dispersar el smog.

Vamos a comparar

¿Que tipo de contaminación hay en la ciudad o pueblo donde viven? ¿Qué hacen ustedes para mejorar esta situación? ¿Cómo es el transporte público en su comunidad? ¿Creen que en los Estados Unidos y en Canadá usamos los autómoviles demasiado? ¿Por qué?

Suggestion for Activity 2-27. Have students make comparisons to see what they have in common.

👥 **2-27 ¿Qué quieren?** A veces no queremos las mismas cosas que, por ejemplo, nuestros padres o nuestros amigos. Hablen de lo que ustedes quieren y lo que quieren sus padres y sus amigos.

MODELO: *Quiero viajar mucho y conocer el mundo. Mis padres quieren que (yo) tenga éxito en mis estudios, que me gradúe a tiempo y que asista a la escuela de estudios posgraduados. Mis compañeros quieren que yo los acompañe todas las noches y que lo pasemos bien.*

Suggestion for Activity 2-28. Have students work in groups, and later report the consensus *(nosotros)* and/or differences *(tú, yo, ella, etcétera).*

2-28 Las predicciones del futurólogo Gerd Gerken. Comenta las siguientes predicciones transformándolas de hechos ciertos a unos menos probables. Utiliza algunas de estas frases verbales para indicar menos certidumbre.

MODELO: Según el Sr. Gerken, el matrimonio no existirá como institución para el año 2015.

No creo que el matrimonio deje de existir.

No creo que …   Prefiero que …
Quiero que …   Deseo que …
Dudo que …   Niego que …
Espero que …   Insisto en que …
Temo que …

1. Votaremos por medio de las computadoras.
2. No leeremos libros ni revistas.
3. Todos tendremos computadoras multimedia.
4. Pagaremos todos los programas de televisión.
5. No habrá estabilidad matrimonial.
6. Viviremos nuestras fantasías por la cibernética.
7. Las papeletas serán electrónicas.
8. La gente le prestará más atención al trabajo que a la familia.
9. Trabajaremos un promedio de 30 horas semanales.
10. Viajaremos por el ciberespacio.

Composición for Activity 2-29. Have students prepare interview questions for classmates.

👥 **2-29 Creo, no creo…** Haz una lista de seis o más predicciones y opiniones que tengas para la próxima década y luego compara tu lista con la de tu compañero/a. ¿Tienen algunas predicciones en común? ¿En cuáles difieren de opinión? Usen frases de la lista u otras para presentar sus opiniones.

MODELO: *Creo firmemente que algún día viviremos en la luna, pero no pienso que mis hijos quieran vivir allí.*

alegrarse	desear	(no) estar seguro/a	opinar
considerar	(no) dudar	gustar	preferir
(no) creer / pensar	esperar	negar	sugerir

Note for Activity 2-30. Spanish-language newspapers published in the United States, such as *La Opinión* or *El Miami Herald,* often provide articles that relate to the interests and experience of North American students, and therefore may be more comprehensible than newspapers published abroad. Many of these papers have web sites.

2-30 Una carta al editor. En la red informática encontrarás varios periódicos publicados en español. Busca un artículo en uno de ellos y escribe una carta al editor en la que expreses alguna opinión. Cuidado con el uso del indicativo o del subjuntivo al expresar tu opinión.

Síntesis

Actividades

👥 **2-31 Profesiones para el futuro.** Indiquen cuatro o cinco profesiones que serán sumamente importantes para el año 2025 y expliquen por qué. Luego, preséntenle sus conclusiones a la clase.

Conexiones for Activity 2-31. Some professions may be related to non-technological fields, such as the humanities or arts. Encourage students to explore their relation to technology.

Profesiones con futuro

No habrá crisis para biotecnólogos, ópticos e informáticos, pero sí la notarán los futuros médicos, abogados y periodistas.

👥 **2-32 La deforestación de la selva.** Explíquense la crisis ilustrada en este gráfico. Luego, sugieran algunas soluciones al problema. Preparen un argumento expresando sus opiniones, dudas y deseos para después presentárselo a la clase.

Suggestion for Activity 2-32. Have students practice their argument out loud before presenting it to the class.

Tropical Forest

Degraded Pasture

La deforestación —arriba— influye en el cambio climático al alterar ciclos vitales del ecosistema. A la izquierda, los efectos simulados de la tala tropical: la selva - gráfico izquierdo - acaba convertida en pasto - derecho-.

Warm-up for Activity 2-33.
Make sure students understand the content of the realia before they begin work on their task. Ask questions to elicit information: *¿quién?, ¿cuándo?, ¿por qué?,* etc.

2-33 Volver al futuro. Diseñen un cartel para invitar al público a conocer un parque o una reserva ecológica. Consulten una enciclopedia o la red informática para conseguir información e incluyan ilustraciones del lugar y/o sus atractivos.

Suggestion for Activity 2-34.
Have teams face each other. Have students in the audience vote on the team that presents the most convincing argument.

2-34 Debate. Formen equipos de tres personas y preparen la posición en pro o en contra de una de estas resoluciones.

Resuelto: Seremos vegetarianos para el año 2030.
Resuelto: Dejaremos de usar el automóvil dentro de los próximos 25 años.
Resuelto: No se permitirá la producción de ningún artículo que no sea reciclable.

Note for Conexiones. This activity offers the opportunity for making connections with Urban Studies, Environmental Studies, and Economics.

cone✹iones

Selva y ciudad. En las grandes ciudades del mundo, especialmente en los países que están en vías de desarrollo *(developing nations)* la población crece cada día más rápidamente. ¿Cuáles son los efectos de esto en términos del espacio, la vivienda *(housing)*, el consumo en general, el transporte, etcétera? ¿Qué semejanzas hay entre lo que pasa en las grandes ciudades del mundo y en las selvas? ¿Hay alguna conexión entre los dos fenómenos?

A ESCUCHAR

El canal del consumidor. Este canal se dedica a vender artículos para el consumo doméstico y servicios para los consumidores. ¿Comprarás…? Escucha los anuncios e indica si te interesan según el contexto dado.

Comprensión.

1. ¿Comprarás esta computadora si …?

___ ésta es tu primera computadora y no sabes usarla

___ quieres sólo una computadora para que tus hijos pequeños jueguen sus videojuegos

___ trabajas en casa y envías tu correspondencia y documentos por correo electrónico

___ te gusta conocer el mundo a través de la red informática

___ tienes una colección de discos digitales

2. ¿Vivirás en este lugar si …?

___ padeces de asma

___ tienes problemas en la rodilla

___ te gusta ir al teatro y a los buenos restaurantes

___ te fascinan las vacas y otros animales

___ te gusta caminar a tu trabajo que se encuentra en el centro de la ciudad

3. ¿Te inscribirás en esta universidad si …?

___ te gusta el contacto personal con tus profesores

___ vives muy lejos de la universidad

___ no te gusta la tecnología

___ te pones nervioso/a cuando tienes que hacer presentaciones ante mucha gente

___ no tienes mucho dinero en efectivo

👥 **¿Y tú?** Vuelve a escuchar los tres anuncios y explícale en detalle a un/a compañero/a por qué te interesa o no el artículo o servicio.

Warm-up for *A escuchar*. Ask students some questions about TV shopping. *¿Qué se vende en un canal del consumidor? ¿Has llamado uno para comprar algo?*

Tapescript for *A escuchar* 1. Computadora IBM con procesadora Pentium, 200 megabytes ram; disco duro de 2 gigobytes; CD-rom; pantalla de color; versión reciente de ventanas; programas para conectar con la red informática, procesador de palabras, módem, máquina de fax. Costo, $4000. **2.** Condominio en el Parque Central de Manhattan, Nueva York. Cerca de los mejores restaurantes y el famoso Broadway. Sólo tiene que subir cinco pisos por las escaleras. **3.** La universidad virtual. Quédate en casa y estudia por computadora. Recibe tus tareas por correo electrónico. Platica con tus profesores en el "chat room". Envíales tus trabajos por fax. Paga con tarjeta de crédito.

Follow-up for *A escuchar*. Have students report what their classmates said.

Warm-up for _Ritmos_. Have students read the lyrics before they listen to the song. Have them explain what changes in the environment have occurred according to the song.

Ritmos
Maná

Esta canción del grupo musical popular Maná lamenta una crisis ecológica. ¿Qué diferencias hay entre la juventud del abuelo y la de los niños del mundo de hoy?

¿Donde jugarán los niños?

Cuenta el abuelo que de niño
él jugó
entre árboles y risas y alcatraces° de color.   *pelicans*
Recuerda un río transparente sin olor,
5 donde abundaban peces°, no sufrían   *fish*
ni un dolor.
Cuenta el abuelo de un cielo
muy azul,
en donde voló papalote° que el   *kite*
10 mismo construyó,
el tiempo pasó y nuestro viejo ya murió.
Y hoy me pregunté después de tanta
destrucción,
¿dónde diablos jugarán los pobres niños?
15 ¡Ay, ay, ay! ¿En dónde jugarán?
Se está pudriendo el mundo,
ya no hay lugar.
La tierra está a punto de
partirse en dos.
20 El cielo ya se ha roto, ya se ha roto
el llanto gris.
La mar vomita ríos de aceite
sin cesar.
Y hoy me pregunté, después de
25 tanta destrucción,
¿dónde diablos jugarán los pobres
niños? ¡Ay Ay Ay! ¿En dónde jugarán?
Se está partiendo el mundo,
ya no hay lugar.

2-35 ¿Qué opina la generación de tus padres? Pregúntales a tus padres, a tus abuelos o a algunos conocidos de las generaciones de ellos si comparten el punto de vista negativo de Maná. Prepara un pequeño informe sobre sus opiniones para presentárselo a la clase.

2-36 ¿Dónde jugarán los niños? Hablen del futuro de los niños. ¿Cómo será diferente? ¿Qué no tendrán? ¿Qué tendrán que no tienen ahora?

Imágenes
Antonio Berni

Antonio Berni nació en Rosario, Santa Fe, Argentina en 1905. Viajó extensamente por Europa donde descubrió las vanguardias plásticas contemporáneas, especialmente el arte surrealista. Se puede admirar su prolífica obra en algunos de los museos más importantes del mundo.

Suggestion for *Imágenes*. Have students make comments about what they see in the painting. Where does the scene take place? Could it be in any part of the world or is it typical of third world countries?

Antonio Berni, "Juanito en la laguna", Oleo y collage s/madera 1974—160 × 105 cm. Ruth Bencázar Galería de Arte.

Perspectivas e impresiones

👥 **2-37 La realidad y la imaginación.** Describan lo que ven en el cuadro, luego digan cuáles serán las circunstancias. ¿Qué relación hay entre el tema del cuadro y el de la canción de Maná?

👥 **2-38 Los pasos de la contaminación.** Cada uno/a hace un dibujo para ilustrar la cadena de actividades y productos que contribuyen a la contaminación y las consecuencias de esta cadena para la sociedad. Después, expliquen sus dibujos. Es posible que haya diferencias entre la manera en que cada uno/a conceptualiza el proceso.

MODELO: *el petróleo → el motor → la industrialización → …*

Composición for Activity 2-38. Have students write a short explanation of their drawing.

Páginas

José Ruibal

J osé Ruibal, dramaturgo español contemporáneo, se destaca como uno de los iniciadores del llamado *teatro subterráneo* que surgió durante los años 60. En esos años, el gobierno español censuraba las obras de teatro. En 1951, Ruibal, como muchos de sus contemporáneos, había salido de España para trabajar como periodista en Buenos Aires. La acción de sus obras suele situarse en un lugar y en un tiempo que no sean la España de mediados del siglo XX, pero no hay duda que su mayor preocupación es la actualidad española.

Alguna vez dijo Ruibal, burlándose de los censores del gobierno de Francisco Franco, que gracias a la censura, él y otros dramaturgos tuvieron que desarrollar su imaginación e inventar nuevas técnicas, enriqueciendo así el teatro español. Algunos de los temas comunes en las obras de Ruibal son la autoridad, la represión, la libertad y el individuo frente a la sociedad.

Antes de leer

2-39 En anticipación. Hablen de algunas complicaciones de la vida que la tecnología hace más fácil. Luego, indiquen los problemas que esa misma tecnología causa y expliquen cuál es más importante: el problema que la tecnología resuelve o el que causa.

MODELO: *El coche es un ejemplo de una invención que facilita la vida. Sin embargo, su motor contamina, causa accidentes, y es difícil de mantener.*

Estrategias de la lectura

Las características del género de una obra literaria y alguna información sobre los personajes te ayudan a entender su contenido. Contesta estas preguntas antes de empezar la lectura.

1. ¿De qué género literario es esta obra: poesía, narrativa, drama o carta?
2. ¿Cuántos personajes hay?
3. ¿Quiénes son?
4. ¿Cuál será el conflicto?
5. ¿Cómo se resolverá?
6. ¿Qué crees que es un **mutante** y quiénes serán los mutantes en esta obra?

Los mutantes

Personajes:
HOMBRE
MUJER

Una piedra inmensa se ilumina. Bajo ella, aplastados°, HOMBRE y MUJER conviven. El espacio es mínimo y se mueven con enorme dificultad. Allí, apretujados°, aparecen, en miniatura, todos los aparatos de la vida moderna, coche incluido, invadiendo todos los rincones libres.

crushed

squeezed together

(HOMBRE *hace movimientos mecánicos sobre una máquina electrónica invisible de la que, por momentos, se percibe el sonido. MUJER pone en marcha° algunos de los electrodomésticos que le ayudan en las tareas de la casa. Luego enciende la televisión y crece el volumen musical.*)

enciende

HOMBRE: (*sin dejar de trabajar*)
Sí, soy feliz. Voy a ser padre. Era lo único que me faltaba para ser totalmente dichoso°. No me puedo quejar°, la vida me sonríe. Mi mujer es un sol, un sol hogareño°. Y no lo parecía. Cuando me casé era una señorita frívola. Soñaba con viajar y viajar, pero se ha acoplado° perfectamente a mi vida.

feliz; *to complain*
de la casa

ajustado

MUJER: (*revolviendo° entre los objetos*)
¡Estoy harta! Todo el día entre monstruos eléctricos. Me van a matar. En cualquier momento soy noticia: "Ama de casa electrocutada." ¡Qué horror! Y ahora, para colmo°, voy a tener un hijo, aquí, en este hogar sin espacio para jugar. ¡Sol, sol, quiero sol!

rummaging

to top it all

HOMBRE:
Este año no podrá ser. Tengo muchísimo trabajo. Me han ascendido. Manejo una máquina electrónica que ha costado un dineral° a la empresa. Con ella llevo el control de la producción. Mis jefes me estiman muchísimo. Me han subido el sueldo. Me han animado para que cambie de modelo de coche. Claro que para venir al trabajo utilizo el Metro. Viajo apretujado, pero llego puntualmente. Al cruzar la ciudad, el tráfico está imposible.

mucho dinero

MUJER:
¡Sol, sol! ¡Necesito sol! Si no tomo sol, el hijo que crece dentro de mí no será una persona. Será un gusano° pálido.

worm

HOMBRE: (*en una tienda, pero sin haber cambiado de sitio*)
¡Por favor! Despácheme° pronto. Tengo que volver al trabajo. Quiero una lámpara de rayos solares. No se trata de mí. Eso mismo, un regalo para mi mujer. Sí, envuélvala en un papel vistoso°. No, este año no podemos ir a la playa. Desde luego. No es por dinero. Es por algo que no se puede comprar: la falta de tiempo. Yo estoy siempre ocupado. Para colmo, la empresa acaba de comprar un ordenador electrónico y sólo yo sé manejarlo. Sí; tuve que hacer unos cursillos. Pero compensa el esfuerzo, se paga muy bien ese trabajo.

¡Atiéndame!

bonito

Note for *Páginas*. Point out that although there is less technology in the Hispanic world, the theme of technology versus humankind is universal in nature. Ask students what purpose the generic names *(hombre, mujer)* serve.

Note. People in Spain often spend their (August) vacation at the beach.

(*Coge el paquete.*)

¿Y la lámpara cómo funciona? Entendido, sólo darle a la llave°. Supongo que dará buen resultado. ¡Lo mismo que el sol! ¡Increíble! La técnica es prodigiosa.   *turn the knob*

MUJER: (*Las cosas se le caen encima.*)
¡Socorro°, me aplastan! ¡Mi hijo, mi hijo!…¡Ay…!   *¡Ayude!*

HOMBRE:
Está dormida. Claro, el embarazo°. Se fatiga muchísimo. Menos mal que le he comprado el lavaplatos superautomático.   *pregnancy*

(*Le pone encima el paquete de la lámpara.*) Cuando se despierte se llevará una agradable sorpresa. Será como si tuviera el sol en casa. ¡Sol a domicilio! Eso la compensará del veraneo. Todavía no le he dicho que este año no podremos ir al mar. La lámpara hará el milagro de conformarla. Hoy la técnica hace milagros.

MUJER: (*inconsciente*)
¡Aire…, aire…!

(HOMBRE *hace funcionar el ventilador.*)

¡Sol…, sol! ¡Quiero sol…!

(HOMBRE *abre el paquete y enciende la lámpara.*)

HOMBRE:
Está soñando con su hijo; con nuestro hijo. Pero todavía faltan dos meses. Será un niño feliz. No sufrirá las privaciones que yo padecí. Crecerá sano y robusto. Le atenderán los mejores pediatras. Irá a los mejores colegios. Sabrá idiomas. Estudiará… Sí, especialista en algo… En algo provechoso. Ganará todo el dinero con muchísima facilidad.

MUJER: (*Despertando. Se retuerce° con dolores espasmódicos.*)   *she twists*
Va a nacer. Va a nacer. Le aplastarán. (*Trata de quitarse objetos de encima. Tira la lámpara. Después con dificultad, el ventilador. Pero otros aparatos se le caen encima.*) ¡Oh, esto es horrible!

(*Mientras aparta unos objetos, van cayendo otros. Parecen estar animados y la vencen.°*) Se morirá aplastado. ¡Estos malditos trastos° no le dejan nacer!   *they defeat her*
damned pieces
of junk

HOMBRE:
Tan pronto nazca, ya se encontrará en un hogar civilizado donde nada le faltará. Le compraré juguetes, muchísimos juguetes.

(*Echa juguetes dentro, sobre la mujer también.*)

Todos los juguetes imaginables. Tendrá todos los juguetes que yo no he podido tener.

MUJER: (*Con gran esfuerzo hace un movimiento violento y la parte inferior de su cuerpo asoma al exterior de la piedra. Los objetos, mezclados con los juguetes, forman una barrera entre ella y* HOMBRE.)
Va a nacer. Me siento mejor. ¡Oh!…¡Oh!…¡Oh!…

(*llanto del recién nacido*)

HOMBRE: (*al teléfono, pero sin dejar su ritmo mecánico*)
¡Cómo! ¿Qué he tenido un hijo? No es posible. Faltan todavía dos meses. ¿Un accidente? Póngame con mi mujer. ¡Oh! Está dormida. ¿Cómo, inconsciente? No puedo salir ahora. La máquina está funcionando. Si la dejo sola, se arruinará toda la producción. Iré tan pronto termine; ahora me es imposible.

MUJER:
Ya ha nacido. ¡Qué alegría! Y ha nacido fuera de aquí. Será libre. Crecerá al viento y al sol. No, no puedo verlo. Pero lo siento°. Lo siento como cuando estaba dentro de mí. Le oigo llorar al aire libre. ¡Soy feliz! (*como en sueños*) Jugará con el sol…, el viento…, las estrellas…, el mar…, la luna…, los árboles…, la arena…, el cielo azul…, la lluvia…

I feel him (the baby)

HOMBRE: (*Tiene un sonajero° eléctrico.*)   *baby rattle*
No lo encuentro. (*Busca entre objetos y juguetes.*) ¿Estará fuera?
¡Qué horror! Ha nacido fuera de aquí. Tendré que ir a buscarle.
Fuera se morirá. El sol puede quemar su piel. Es muy fina la piel
de un recién nacido. ¿Y si se moja°? Seguro que coge un cata-   *gets wet*
rro. Tengo que tenerle aquí dentro. Fuera no le protege nadie.
Allí crecerá a la intemperie° y sin ley. No. No quiero que sea un   *outdoors; exposed*
salvaje ni un inadaptado social. ¡Eso no! Me traería un montón   *to the weather*
de complicaciones. He trabajado toda mi vida como un animal
para ser feliz. Tengo un hogar donde no falta de nada. Mi hijo
podrá vivir sin complicaciones. Quiero conservar todo esto para
él. Se trata de mi hijo. Tiene que crecer aquí. Fuera es el caos. El
desorden. Tengo que hacer algo para que venga. Es urgente.
Puede coger una infección o una peste°. Eso mismo… Avisaré a   *plague*
la policía.

(*llanto del recién nacido*)

MUJER: (*La luz desciende.*)
¡No! ¡No!

(*Suena un disparo° en un lugar indefinido.*)   *a shot is heard*

Después de leer

2-40 ¿Cómo lo interpretas tú?

1. ¿Qué simboliza la piedra en este drama?
2. ¿Por qué no llevan nombre los personajes?
3. ¿Cuál es el problema desde el punto de vista del hombre? ¿de la mujer?
4. ¿Qué simboliza el sol para la mujer?
5. ¿Por qué no quiere el hombre que el hijo nazca fuera de su casa?
6. ¿Con qué personaje te indentificas más? ¿Por qué?
7. ¿Conoces otra obra, drama o novela que trate un tema similar?
    ¿Qué tienen en común?

2-41 Un resumen. Escribe un resumen del contexto, los personajes, el argumento *(plot)* y la resolución del drama.

2-42 Una sesión con el/la psicólogo/a.

Dos compañeros/as harán el papel de psicólogo/a y cliente. El/La cliente (**el hombre, la mujer** o **el hijo** de *Los mutantes*) explicará el problema; el/la psicólogo/a tratará de ayudarle a resolverlo.

Taller

Expresar tu opinión: Procesos

1. **Idear.** Piensa en algo que consideres un problema para ti y la sociedad en que vives.

2. **Completar.** Completa esta oración en español.
   Yo creo firmemente que …
   MODELO: *Yo creo firmemente que los medios de comunicación, especialmente la televisión, afectan negativamente nuestro desarrollo intelectual.*

3. **Abrir el tema.** Usando tu opinión como base, escribe una oración para plantear el problema y para atraer el interés del lector.
   MODELO: *Para el año 2025 los que sepan leer serán una minoría privilegiada en nuestra sociedad.*

4. **Explicar y respaldar.** Escribe cinco o seis oraciones para explicar por qué esto es un problema. Incluye razones específicas.

5. **Sugerir.** Escribe cinco o más recomendaciones para explicar qué hay que hacer para solucionar el problema.

6. **Resumir.** Escribe tres o cuatro oraciones para resumir el problema y su solución.

7. **Cerrar.** Escribe una oración para convencer al público de la crisis y concluir tu ensayo.

8. **Revisar la comunicación.** Vuelve a leer tu composición. ¿Son lógicas tus opiniones?

9. **Revisar la mecánica.**
   ___ ¿Has incluido una variedad de vocabulario?
   ___ ¿Has incluido algunas acciones usando el futuro?
   ___ ¿Has usado bien el subjuntivo y el indicativo?
   ___ ¿Has verificado la concordancia y la ortografía?

10. **Compartir.** Cambia tu ensayo por el de un/a compañero/a. Mientras lees la composición de tu compañero/a, comenta sobre el contenido, la estructura y la gramática. ¿Ha cumplido bien los procesos de escribir? Incluye una evaluación de la comunicación y otra de la mecánica.

11. **Pasar en limpio.** Pasa tu ensayo en limpio, incorporando las sugerencias y correcciones de tu compañero/a.

Suggestion for *Taller*. Students may be reluctant at first to criticize one another's essay. To help them become critical readers, encourage them to begin by reading for the content, then focus on one aspect at a time, such as agreement.

3 Los derechos humanos

Comunicación

- ◆ **Discussing human rights**
- ◆ **Discussing foreign policy**
- ◆ **Reacting to issues**

Estructuras

- ◆ **The subjunctive with impersonal expressions**
- ◆ **Direct and indirect object pronouns and the personal** *a*
- ◆ *Gustar* **and similar verbs**

Cultura

Warm-up for ¡Así es la vida!
Have students define human rights and then name the ones they remember or know.

Follow-up for ¡Así es la vida!
After they read the *Declaración Universal,* ask students which two human rights are most important for them, and why.

- ◆ **Las arpilleras chilenas y las madres de la Plaza de Mayo**
- ◆ **Rigoberta Menchú y el indigenismo guatemalteco**
- ◆ **Ritmos: Víctor Jara**—*Te recuerdo, Amanda*
- ◆ **Imágenes: Francisco Goitía**—*Tata Jesucristo*
- ◆ **Páginas: Armando Valladares**—*No importa, llevaré por ti...; Un terror que me asalta*

La *Declaración Universal de los Derechos Humanos* contiene un preámbulo y 30 artículos. A continuación aparece una selección editada de los artículos de la *Declaración*.

Declaración Universal de los Derechos Humanos

La Asamblea General de las Naciones Unidas proclama la presente Declaración de los Derechos Humanos como ideal común por el que todos los pueblos y naciones deben esforzarse, a fin de que tanto los individuos como las instituciones, inspirándose constantemente en ella, promuevan, mediante la enseñanza y la educación, el respeto a estos derechos y libertades, aseguren, por medidas progresivas de carácter nacional e internacional, su reconocimiento y aplicación universales y efectivos, tanto entre los pueblos de los Estados Miembros como entre los territorios colocados bajo su jurisdicción.

ARTÍCULO 1
Todos los seres humanos nacen libres e iguales en dignidad y derechos y, dotados como están de razón y conciencia, deben comportarse fraternalmente los unos con los otros.

ARTÍCULO 3
Todo individuo tiene derecho a la vida, a la libertad y a la seguridad de su persona.

ARTÍCULO 4
Nadie será sometido a esclavitud ni a servidumbre; la esclavitud y la trata de esclavos están prohibidas en todas sus formas.

ARTÍCULO 5
Nadie será sometido a torturas ni a penas o tratos crueles, inhumanos o degradantes.

ARTÍCULO 9
Nadie podrá ser arbitrariamente detenido, preso ni desterrado.

ARTÍCULO 11
Toda persona acusada de delito tiene derecho a que se presuma su inocencia mientras no se pruebe su culpabilidad, conforme a la ley y en juicio público en el que se le hayan asegurado todas las garantías necesarias para su defensa.

ARTÍCULO 12
Nadie será objeto de ingerencias arbitrarias en su vida privada, su familia, su domicilio o su correspondencia, ni ataques a su honra o a su reputación. Toda persona tiene derecho a la protección de la ley contra tales ingerencias o ataques.

ARTÍCULO 13
1 Toda persona tiene derecho a circular libremente y a elegir su residencia en el territorio de un Estado.
2 Toda persona tiene derecho a salir de cualquier país, incluso del propio, y a regresar a su país.

ARTÍCULO 14
En caso de persecución, toda persona tiene derecho a buscar asilo, y disfrutar de él, en cualquier país.

ARTÍCULO 17
1 Toda persona tiene derecho a la propiedad, individual y colectivamente.
2 Nadie será privado arbitrariamente de su propiedad.

ARTÍCULO 18
Toda persona tiene derecho a la libertad de pensamiento, de conciencia y de religión.

ARTÍCULO 19
Todo individuo tiene derecho a la libertad de opinión y de expresión; este derecho incluye el de no ser molestado a causa de sus opiniones, el de investigar y recibir informaciones y opiniones, y el de difundirlas, sin limitación de fronteras, por cualquier medio de expresión.

ARTÍCULO 20
Toda persona tiene derecho a la libertad de reunión y de asociación pacíficas.

ARTÍCULO 21
1 Toda persona tiene derecho a participar en el gobierno de su país, directamente o por medio de representantes libremente escogidos.
2 Toda persona tiene el derecho de acceso, en condiciones de igualdad, a las funciones públicas de su país.
3 La voluntad del pueblo es la base de la autoridad del poder público; esta voluntad se expresará mediante elecciones auténticas que habrán de celebrarse periódicamente, por sufragio universal e igual y por voto secreto u otro procedimiento equivalente que garantice la libertad del voto.

ARTÍCULO 23
Toda persona tiene derecho al trabajo, a la libre elección de su trabajo, a condiciones equitativas y satisfactorias de trabajo y a la protección contra el desempleo.

ARTÍCULO 24
Toda persona tiene derecho al descanso, al disfrute del tiempo libre, a una limitación razonable de la duración del trabajo y a vacaciones periódicas pagadas.

ARTÍCULO 25
Toda persona tiene derecho a un nivel de vida adecuado que le asegure, así como a su familia, la salud y el bienestar, y en especial la alimentación, el vestido, la vivienda, la asistencia médica y los servicios sociales necesarios; tiene asimismo derecho a los seguros en caso de desempleo, enfermedad, invalidez, viudez, vejez y otros casos de pérdida de sus medios de subsistencia por las circunstancias independientes de su voluntad.

ARTÍCULO 26
Toda persona tiene derecho a la educación. La educación debe ser gratuita, al menos en lo concerniente a la instrucción elemental y fundamental. La instrucción elemental será obligatoria. La instrucción técnica y profesional habrá de ser generalizada; el acceso a los estudios superiores será igual para todos, en función de los méritos respectivos.

ARTÍCULO 29
1 Toda persona tiene deberes respecto a la comunidad puesto que sólo en ella puede desarrollar libre y plenamente su responsabilidad.
2 En el ejercicio de sus derechos y en el disfrute de sus libertades, toda persona estará solamente sujeta a las limitaciones establecidas por la ley con el único fin de asegurar el reconocimiento y el respeto de los derechos y libertades de los demás, y de satisfacer las justas exigencias de la moral, de orden público y del bienestar general en una sociedad democrática.

Vocabulario primordial

auténtico/a	el procedimiento
degradante	la propiedad
el derecho	la represión
la dignidad	el sufragio universal
la duración	la tolerancia
gratuito/a	la tortura
(in)humano/a	la (in)validez
la opresión	la vivienda
pacífico/a	la voluntad
la persecución	

el ser	being
la servidumbre	servitude
la trata de esclavos	slave trade
el trato	treatment
la vejez	old age
la violación	rape
la viudez	widowhood

Adjetivos

colocado/a	placed
desterrado/a	exiled (from one's country)
detenido/a	detained
dotado/a	endowed
preso/a	imprisoned

Otras palabras y expresiones

asimismo	likewise
dar por sentado	to assume
los demás	the rest
mediante	through
plenamente	fully
por medio de	through
puesto que	as, since

Vocabulario clave

Verbos

asegurar	to assure
desarrollar	to develop
difundir	to disseminate
emboscar	to ambush
escoger (j)	to choose
esforzarse (ue)	to exert oneself
promover (ue)	to promote

Sustantivos

la alimentación	nourishment; feeding
el asilo	(political) asylum
el bienestar	well-being
la cárcel	jail
el deber	duty
el delito	crime
el desprecio	contempt
el disfrute	enjoyment
la emboscada	ambush
la esclavitud	slavery
la exigencia	demand
la honra	honor
la ingerencia	interference
el juicio	trial
la medida	measure
el nivel de vida	standard of life
el seguro	insurance

Ampliación

Verbos	Sustantivos	Adjetivos
arrestar	el arresto	arrestado/a
asaltar	el asalto	asaltado/a
asesinar	el asesinato	asesinado/a
atacar	el ataque	atacado/a
culpar	la culpabilidad	culpable
desesperarse	la desesperación	desesperado/a
ejecutar	la ejecución	ejecutado/a
emboscar	la emboscada	emboscado/a
embrutecer	la brutalidad	brutal
encarcelar	la cárcel	encarcelado/a
explotar	la explotación	explotado/a
extorsionar	la extorsión	extorsionado/a
matar	la matanza	matado/a
oprimir	la opresión	oprimido/a
perseguir (i, í)	la persecución	perseguido/a
reprimir	la represión	reprimido/a
violar	la violación	violado/a

Aplicación

3-1 Un esquema. Lee rápidamente la selección de la *Declaración Universal de los Derechos Humanos* y categoriza las garantías y protecciones según su aspecto positivo o negativo.

SE GARANTIZA...   SE PROTEGE DE ...
la vida   la esclavitud

3-2 Asociaciones. Refiérete a **¡Así lo decimos!** para buscar palabras que asocies con estos conceptos. Luego úsalas en una o más oraciones relacionadas con lo que haya pasado recientemente en el mundo.

MODELO: la cárcel: el delito, el juicio, preso, culpable

> *El juicio encontró culpable al conocido terrorista por el delito de matar a muchos inocentes en la explosión. Ahora está preso en la cárcel.*

1. la trata de esclavos
2. la emboscada
3. la alimentación
4. el asilo
5. el desprecio
6. la libertad
7. la inocencia
8. la violación

3-3 Exprésate mejor. Lee las siguientes oraciones. Usa una variación de cada palabra en itálica para escribir una oración nueva que elabore la idea de la oración original.

MODELO: Las tropas federales *asaltaron* a los rebeldes. *El* asalto *duró más de tres días.*

1. En El Salvador, el Padre Romero fue *asesinado* por una facción derechista.
2. El ataque en contra de los estudiantes chinos fue *brutal*.
3. Los terroristas *emboscaron* a las fuerzas del gobierno.
4. En muchos países la mujer está *oprimida*.
5. En Algeciras, una facción conservadora *mató* a todos los habitantes de un pueblo.
6. La *ejecución* del prisionero será a la medianoche.
7. En algunos países todavía se *explota* a los niños que trabajan en la industria textil.
8. En una guerra, la mujer es muchas veces víctima de *violaciones*.

3-4 Los derechos humanos. Expliquen y/o den ejemplos de los principios que identificaron en **3-1**. ¿Por qué son importantes?

MODELO: la educación

> *Es el derecho de poder recibir gratis la instrucción básica. Es importante porque uno necesita la educación para poder ganarse la vida, participar en la política, llevar una vida sana...*

Warm-up for *Aplicación*. Have students brainstorm the meaning and examples of these concepts: *los derechos humanos, la libertad, la educación, la igualdad, la tortura, el asilo, los deberes, la democracia.*

Suggestion for Activity 3-1. Divide students into two groups, one for *garantías* and the other *protecciones*. Representatives of each write their list on an overhead transparency or on the chalkboard to be reviewed by the rest of class.

Suggestion for Activity 3-2. Have students investigate events related to human rights in, for example, Bosnia, China, Tibet, Waco, Oklahoma City, Peru, Iran, etc.

Composición **for Activity 3-3.** Have students write a paragraph using several of these expressions to describe a single incident.

Expansion for Activity 3-5. Have pairs of students role-play the *Ministro/a de Información* and an investigative reporter.

3-5 ¿Por qué? Según Amnistía Internacional, se han restringido los derechos humanos en estos países. Da ejemplos de casos en cada país. (Para más información, consulta la página de la red informática de la organización: *www.amnesty.org.*)

MODELO: China

Se dice que los prisioneros políticos chinos son maltratados. Reciben poca comida e información de su familia.

1. Israel
2. África del Sur
3. Irán
4. Chile
5. Paquistán
6. Bosnia y Herzogovina
7. Colombia
8. los Estados Unidos

3-6 Para ustedes. Vuelvan a leer la selección de la *Declaración Universal de los Derechos Humanos* y elijan uno o dos de los derechos que les parezcan sumamente importantes y uno o dos que les parezcan menos importantes. Justifiquen su selección.

Conexiones for Activity 3-7. Have students bring information from Political Science, Women's Studies, or Ethnic Studies classes.

3-7 Para la mujer. En muchos países la mujer ha sufrido la persecución o la discriminación simplemente por ser mujer. Esta discriminación puede manifestarse en las normas de comportamiento, de vestir, del trabajo, de la natalidad, de la sexualidad, de la asistencia médica, del sufragio, etcétera. Den ejemplos de las diferencias de trato de los hombres y las mujeres en diferentes aspectos de la vida. (Para más información, consulten la página de la red informática de Amnistía Internacional.)

Suggestion for Activity 3-8. Have students videotape their presentations outside of class. They may rehearse as often as they wish to produce a smooth video presentation to show in class.

3-8 Los dedicados a la paz y los derechos humanos. Muchas personas y organizaciones se destacan por sus esfuerzos para mejorar la condición humana. En pequeños grupos, nombren y describan a tres o más de estas personas u organizaciones. Utilicen expresiones del **Vocabulario primordial**.

MODELO: *Óscar Arias, el presidente de Costa Rica, ganó el Premio Nobel por sus esfuerzos en Centroamérica. Quiso eliminar la persecusión, la represión y la opresión política de todos los ciudadanos.*

3-9 Abusos y más abusos. Escojan dos o tres grupos (sociales, políticos, raciales, culturales o religiosos) que sufren de una larga tradición de abusos de sus derechos humanos. Para cada grupo, decidan si se trata de una situación mundial o si se limita a un país o a una región delimitada y exploren las raíces históricas del problema. Finalmente, presenten sus conclusiones al resto de la clase y hablen de posibles medidas que la comunidad internacional puede tomar para mejorar la situación.

Estructuras

1. The subjunctive with impersonal expressions

◆ Impersonal expressions of necessity, doubt, probability, opinion, denial, pity, and uncertainty require the subjunctive in noun clauses that have an expressed subject. Some common impersonal expressions that require the subjunctive are:

es bueno	es horrible	es (una) lástima	es posible
es difícil	es importante	es lógico	es preciso
es dudoso	es imposible	es malo	es probable
es extraño	es increíble	es mejor	es raro
es fácil	es indispensable	es necesario	es urgente

Es extraño que no **investiguen** los abusos de los militares.

It's strange that they don't investigate the abuses of the military.

Es imposible que **difundamos** la información de la salud pública.

It's impossible for us to disseminate the public health information.

◆ The **indicative** is used when an impersonal expression conveys certainty or conviction.

Es verdad que la dignidad del individuo es lo más importante.

It's true that the dignity of the individual is the most important.

Es cierto que el sufragio universal es un derecho.

It's certain that universal suffrage is a right.

Es evidente que la tortura **es** inhumana. *It's evident that torture is inhuman.*

Es seguro que el juicio **termina** pronto. *It's certain that the trial will end soon.*

Es obvio que **promovemos** la justicia social.

It's obvious that we promote social justice.

◆ However, when expressions of certainty or conviction are negated, they require the subjunctive because they now convey uncertainty or denial.

No es cierto que **vayamos** a encarcelar al culpable.

It's not true that we're going to incarcerate the guilty one.

No es seguro que el gobierno **apoye** los derechos humanos en todos los países.

It's not certain that the government supports human rights in all countries.

◆ Use the infinitive when the dependent clause has no expressed subject.

Es difícil asegurar la paz. *It's difficult to assure peace.*

Es preciso desarrollar programas de salud.

It's necessary to develop health programs.

Warm-up for impersonal expressions. Relate a series of personal events to contrast the infinitive versus the subjunctive after impersonal expressions. For example:

La política de la clase: Es indispensable asistir a clase. Es importante preparar la tarea. Es posible tener éxito.

El/La profesor/a dice: Es indispensable que ustedes asistan a clase. Es importante que todos preparen la tarea. Es posible que todos tengamos éxito.

Suggestion for practicing impersonal expressions. Have students challenge each other by giving impersonal expressions that the others must use in context. For example, *Es raro / yo: Es raro que yo llegue a tiempo a clase.*

Aplicación

Responses to Activity 3-10.
(Answers may vary) 1. *Es indispensable* 2. *es lógico* 3. *es preciso* 4. *Es cierto* 5. *es probable* 6. *es necesario* 7. *Es urgente* 8. *es bueno* 9. *Es importante* 10. *Es mejor*

Expansion for Activity 3-10.
Have students transform statements to make them impersonal phrases using the infinitive, for example, 1. *Es importante empezar a recibir atención médica.*

3-10 Un juicio en la Corte Mundial. Completa el diálogo entre los abogados y el juez usando expresiones impersonales.

ABOGADA: Señor Juez, estamos aquí para protestar el trato de prisioneros políticos en las cárceles peruanas. (1) _____ que empiecen a recibir atención médica y buena alimentación.

ABOGADO: Señor Juez, y mi estimada colega de Amnistía Internacional, (2) _____ que se pidan estas atenciones y son precisamente las que ellos reciben. Sin embargo, (3) _____ que mantengamos la seguridad de nuestro país. Estos criminales son terroristas que amenazan el bienestar de nuestro pueblo. (4) _____ que ustedes no quieren que se repita el secuestro de la Embajada Japonesa. Si permitimos entrar a médicos a la cárcel, (5) _____ que los prisioneros lo vean como una oportunidad de escaparse.

JUEZ: Estimados señores de la corte, entiendo la posición de las dos partes. No obstante, considero que (6) _____ que estos prisioneros, hombres y mujeres, reciban el trato médico que merecen como seres humanos. (7) _____ que ustedes hagan planes inmediatamente para remediar este asunto. Y para garantizar la seguridad del país, (8) _____ que representantes de Amnistía Internacional participen en el plan. ¿Está entendido?

ABOGADA: Señor Juez, estamos muy dispuestos a hacer todo lo posible en este caso. (9) _____ que todos los peruanos estén protegidos.

ABOGADO: Señor Juez, comparto la misma opinión de mi estimada colega. (10) _____ que encontremos una solución justa a este dilema.

***Conexiones* for Activity 3-11.**
Have students post their comments about current world events on an electronic bulletin board for reaction and response from other students.

3-11 Cartas al editor. Estos comentarios han aparecido en las páginas editoriales del periódico. Escribe tu opinión sobre cada uno y añade más información si puedes.

MODELO: Es importante buscar soluciones diplomáticas a los conflictos.

Estoy de acuerdo. Es importante que nuestros representantes busquen soluciones diplomáticas a los conflictos. Por ejemplo, el presidente de Iraq nos amenaza con otra guerra, pero creo que el conflicto puede resolverse por medio de negociaciones.

1. Es preciso recibir información de los prisioneros políticos.
2. Es terrible encontrar casos de esclavitud en nuestro país.
3. Es fácil tener opiniones, pero no hacer nada.
4. Es lógico lamentar las atrocidades.
5. Es imposible perdonar a los criminales nazis.
6. Es espantoso oír de casos de violaciones de mujeres.
7. Es malo ignorar la evidencia.
8. Es urgente publicar los abusos.

3-12 En el siglo XXI. Usa expresiones impersonales para expresar lo que piensas de cada una de las siguientes afirmaciones. Explica tus opiniones.

MODELO: En el siglo XXI, la Corte Mundial resolverá todos los casos de abuso de los derechos humanos

Es muy dudoso que los resuelvan todos porque no todos los países respetan las decisiones de la Corte.

1. Se eliminarán las prisiones.
2. Se abolirá la pena de muerte.
3. Habrá vivienda y comida saludable para todos.
4. Disfrutaremos de un largo período de paz.
5. Todos tratarán de respetar y tolerar a los demás.
6. Se garantizará el seguro médico a todos.

3-13 Un caso de derechos humanos. Busquen un caso actual que la Corte Mundial está considerando o que ha considerado recientemente. Ahora, imagínense que uno/a de ustedes es el/la juez y que los demás son los abogados. Usen expresiones impersonales para preparar sus argumentos.

Expansion for Activity 3-12. Have students develop one or more of these statements into a paragraph.

Suggestion for Activity 3-13. Students may rehearse and videotape their arguments to show later in class. Other class members can serve as members of a jury to decide the merits of the case.

Conexiones for A propósito... Explain that an *arpillera* is a quilt. Have students investigate the term *arpillera* on the Web to find nonpolitical examples of this folklore. Have them compare this *artesanía* to American quilt making, embroidery, needlepoint, etc.

Follow-up for A propósito... Remind students of the AIDS memorial quilt that is displayed in different U.S. cities every year. Have them explain the purpose of the display.

A propósito...

Las arpilleras chilenas y las Madres de la Plaza de Mayo

En 1974, durante el segundo año de la dictadura militar del general Augusto Pinochet, unas madres chilenas se reunieron en un taller y empezaron a crear **arpilleras**, bellos tapices (*tapestries*) de distintos colores y tamaños que denunciaban las violaciones de los derechos humanos en Chile. Al principio era sólo un grupo pequeño de madres que buscaban a sus hijos desaparecidos. Pronto las arpilleras comenzaron a llamar la atención internacional, y grupos de solidaridad en Europa y los Estados Unidos las exhibieron y vendieron. A principios de los años ochenta, un grupo de madres en Argentina comenzó a reunirse el la Plaza de Mayo en Buenos Aires para reclamar el maltrato y la desaparición de sus hijos bajo el gobierno militar. Como las madres chilenas, estas señoras argentinas llevaban y mostraban telas, en este caso pañuelos bordados con los nombres de sus familiares perdidos, para concientizar al público y para insistir en que el nuevo gobierno buscara la justicia. Tanto las arpilleras de las madres chilenas como los pañuelos bordados de las madres argentinas son un testamento gráfico de la lucha por los derechos humanos y un recordatorio de los horrores sufridos por mucha gente.

Vamos a comparar

¿Puedes pensar en algún tipo de arpilleras o bordados que han hecho las madres en los Estados Unidos o Canadá?

El artículo a continuación apareció en el periódico *El Nuevo Herald* el 10 de diciembre de 1996. El autor es Frank Calzón, un cubanoamericano activista de derechos humanos. El Sr. Calzón es fundador de *Of Human Rights* y trabaja como representante de *Freedom House* en Washington.

Solidaridad con los activistas

Hoy, 10 de diciembre, se conmemora otro aniversario de la firma en 1948 de la Declaración Universal de los Derechos Humanos, culminación de una lucha de muchos años para llevar al derecho internacional muchas de las aspiraciones eternas de la humanidad. En San Francisco firmaron la Declaración 48 países, incluyendo Cuba y los Estados Unidos. Ningún país votó en contra. Ocho países se abstuvieron. Arabia Saudita, Sudáfrica y los miembros del entonces bloque comunista.

Y a casi medio siglo de aquel acto histórico, cuando nos acercamos al fin del milenio, ¿cuál es la situación de los derechos humanos alrededor del mundo? ¿Qué son esos derechos, y cuáles las prohibiciones a las que se comprometen los gobiernos que firman la Declaración?

De los ocho países que se abstuvieron, Arabia Saudita continúa en la lista de Freedom House como país no libre, donde se niegan los derechos humanos más fundamentales. En Sudáfrica, después de muchos años de un régimen racista y opresivo, los blancos y los negros se pusieron de acuer-do para que terminaran los abusos y el derramamiento de sangre. Y hoy en día Sudáfrica construye una sociedad basada en el multipartidismo, los derechos humanos y una economía de mercado. Y en el ex bloque comunista (Rusia, Polonia, Hungría, República Checa, Eslovaquia, etc.) echan raíces las instituciones democráticas y las organizaciones no gubernamentales, los sindicatos laborales, las asociaciones cívicas, los partidos políticos que eran considerados subversivos hasta el derrumbe del Muro de Berlín.

Entre los gobiernos signatarios de la Declaración se destacan hoy dos como violadores de casi

todos los derechos: el gobierno de Cuba, que a pesar de ser miembro de la Comisión de Derechos Humanos de las Naciones Unidas, no permite la entrada en la isla del investigador especial de la Comisión Carl Johan Groth; y el gobierno de China, que insiste en que, a pesar de que el gobierno de Pekín es también miembro de la Comisión, los derechos humanos no son universales. China permite muchos de los abusos prescritos en la Declaración. China, en cooperación con otras dictaduras miembros de la Comisión, logró bloquear que se consideraran en Ginebra, a principios de 1996, las violaciones de los derechos humanos en ese país.

La lucha por los derechos humanos en Cuba no comenzó en 1948 con la firma de la Declaración. Empezó hace más de un siglo con la lucha de los cubanos en contra del absolutismo español, y especialmente, en 1868 cuando los criollos inician la primera guerra de independencia con la liberación de los negros esclavos. Ya anteriormente los tabaqueros se habían sublevado contra el gobierno colonial que les exigía entregasen a España la cosecha de tabaco, como hace hoy el régimen de Castro, que ha convertido la cosecha de tabaco en monopolio del régimen.

Fidel Castro ha dicho recientemente que todas las reformas que necesitan los cubanos fueron hechas cuando tomó el poder en 1959. Y en eso dice algo de verdad. Lo trágico es que aquellas reformas de 1959, aquel programa revolucionario por el que murieron tantos jóvenes cubanos, fueron descartadas en 1960. En ese sentido, el programa de la revolución cubana de los años 50 queda por hacer: libertad de prensa, libertad de reunión, fin de la persecución a la oposición política y fin del encarcelamiento por delito de opinión.

La historia reciente de la lucha en Cuba por los derechos humanos es muy similar al proceso ocurrido en la antigua Unión Soviética y en Europa Oriental. En aquellos países, los disidentes comenzaron a cuestionar públicamente al régimen, reclamando los supuestos derechos que les garantizaba la "legalidad socialista". Es así como en Cuba Oswaldo Payá Sardiñas recoge miles de firmas para presentarlas a la Asamblea Nacional del poder popular, según lo que dice la Constitución vigente. Payá quiere que la Asamblea considere la necesidad de un plebiscito para que los cubanos decidan si quieren un cambio de gobierno. El derecho de Payá a recoger las firmas y presentarlas a la Asamblea aparece en las leyes cubanas, pero el gobierno no respeta ni sus propias leyes. Cada vez que Payá tiene dos o tres mil firmas, la policía se las incauta.

El movimiento por los derechos humanos en Cuba comenzó en 1976 cuando Ricardo Bofill fundó en las cárceles cubanas el Comité Cubano Pro Derechos Humanos, del cual es Secretario Ejecutivo en la isla el ex embajador y ex preso político bajo Batista y bajo Castro, Gustavo Arcos Bergnes.

Según un informe de Amnistía Internacional, a principios de 1996 "más de 140 grupos no oficiales, incluyendo a defensores de los derechos humanos, oponentes al régimen, abogados, periodistas, sindicalistas y otros" constituyeron Concilio Cubano, una organización independiente, para pedirle al régimen permiso para reunirse pacíficamente para discutir los problemas del país. La respuesta del gobierno fueron cientos de detenciones y el derribo de dos avionetas de Hermanos al Rescate, según el régimen porque unas semanas antes habían distribuido sobre La Habana miles de copias de unos panfletos con los artículos de la *Declaración Universal de los Derechos Humanos.*

El delegado nacional del Concilio Cubano, el doctor Leonel Morejón Almagro, se encuentra todavía en prisión por su labor a favor de los derechos humanos para todos los cubanos. Hasta la prisión de Ariza, donde se encuentra, y extensivo a sus compañeros del movimiento por los derechos humanos, va en este día la admiración y solidaridad de los cubanos libres regados por el mundo. ■

Vocabulario primordial

la amnistía	opresivo/a
el/la disidente	el/la pacifista
el encarcelamiento	racista
el/la guerrero/a	el remedio
el informe	signatario/a
la inmunidad	el sindicato
el multipartidismo	subversivo/a
negar(se)(ie)	

Vocabulario clave

Verbos

abstenerse (ie, g)	to abstain
advertir (ie, i)	to warn
castigar	to punish
destacarse	to stand out
exigir (j)	to demand
fundar	to found
incautar	to seize
lograr	to achieve; to succeed
reclamar	to demand
recoger (j)	to collect
sublevarse	to rise up

Sustantivos

la cosecha	harvest
el derribo	shooting down
el derrumbe	crumbling
el golpe	blow; coup
el indulto	pardon
la lucha	struggle
el panfleto	pamphlet
el/la rehén	hostage
la represalia	reprisal
el rescate	rescue; ransom
el siglo	century
el/la tabacalero/a	tobacco grower
el/la testigo	witness
el tiroteo	shooting
la valentía	bravery

Adjetivos

descartado/a	discarded, put aside
regado/a	spread out
vigente	in effect, prevailing

Otras palabras y expresiones

a favor	in favor
a fines de	at the end of
anteriormente	previously
a pesar de	in spite of
a principios de	at the beginning of
el derramamiento de sangre	spilling of blood
echar raíces	to take root
en contra	against
quedar por hacer	to remain to be done

Ampliación

Verbos	Sustantivos	Adjetivos
acobardarse	la cobardía	cobarde
advertir (ie, i)	la advertencia	advertido/a
aterrorizar	el terror	aterrorizado/a
boicotear	el boicot	boicoteado/a
castigar	el castigo	castigado/a
censurar	la censura	censurado/a
controlar	el control	controlado/a
olvidar	el olvido	olvidado/a
reconciliar(se)	la reconciliación	reconciliado/a
rescatar	el rescate	rescatado/a
suprimir	la supresión	suprimido/a

¡cuidado!

quedar/quedarse

quedarse *to stay* (in a place)

José **se quedó** en Chile hasta 1976.

quedar *to become/remain* (with adjective)

Laura **quedó** triste con la noticia.

quedar *to be located* (coll., = **estar**)

La casa **queda** cerca de la estación de trenes.

Aplicación

Suggestion for *Aplicación*. **Activity 3-14** is a skimming activity for gleaning the main idea of the reading; **Activity 3-15** is a scanning activity for extracting details. You may wish to do these in class before students read more in depth and complete **Activity 3-16** as homework.

3-14 Solidaridad con los activistas. El primer párrafo presenta el tema del artículo. Contesta estas preguntas para tener una idea general de su contenido.

1. ¿En qué año se firmó la *Declaración Universal de los Derechos Humanos*?
2. ¿Cuál era el contexto histórico de este acontecimiento?
3. ¿Qué países no participaron en la *Declaración*? ¿Por qué?

3-15 Información clave. Lee rápidamente el artículo para buscar esta información.

1. el lugar donde se firmó la *Declaración*
2. el número de votos negativos
3. un país donde todavía se violan los derechos humanos
4. un país donde antes se violaban los derechos humanos pero ahora no
5. dos países donde no se permite entrar a investigadores
6. el producto que causó fricción entre los cubanos y el gobierno español en el siglo XIX
7. lo que ocurrió en Cuba en 1959
8. lo que ocurrió en Cuba en 1960

3-16 Con más detalle. Lee el resto del artículo y resume brevemente la posición del señor Calzón con respecto a los derechos humanos en Cuba. Refiérete al documento en la **Primera parte** para indicar qué artículos de la Declaración no se respetan.

3-17 Exprésate mejor. Lee las siguientes oraciones. Usa una variación de cada palabra en itálica para escribir una oración nueva que elabore la idea de la oración original.

Composición for Activity 3-17. Have students use these expressions in an original paragraph.

MODELO: El joven soldado no quería mostrar su *cobardía*. Pero se acobardó *cuando empezó la batalla.*

1. Te *advierto* que es peligroso dar por sentado tus derechos.
2. No toleres nunca la *censura* de prensa.
3. En Centroamérica llaman *desaparecidas* a las personas que han sido víctimas de las dictaduras militares.
4. En los años 60, César Chávez organizó un *boicot* de las uvas de mesa cultivadas en los Estados Unidos.
5. No *nos olvidaremos* de lo que han sufrido los obreros migratorios para organizar su sindicato.
6. En Líbano, el gobierno estadounidense *rescató* a muchos de los prisioneros políticos que fueron secuestrados.
7. En China, las fuerzas armadas quisieron *suprimir* toda protesta.
8. Los niños se quedaron *aterrorizados* después del ataque.
9. El terrorista fue severamente *castigado* por el juez.
10. Se espera algún día la *reconciliación* de las dos Coreas.

Composición for Activity 3-18.
Have students use several of these expressions in a paragraph to relate a current human rights concern.

👥 3-18 Relaciones. Discutan cómo se relacionan las palabras de cada uno de los siguientes grupos y luego, úsenlas para escribir oraciones originales sobre casos actuales, históricos o inventados. Pueden cambiar el orden de las palabras y añadir otras para dar más detalles.

MODELO: disidente, encarcelar, panfleto

Muchos disidentes chinos están encarcelados por distribuir panfletos políticos.

1. avioneta, incautar, subversivo
2. sindicato, tabacalero, lucha
3. informe, aspiraciones, quedar por hacer
4. lograr, opresivo, derrumbe
5. reclamar, sublevarse, racista
6. en contra, violador, multipartidismo

Conexiones for Activity 3-19.
Ask students if they have studied cases in their Political Science or Sociology classes, and have them explain the circumstances.

👥 3-19 ¿Bajo qué circunstancias? Inventen oraciones sobre casos actuales o históricos relacionados con estos conceptos. Pueden turnarse o trabajar juntos/as y emplear cualquier forma de la palabra.

MODELO: el asilo

Se ha criticado al gobierno estadounidense por dar asilo a ciertos refugiados y negárselo a otros.

1. la amnistía
2. la pena de muerte
3. el indulto
4. la represalia
5. el rescate
6. el golpe (de estado)
7. la protesta
8. la lucha

Suggestion for Activity 3-20.
Several Spanish-language newspapers are available on the Internet. *La Opinión*, published in Los Angeles, and *El Miami Herald* are two U.S. newspapers that regularly print stories about political events in Latin America and Spain.

🌐 3-20 En tu opinión. Busca un caso actual de una violación de la *Declaración de los Derechos Humanos* en el periódico o la red informática, y prepara para la clase un resumen de los acontecimientos y tu opinión de ellos. Incluye expresiones de **¡Así lo decimos!**

Suggestion for Activity 3-21.
Have students submit their reactions via e-mail or on an electronic bulletin board.

3-21 ¿Cuál es tu reacción? Escribe una reacción al caso presentado de un/a compañero/a. Incluye el contexto, los participantes y los acontecimientos. Ofrece tu opinión sobre si es o no una violación de los derechos humanos.

👥 3-22 Un comité. Imagínense que en algún país con una larga historia de abusos de los derechos humanos ha habido elecciones y se ha instalado un nuevo gobierno. El/la jefe/a del nuevo gobierno los ha seleccionado a ustedes para formar parte de un comité que debe hacer recomendaciones para iniciar programas de reforma en torno a los derechos humanos. Hablen entre sí y hagan por lo menos diez recomendaciones.

MODELO: *Es importante advertir a los funcionarios del gobierno que ya no se tolerarán abusos de los derechos humanos. También es necesario que se castigue a los responsables de los abusos más atroces del pasado.*

Estructuras

2. Direct and indirect object pronouns and the personal *a*

Suggestion for art. Have students identify the direct object of the man's actions. Change *al presidente* to *a la presidenta*. How does this change affect the next statement?

The direct object pronoun

Warm-up for direct and indirect object pronouns. Create personalized examples that will illustrate the transformation of the direct object to the direct object pronoun.

◆ A direct object is the noun that generally follows and is affected directly by the verb.

| La Asamblea Nacional no quiere oír a **los disidentes.** | *The National Assembly doesn't want to hear the dissidents.* |
| El disidente recoge **miles de firmas.** | *The dissident collects thousands of signatures.* |

◆ Note that the direct object can either be a person (**los disidentes**) or an object (**las firmas**).

◆ Direct object nouns are often replaced by direct object pronouns. The chart below shows the forms of the direct object pronouns.

DIRECT OBJECT PRONOUNS			
singular		**plural**	
me	*me*	nos	*us*
te	*you (informal)*	os	*you (informal)*(España)
lo	*you (masculine), it, him*	los	*you (masculine), them*
la	*you (feminine), it, her*	las	*you (feminine), them*

- Direct object pronouns agree in gender and number with the noun to which they refer.

El gobierno no quiere perdonar a **los prisioneros** políticos.	*The government doesn't want to pardon the political prisoners.*
El gobierno no quiere perdonar**los**.	*The government doesn't want to pardon them.*
No veo a **las feministas** en la reunión.	*I don't see the feminists in the meeting.*
No **las** veo.	*I don't see them.*

- Direct object pronouns are usually placed inmediately before the conjugated verb.

¿Ves **la Estatua de la Libertad**?	*Do you see the Statue of Liberty?*
Sí, **la** veo.	*Yes, I see it.*

- In constructions with the infinitive or the present progressive forms, the object pronoun may either precede or be attached to the infinitive or the present participle (-**ndo** form). Note the use of a written accent when attaching the direct object pronoun to the present participle.

Vamos a enviar **los panfletos**.	*We're going to send the pamphlets.*
Vamos a enviar**los**. **Los** vamos a enviar.	*We're going to send them.*
Estoy leyendo **el informe**.	*I'm reading the report.*
Estoy leyéndo**lo**. **Lo** estoy leyendo.	*I'm reading it.*

- In negative sentences, the direct object pronoun is placed between the **no** and the conjugated verb. It may also be attached to the infinitive or to the present participle.

No **los** vamos a enviar. No vamos a enviar**los**.	*We're not going to send them.*

The personal a

- When the direct object is a specific person or persons, an **a** precedes the noun in Spanish. This is known as the personal **a**. Remember that **a** + **el** contract to form **al**.

El periodista entrevistó **a** la activista.	*The journalist interviewed the activist.*
Carlos Manuel de Céspedes liberó **a** los negros en Cuba en 1868.	*Carlos Manuel de Céspedes freed blacks in Cuba in 1868.*
El partido político seleccionó **al** candidato para presidente.	*The political party selected the candidate for president.*

◆ The personal **a** is required before every specific human direct object in a series, and before the indefinite expressions **nadie** and **alguien**. It is not used to introduce hypothetical persons.

Con su actitud intransigente, el gobierno daña tanto **a** sus simpatizantes como **a** sus opositores.	*With its intransigent attitude, the government hurts its supporters as well as its opponents.*
Después del fusilamiento no encontramos **a** nadie en la plaza.	*After the shooting, we didn't find anyone in the plaza.*
Queremos un presidente democrático y honrado.	*We want a democratic and honest president.*

◆ When the interrogative **quién(es)** requests information about the direct object, the personal **a** precedes it.

¿**A** quiénes están buscando los policías?	*Who are the policemen looking for?*

◆ The personal **a** is not normally used with the verb **tener**.

Tenemos un líder muy demagogo.	*We have a very demagogic leader.*

The indirect object and indirect object pronouns

Suggestion for art. Have students identify the direct and indirect objects of the jailer's statement. Change the prisoner from a man to a woman, then to two men, and finally to a man and a woman. How do these changes affect the pronoun?

◆ An indirect object indicates to/for whom a noun/action is given/carried out, or from whom something is bought, borrowed or taken away. The following chart shows the forms of the indirect object pronouns.

Suggestion for indirect object pronouns. Create original examples using indirect objects and have students provide the pronouns. For example, *En la clase, ___ digo a ustedes: "Buenos días"; ___ devuelvo las tareas; ___ dicto la lección; ___ doy la tarea para mañana; ___ digo: "Adiós, hasta mañana". Ustedes ___ dan la tarea.*

INDIRECT OBJECT PRONOUNS			
singular		**plural**	
me	*(to) me*	nos	*(to) us*
te	*(to) you (familiar)*	os	*(to) you (familiar) (España)*
le	*(to) you (formal)* / *(to) him / it (masculine)* / *(to) her / it (feminine)*	les	*to you (formal)* / *to them (masculine)* / *to them (feminine)*

◆ The indirect object pronouns are identical to the direct object pronouns, except for the third-person singular and plural.

◆ Indirect object pronouns agree in number with the noun to which they refer. There is no gender agreement.

Le acaban de dar una golpiza (**al prisionero**).	*They have just given him a beating (to the prisoner).*
El juez **le** exigió una multa **a la señora**.	*The judge demanded a fine from the woman.*

◆ The indirect object pronoun is normally used even when the indirect object noun is expressed. These forms are called redundant or repetitive object pronouns and have no equivalent in English.

Le escribo una carta **al periodista**.	*I write a letter to the journalist.*
Les daremos el libro prohibido **a los disidentes**.	*We'll give the censored book to the dissidents.*

◆ Indirect object pronouns follow the same rules of placement as the direct object. Note the use of a written accent when attaching the indirect object pronoun to the present participle (-**ndo** form).

Le mostré (**a ella**) una foto del desaparecido.	*I showed her a photo of the person who disappeared.*
Te doy las firmas que tengo.	*I'll give you the signatures that I have.*
Gracias a Dios que **no le** incautaron los panfletos.	*Thank God they didn't seize his pamphlets.*
El joven **les** quiere enseñar el golpe que recibió. / El joven quiere enseñar**les** el golpe que recibió.	*The young man wants to show you the blow that he received.*
Le estoy dando consejos. / Estoy dándo**le** consejos.	*I'm giving her advice.*

◆ The familiar plural form **os**, corresponding to **vosotros**, is used only in Spain. In Hispanic America, **les** is used as the plural of **te**. **Les** is the form that we will use in this text.

Los prisioneros **os** pidieron mejor trato. (*Spain*) / Los prisioneros **les** pidieron. (*Latin America*)	*The prisoners asked you for better treatment.*

Double object pronouns

> Me trae la Declaración Universal de los Derechos Humanos.

> Se la traigo enseguida.

Suggestion for art. Identify the direct and indirect object pronouns in this exchange. Change *la declaración* to *los documentos*. How does this affect the response? Then change the *Me* to *Nos*. Act out other scenarios with students who role-play either the editor or the clerk.

◆ When both a direct and an indirect object pronoun are used together in a sentence the indirect object pronoun precedes the direct object pronoun.

Te traigo la lista ahora.	*I'll bring you the list now.*
Te la traigo ahora.	*I'll bring it to you now.*

◆ The indirect object pronouns **le** (to you, to her, to him) and **les** (to you, you them) change to **se** when they appear with the direct object pronouns **lo, los, la, las**.

El periodista **les** dio el nombre del informador.	*The journalist gave them the name of the informant.*
El periodista **se lo** dio.	*The journalist gave it to them.*

◆ As with single object pronouns, double object pronouns may be attached to an infinitive or to a present participle. In this case, the order of the pronouns is maintained and an accent mark is added to the stressed vowel of the verb.

Joven, ¿puede traerme las firmas de los signatarios?	*Young man, can you bring me the signatures of the signatories?*
Enseguida voy a **traérselas**.	*I'll bring them to you right away.*
¿El delegado nos está preparando la lista de las violaciones?	*Is the delegate preparing us the list of the violations?*
Sí, está **preparándonosla**.	*Yes, he's preparing it for us.*

Suggestion for practicing double object pronouns. Have students respond quickly to this and other short drills in which they transform the object to an object pronoun.

Doy el papel al director. Se lo doy.

Doy los documentos a usted. Se los doy.

Damos la cámara a usted. Se la damos.

Damos las figuras a ti. Te las damos.

El reportero da la noticia a vosotros. Os la da.

El reportero da las noticias a sus lectores. Se las da.

Aplicación

Responses to Activity 3-23.
Note that the pronoun is attached to the infinitive and the affirmative command: 1. *Los* 2. *a* 3. *(dar)le* 4. *los* 5. *Lo* 6. *lo* 7. *(Se)* *Lo* 8. *a* 9. *(di)le* 10. *lo* 11. *Se* 12. *la* 13. *(detener)la* 14. *(rescatar)los* 15. *lo* 16. *los*

3-23 En una junta clandestina. Completa este diálogo con pronombres de objeto directo o indirecto, o con la **a** personal según el contexto.

CAPITÁN: Bueno, Ramiro. Mañana es la manifestación. ¿Tienes los panfletos para repartir?

RAMIRO: Sí, capitán. (1) _____ recogí esta tarde. Esta noche voy a ver (2) _____ Manolo para dar_____ (3) los que necesite. Mañana llego temprano y (4) _____ voy a repartir entre la gente.

CAPITÁN: El boicot en contra de los medios de transporte empieza a la madrugada. (5) _____ han anunciado en el periódico, pero no (6) _____ saben todos todavía. Si vamos a tener éxito, tiene que participar todo el mundo. Manolo, ¿por qué no preparas un anuncio para la radio clandestina? ¿ (7) _____ pueden difundir a partir de la medianoche? Cuando veas (8) _____ Francisca, di_____ (9) que (10) _____ anuncie cada quince minutos durante toda la noche.

MANOLO: De acuerdo, capitán. (11) _____ explicaré bien a Francisca. Ella es muy responsable. Además, por ser cuñada del presidente, no (12) _____ van a molestar. El ejército no se atreverá a detener_____ (13).

CAPITÁN: ¿A qué hora es el rescate de los disidentes?

RAMIRO: Queremos rescatar_____ (14) al mediodía cuando el ejército menos (15) _____ espere. Estarán en la plaza haciendo ejercicios cuando llegará un helicóptero y (16) _____ recogerá.

CAPITÁN: Bueno, todo está en orden. ¡Mañana comienza la justicia! Y con su ayuda, compañeros, una nueva época para nuestro sufrido país.

Suggestion for Activity 3-24.
Point out that the direct object pronoun is used redundantly when the direct object precedes the verb, such as in the *modelo*.

3-24 Los derechos humanos. Vuelve a leer la *Declaración* y escoge cinco de los derechos para explicar según el modelo.

MODELO: la libertad de expresión

Este derecho nos lo da la Declaración porque es importante poder expresar nuestra opinión sin temer represalias.

Suggestion for Activity 3-25.
Have students write out several questions and rehearse to perform for the class.

👥 **3-25 Amnistía Internacional entrevista a un/a jefe/a de estado.** Escojan un país que esté en violación de los derechos humanos, según Amnistía Internacional y preparen entre ocho y diez preguntas para hacerle al/a la jefe/a de estado. Luego, túrnense con otro grupo para hacer los papeles de miembro de Amnistía Internacional y jefe de estado.

MODELO: E1: *Señor/a Presidente/a, ¿por qué no nos permite visitar a los prisioneros políticos?*
E2: *Les doy permiso para visitarlos, pero ellos no quieren verlos a ustedes.*

3-26 Una causa importante. Imagínate que eres miembro de una organización que necesita fondos para una causa importante. Escribe una carta de ocho a diez líneas para explicar el propósito de la organización y por qué solicitas donaciones. Puedes empezar la carta con una variación de lo siguiente:

Estimado colega (amigo, compañero, etc.):
Quiero explicarle un poco sobre una organización que va a tener mucha influencia en el siglo XXI...

3-27 Una reunión de Amnistía Internacional. Expliquen todo lo que tienen que hacer para organizar una reunión que va a tener lugar en su universidad el próximo año.

MODELO: E1: *Tengo que reservar un salón para doscientas personas. Necesito reservarlo ahora porque hay varias reuniones en mayo.*
          E2: *Yo tengo que hacer carteles para anunciar las horas y los temas de las conferencias.*

Expansion for Activity 3-26. Have students respond politely to each other's letter.

Suggestion for Activity 3-27. Students may write a bulleted list prior to producing the complete sentence.

Warm-up for *A propósito...* Point out that racism is deplorable, as is the person who discriminates against those subjected to it. Ask students how ethnic minorities have been discriminated against in this country.

Suggestion for *A propósito...* Ask students to name classes in which racial prejudice is a topic. Point out that there is racism in the Hispanic world too.

A propósito...

Rigoberta Menchú y el indigenismo guatemalteco

Rigoberta Menchú nació en Chimel, una pequeña aldea de la provincia de El Quiché en las montañas del noroeste de Guatemala en 1959. Sus padres eran pobres indios quichés que para subsistir tenían que pasarse ocho meses al año en la costa trabajando en plantaciones de café o algodón. Cuando el gobierno militar y los terratenientes *(landowners)* trataron de sacar a los quichés de la poca tierra en que vivían, su padre, Vicente Menchú, empezó una serie de peticiones y protestas para que les dieran a los indígenas los títulos de propiedad de esas tierras. Por esas actividades fue arrestado y estuvo en prisión en varias ocasiones.

En 1979, Petrocinio, un hermano de Rigoberta de 16 años, fue capturado por los soldados, torturado y quemado vivo en frente de su familia. En 1980, su padre Vicente murió junto con otros 38 líderes indios, en un incendio que ocurrió en la Embajada de España, donde se encontraban protestando las violaciones de los derechos humanos de los indígenas. En 1981, su madre fue secuestrada, violada, torturada y asesinada.

Poco después, Rigoberta tuvo que exiliarse a México. En un viaje a Francia se reunió con la antropóloga Elisabeth Burgos-Debray y le dictó su autobiografía, *Yo... Rigoberta Menchú*, que fue publicada en 1984. El libro, que describe su trágica historia y la vida miserable del pueblo indígena guatemalteco atrajo la atención del mundo.

En 1992, Rigoberta Menchú recibió el Premio Nobel de la Paz y usó los $1.200.000 para comenzar la fundación Vicente Menchú y así continuar luchando por los derechos de los indígenas. Debido a sus esfuerzos, las Naciones Unidas declararon 1993 el Año Internacional de las Poblaciones Indígenas.

Vamos a comparar

¿Qué piensan de la vida de Rigoberta Menchú? ¿Creen que las poblaciones indígenas de los Estados Unidos o del Canadá han tenido sufrimientos similares? ¿Por qué? ¿Cómo creen que se podría mejorar la situación de los quichés de Guatemala? ¿Qué cosas específicas se podrían hacer en los Estados Unidos para mejorar la situación de los indígenas que viven aquí?

3. *Gustar* and similar verbs

¿Te gustó el resultado de las elecciones?

◆ The verb **gustar** expresses preferences, likes and dislikes. **Gustar**, however, is not directly equivalent to the English verb *to like*. Literally, it means *to be pleasing* (to a person).

Me gusta la libertad.　　　　　　*I like liberty. (Liberty is pleasing to me.)*

A Rigoberta Menchú **le gustan** los gobiernos democráticos.　　　*Rigoberta Menchú likes democratic governments. (Democratic governments are pleasing to her.)*

◆ **Gustar** is most often used in the third-person singular or plural forms, **gusta** and **gustan.** It is also accompanied by an indirect object pronoun to express the idea that object(s) or person(s) are pleasing *to* someone. (That someone is an indirect object.)

Nos gustó el discurso pacifista del delegado.　　　*We liked the delegate's pacifist speech.*

No me gustan ni las dictaduras de derecha ni las dictaduras de izquierda.　　　*I don't like either right or left-wing dictatorships.*

◆ To express the idea that one likes to do something, use the singular form of **gustar** with an infinitive or series of infinitives.

Nos gustaba siempre votar.　　　*We always liked to vote.*

Me gusta madrugar y empezar a trabajar a las siete.　　　*I like to get up early and begin work at seven.*

◆ Other verbs used like **gustar:**

caer bien	*to like (a person)*
caer mal	*to dislike (a person)*
encantar	*to love (colloquial; lit., to be enchanting)*
faltar	*to lack, miss (lit., to be lacking)*
fascinar	*to be fascinated by (lit., to be fascinating)*
hacer falta	*to need (lit., to be needed)*
impresionar	*to be impressed (lit., to impress)*
interesar	*to be interested in (lit., to interest)*
molestar	*to be a bother (lit., to bother)*
parecer	*to seem*
quedar	*to have remaining/left over (lit., to remain)*

◆ Be careful when using the verb **gustar** to express likes and dislikes related to people. In Spanish, **gustar** is used with people to express the idea that you feel *attracted* to a person in a physical sense.

Me gusta María Luisa.	*I like María Luisa. (I am attracted to her.)*
A muchos votantes **les gustan** los políticos jóvenes.	*Many voters like young politicians. (They are attracted to them.)*

◆ To say that you like or dislike someone because of the way that the person behaves or acts, Spanish-speakers frequently use the expressions **caer bien** and **caer mal**.

Nos cae bien el abogado.	*We like the lawyer. (He is a great person.)*
Me caen mal los tiranos.	*I don't like tyrants. (I can't stand them.)*

◆ Use **gustar** when referring specifically to qualities or defects of a person.

Me gusta cómo escribe el periodista.	*I like how the journalist writes.*
No le gustan las personas inflexibles.	*She doesn't like inflexible persons.*

◆ When referring to food, use **gustar** to express that a certain food is pleasing or not pleasing, and the verb phrase **caer bien** or **caer mal** to express that the food sits well or does not sit well with someone.

Me gusta la carne de cerdo, pero no **me cae bien.**	*I like pork, but it doesn't sit well with me.*
Nos gustan las sopas que cocina mamá porque siempre **nos caen bien.**	*We like the soups that mother cooks because they always sit well with us.*

Aplicación

Responses to 3-28. (Answers may vary) 1. *me molesta* 2. *Me parece* 3. *nos cae* 4. *nos molestan* 5. *le fascinan* 6. *nos hace falta* 7. *Me interesa* 8. *me encantaría*

3-28 Un plan estratégico. Completa el monólogo con pronombres de objeto indirecto y verbos que tengan sentido según el contexto. (Usa verbos como **gustar**.)

Compañeros y compañeras, (a mí) no (1) _____ avisarles que tenemos que pensar seriamente en el futuro de esta organización. (A mí) (2) _____ que hemos esperado demasiado tiempo para hacer algunos cambios radicales. Primero, (a nosotros) no (3) _____ muy bien el director de la compañía. A nosotros (4) _____ sus anuncios y circulares (*memos*). Además, (a él) (5) _____ las peleas entre los empleados. (A nosotros) (6) _____ un líder fuerte, alguien que sepa actuar en beneficio de la organización. (A mí) (7) _____ servirles a ustedes como su nueva jefa. Por lo tanto, (a mí) (8) _____ saber su opinión de mi candidatura.

3-29 Me cae bien/me cae mal. Hagan una lista de diez políticos o grupos políticos conocidos. Háganse preguntas sobre qué tal les caen.

MODELO: E1: *¿Qué tal te caen los liberales?*
         E2: *Este año me caen mal. Me parece que han auspiciado leyes que cuestan mucho, y no les importa aumentar los impuestos. Pero tampoco me impresionan los conservadores porque se dejan influenciar más por el sector comercial que por lo que quiere el pueblo.*

Suggestion for Activity 3-30. Have students research their issues before participating in the debate.

3-30 No tienen razón. Divídanse en grupos en pro o en contra de estas declaraciones para debatirlas ante la clase. (Algunos tendrán que apoyar posiciones con las que no estén de acuerdo.)

1. Algunos de los derechos humanos no son aplicables al Tercer Mundo.
2. A los políticos en general les interesa más el poder que la gente.
3. Hay que respetar diferencias culturales en la aplicación de los derechos humanos.
4. Algunos de los derechos humanos no se aplican a los niños.
5. No todos los derechos humanos deben extenderse a los criminales.

Síntesis

Actividades

3-31 Un lema nuevo para Amnistía Internacional. Éste es el lema de Amnistía Internacional. Explica qué simboliza. Luego diseña otro lema como alternativa.

Suggestion for Activity 3-31. Have students compete for the best *lema*, which will then be published in the class newspaper.

3-32 Otros que trabajan por la justicia social. Los jesuitas y otros grupos religiosos y humanitarios son conocidos por sus labores en el campo de la justicia social. Investiga qué grupos hay en tu universidad, ciudad o estado y preséntale a la clase información sobre dos de estos grupos.

Conexiones **for Activity 3-32.** Have students create a map of the world with pins to indicate problem areas and flags to indicate social-action groups working in the area.

3-33 Me parece muy mal... Escribe una carta al editor de un periódico para expresar tu opinión sobre cualquier injusticia humana. Usa expresiones como **gustar**, **parecer**, **molestar**, etcétera.

3-34 Eres editor/a. Contesta la carta al editor que escribió un/a compañero/a.

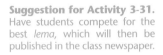 **3-35 Una arpillera norteamericana.** En los últimos años, el *AIDS quilt* ha sido importante para concienciar al pueblo norteamericano sobre la crisis del SIDA. Diseñen una arpillera para protestar o concientizar sobre una situación que les parezca crítica. Preséntenle y explíquenle su diseño a la clase.

3-36 El Premio Nobel de la Paz. Investiguen a una persona honrada por este prestigioso premio y las circunstancias en que se le ha otorgado el premio Nobel de la Paz. Preparen una entrevista del/de la premiado/a y preséntensela a la clase.

3-37 La campaña del mes. Según su página en la red informática, Amnistía Internacional organiza varias campañas al año en contra de las violaciones de los derechos humanos. Busquen información en la red informática o en el periódico para informarle a la clase sobre una de las campañas actuales. Incorporen mapas y otra información visual para explicar e ilustrar el contexto geográfico o histórico de la campaña.

Suggestion for Activity 3-37. Have students prepare their presentation using a presentation program such as Power Point or Corel Presentations.

conexiones

Note for *Conexiones*. These activities offer points of connection with Ethics and Psychology. You may wish to ask students to bring up similar hypothetical cases they've explored in other classes.

Entre la espada y la pared. Un soldado regular del ejército de algún país tiene que tomar una decisión ante un dilema. Tiene órdenes de sus superiores de sacarle información—mediante la tortura—a un preso político que fue encarcelado tras organizar una protesta en contra del gobierno. El soldado viene de una familia humilde y comparte, personalmente, algunas de las ideas de la oposición. Sin embargo, es soldado y por lo tanto empleado del estado. ¿Cómo debe actuar? ¿Cuáles son las variables que debe considerar para tomar su decisión?

A conciencia limpia. ¿Alguna vez tuviste que actuar en contra de tus convicciones, afectando a otra persona? ¿Quién sufrió las consecuencias de tus acciones? ¿Cuáles eran las circunstancias y qué hiciste? Explica cómo llegaste a tener la conciencia limpia después.

 A ESCUCHAR

Suggestion for *A escuchar*. Have students read the questions before they listen to the tape in order to anticipate the information they will hear.

Noticiero peruano. Escucha el reportaje de Elvira Mendoza sobre la situación de unos rehenes diplomáticos en Perú. Contesta brevemente las preguntas que siguen.

Comprensión.

1. ¿Dónde ocurrió el incidente?
2. ¿Quiénes fueron los secuestradores?
3. ¿Cuántos eran originalmente los rehenes?
4. ¿Cuántos rehenes quedan y quiénes son?
5. ¿Qué país les ha ofrecido asilo a los secuestradores?
6. ¿Qué exigían los secuestradores?
7. ¿Por qué se pensaba que los próximos dos meses serían difíciles?
8. ¿Sabes cómo se resolvió el incidente? Si no lo sabes, averígualo.

¿Alguna vez se justifica el terrorismo? En grupos de tres, hagan un debate en el que un grupo trate de justificar las circunstancias bajo las que es necesario usar la violencia; mientras que el otro grupo deberá estar en contra de todo tipo de violencia.

Tapescript for *A escuchar*. "Hoy es el 27 de marzo de 1997, y hace exactamente cien días que unos 24 miembros de la guerrilla izquierdista peruana llamada Movimiento Revolucionario Túpac Amaru se apoderaron de la residencia del embajador japonés y secuestraron a cientos de invitados que se encontraban en la embajada celebrando una fiesta. La mayoría de los rehenes fue puesta en libertad en las dos semanas siguientes, pero 72 de los rehenes, incluyendo a un hermano del presidente Fujimori, varios importantes industriales japoneses y prominentes funcionarios del gobierno peruano continúan cautivos. Las negociaciones hace unas semanas iban bien y se pensaba que la crisis se resolvería para la Semana Santa porque el gobierno cubano había aceptado darles asilo en Cuba a los secuestradores. Sin embargo, los Túpac Amaru han vuelto a exigir que el gobierno libere a unos 400 compañeros suyos que se encuentran cumpliendo años de prisión por actos de terrorismo. Algunos analistas de aquí piensan que los próximos dos meses serán difíciles para los negociadores. Hay signos de que tanto los extremistas de derecha como los extremistas de izquierda se están preparando para una ola de terrorismo que complicará las negociaciones. Un ex-oficial de la inteligencia peruana que ahora es asesor de corporaciones multinacionales, comentó: "Pienso que estamos en un período crítico". ...Desde Lima, Perú, soy Elvira Mendoza con el Noticiero Peruano.

Ritmos
Víctor Jara (1938–1973)

Suggestion for *Ritmos*. Have students look up information about Chile, Allende, and Pinochet. Refer students to the movie *Missing,* which addresses human rights issues in Chile during the Pinochet period.

Suggestion for *Ritmos*. Have students name U.S. singer/songwriters of political protest.

Cuando el general Augusto Pinochet y los militares derrotaron al gobierno de Salvador Allende en 1973, Víctor Jara ya gozaba de gran popularidad por sus canciones con mensaje sociopolítico. Después del golpe militar, sus canciones de protesta, su posición política y su trabajo de alfabetización hicieron que su música fuera censurada por el gobierno militar. Un día, fue detenido por la policía y, como muchos otros chilenos en esa época, fue llevado al Estadio de Chile. Una vez que fue identificado, los guardias lo torturaron durante cuatro días hasta matarlo el 15 de septiembre de 1973. Desde entonces su nombre y su música quedaron totalmente prohibidos en Chile. Hoy en día se reconoce a Víctor Jara como una de las figuras más importantes de la resistencia chilena a la dictadura y su música goza de gran popularidad mundial. *Te recuerdo, Amanda* es una de sus baladas más conocidas. En esta canción el cantautor describe a la joven Amanda que cotidianamente acude a reunirse con su novio durante su hora de descanso en la fábrica. Pero un día trágico, el joven se va a la sierra y nunca vuelve.

3-38 ¿Cómo son? Mientras escuches esta canción, trata de visualizar física y emocionalmente a los dos personajes.

Te recuerdo, Amanda

Te recuerdo, Amanda	
la calle mojada°	*wet*
corriendo a la fábrica	
donde trabajaba Manuel.	
5 La sonrisa ancha°	*wide*
la lluvia en el pelo	
no importaba nada	
ibas a encontrarte con él	
con él, con él, con él	
10 son cinco minutos	
la vida es eterna	
en cinco minutos	
suena la sirena	
de vuelta al trabajo°	*back to work*

15 y tú caminando
lo iluminas todo
los cinco minutos
te hacen florecer.
Te recuerdo, Amanda
20 la calle mojada
corriendo a la fábrica
donde trabajaba Manuel.
La sonrisa ancha
la lluvia en el pelo
25 no importaba nada
ibas a encontrarte con él
con él, con él, con él
que partió a la sierra
que nunca hizo daño
30 que partió a la sierra
y en cinco minutos
quedó destrozado
suena la sirena
de vuelta al trabajo
35 muchos no volvieron
tampoco Manuel.
Te recuerdo, Amanda
la calle mojada
corriendo a la fábrica
40 donde trabajaba Manuel.

3-39 Amanda y Manuel. Contesta estas preguntas relacionadas a la canción.

1. Describe la relación entre Amanda y Manuel.
2. Especula sobre el estado social y económico de los dos.
3. ¿Qué tipo de trabajo haría Manuel?
4. ¿Qué crees que le pasó a Manuel ese día?
5. ¿Consideras que el caso de Manuel se trata de una desaparición política, un accidente u otra cosa? Explica tus opiniones.
6. La esposa de Víctor Jara explica que esta canción fue dedicada a la madre del cantautor. ¿Cambia este detalle tu impresión de la canción?

Imágenes
Francisco Goitía

Warm-up for *Imágenes*. Explain why it is important that artists take a stand against repression.

Francisco Goitía (1882–1960) nació en México en el estado de Zacatecas. Estudió arte en México, D.F. y en Barcelona, España. Su obra retrata con dramatismo la vida y el sentir (*feelings*) de los sectores marginados de la sociedad mexicana y está considerado mundialmente como una de las grandes manifestaciones del impresionismo. Con el realismo de sus pinturas, Goitía logra crear un impacto emocional en el observador mientras que hace una denuncia político-social ante las injusticias que oprimen a muchos de sus compatriotas. "Tata Jesucristo" es uno de sus cuadros más poderosos en el que retrata la tragedia íntima e individual de aquellos que sufren directa o indirectamente por la violencia propiciada por los gobiernos. Goitía, además de ser un gran pintor, dedicó gran parte de su vida y su obra a crear conciencia sobre la importancia de alcanzar la paz mundial.

Conexiones for *Imágenes*. Have students construct a time line to illustrate events occurring in the United States, Mexico, and other parts of the world during Goitía's lifetime. Have them discuss how these events may have influenced his art?

Francisco Goitía, "Tata Jesucristo", 1926–27, Oleo s/tela, 85.5 × 106 cm., Museo Nacional de Arte

Perspectivas e impresiones

3-40 Observen el cuadro. Comenten estos elementos del cuadro.

1. los colores y el efecto que tienen
2. los víctimas y los culpables
3. la violencia
4. el mensaje sociopolítico

3-41 Otras imágenes. En la red informática, una enciclopedia o un manual de arte, busca el cuadro de otro pintor latinoamericano que haya usado el arte como protesta social y preséntaselo a la clase.

Suggestions for Activity 3-41. Siqueiros, Orozco, Rivera.

Páginas
Armando Valladares

El poeta Armando Valladares nació en Cuba en 1937. Después de ser detenido en 1960, pasó 22 años en las cárceles políticas de la Cuba comunista de Fidel Castro. Su error había sido ser funcionario (*a public official*) del gobierno revolucionario y oponerse al control del poder por los marxistas. Su rechazo en la prisión a los planes de rehabilitación política, así como el mantenimiento de sus convicciones frente a la represión en la prisión le traerían represalias brutales, palizas, (*beatings*) torturas y confinamiento. Valladares es uno de los sobrevivientes de los trabajos forzados en la prisión de Isla de Pinos. Allí vio asesinar a muchos de sus compañeros. La campaña mundial por su liberación en la que participaron Amnistía Internacional, los *PEN CLUBS*, gobiernos e intelectuales, culminó con la petición del presidente francés François Mitterrand a Castro, y fue liberado en octubre de 1982. Armando Valladares ha escrito tres poemarios *Desde mi silla de ruedas, El corazón con que vivo* y *Cavernas del silencio.* Su biografía, *Contra toda esperanza,* fue publicada en España en 1985 por Plaza & Janes Editores. A continuación se leerán dos de sus poemas más conocidos.

Antes de leer

3-42 En anticipación. Trabaja con un/a compañero/a para hacer una lista de lo que una persona extraña más cuando está en la cárcel. Tu lista puede incluir objetos, personas y conceptos.

MODELO: E1: *Estando uno en la cárcel, tiene que extrañar a la familia y las actividades en casa.*

E2: *También me parece que tiene que extrañar a los amigos y las actividades comunitarias.*

Estrategias de la lectura

Un poema usa imágenes y símbolos para comunicar su mensaje. Lee rápidamente el primer poema en busca de palabras que te ayuden a captar el tono. ¿Qué sustantivos, adjetivos y colores comunican el estado de ánimo del poeta?

No importa, llevaré por ti...

A mi sufrida madre, a todas las madres

No importa que tampoco este año
permitieran
que tu beso alegrara mi tristeza.
Los juguetes grandes
5   de mis horas azules
han ascendido por las rejas°   *prison bars*
y las han hecho florecer de amor.
Hace siete años madre
que no tenemos un abrazo,
10 que no te dejan ni de lejos verme
pero piensa en las rosas blancas
de las lápidas° sin nombres   *tombstones*
en las tumbas sin cruces.
Cuba está sembrada°   *seeded*
15 de cadáveres de otros hijos
que no pudieron ver a sus madres
madres enloquecidas
madres inconsolables.
No habrá jamás para ellas
20 rosas en ese día...
Yo volveré a verte
pero no podré como antes
esperarte de pie para el abrazo
estaré en mi silla de ruedas°   *Due to several hunger strikes to protest conditions in prison,*
mas° no estés triste   *Valladares became temporarily paralyzed, unable to walk.*
25 piensa que llevaré   *but*
por ti
una rosa roja°   *En Cuba era tradicional el Día de las Madres, que los hombres*
en mi pecho.   *llevaran una rosa blanca si la madre estaba muerta, y una rosa*
                           roja si la madre estaba viva.

Conexiones for Páginas. Have students define and/or give examples of *símbolo, imagen,* and *metáfora.* What do the colors *rojo* and *blanco* often symbolize in poems written in English?

Después de leer

3-43 ¿Cómo lo interpretas tú?

1. ¿A quién(es) se dirige el poema y en qué ocasión?
2. ¿Qué simbolizan la rosa blanca y la rosa roja para el poeta?
   ¿Qué simbolizan para ti?
3. ¿Crees que su mamá todavía vive? ¿Por qué?

Antes de leer

3-44 El terror. Las pesadillas del poeta están basadas en la realidad que ha sufrido. Lee este poema para identificar los abusos psicológicos y físicos que teme.

Suggestions for *Un terror que me asalta*:
- Have a student read the poem while two or more enact the scene.
- Have a student play the part of a jailer who sympathizes with the poet.
- Have students role-play the poet and his best friend when they meet for the first time after their release from prison.
- Have students write a letter in protest of the poet's imprisonment.

Un terror que me asalta

Sí, estoy aterrorizado. Pero estoy aquí.

El terror me enfría los huesos
cuando menos lo espero
me despierta en sobresaltos°   *suddenly*
con obsesión de bayonetas
5 y torturas.
Es un terror profundo
inefable
ancestral
animal
10 enajenante.
No sé siquiera con exactitud
a lo que temo.
Quizás a que me mutilen las manos a machetazos
como a Eduardo Capote°.   *fellow prisoner whose hands were mutilated by guards*
15 A que me arranquen°   *That they might force me out*
de mi silla de ruedas
y me arrastren° por las piernas   *that they might drag me*
como hicieron a los inválidos que dejé
con las cabezas rebotando°   *bouncing*
20 en los escalones de la cárcel de Boniato°.   Boniato es una prisión en un pueblo en la provincia de Oriente.
Temo a que vuelvan a torturarme
negándome alimentos
más de cuarenta días
para obligarme a renegar
de mis ideas políticas
25 y de Dios
ya lo intentaron una vez
y me dejaron inválido.
Tengo terror quizás
a que me destrocen° el cráneo a culatazos°   *they might shatter; with rifle-butt blows*
30 o me atraviesen la vejiga°   *bladder*
o me desgarren° los testículos con una bayoneta   *that they might tear*
o que me rompan el pecho
con una ráfaga de ametralladora°   *a machine-gun burst*
como le hicieron al hermano de la Fe....
Tengo terror
35 un terror que me asalta
que me obsesiona
que aniquila.

Después de leer

👥 3-45 ¿Qué opinan? Hablen de los elementos optimistas y pesimistas de estos dos poemas. ¿Creen que el poeta tiene alguna esperanza?

 *Taller*

Expansion for *Taller*. Students may expand their poems beyond the five lines suggested here. You may wish to publish the poems in your class newspaper along with some of the letters of protest, students' articles, and other short pieces they have written in this lesson.

Crear poesía. La poesía puede expresar los sentimientos más sencillos tanto como los más profundos. Puede ser individual o colectiva. Siguiendo el modelo, trabaja solo/a o con un/a compañero/a para crear un poema original.

1. **Idear.** Piensa en **un** concepto, imagen u objeto que consideres importante, interesante o curioso.

2. **Describir.** Describe el concepto (imagen u objeto) con **dos** adjetivos.

3. **Expandir.** Escribe **tres** participios presentes para describir acciones relacionadas con el concepto.

4. **Desarrollar.** Escribe una frase de **cuatro** palabras para desarrollar o modificar el tema. (Los artículos y los pronombres de objeto no cuentan en las cuatro palabras.)

5. **Resumir.** Con **una** sola palabra, resume o cierra el poema.

> Paz
>
> regional, mundial
>
> alcanzándose, escapándose, desapareciéndose
>
> ¡qué frágil la raza humana!
>
> pérdida.

6. **Compartir.** Cambia tu poema por el de un/a compañero/a. ¿Cada uno/a comunicó bien sus ideas? Háganse una evaluación del mensaje del poema y otra de la estructura.

4 El individuo y la personalidad

Comunicación

- ◆ Talking about yourself and others: personality and routines
- ◆ Describing people, things, and situations
- ◆ Telling what has happened

Estructuras

- ◆ Reflexive constructions
- ◆ Agreement, form, and position of adjectives
- ◆ The past participle and the present perfect tense

Cultura

- ◆ El arte de la conversación y la simpatía
- ◆ El qué dirán
- ◆ Ritmos: Franco—*Soy*
- ◆ Imágenes: Frida Kahlo—*Las dos Fridas*
- ◆ Páginas: Julia de Burgos—*A Julia de Burgos*

"Soy muy competitiva, pero no me gusta decir que soy ambiciosa. Para mí la ambición es darle un codazo a alguien para poder seguir adelante".

Diane Sawyer,
periodista norteamericana

"Es bueno tener en cuenta que todo lo malo siempre trae algo bueno".

Andie Mc Dowell,
actriz norteamericana

"Soy bastante rebelde y en ocasiones empujo las cosas hasta los límites. Pero también soy muy respetuoso. Luchar por lo que se quiere, y vencer grandes obstáculos, es muy padre en la vida".

Ari Telch,
actor mexicano

"Tenemos que hacer cosas pequeñas, día a día, para mejorar el mundo y mejorar nuestras vidas".

Dra. Antonia Novello,
ex cirujana general de USA

"La vida es un taxi. Tú eres el chofer".

Luis Enrique,
cantante nicaragüense

"Ser sexy es una actitud ante la vida. Las telas no tienen sexo. Los vestidos tampoco".

Gianni Versace,
diseñador italiano (q.e.p.d.)

"Usted tiene que descubrirse a sí mismo. De eso se trata la vida".

Jerry Seinfeld,
cómico norteamericano

"Creo que al fin estoy madurando y tengo momentos en los que me pregunto si lo que quiero es lo que necesito".

Fernando Ciangherotti,
actor mexicano

"Para el éxito no hay fórmulas, pero para el fracaso sí".

Roberto Gómez B.,
cómico mexicano

Warm-up for *Así es la vida*. Have students describe and give some personality traits of the people quoted.

Vocabulario primordial

la actitud	la mentalidad
agresivo/a	la mente
astuto/a	optimista
demente	la seriedad
egoísta	la timidez

Vocabulario clave

Verbos

acostumbrarse (a)	to get used to
apoyar	to support
arreglar	to fix
comportarse	to behave
enajenar	to alienate
luchar	to fight
portarse bien/mal	to behave/to misbehave
relajarse	to relax
vencer	to defeat, to overcome

Sustantivos

la autoestima	self-esteem
el carácter	personality
el complejo	complex
la enajenación	alienation
la meta	goal, aim
el trastorno	upset (mental or physical)
la vergüenza	embarrassment

Adjetivos

alterado/a	upset
bondadoso/a	good-natured
caritativo/a	charitable
desenvuelto/a	outgoing
despreocupado/a	carefree
dichoso/a	happy
exitoso/a	successful
grosero/a	nasty, vulgar
honrado/a	honest
malhablado/a	foul-mouthed
maniático/a	compulsive
rudo/a	rough

Ampliación

Verbos	Sustantivos	Adjetivos
afligir	aflicción	afligido/a
aislar	aislamiento	aislado/a
alterar	alteración	alterado/a
desilusionar	desilusión	desilusionado/a
dominar	dominante	dominado/a
equilibrar	equilibrio	equilibrado/a
fracasar	el fracaso	fracasado/a
mentir (ie, i)	la mentira	mentiroso/a
rebelar	la rebeldía	rebelde
recordar (ue)	el recuerdo	recordado/a
tranquilizar(se)	la tranquilidad	tranquilo/a

¡cuidado!

Cognados falsos

soportar — to put up with, tolerate
¡**No soporto** a un hombre tan grosero! — I don't put up with such a nasty man!

apoyar — to support
Mis amigos siempre me **apoyan** en mis decisiones. — My friends always support me in my decisions.

el recuerdo — memory, as in remembrance
Tengo muy buenos **recuerdos** de mi niñez. — I have good memories of my childhood.

la memoria — memory; the capacity to remember
¡Mi **memoria** es excelente! Puedo recordar mi primer número de teléfono. — My memory is excellent! I can remember my first telephone number.

Aplicación

4-1 ¿Qué cualidades? Describe las personalidades de las personas que aparecen en ¡Así es la vida! ¿Cuál se parece más a ti? ¿Por qué?

4-2 ¿Quiénes? Usa cada uno de los siguientes adjetivos para describir a personajes históricos o literarios del presente o del pasado, y explica por qué eran o son así.

Suggestion for Activity 4-2. Have students challenge each other to name the personality they describe.

MODELO: egoísta: *Marie Antoinette, la esposa de Louis XIV, fue una persona muy egoísta. Creía que los pobres que no tenían pan podían comer pastel.*

1. desilusionado/a
2. rebelde
3. demente
4. agresivo/a
5. maniático/a

6. dominante
7. malhablado/a
8. grosero/a
9. tímido/a
10. mentiroso/a

4-3 Un consejo. Lee la siguiente carta que un padre le escribió a su hijo y complétala con la forma correcta del verbo más apropiado para cada número.

Composición for Activity 4-3. Have students write a response to the letter, reacting to the father's advice from Toño's perspective.

Responses to Activity 4-3. (Answers may vary.) 1. *te portes* 2. *acostumbrarse* 3. *recordar* 4. *apoyar* 5. *relajarte* 6. *vencer*

Caracas, 3 de octubre de 1999

Querido Toño:

¡Ojalá que todo vaya bien en la universidad y que (1)_____ bien en tus clases y con tus amigos! Tu mamá y yo sabemos que es difícil (2)_____ a una vida independiente, pero debes (3)_____ que siempre te vamos a (4)_____ con nuestros consejos y amor. No te olvides que aunque es bueno (5)_____, es importante ser dedicado para (6)_____ las dificultades y salir bien en la vida.

Recibe la bendición de,
tu padre

4-4 Exprésate mejor. Lee las siguientes oraciones. Usa una variación de cada palabra en itálica para escribir una oración nueva que elabore la idea de la oración original.

Composición for Activity 4-4. Have students use these expressions in an original paragraph.

MODELO: En su adolescencia el joven *se rebeló* contra toda autoridad. *Pero de adulto no es nada* rebelde.

1. Ese *mentiroso* me dijo que era rico.
2. Hay que establecer un *equilibrio* en todo lo que hagas.
3. Por fin el niño está *tranquilo*.
4. Para el candidato fue una gran *desilusión* no ganar las elecciones.
5. La señora ha vivido sola por más de veinte años y ahora se siente totalmente *aislada*.
6. El accidente *alteró* a los niños, pero luego el policía los calmó.
7. *Recuerdo* los veranos que pasé en la playa con mis primos.
8. Los trágicos resultados de la explosión *afligieron* a todos los habitantes de la ciudad.

Suggestion for Activity 4-5.
Remind students to use the imperfect to set the scene, and the preterit for completed actions.

4-5 Un trastorno, una desilusión y/o la enajenación. Escribe un relato breve para describir un trastorno (económico o psicológico), una desilusión y/o la enajenación. Puede ser una experiencia propia, ajena (de otra persona) o imaginada.

MODELO: *El año pasado tuve un trastorno económico cuando perdí mi trabajo en la librería…*

4-6 El desafío. Escoje cada uno/a a cuatro personas de la política, del cine o de la televisión sin revelarle las identidades a su compañero/a. Luego, túrnense para describir a cada persona sin decir el nombre mientras el/la que escucha trata de adivinar el nombre de la persona descrita.

Suggestion for Activity 4-7.
Have students create a *Cápsulas* section of a magazine as a class project.

4-7 Cápsula personal. Escribe cada uno/a tu filosofía personal en forma de breve artículo para una revista. Después, compartan y comenten sus cápsulas.

Conexiones for Activity 4-8.
Have students draw on discussions from Sociology or American Culture classes.

4-8 El éxito. ¿Qué significa el éxito para ustedes? ¿Cómo logran sus sueños? Comparen sus puntos de vista entre los otros miembros del grupo para ver si tienen filosofías similares o diferentes. ¿Qué creen que tienen en común con los de la generación de sus padres?

Warm-up for A propósito…
Ask students questions like: *¿Qué haces durante la hora de la cena? ¿Con quiénes cenas? ¿Cuánto tiempo sueles pasar cenando?*

A propósito…

El arte de la conversación y la simpatía

El arte de la conversación se considera importante entre los hispanos, muchos de los cuales son excelentes conversadores. Aprenden a conversar desde muy pequeños sentados a la mesa a la hora de comer con sus familiares. Es muy común hacer el almuerzo y la cena en familia y tener sobremesas (conversación mientras todos están sentados alrededor de la mesa) que duran hasta una hora. En estas sobremesas los niños escuchan las conversaciones de los mayores y a una edad temprana empiezan a participar en ellas. Así aprenden desde muy jóvenes a expresarse con fluidez y gracia.

Otra cualidad muy especial entre muchos hispanos es ser simpático. Una persona agradable no sólo tiene una conversación amena, sino que se sabe ganar a los demás con su tacto y optimismo. Lo contrario a la persona simpática es una persona antipática. El antipático tiene una personalidad problemática que desagrada a las otras personas. Este defecto de la personalidad es muy mal visto en la cultura hispana.

Vamos a comparar

¿De qué temas les gusta conversar a ustedes? ¿Tienen amigos/as que son buenos conversadores? ¿Cuáles son para ustedes las características de una persona simpática? ¿Y de una persona antipática? ¿Tienen la costumbre de la sobremesa en sus familias?

Estructuras

1. Reflexive constructions

El barbero *se afeita*.

El barbero *afeita* al cliente.

A reflexive construction is one in which the subject both performs and receives the action expressed by the verb. The verb in a reflexive construction is always accompanied by a reflexive pronoun.

Warm-up for Reflexive constructions. Act out with a puppet or stuffed animal some of these actions: *me peino/lo peino; me levanto/lo levanto; me lavo/lo lavo; me acuesto/lo acuesto.* Then have students explain the difference between the reflexive and non-reflexive constructions.

Reflexive pronouns

SUBJECT PRONOUNS	REFLEXIVE PRONOUNS	VERB
yo	me (*myself*)	lavo
tú	te (*yourself*)	lavas
Ud./él/ella	se (*yourself/himself/herself*)	lava
nosotros	nos (*ourselves*)	lavamos
vosotros	os (*yourselves*)	laváis
Uds./ellos/ellas	se (*yourselves/themselves*)	lavan

Suggestion for Reflexive constructions. Have students quickly supply the correct form of the verb in several different tenses. *Ayer yo... (acostarse; levantarse; dormirse; lavarse; peinarse). Cuando lo llamaste, tu amigo (vestirse; bañarse; secarse; despertarse). Mañana tú y yo (maquillarse; afeitarse; ponerse la chaqueta; ducharse temprano),* etc.

◆ As with the object pronouns, reflexive pronouns are placed immediately before the conjugated verb, or attached to the present participle (**-ndo**) or the infinitive.

Me lavo las manos.°	*I wash my hands.*
El joven está peinándo**se**. El joven **se** está peinando.	*The young man is combing his hair.*
Julia va a maquillar**se** ahora. Julia **se** va a maquillar ahora.	*Julia is going to put her makeup on now.*

When talking about parts of the body and articles of clothing, Spanish uses the definite article rather than a possessive adjective.

Reflexive verbs

Suggestion for Reflexive verbs. You may want to remind students that many actions expressed with reflexive verbs in Spanish are expressed with intransitive verbs in English: *Pepe se duerme* vs. "Pepe falls asleep." Also, emphasize that where English uses a possessive adjective in cases like the third example, Spanish uses the definite article.

◆ Verbs that describe personal care and daily habits or routines are often reflexive.

Me voy a acostar tarde.	*I'm going to bed late.*
Elena **se maquilla** antes de ir a la oficina.	*Elena puts makeup on before going to the office.*
Lávate los dientes después de comer.	*Brush your teeth after you eat.*

A que ya sabías...

El esmero personal y la rutina diaria

The following are some personal care and daily routine verbs. Can you remember others?

acostarse (ue)	dormirse (ue, u)	peinarse
afeitarse	ducharse	ponerse
bañarse	lavarse	secarse
cepillarse	levantarse	quitarse
despertarse (ie)	maquillarse	vestirse (i, i)

◆ In Spanish, verbs that express feelings, moods, and changes in conditions or emotional states are often reflexive. In English these ideas are expressed with verbs like *to get* or *to become,* or non-reflexive verbs.

Me alegro de verte.	*I am happy to see you.*
Mis amigos se enojan si pierden.	*My friends get (become) angry if they lose.*
Luis **se enamoró de** Ana.	*Luis fell in love with Ana.*
Ayer **nos divertimos** en la fiesta.	*Yesterday we had fun at the party.*
No **me acuerdo de** eso.	*I don't remember that.*
Me olvido de todo cuando estoy afligido.	*I forget everything when I'm upset.*
Marcelo **se enfermó.**	*Marcelo got (became) sick.*
A veces **me peleo** con Paco.	*At times I fight with Paco.*

Suggestion. Remind students to avoid *enamorarse con....*

◆ The reflexive structure can be used with almost any transitive verb (a verb that takes a direct object) to indicate or emphasize something one does to or for him/herself.

Compro un libro.	*I buy a book.*
Me compro un libro.	*I buy myself a book.*
Lee una novela rosa.	*She reads a romance novel.*
Se lee una novela rosa.	*She reads herself a romance novel.*

◆ Some verbs change meanings when used with a reflexive pronoun.

NONREFLEXIVE		REFLEXIVE	
acostar	to put to bed	acostarse	to go to bed
dormir	to sleep	dormirse	to fall asleep
enfermar	to make sick	enfermarse	to become sick
ir	to go	irse	to go away, to leave
levantar	to lift	levantarse	to get up
llamar	to call	llamarse	to be called (named)
llevar	to wear, carry	llevarse	to get along (with someone)
poner	to put, to place	ponerse	to put on, to become
quitar	to remove	quitarse	to take off
vestir	to dress	vestirse	to get dressed

Reciprocal actions

Ana María y Carlos *se quieren* mucho.

◆ The plural forms of reflexive verbs can express reciprocal actions, things done *to each other* or *to one another*. To distinguish a reciprocal from a reflexive action, the phrases *el uno al otro* (reciprocal) and *a nosotros/vosotros/sí mismos* (reflexive) may be used.

Suggestion for reciprocal reflexive constructions. *¿Qué se hacen Romeo y Julieta? Besarse; verse; amarse; quererse; hablarse; abrazarse; etc.*

Antonio y Cleopatra **se querían** muchísimo (el uno al otro).	*Antony and Cleopatra loved each other very much.*
Ellos **se veían** (el uno al otro) todos los días.	*They saw each other every day.*
Los niños **se vistieron** (a sí mismos).	*The children dressed themselves.*

Aplicación

Responses to Activity 4-9.
1. (blank) 2. me 3. Me 4. me
5. (blank) 6. (preparar)me
7. (blank) 8. (blank) 9. (blank)
10. se 11. (blank) 12. (blank)
13. (blank) 14. nos 15. nos
16. (relajar)me 17. nos

4-9 Amelia, la niñera. Amelia, una niñera *(nanny)*, habla con la señora de la casa. Completa su conversación con el pronombre reflexivo apropiado para cada número. ¡Ojo! No se necesita el pronombre en todos los casos.

LA SEÑORA: Amelia, ¿por qué estás cansada? ¡No (1)_____ haces más que ver la televisión todo el día!

AMELIA: Pero, señora, ¡no es verdad! A las cinco de la mañana (2)_____ levanto. (3)_____ lavo y (4)_____ pongo la ropa y (5)_____ voy a la cocina a preparar_____(6) un café. Después de tomar _____(7) el café, les (8)_____ preparo el desayuno a los niños. A las seis y media los (9)_____ despierto, y mientras ellos (10)_____ lavan, (11)_____ arreglo su habitación. Entonces les (12)_____ sirvo el desayuno y después yo (13)_____ limpio la cocina. Los niños y yo (14)_____ vamos al parque a jugar y (15)_____ cansamos mucho. ¡Casi no tengo tiempo libre para relajar_____(16)!

LA SEÑORA: Ahora (17)_____ entendemos, Amelia. Mañana puedes llevar a los niños a la playa y así pasar un rato agradable allí.

Responses to Activity 4-10.
1. *se levanta* 2. *trae* 3. *se ducha* 4. *se viste* 5. *hacen* 6. *vuelven* 7. *se van* 8. *se reúnen* 9. *hablan* 10. *vuelven* 11. *va* 12. *vuelve*

4-10 La vida de los ricos y de los famosos. Completa el párrafo con la forma correcta del presente de indicativo del verbo más apropiado de la lista para cada número. Recuerda usar el pronombre reflexivo cuando sea apropiado.

hablar	vestir(se)	duchar(se)
irse	hacer	ir
llegar	levantar(se)	traer
reunir(se)	salir	volver

Felipe de Borbón es el hijo del rey Juan Carlos I de España. En el verano (1)_____ a las diez de la mañana cuando su sirviente le (2)_____ el desayuno. Después de desayunar, (3)_____ y (4)_____. Luego, él y sus amigos (5)_____ trotar a caballo por el campo. A las dos de la tarde ellos (6)_____ a la casa de verano a almorzar. Por la tarde, todos (7)_____ y por la noche (8)_____ en uno de los bares famosos. Allí toman cervezas, (9)_____ de la política y los deportes, y a eso de las diez de la noche (10)_____ a casa a cenar. A las once de la noche (11)_____ a una discoteca con sus amigos a bailar. Felipe muchas veces no (12)_____ a su casa hasta la madrugada. ¡Es una vida real!

4-11 ¿Cómo es tu vida? Describe un día típico. Usa verbos reflexivos para explicar tu rutina diaria y verbos recíprocos para describir tus relaciones con otras personas.

Expansion for Activity 4-12.
Students may use other contexts, such as family, friendship, class, etc.

👥 **4-12 En la empresa internacional.** Preparen una lista de lo que ustedes esperan que sus empleados 1) hagan y 2) no hagan para llevarse bien. Usen verbos reflexivos recíprocos como en el modelo a continuación.

MODELO: *Los empleados deben respetarse. No deben decirse chismes.*

SEPA SI ES UN "BUSCAEMOCIONES"

El psicólogo Marvin Zuckerman, de la Universidad de Delaware, EEUU, ha estudiado a los individuos que sienten atracción hacia las emociones fuertes, a los que él llama thrillseekers. *Según sus investigaciones, se ha detectado en su sangre la falta de monoamina-oxidasa (MAO), enzima que tiene un importante papel en las transmisiones neuronales y en la química del cerebro. Para Zuckerman, los* thrillseekers *tienen características comunes. Si contesta a este cuestionario, podrá descubrir si usted es uno de ellos.*

1 A la hora de elegir un trabajo prefiero
a) que se tenga que viajar mucho.
b) que se desarrolle en el mismo lugar.

2 Realizar muchas actividades en un día
a) me da una inyección de energía.
b) no soporto los días estresantes.

3 a) Me aburre ver siempre las mismas caras.
b) Me gusta intimar con la gente que trato todos los días.

4 a) En mi sociedad ideal cada uno tiene que sentirse seguro y a salvo.
b) Me gustaría vivir en un período convulso de la historia.

5 a) Me gusta mucho hacer cosas que producen miedo.
b) Las personas prudentes evitan las actividades peligrosas.

6 a) No me gustaría que me hipnotizaran.
b) Me encantaría tener la experiencia de ser hipnotizado.

7 a) El fin de la vida es disfrutarla al máximo y tener muchas experiencias.
b) Lo más importante de la vida es tener paz y felicidad.

8 a) No me gustaría tirarme en paracaídas.
b) Saltar desde un avión, con paracaídas, es emocionante.

9 a) Penetro poco a poco en el agua fría.
b) Es muy divertido entrar corriendo en el agua fría del mar.

10 a) Cuando estoy de vacaciones, siempre prefiero comer y dormir bien.
b) Me gusta el *camping* salvaje.

11 a) Mis amigos expresan sus emociones incluso cuando están deprimidos.
b) Me encanta la gente equilibrada.

12 a) Una buena pintura es la que golpea nuestros sentidos.
b) El arte debería conferir paz y seguridad.

13 a) Las personas que conducen motos tienen a veces deseos inconscientes de causarse daño.
b) Siento un gran placer al conducir una moto.

RESULTADOS

Anótese un punto por cada una de estas respuestas: 1a, 2a, 3a, 4b, 5a, 6b, 7a, 8a, 9b, 10b, 11a, 12a y 13b.
Súmelos y busque el lugar que le corresponde en uno de estos cinco grupos.

• *De 1 a 3 puntos: deseos de buscar sensaciones fuertes muy bajos.*
• *De 4 a 5 puntos: bajos.*
• *De 6 a 9 puntos: medios.*
• *De 10 a 11 puntos: altos.*
• *De 12 a 13 puntos: muy altos.*

Conexiones **for** *¡Así es la vida!* Have students draw on their readings in Psychology and Sociology classes to discuss the personality traits of someone considered a *buscaemociones.*

¡Así lo decimos!

Vocabulario primordial

el cerebro	la opción
la conciencia	solo/a
la costumbre	el vicio
inseguro/a	

Vocabulario clave

Verbos

alcanzar	to reach
alterarse	to get agitated
desahogarse	to unburden oneself, to vent
elegir (ie,i)	to choose
emocionarse	to get excited; to be touched or moved
engañar	to deceive
equivocarse	to make a mistake
experimentar	to experience
intentar	to try
superar	to overcome

Sustantivos

el afán	zeal
el amor propio	self respect
la conducta	behavior
el entendimiento	understanding
el estado de ánimo	mood
el inconsciente	the unconscious
la manía	compulsive habit
el placer	pleasure
los principios	principles
el/la sinvergüenza	rascal; scoundrel
los valores y las morales	values and morals

Adjetivos

acomplejado/a	with a complex
apasionado/a	passionate
avergonzado/a	ashamed; embarrassed

desamparado/a	abandoned, helpless
desdichado/a	unhappy
inquieto/a	restless
ordenado/a	organized
presumido/a	presumptuous
reprimido/a	repressed
sensible	sensitive
sumiso/a	submissive
tenaz	tenacious
terco/a	stubborn
valiente	courageous
vanidoso/a	conceited
vicioso/a	depraved (has bad habits/vices)

Adverbios

dentro	inside (abstract)
fuera	outside (abstract)

Otras palabras y expresiones

el qué dirán	what people will say
hacer trampa	to cheat

Ampliación

Verbo	Sustantivo	Adjetivo
economizar	la economía	económico/a
emocionarse	la emoción	emocionado/a
encariñar(se)	el cariño	cariñoso/a
engañar	el engaño	engañado/a
equivocarse	la equivocación	equivocado/a
estresar	el estrés	estresado/a
experimentar	el experimento	experimentado/a
influir (y)	la influencia	influido/a
	el malhumor	malhumorado/a
mejorar	la mejoría/ el mejoramiento	mejor
empeorar	empeoramiento	peor
obsesionarse	la obsesión	obsesionado/a
razonar	la razón	razonado/a
	el valor	valiente
	la virtud	virtuoso/a

¡cuidado!

Pero, sino, and sino que

Pero, **sino**, and **sino que** mean *but* in the following contexts.

Use **pero** when the second part of the sentence does not correct the first part.

Marta es competente **pero** insegura.   *Marta is competent but insecure.*

Use **sino** when the first part of the sentence is negative, and the second part is a noun, adjective, adverb, or prepositional phrase that corrects the same in the first part.

No soy competente **sino** desordenada.   *I'm not competent, but (rather) disorganized.*

No intentó hablar con la secretaria   *She didn't try to talk to the secretary but*
  sino con el jefe.   *(rather) with the boss.*

Sino que is used instead of **sino** if the second part of the sentence has a new verb.

Juan Manuel no baila en las fiestas,   *Juan Manuel doesn't dance at parties,*
  sino que canta y habla mucho.   *but (instead) he sings and talks a lot.*

Aplicación

4-13 ¿Qué información? Vuelve a leer el artículo de **¡Así es la vida!** para contestar las siguientes preguntas.

1. ¿Por quién y dónde se hizo el estudio?
2. ¿Qué significa la palabra "buscaemociones"?
3. ¿Qué les hace falta a las personas que son buscaemociones?
4. ¿Eres un/a buscaemociones según el cuestionario? Explica por qué estás o no estás de acuerdo con el resultado.

4-14 El resultado. Trabaja con un compañero/a para comparar los resultados del cuestionario y decidir si están de acuerdo o no con ellos. Apoyen sus puntos de vista con ejemplos de las actividades que buscan y/o evitan.

4-15 Los vicios. Todos tenemos pequeños vicios. Cuéntense uno o dos de sus vicios y después traten de convencerse de que los vicios no son tan malos.

MODELO: E1:   *Mi vicio es ver una telenovela todas las tardes. Mi favorita es* El hospital general, *y si me pierdo un episodio, me siento malhumorado(a).*
            E2:   *Entiendo. Es muy fácil entrar en la trama* (plot) *e identificarse con los personajes.*

Expansion for Activity 4-15. Have students make a list of activities and explain why they consider them to be *vicios*.

Composición for Activity 4-16. Have students use these expressions in an original paragraph.

4-16 Exprésate mejor. Imagínate que las siguientes oraciones provienen de la administración de tu universidad. Léelas y usa una varación de cada palabra en itálica para escribir una oración que elabore la idea de la oración original.

MODELO: El rector quiere hacerlo *mejor. El rector les quiere* mejorar *el trato a los estudiantes.*

1. El rector tiene mucha *influencia* en la universidad.
2. Algunos profesores creen que la decana está *equivocada.*
3. Para ciertos administradores es una *obsesión* hacer todas las decisiones.
4. La situación *económica* en el sistema universitario está peor.
5. Necesitamos una buena *razón* para cambiar de jefe de departamento.
6. Cuando la profesora Jiménez lee poesía, lo hace con mucha *emoción.*
7. Creo que lo que dice el decano asociado es un *engaño.*
8. Ese *experimento* del vice rector es un desastre.
9. La conducta del profesor Martínez no es la de una persona *valiente.*
10. Y ahora seguramente el profesor está *estresado.*

4-17 ¿Cuándo? Explíquense cuándo se dan las siguientes situaciones.

MODELO: te emocionas

> E1: *¿Cuándo te emocionas?*
> E2: *Me emociono cuando veo a mis abuelos abrazarse. ¿Y tú?*
> E1: *Pues, yo me emociono cuando mis padres me mandan dinero.*

1. te obsesionas
2. haces trampas
3. te arrepientes
4. te sientes avergonzado/a
5. te sientes estresado/a
6. tu estado de ánimo está muy alto
7. te sientes fuera de ti
8. tienes algún afán muy fuerte
9. te molesta una persona vanidosa
10. te sientes especialmente sensible

4-18 Desahógate. Escoge alguna de las situaciones que le describiste a tu compañero/a en **4-17** y elabora una breve composición con algunos detalles.

Estructuras

2. Agreement, form, and position of adjectives

Soy muy tímido.

Suggestion for art. Have students apply other adjectives to this drawing, saying both what he is and what he is not, for example, *Es un joven tímido y sumiso; no es agresivo ni terco,* etc.

◆ Adjectives agree in gender (masculine or feminine) and number (singular or plural) with the noun or pronoun they modify.

Suggestion for agreement, form, and position of adjectives. Have students suggest names of personalities, and then describe them using adjectives of nationality and those listed in *¡Así lo decimos!*

Julio es un hombre **desenvuelto**.	*Julio is an outgoing man.*
Mis amigos son **dichosos**.	*My friends are lucky.*

◆ **-o:** Adjectives whose masculine form ends in **-o,** have a feminine form ending in **-a**.

El profesor está **afligido**.	*The professor is upset.*
La estudiante también está **afligida**.	*The student is also upset.*

◆ **Consonant, -e:** Adjectives that end in **-e** and most adjectives that end in a consonant have the same masculine and feminine forms.

Rigoberta Menchú es una mujer **valiente**.	*Rigoberta Menchú is a courageous woman.*
Paul Newman es un hombre **sensible**.	*Paul Newman is a sensitive man.*
Conocimos a un abogado muy **capaz** ayer.	*We met a very capable lawyer yesterday.*
Violeta Chamorro fue una presidenta **tenaz**.	*Violeta Chamorro was a tenacious president.*

◆ **Plurals:** Generally, adjectives follow the same rules as nouns to form the plural.

mexicano	→ mexicanos	inteligente	→ inteligentes
española	→ españolas	trabajador	→ trabajadores

Suggestion. Point out that adjectives that end in -**dor**, like adjectives of nationality that end in a consonant, add -**a** to form the feminine: **hablador / habladora.** Also, remind students that if an adjective ends in a consonant and has a written accent on the last syllable, it drops the accent in the feminine and plural forms: **francés / francesa / franceses/as.**

◆ Nationality: Adjectives of nationality that end in a consonant add -**a** to form the feminine. If the adjective ends in -**e** or -**a**, the singular has only one form. Adjectives of nationality are not capitalized in Spanish.

El comediante **español** fue muy bueno.	The Spanish comedian was very good.
La actriz **española** es maravillosa.	The Spanish actress is marvelous.
Óscar Arias es **costarricense**.	Oscar Arias is Costa Rican.
Tengo un amigo **vietnamita**.	I have a Vietnamese friend.

◆ Position, general: Limiting adjectives (numerals, unstressed possessives, indefinites, demonstratives, interrogatives) usually precede the noun or pronoun they modify, and descriptive or differentiating adjectives (size, color shape, nationality, etc.) are generally placed after the noun.

Mi novio es cariñoso.	My boyfriend is affectionate.
Julia es **una** mujer **desdichada**.	Julia is an unhappy woman.
Tenemos **muchos** recuerdos **vívidos** de Pablo.	We have many vivid memories of Pablo.

◆ Position, two or more adjectives: When two adjectives modify a noun, they are placed according to the above rules; when descriptive adjectives follow the noun, they are connnected by **y**.

Son **tus cuatro** amigos **rebeldes**.	They are your four rebellious friends.
Mi tía **generosa** vive en Los Angeles.	My generous aunt lives in Los Angeles.
Nuestros amigos **tenaces y apasionados** creen que es hora de rebelarse.	Our tenacious and passionate friends think it is time to rebel.

◆ Position, known quality: When descriptive adjectives precede the noun they modify, they usually describe a known or established quality.

Las **altas** montañas de los Andes son impresionantes.	The high Andean mountains are impressive.
Ana es una **joven** psicóloga.	Ana is a young psychologist.
Rafael es mi **peor** enemigo.	Rafael is my worst enemy.

Suggestion to practice adjectives that have a shortened form in front of the noun. Have students create sentences using these adjectives before a noun, changing them as needed. *cualquiera (Busco cualquier libro); santo; bueno; tercero; ninguno; primero; cien; grande; alguno; malo; uno; cualquiera*

◆ Spelling changes: Some adjectives change spelling before the noun. **Bueno, malo, primero, tercero, uno, alguno,** and **ninguno** drop the final -**o** before a masculine singular noun. **Cualquiera** shortens to **cualquier** before any singular noun. **Algún** and **ningún** require a written accent.

Plácido Domingo es un **buen** cantante.	Plácido Domingo is a good singer.
El **tercer** consultorio es para los psicoanalistas.	The third office is for the psychoanalysts.
Busco **cualquier** libro sobre la autoestima.	I'm looking for any book on self-esteem.
Algún pintor dejó esas pinturas en la mesa.	Some painter left those paintings on the table.

The adjectives **grande**, **ciento**, and **santo** drop the final syllable in the following cases. **Grande** becomes **gran** before a masculine or a feminine noun. The meaning changes to *great*.

Eduardo es un **gran** hipnotizador.	*Eduardo is a great hypnotist.*
Tiene una oficina **grande**.	*He has a big office.*

Ciento becomes **cien** before a noun, in counting, and before the adjective **mil**. However, it remains **ciento** when it precedes numerals smaller than one hundred.

cien personas deprimidas	*one hundred depressed people*
noventa y nueve, **cien**, ciento uno...	*ninety-nine, one hundred, one hundred and one ...*
cien mil dólares al año	*one hundred thousand dollars per year*
Este año he tenido **ciento** diez días estresantes.	*This year I have had one hundred and ten stressful days.*

Santo becomes **San** before the name of all masculine saints except those beginning in **Do-** or **To-**.

San Juan	*Saint John*
Santo Tomás	*Saint Thomas*

A que ya sabías...

Cambios de sentido

Some adjectives change meaning depending on whether they precede or follow the noun they modify. Do you remember these? Can you remember other adjectives that change meaning under different conditions?

Before noun		After noun
certain (particular)	**cierto**	*certain (sure)*
darned	**dichoso**	*lucky*
great, impressive	**grande (gran)**	*large*
half-	**medio**	*middle, average*
same	**mismo**	*(the thing) itself*
another, different	**nuevo**	*brand new*
unfortunate	**pobre**	*poor*
own	**propio**	*proper*
sheer	**puro**	*pure*
former, long-standing	**viejo**	*old, aged*

Aplicación

Responses to Activity 4-19.
1. *afligida* 2. *viciosa* 3. *malhablada* 4. *mentiroso* 5. *felices* 6. *enajenado* 7. *gran* 8. *despreocupada* 9. *ingratos* 10. *ninguna*

Expansion for Activity 4-19.
Have students give other complaints for the psychiatrist.

Composición **for Activity 4-19.**
Have students write a response to these patients' complaints in the role of a *doctor/a* who has an advice column in the newspaper.

4-19 El doctor le escucha. El doctor tiene que escuchar varios problemas durante un día típico. Completa las siguientes quejas (*complaints*) con la forma correcta de un adjetivo apropiado de la lista.

afligido	enajenado	grande	malhablado	ninguno
despreocupado	feliz	ingrato	mentiroso	vicioso

INÉS: ¡Ay, doctor! Estoy tan mal. Mis nervios están para explotar. Estoy (1)_____ porque una amiga me dijo que vio a mi novio Alejandro con esa Lucila. ¡Lucila! Su ex-novia. Esa mujer (2)_____ … es escandalosa, ¿sabía?, fuma muchísimo, y no sólo cigarillos, eh, y se toma una botella de whisky diaramente. En fin, esa mujer (3)_____ (porque también anda insultando a todo el mundo) quiere quitarme a mi Alejandro. ¿Qué puedo hacer? ¡Me vuelvo loca! Le pregunté a Alejandro por qué hablaba con ella, pero es un (4)_____. ¡Me dijo que no la había visto desde hacía mucho tiempo! Alejandro y yo somos muy (5)_____ juntos. Él está muy contento conmigo y no puedo imaginarme por qué me engaña.

CARLOS: Buenas tardes, doctor. Nada ha cambiado. Sigo igual. Me siento totalmente (6)_____ del mundo, sin amigos, sin familia… nada. Mis hijos tuvieron una (7)_____ fiesta para celebrar el cumpleaños del más joven, pero no me invitaron. Llevan una vida absolutamente (8)_____. Les pago todo: los estudios, el seguro de los coches, el alquiler, ¡todo!, pero son unos (9)_____. Nunca me dicen "Gracias, papá", ni hacen (10)_____ llamada para asegurarse de que estoy bien. Nada. Nada ha cambiado.

Responses to Activity 4-20.
1. *gran* 2. *San, San, Santa* 3. *Santo* 4. *primer* 5. *ningún* 6. *Algún* 7. *algún*

4-20 Alguna información sobre el mundo hispano. Completa cada oración con la forma correcta de un adjetivo de la lista.

alguno	ninguno	santo
grande	primero	uno

1. La cultura hispana tiene una _____ presencia en el hemisferio accidental.
2. _____ José, _____ Francisco y _____ Clara son ciudades californianas con nombres hispanos.
3. _____ Domingo es la capital de la República Dominicana.
4. Hernán Cortés fue el _____ conquistador español que llegó a México.
5. No hay _____ historiador que niegue la importancia de la civilización indígena de Hispanoamérica.
6. ¿_____ estudiante de esta clase sabe cuál es el país más extenso de Hispanoamérica?
7. Busca en _____ mapa de los Estados Unidos y encontrarás nombres de origen español.

4-21 Convénzanme. Túrnense para describir un lugar y convencer a su compañero/a de que visite ese lugar o que vaya a vivir allí. Usen adjetivos descriptivos y determinativos. Después de oír la descripción de cada uno indiquen si están convencidos/as o no y expliquen por qué.

4-22 El mundo hispano. Descríbanse lugares en el mundo hispano sin decir el nombre para que el/la que escuche lo trate de adivinar.

MODELO: E1: *Es una cadena de montañas altas y majestuosas que van del norte al sur de América del Sur.*

E2: *Los Andes.*

Suggestion for *A propósito...*
Explain to students that *pundonor* comes from *punto de honor*.

A propósito...

El qué dirán

La sociedad hispana está estructurada más rígidamente que la sociedad anglosajona. Los jóvenes desde niños aprenden de sus padres a comportarse correctamente y, debido al control de los padres sobre ellos, raramente abusan de los privilegios que puedan recibir de los padres. A los jóvenes se les inculca desde pequeños lo que es y no es aceptable hacer en la comunidad en que viven. Este qué dirán *(what people will say)* es un factor importantísimo en el comportamiento de la juventud porque se les ha enseñado que la manera de comportarse puede traerle honor o desgracia a su familia. Y aunque es verdad que en todas las familias hay su oveja *(sheep)* negra y que la globalización de hoy en día causa grandes cambios en la sociedad hispana, todavía el antiguo refrán, "Dime con quien andas y te diré quién eres" describe fielmente esa presión social que persuade a los jóvenes a actuar con cierto pundonor *(integrity)*.

"Dime con quién andas y te diré quién eres."

Vamos a comparar

¿Qué tipo de presión tienen los jóvenes en los Estados Unidos y el Canadá? ¿En qué sentido hay más libertad en los Estados Unidos y el Canadá que en el mundo hispano? ¿con respecto a la familia? ¿con respecto a los amigos? ¿Les preocupa a sus familias el honor familiar? ¿sí o no? ¿por qué? ¿Es el qué dirán importante en su comunidad? Explica.

3. The past participle and the present perfect tense

Has sido siempre un sinvergüenza.

The past participle is formed by adding **-ado** to the stem of **-ar** verbs and **-ido** to the stem of **-er** and **-ir** verbs.

TOMAR	COMER	VIVIR
tom**ado** (*taken*)	com**ido** (*eaten*)	viv**ido** (*lived*)

◆ An accent mark is added to the past participle of **-er** and **-ir** verbs whose stems end in **-a, -e,** or **-o**.

caer	ca**í**do	*fallen*
creer	cre**í**do	*believed*
leer	le**í**do	*read*
oír	o**í**do	*heard*
reír	re**í**do	*laughed*
traer	tra**í**do	*brought*

◆ The following verbs have irregular past participles.

abrir	**abierto**	*opened*
cubrir	**cubierto**	*covered*
decir	**dicho**	*said*
descubrir	**descubierto**	*discovered; uncovered*
escribir	**escrito**	*written*
hacer	**hecho**	*done; made*
ir	**ido**	*gone*
morir	**muerto**	*dead*
poner	**puesto**	*put, placed*
romper	**roto**	*broken*
ver	**visto**	*seen*
volver	**vuelto**	*returned*

◆ In both English and Spanish, past participles may be used as adjectives to modify a noun. In Spanish, when the past participle is used as an adjective, it agrees in gender and number with the noun it modifies.

Esa pintura fue **hecha** en Perú.	*That painting was made in Perú.*
La catedral fue **construida** en 1560.	*The cathedral was built in 1560.*
La gente está **desilusionada.**	*The people are disillusioned.*
Las ventanas están **rotas.**	*The windows are broken.*

◆ The present perfect is a compound tense that requires two verbs. In English, the present perfect is formed with the present tense of the auxiliary verb *to have* + *past participle*. In Spanish, the present perfect is formed with the present tense of the auxiliary verb **haber** + *past participle*.

	HABER	PAST PARTICIPLE
yo	he	
tú	has	
Ud./él/ella	ha	
nosotros/as	hemos	tomado/comido/vivido
vosotros/as	habéis	
Uds./ellos/ellas	han	

◆ In general, the present perfect is used to refer to a past action or event that is perceived as having some bearing on the present.

Últimamente mis padres **han experimentado** *My parents have experienced*
muchos trastornos personales. *many personal upsets lately.*

Pero hasta ahora **han logrado** superarlos. *But so far they've managed to overcome them.*

◆ The auxiliary verb **haber** agrees with the subject of the sentence. The past participle, however, is invariable when it forms part of the perfect tense.

¿Has intentado llamar a tu amiga? *Have you tried to call your friend?*

Sí, pero no **ha estado** en casa. *Yes, but she hasn't been at home.*

◆ The auxiliary verb **haber** and the **past participle** *cannot* be separated by another word. Object pronouns and negative words are always placed before **haber**.

¿Has conocido al señor malhumorado? *Have you met the bad-tempered man?*
No lo he conocido todavía. *No, I haven't met him yet.*

¿El político engañó a los votantes? *Did the politician deceive the voters?*
Sin duda **los ha engañado**. *Without a doubt, he has deceived them.*

◆ The verb **haber** is not interchangeable with **tener**. **Haber** means *to have* only when used as an auxiliary verb with the past participle. **Tener** means *to have* or *to own* in the sense of possession.

El rector de la universidad **tiene** pocas *The university president has few*
opciones. *options.*

¿Tienes algún vicio? *Do you have any bad habits?*

◆ Remember that you can use the present tense of **acabar de** + infinitive in order to describe an event that **has just happened**.

El desdichado **acaba de** recibir las malas *The unfortunate man has just*
noticias. *received the bad news.*

Acabo de prevenir una crisis. *I have just prevented a crisis.*

Aplicación

4-23 Una escena sospechosa. Imagínate que eres detective y haces una lista de lo que encuentras en una escena que investigas. Cambia el infinitivo de cada una de las siguientes frases al participio pasado para completar tu lista.

MODELO: la comida/preparar/en la cocina

la comida preparada en la cocina

1. la mesa/poner
2. todos los libros/abrir/en la biblioteca
3. una carta/escribir/por la novia
4. algunas tazas/romper/en el piso
5. una cena/medio/comer
6. una copa de vino/servir
7. un revólver/hacer/de plata
8. un número de teléfono/apuntar/en la libreta de notas

Responses to Activity 4-23.
1. *puesta* 2. *abiertos* 3. *escrita*
4. *rotas* 5. *comida* 6. *servida*
7. *hecho* 8. *apuntado*

Expansion for Activity 4-24.
Have students write an original *escena misteriosa*.

4-24 Hecho. Ustedes hacen los preparativos para una reunión de un grupo de apoyo (*support group*). Túrnense para hacerse y contestar preguntas basadas en las siguientes frases para asegurarse de que todo esté listo.

MODELO: arreglar las sillas

    E1: *¿Has arreglado las sillas?*
    E2: *Sí, las sillas están arregladas.* o *No, todavía no están arregladas.*

1. escribir el programa
2. enviar las invitaciones
3. invitar a Luisa
4. preparar unos sándwiches
5. comprar los refrescos
6. poner música ligera
7. cubrir el sofá viejo
8. arreglar el baño

4-25 A que nunca has... Háganse preguntas sobre experiencias que hayan tenido. Pueden usar las frases de la lista u otras que se les ocurran.

MODELO: E1: *¿Te has estresado alguna vez en esta clase?*
        E2: *No, no me he estresado en esta clase, pero sí en la clase de química.*

ver una altercación entre amigos
engañar a un/a amigo/a
obsesionarse por una persona

vencer una dificultad
acostumbrarse a una situación difícil
sentirse enajenado/a

Expansion for Activity 4-25.
Have students explain the circumstance.

4-26 Relaciones interpersonales. Piense cada uno/a en una persona que ha sido muy importante en su vida. Puede ser un familiar, un/a amigo/a o un/a novio/a. Hagan listas de lo que han hecho estas personas en sus vidas. Usen las siguientes categorías: Ha hecho... 1) para hacerme feliz, 2) para enojarme, 3) para ayudarme a superar algo. Luego, compartan sus experiencias, y explíquense lo que ustedes han hecho por esas personas.

MODELO: *Mi novio me ha comprado flores muchas veces para hacerme feliz. Ha cancelado los planes algunas veces y eso me ha enojado...*

Síntesis

Actividades

Conexiones for Activity 4-27. Have students brainstorm how anger and stress can be dangerous to one's health. What psychological and physical activities help alleviate feelings of anger or stress?

👥 **4-27 El enojo: ¿amigo o enemigo?** Después de leer el artículo háganse las preguntas que siguen.

EL ENOJO: ¿AMIGO O ENEMIGO?

Es una emoción poderosa, pero perfectamente normal, que todos sentimos de vez en cuando. Por supuesto, al expresar el enojo, éste puede perjudicarnos o ayudarnos. Nos hace daño cuando lo expresamos de forma inapropiada y podemos herir a otros, física o emocionalmente, o a nosotros mismos. Nos beneficia cuando nos hace alcanzar metas que parecían imposibles de lograr. Por eso es necesario aprender a manejarlo de una manera positiva.

Las causas más comunes del enojo son la frustración y el resentimiento, y cuando se siente, más azúcar y adrenalina corren en el sistema circulatorio; el corazón palpita más rápido, y los músculos se tensan. Pero el enojo será un amigo o enemigo. Puede estimular para que una persona logre metas, resuelva problemas, maneje situaciones de emergencia... De lo contrario, podrá tener problemas de salud, como presión arterial alta, enfermedades cardíacas, dolor de cabeza, trastornos estomacales, desórdenes en la piel, estreñimiento, diarrea, obesidad y ansiedad. Además, puede tener problemas interpersonales, porque se mostrará hostil, sarcástica y crítica con otros.

1. ¿Creen que el enojo es bueno o malo?
2. ¿En qué circunstancias se enojan?
3. ¿Qué hacen cuando se enojan?
4. ¿Les es difícil controlarse?
5. ¿Qué cambios físicos experimentan cuando se enojan? ¿El corazón les palpita más rápido? ¿Se ponen rojos/as? ¿Les duele el estómago?
6. ¿Son similares o diferentes las experiencias de ustedes?

👥 **4-28 Las ventajas y las desventajas.** De acuerdo con el artículo de 4-27, hagan una lista de las ventajas y las desventajas del enojo.

Conexiones for Activity 4-29. Students may incorporate information from Sociology or Women's Studies classes, or from the popular press.

👥 **4-29 La violencia doméstica.** En los Estados Unidos las mujeres muchas veces sufren el enojo de los hombres. En un grupo pequeño, hablen de las causas del enojo y las maneras de tratar de controlar este problema.

4-30 Descubre al mentiroso por sus gestos. Lean el siguiente artículo y luego hablen de las mentiras y los mentirosos.

Suggestion for Activity 4-30.
La verdad o las consecuencias.
Have students tell each other lies and truths to see if they can identify telltale behavior.

DESCUBRE AL MENTIROSO POR SUS GESTOS

Los gestos delatores:

Respiración: Rápida y repentina inhalación del aire cuando lo confrontan, mostrando sobresalto o sorpresa.

Postura: Al confrontarlo, el cuerpo se dobla o se inclina.

Ojos: El contacto visual se hace más prolongado, intentando comunicar una "mirada honesta", o se interrumpe para mirar el reloj, alisar la ropa, ajustar las gafas.

Boca: Los labios se aprietan cuando no está hablando.

Cejas: Las dos cejas se levantan, indicando así una sorpresa cuando lo sorprenden fuera de balance.

Nariz: La persona se toca la punta de la nariz con el índice y el pulgar.

Cabeza: Se toca la cara más, especialmente a los lados de la boca.

Manos: Una mano puede ser separada del cuerpo, para borrar una idea, concepto o pregunta. Una o las dos con las palmas hacia arriba para enfatizar algo que él no cree.

Piernas: Se cruzan y descruzan para ganar tiempo, y disipar la energía acumulada.

1. Describan cada uno/a unas circunstancias en que es aceptable mentir para no ofender a otra persona.
2. Den ejemplos y justifiquen circunstancias en las que es conveniente no decir toda la verdad.
3. Expliquen cómo se comportan las personas cuando mienten.
4. Escriban una lista de los gestos que hace el mentiroso de acuerdo con el artículo e identifiquen los que han visto en personas mentirosas.

4-31 La capacidad de la memoria. Lean el siguiente artículo para determinar si tienen buena memoria. Después de hacer la prueba comparen los resultados.

Expansion for 4-31. Have students work in small groups discussing embarrassing experiences they've had due to bad memory. Then have each group share a funny experience with the rest of the class.

Conexiones for Activity 4-31. Students in Psychology or Biology classes may have advice for how to improve one's memory, or how to keep it as one ages.

CALIDAD DE VIDA

La capacidad de memoria

La memoria, un «instrumento» de los más importantes para nuestra vida diaria, puede mejorarse a base de ejercicio. Pero el primer paso será conocer la capacidad de esta facultad nuestra, para lo cual especialistas franceses ofrecen una prueba sencilla. Consiste en contar un punto cada vez que uno se reconozca en alguna de las frases siguientes.

Contra más puntos, menos capacidad de memoria se tiene.
—No conozco más que las primeras cifras de mi DNI.
—Suelo dejar la luz de la habitación encendida.
—Encuentro dificultad en recordar el nombre de las personas cuando veo su cara.
—Me sé de memoria sólo dos o tres números de teléfono.
—Al menos una vez al día tengo que dar vueltas en busca de un objeto.

—Me ocurre a veces no acordarme de qué venía a hacer al entrar en una habitación.
—No me es suficiente con ir una sola vez a un lugar para conocerlo y representarlo con los ojos cerrados.
—Conozco bien el día o el mes de nacimiento de mis padres pero no el año.
—Tengo que leer varias veces las instrucciones de un electrodoméstico para entenderlo.

Note for Conexiones. These activities offer points of connection with Literature in terms of the relationship of character and character development to a narrative, and with Psychology and Sociology in terms of personality development and socialization of the individual, respectively.

Tapescript for ¡A escuchar!
DOCTOR: Y ahora vamos a hablar con Ligia. Ligia, escucho.

LIGIA: Buenos días, doctor Garza.

DOCTOR: Buenos días. ¿En qué la puedo ayudar?

LIGIA: Tengo 30 años, soy de estatura mediana y bastante atractiva. Pero es casi imposible conocer a hombres interesantes y decentes. Es dificilísima. Pues, en mi trabajo he conocido a un hombre que me interesa. Se llama Rufino. Creo que le intereso a él también, pero, como yo, es muy tímido. Quiero invitarlo a casa para que conozca a mis padres, pero como soy un poco introvertida, siento vergüenza y tengo miedo de ser rechazada.

DOCTOR: Ay Ligia, veo que se siente sola pero está tomando las cosas demasiado en serio. Parece que usted no ha salido con Rufino antes, ¿verdad?

LIGIA: No, apenas hemos hablado en el trabajo.

DOCTOR: Antes de invitarlo a tu casa debe conocerlo un poco mejor. Sea valiente e invítelo al cine o a cenar. Si almuerzan a la misma hora, un almuerzo sería menos estresante. Pero, si le parece difícil la vida de soltera, y si le interesa este hombre, no pierda la oportunidad. ¡Buena suerte!

LIGIA: Gracias, doctor.

DOCTOR: Gracias por llamar.... Ahora, vamos a la otra línea donde nos espera Carlos. Carlos, escucho.

CARLOS: Tengo cincuenta y cinco años, no tengo hijos y disfruto de una posición económica excelente. Pero soy viudo. Mi esposa murió hace siete años.

DOCTOR: Lo siento mucho.

CARLOS: Pues, sí. Fue difícil, pero de verdad el problema es otro. El problema es que mi madre vive conmigo desde que se murió mi esposa. Mamá es muy dominante. Cada vez que conozco a una mujer que me interesa, mi mamá se pone malhumorada.

DOCTOR: Así que interfiere con su vida.

coneχiones

La "personajidad". Trabajando en grupos de tres, piensen en un programa de televisión conocido que tenga varios personajes. Hagan un pequeño retrato (*portrait*) psicológico de cada uno de los personajes. ¿Ha experimentado alguno de los personajes una evolución en su personalidad? Para respaldar sus descripciones, ofrezcan ejemplos de cosas que ha hecho cada personaje en recientes episodios. Presenten sus conclusiones y discútanlas con la clase.

¿Cómo eran, cómo son y cómo serán? Hablen en pequeños grupos de cómo y cuánto cada uno/a ha cambiado con respecto a la personalidad y a la rutina personal desde llegar a la universidad. ¿Quiénes han cambiado más: los que siguen viviendo con la familia o que visitan a la familia con frecuencia, o los que ven a sus familiares menos a menudo? ¿Cuáles son los efectos tanto positivos como negativos del cambio de medio (*setting*) para el desarrollo de la personalidad? ¿Qué tipo de temperamento quisieran tener cuando terminen los estudios y pasen a la esfera laboral?

A ESCUCHAR

"Escucho". El doctor Francisco Garza es un psicólogo que tiene un programa de radio en una ciudad grande y cosmopolita. Cuando los radioescuchas lo llaman, él trata de darles consejos para resolver sus problemas. Lee las siguientes oraciones y luego escucha las llamadas que recibe el doctor Garza. Mientras escuchas, indica a quién describe cada oración:

L: (Ligia), **C**: (Carlos), **R**: Rosario

MODELO: Es relativamente joven. **L**

1. _____ Es viudo/a.
2. _____ Se siente solo/a.
3. _____ Es inseguro/a.
4. _____ Es tímido/a.
5. _____ Tiene más dinero que tú.
6. _____ Ha asistido a la universidad.
7. _____ Vive con su familia.
8. _____ Es soltero/a.
9. _____ Tiene problemas familiares.
10. _____ Le molesta el humo.
11. _____ Es mayor que los/las otros/as.
12. _____ Se queja de los vicios de otra persona.
13. _____ Sufre muchas presiones psicológicas.
14. _____ Es dominado/a por otra persona.
15. _____ Tiene problemas en el trabajo.

CARLOS: Pues, sí. La quiero mucho, pero me siento solo. No me siento viejo y me gustaría pasar los próximos años con una compañera. Mi madre me tiene estresado, reprimido, afligido. ¿Qué hago, doctor?

DOCTOR: Estimado don Carlos, usted es un hombre desdichado e inseguro. De otra manera no permitiría que su madre lo dominara. Debe ser más tenaz con ella y decirle a esa terca señora que no se meta en su vida privada.

CARLOS: Pero…

DOCTOR: Entiendo que éstas son palabras difíciles, pero de otra manera pasará sus últimos años igual—solo, estresado, reprimido, afligido. Ahora, tenemos tiempo para una llamada más. A ver… vamos ahora a hablar con Rosario. Rosario, escucho.

¿Cuál es tu opinión? Vuelve a escuchar el radioprograma y los consejos del doctor Garza. ¿Qué opinas de sus consejos? ¿de su personalidad? Explica tu opinión con ejemplos de lo que dice y su estilo de tratar a sus radioclientes.

Ritmos
Willie Chirino (compositor), Franco (cantante)

Willie Chirino

Willie Chirino es uno de los compositores de música tropical más exitosos del momento. Chirino es cubano y vive en Miami. Aunque Willie Chirino es cantante también, se le conoce mejor por sus rítmicas composiciones. *Soy*, la canta Franco, un cantante cubano también que vive en México, es muy joven y tiene una energía contagiosa.

Soy

Oye, esta rumbita° si me gusta   la rumba, un baile latino
creo que me voy a poner a bailar
¡Y yo contigo toda la vida!

5   Soy como la brisa que
siempre de prisa no
no anuncia su partida°   salida
y, como el dinero soy
donde yo quiero voy
sin una despedida°   adiós

10   Soy la más pequeña aldea
en un distante lugar
Soy el ruido y la marea°   *tide*
del inmenso mar.
No soy cadenas ni rejas°   *iron bars*
15   soy azúcar y soy sal.
Si me quieres o me dejas
me da igual

Me parezco a un vagabundo
lo mismo vengo que voy
20   y ando solo por el mundo
y feliz estoy.

Amo el sol que se levanta,
la fragancia de una flor,
y me gusta como canta el ruiseñor°   *nightingale*

25   Soy como la brisa que... (*bis*)

Soy el agua de los ríos,
que corriendo siempre está.
Todo lo que tengo es mío
y de los demás.
30   Soy el sol en la mañana
la luna al anochecer
y he comido la manzana del placer.

Soy un mendigo° ante el diablo   *beggar*
y millonario ante Dios.
35   Hablo poco cuando hablo
sin alzar° la voz.   levantar

Soy además mentiroso,
vanidoso y buen actor
y quisiera ser dichoso en el amor.

Tapescript for *A escuchar* (continued).

ROSARIO: Como sabe, mi nombre es Rosario. Soy una mujer profesional y trabajo en una empresa de abogados. Mi problema es que no soporto los cigarillos que mi jefe fuma constantemente. No sé si debo decírselo o buscar otro empleo. ¿Qué me recomienda?

DOCTOR: Obviamente su jefe es un vicioso del cigarrillo, una costumbre que tiene posiblemente desde hace muchos años. Pero, como usted sabe, en nuestro país no hay ninguna ley que prohíba fumar en lugares públicos. Así que, en otro empleo es muy posible que usted encuentre el mismo problema.

ROSARIO: Es verdad.

DOCTOR: Lo que algunas oficinas sí hacen es implementar sus propias reglas para prohibir fumar o designar salas u oficinas específicas para los que fuman. Quizás su jefe no tenga inconveniente en implementar unas reglas para, por lo menos, separar a los fumadores de los demás.

ROSARIO: Es una muy buena idea. Muchísimas gracias, doctor.

DOCTOR: Cómo no. Fue un placer. Gracias por llamar.

4-32 ¿Cómo eres? Explica cómo eres y en qué sentido según las siguientes preguntas.

1. ¿Como el azúcar o como la sal?
2. ¿Como el mar o como el río?
3. ¿Como el sol o como la luna?
4. ¿Como una aldea (pueblo pequeño) o como una ciudad?
5. ¿Como el ruido o como la música?
6. ¿Como un pájaro o como una flor?

4-33 El ritmo. La canción refleja la influencia africana en la música caribeña. Vuelve a escucharla y subraya las palabras o expresiones que representen el ambiente de las islas. ¿Cómo caracterizas el tono de la canción? ¿optimista?, ¿pesimista?, ¿alegre?, ¿triste? ¿Qué crees que hace el cantante para poder llamarse "mentiroso, vanidoso y buen actor"?

4-34 ¿Qué piensas? Describe la personalidad de la persona retratada en esta canción con otras palabras. ¿Es una persona reprimida o libre? ¿Es sincera o mentirosa? Refiérete a **¡Así lo decimos!** para tu descripción.

Imágenes
Frida Kahlo

Conexiones for Imágenes. Students in Women's Studies classes may contribute more information concerning Frida Kahlo. Point out that in recent years she has gained even more recognition than her husband, Diego Rivera. Her career in painting began when she was confined to her bed following a debilitating automobile accident. She spent the remainder of her life in pain, which is reflected in many of her works.

Frida Kahlo (1907–1954) fue una pintora mexicana que produjo aproximadamente doscientas pinturas. Casi todas sus obras son autorretratos o tratan sobre temas autobiógraficos o feministas. La mezcla de realidad y fantasía, del mundo interior y el mundo exterior, y de la yuxtaposición de lo moderno con lo tradicional hacen de esta pintora una de las figuras más importantes del arte latinoamericano. Pasó casi toda su vida junto a su famoso esposo, el muralista Diego Rivera.

Frida Kahlo, "Las dos Fridas", 1939, Oleo s/tela, 173.5 × 173 cm., Instituto Nacional de Bellas Artes—Museo de Arte Moderno

Perspectivas e impresiones

4-35 ¿Qué opinas? Contesta las siguientes preguntas.

1. ¿Cómo explicas el título de la pintura?
2. ¿Cómo son diferentes las dos Fridas?
3. Explica los elementos o colores de la pintura que son simbólicos. ¿De qué se trata el simbolismo?
4. ¿Crees que hay cierta dualidad en todas las personas? ¿Por qué sí o por qué no?
5. Haz una lista de tus "dualidades" y luego trata de representarlas en un dibujo. Comparte el dibujo con el resto de la clase.

Páginas
Julia de Burgos

Note for Páginas. The term *poetisa* is falling out of use in current Spanish. *Conexiones* uses *poeta* for men and women.

Note for Páginas. Point out that the Julia de Burgos Latino Cultural Center Project, located in El Barrio (East Harlem), is a collaborative project between AHA and the NYC Department of Cultural Affairs to renovate a vacant public school building to provide a theater, visual arts gallery, office and rehearsal spaces, a recording studio, artist studios, and more for eleven community-based Latino arts organizations.

Julia de Burgos (1914–1958) fue una poeta puertorriqueña que escribió numerosos artículos periodísticos en los que abogaba por las mujeres, los negros y los trabajadores. Publicó dos colecciones de poemas: *Poema en siete surcos* (1938) y *Canción de la verdad* (1939). Vivió en Puerto Rico, en Cuba, y luego en Nueva York donde murió pobre y sola.

Antes de leer

4-36 Anticipación. Mira el dibujo. ¿Quién es la mujer del espejo? ¿Quién es la mujer que se mira en el espejo? ¿Cuál se ve más real? ¿Con cuál de las dos te identificas más?

Estrategias de la lectura

Busca elementos de una lectura que puedan ayudarte a anticipar el tema. Lee la introducción a la lectura (o el prefacio de un libro). Toma en cuenta el título. Busca palabras del título que no entiendas en el diccionario. Si hay fotografías o dibujos, míralos y lee el texto que los acompañe.

Mientras lees, las palabras familiares pueden facilitar tu comprensión de la lectura, especialmente los cognados. Al hacer estas conexiones, puedes leer sin buscar las palabras que no entiendas y luego inferir el sentido general del pasaje. Las siguientes palabras son algunos de los cognados que aparecen en el poema. ¿Cuáles reconoces?

aristocracia	esencia	humana	profundo abismo	verso
enemigo	hipocresía	murmuran	social	voz

A Julia de Burgos

Ya las gentes murmuran que yo soy tu enemiga
porque dicen que en verso doy al mundo tu yo.
Mienten, Julia de Burgos. Mienten, Julia de Burgos.
La que se alza° en mis versos no es tu voz: es mi voz   se levanta
5   porque tú eres ropaje° y la esencia soy yo;   ropa
y el más profundo abismo se tiende° entre las dos.   se extiende

Tú eres fría muñeca° de mentira social,   *doll*
y yo, viril destello° de la humana verdad.   *spark*

Tú, miel de cortesanas hipocresías°; yo no;   *polite hypocrisies*
10 que en todos mis poemas desnudo° el corazón.   revelo

Tú eres como tu mundo, egoísta; yo no;
que todo me lo juego° a ser lo que soy yo.   *risk everything*

Tú eres sólo la grave señora señorona°;   *prim*
yo no; yo soy la vida, la fuerza, la mujer.

15 Tú eres de tu marido, de tu amo°; yo no;   *master*
yo de nadie, o de todos, porque a todos, a todos,
en mi limpio sentir y en mi pensar me doy.
Tú te rizas° el pelo y te pintas; yo no;   *curl*
a mí me riza el viento; a mí me pinta el sol.

20 Tú eres dama casera, resignada, sumisa,
atada° a los prejuicios de los hombres; yo no;   *tied*
que yo soy Rocinante corriendo desbocado°   *runaway horse*
olfateando° horizontes de justicia de Dios.   *smelling*

Tú en ti misma no mandas; a ti todos te mandan;
25 en ti mandan tu esposo, tus padres, tus parientes,
el cura°, la modista, el teatro, el casino,   sacerdote
el auto, las alhajas°, el banquete, el champán,   joyas
el cielo y el infierno, y el qué dirán social.°   social gossip

En mí no, que en mí manda mi solo corazón,
30 mi solo pensamiento; quien manda en mí soy yo.

Tú, flor de aristocracia; y yo, la flor del pueblo.
Tú en ti lo tienes todo y a todos se lo debes°,   *owe*
mientras que yo, mi nada a nadie se la debo.

Tú, clavada al estático dividendo ancestral°,   *nailed to your past*
35 y yo, un uno en la cifra del divisor social°,   *a social misfit*
somos el duelo a muerte que se acerca fatal.

Cuando las multitudes corran alborotadas °   agitadas
dejando atrás cenizas° de injusticias quemadas   *ashes*
y cuando con la tea° de las siete virtudes,   *torch*
40 tras los siete pecados°, corran las multitudes,   *sins*
contra ti, y contra todo lo injusto y lo inhumano,
yo iré en medio de ellas con la tea en la mano.

Expansion for *Páginas*. Have students draw their interpretation of each of the two Julias.

Expansion for *Páginas*. Have students role-play a conversation between Julia and her psychiatrist or her best friend.

Después de leer

4-37 ¿Cómo lo interpretas tú? Contesta las siguientes preguntas sobre el poema.

1. Explica el título del poema.
2. ¿Quién es la Julia de Burgos más "real" o "auténtica"?
3. En tus propias palabras describe cómo es la poeta en su intimidad y cómo es ella en la vida pública.
4. ¿Cuál de las "dos Julias" vence al final del poema?
5. ¿Piensas que todas las personas tienen "dos caras"? ¿Es muy diferente tu "cara social" de tu "cara personal, íntima"?

4-38 Las dos. Trabaja con un/a compañero/a para hacer una lista de las palabras opuestas del poema.

4-39 Tú... y tú. Escribe una lista de palabras opuestas que te describen a ti. Luego, cambia tu lista por la de tu compañero/a y usa la lista de tu compañero/a para retratarlo/la según sus "dos" personalidades abajo.

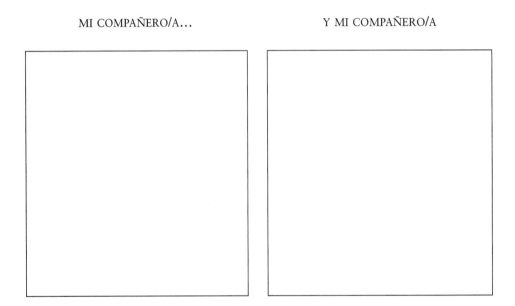

MI COMPAÑERO/A...   Y MI COMPAÑERO/A

4-40 Un poema. Escribe un poema de cinco a diez líneas que contrasten entre lo negativo y lo positivo con respeto a tu personalidad y carácter. Vuelve a tu lista y dibujo de 4-35 para pensar en algunos contrastes.

MODELO: *No soy... sino...*

Taller: Una autodescripción

Procesos

1. **Idear**. Escribe una lista de cualidades que te describan y una lista de acciones que las ejemplifiquen. Puedes referirte a las expresiones de **¡Así lo decimos!** de esta lección.

   MODELO: Cualidades   Acciones
            compasivo/a   *Trabajo como voluntario/a en un centro para ancianos.*

2. **Introducir**. Escribe una oración con la cualidad más importante que te describa al lector.

   MODELO: *Soy Sarita González y me apasiona la música.*

3. **Respaldar.** Agrega tres ejemplos que respalden (*support*) esta cualidad. Utiliza las expresiones conectivas **pero, sino, aunque** y **sin embargo**.

4. **Concluir.** Escribe una oración que resuma tus cualidades y tus acciones y que sirva de conclusión.

5. **Revisar.** Vuelve a leer tu autodescripción sin pausa por su impresión general. Después, revisa la mecánica:

   _____ ¿Has incluido una variedad de vocabulario?

   _____ ¿Has verificado las concordancia y la ortografia?

   _____ ¿Has incluido participios pasados como adjetivos?

   _____ ¿Has incluido aspectos de tu rutina diaria?

6. **Compartir**. Cambia tu ensayo por el de un/a compañero/a. Mientras leen los ensayos, hagan comentarios y sugerencias sobre el contenido, la estructura y la gramática.

7. **Pasar en limpio.** Pasa tu ensayo en limpio, incorporando las sugerencias y correcciones de tu compañero/a.

5 Las relaciones personales

Comunicación

◆ Talking about family and relationships
◆ Describing and comparing people and things
◆ Predicting what will have happened and reporting what had happened

Estructuras

◆ The subjunctive vs. the indicative in adjective clauses
◆ The future perfect and pluperfect tenses
◆ Comparisons with nouns, adjectives, verbs and adverbs, and superlatives

Cultura

◆ La influencia de la familia hispana en los jóvenes
◆ Algunos gestos de los hispanos
◆ Ritmos: Laura Pausini—*Las cosas que vives*
◆ Imágenes: Pablo Picasso—*Madre e hijo;*
    María Izquierdo—*Madre proletaria*
◆ Páginas: Humberto Padró—*Una sortija para mi novia*

Warm-up for *¡Así es la vida!*
Have students give examples of what they do to make someone else happy, or to make him/her feel better.

Actos de bondad

MÁS ALLÁ DEL SILENCIO...

Mucha gente no se atreve a hablar con personas que están al borde de la desesperación o del suicidio porque temen empeorar más su situación. Pero usted sí puede ofrecerles palabras de aliento y consuelo. Puede hacerlos desistir de su error y ayudarlos a encontrar una salida a sus problemas. Atrévase a preguntarle...

✓ ¿Cuál es su problema?
✓ ¿Por qué eso representa un problema para él?
✓ ¿Cómo desea que esta situación finalice?
✓ Si el problema no tiene solución del todo, ¿qué sería lo más importante que quisiera que se resolviera?
✓ ¿Cómo me aconsejaría si yo tuviera el mismo problema?
✓ ¿Qué es lo que más quisiera evitar en esta situación?
✓ ¿Qué es lo que más lo haría sentir mejor en medio de este problema?
✓ ¿Cuál cree que sería la mejor solución para beneficio de todas las personas envueltas en la situación?

Al final, habrá logrado que la persona hable y analice el problema como nunca antes. Y es muy probable que logre hacerlo sentir mejor y con ánimos de enfrentar positivamente la situación.

Gracias mamá...

◆ Dígale todos los días cuánto la quiere y la necesita.

◆ Llámela siempre que pueda y pregúntele si necesita algo.

◆ No deje de abrazarla y besarla cada vez que pueda.

◆ Agradézcale todos los sacrificios que hizo por usted.

◆ Recuérdele cada uno de los momentos felices que pasaron juntos.

◆ Déle las gracias por todos los sabios consejos que ella le dio.

◆ Y no se olvide de decirle que es la mejor mamá del mundo.

Voluntad para ayudar...

❀ Recoja ropa usada, pero en buenas condiciones, para las personas pobres.

❀ Recolecte comida enlatada y productos para el aseo personal para personas víctimas de desastres.

❀ Sirva como voluntario en maratones de instituciones benéficas que recolectan dinero para ayudar a enfermos, personas impedidas y desamparadas.

Uno de los remedios más efectivos para combatir el imsomnio es acostarse cada día con la satisfacción de haber hecho un bien. Ponga en práctica estos pequeños actos de bondad y verá que dormirá como un lirón...

Detalles que endulzan la vida

✔ Deje mensajes de amistad en los libros que toma prestados de sus amigos o de las bibliotecas públicas...
✔ Ceda su asiento en el autobús a personas mayores que usted...
✔ Sirva de fotógrafo a una pareja de recién casados...
✔ Ayude a llevar los paquetes de alguien que usted vea no puede con su carga...
✔ Ofrezca su turno a un anciano en la oficina del médico...
✔ Si su vecino se enferma, llévele una sopa y ofrézcase a acompañarlo al hospital...
✔ Si a su compañero de trabajo se le descompuso el carro, llévelo hasta su casa...

Borre de su vida todo sentimiento que no lo deje ser feliz. Si ha estado enojado con un amigo desde hace mucho tiempo, ya es hora que vaya haciendo las paces. ¡Olvide las razones por las cuales se enfadó con él, y atrévase a dar el primer paso hacia la reconciliación! Sentirá como si se sacara un peso de encima...

¡Así lo decimos!

Vocabulario primordial

aceptar	la envidia
acompañar	el feminismo
el agradecimiento	la fidelidad
amistoso/a	íntimo/a
amoroso/a	junto/a
apreciar	el machismo
la armonía	el mensaje
arrepentirse (ie,i)	pensar en (ie)
la compañía	proteger
complementarse	reconocer (zc)
comprensivo/a	resolver (ue)
la dependencia	el respeto
emocionarse	rudo/a
enamorarse de	la tarjeta (postal)

Otras palabras y expresiones

a primera vista	at first sight
el aseo personal	personal hygiene
la comida enlatada	canned food
dar el primer paso	to take the first step
dormir como un lirón	to sleep like a log
echar de menos	to miss
guiñar un ojo	to wink
hacer las paces	to make peace
prestar atención	to pay attention
recién casados	recently married
sacarse un peso de encima	to take a weight off one's shoulders
tomar por sentado/a	to take for granted
tomar prestado	to borrow

Vocabulario clave

Verbos

acariciar	to caress
borrar	to erase
calumniar	to slander
declararse (a)	to propose (to); to confess one's love
descomponerse	to lose one's temper; to break down
enfadarse, enojarse	to get angry

Sustantivos

el ánimo	courage; spirit
el bien	good deed
la bondad	kindness
la carga	load, weight
los celos	jealousy
el chisme	gossip
el consuelo	consolation; comfort

Adjetivos

envuelto/a	involved
fiel	faithful
impedido/a	disabled; crippled
sabio/a	wise

Ampliación

Verbos	Sustantivos	Adjetivos
acariciar	la caricia	acariciado/a
agradecer (zc)	el agradecimiento	agradecido/a
alentar (ie)	el aliento	alentado/a
apoyar	el apoyo	apoyado/a
aprovechar(se)	el aprovechamiento	aprovechado/a
atraer	la atracción	atraído/a
calumniar	la calumnia	calumniado/a
tener celos	los celos	celoso/a
chismear	el chisme	chismoso/a
comprender	la comprensión	comprendido/a
comprometerse	el compromiso	comprometido/a
confiar	la confianza	confiado/a
cuidar	el cuidado	cuidado/a
declararse	la declaración	declarado/a
desconfiar	la desconfianza	desconfiado/a
despreciar	el desprecio	despreciado/a
disculpar	la disculpa	disculpado/a
discutir	la discusión	discutido/a
enfadarse	el enfado	enfadado/a
herir (ie, i)	la herida	herido/a
molestar	la molestia	molesto/a
sospechar	la sospecha	sospechado/a

¡cuidado!

querer/amar

In Spanish, the verb **querer** has two meanings.

querer + thing or activity = *to want*

Quiero un carro nuevo.	*I want a new car.*
¿Quieres jugar al tenis?	*Do you want to play tennis?*

querer + person = *to love*

Quiero mucho a mi amiga Marcela.	*I love my friend Marcela a lot.*
Te **quiero.**	*I love you.*

The verb **amar** means *to love* someone profoundly; most often used among couples deeply in love or in the context of family relationships; but rarely used to express the love that one has for a friend, thing, or activity.

¡Cómo **amo** a mis hijos!	*How I love my children!*
Amamos muchísimo a nuestros padres.	*We love our parents a lot.*

Te **amo,** pero tú no me **amas.**	*I love you but you don't love me.*

Amar is also commonly used in religious contexts.

amarse los unos a los otros	*to love one another*
amar a Dios	*to love God*

Suggestion for ¡Cuidado! Have students write sentences using these expressions in context, then challenge each other to supply the most appropriate expression in its logical form. For example, *No (quiero) salir con mi novio porque nos peleamos y ya no nos (queremos). Antonio siempre (amó) a Cleopatra.*

Aplicación

5-1 Consejos. Lee las siguientes oraciones y escribe un consejo o una sugerencia de **¡Así es la vida!** para cada una.

MODELO: Aprecio mucho a mi madre, pero casi nunca la veo porque vivo lejos.

Llámela siempre que pueda y pregúntele si necesita algo.

1. Nora se enojó conmigo por nada ayer. Su conducta últimamente es muy extraña. Creo que está deprimida otra vez.
2. Mi pobre vecino. Parece que está muy enfermo y no hay nadie en su casa que lo pueda cuidar.
3. Hace muchísimo frío este invierno y sé que muchas familias desamparadas (*homeless*) viven en nuestra ciudad.
4. No tengo mucho dinero para comprarles un regalo de bodas a Micaela y a Julio, pero quiero hacer algo por ellos.
5. Me siento muy solo y aislado después de la pelea con Berto. Berto me hizo enojar muchísimo, pero no quiero perder su amistad.

Suggestion for Activity 5-2. Have students make posters with their *Detalles que endulzan la vida.*

👥 **5-2 Detalles que endulzan.** En ¡Así es la vida!, *Detalles que endulzan la vida* ofrece siete sugerencias para alegrar a otra/s persona/s. ¿Puedes pensar en otras? Escribe una sugerencia para cada una de las siguientes personas y luego compara tus sugerencias con las de un/a compañero/a de clase.

1. alguien que no conoces
2. un pariente
3. un/a amigo/a
4. el/la novio/a o el/la esposo/a
5. un/a profesor/a
6. un/a compañero/a de clase

5-3 Exprésate mejor. Lee las siguientes oraciones. Usa una variación de cada palabra en itálica para escribir una oración nueva que elabore la idea de la oración original.

Composición **for Activity 5-3.** Have students use several of these expressions in a paragraph, or expand one of the sentences into a larger context.

MODELO: Te *agradezco* todas tus atenciones durante mi enfermedad. *Estoy muy agradecido.*

1. Los novios *se acariciaban* mientras veían la película romántica.
2. Después de declararle su amor, el joven se sentía muy *confiado.*
3. El joven me pidió *disculpas* por haberme ofendido.
4. La mujer se sintió muy ofendida por la *calumnia* de su amiga.
5. ¡No estés *celoso* de tus compañeros! Todos ustedes tienen gran mérito.
6. Los *chismes* y rumores son muy destructivos.
7. Es una *molestia* tener que resolver los problemas de los demás.
8. Después de una *discusión* desagradable, el matrimonio decidió ver a un consejero matrimonial.
9. La señora *sospechaba* que su esposo tenía una amante.
10. Cuando le miraba los ojos, no veía más que su *desprecio.*

👥 **5-4 Más allá del silencio.** Imagínense que son amigos/as y uno/a de ustedes sufre un trastorno emocional profundo. Elaboren una situación verdadera o inventada y luego entrevístense usando preguntas de **¡Así es la vida!** Al final, representen el intercambio ante la clase.

MODELO: E1: *Amigo/a, ¿cuál es tu problema?*
            E2: *Bueno, estoy muy deprimido/a porque sospecho que mi novio/a tiene amante.*

5-5 Una tarjeta para el Día de las Madres. Diseña una tarjeta para tu mamá, tu abuela, tu comadre, tu suegra o tu madrastra en la que expreses tres o más de las razones por las que le estás agradecido/a. Refiérete a *Gracias, mamá…* de **¡Así es la vida!** para obtener ideas.

MODELO: *Gracias, mamá, por apoyarme y darme ánimo…*

👥 **5-6 El apuro** *(difficulty)*. Túrnense para definir las siguientes palabras y luego cuéntense experiencias relacionadas con cada concepto.

la calumnia
los celos
la declaración
la desconfianza
el desprecio
el enfado
la envidia
la sospecha

👥 **5-7 Borrar el apuro.** Dense consejos con respecto a las situaciones que se contaron en **5-6**. Los consejos deben incluir sugerencias sobre cómo evitar el apuro en el futuro.

👥 **5-8 No hay mal que por bien no venga.** Consideren las siguientes situaciones dolorosas y túrnense para prever lo positivo que pueda resultar de cada una.

Suggestion for Activity 5-8. Have students act out situations for the class.

MODELO: David se enojó cuando se enteró de que sus amigos le mintieron para no incluirlo en un viaje. Les gritó a los tres y los mandó al infierno.

Después de la reacción de David, sus amigos reconocieron que su conducta estuvo mal y ahora saben que necesitan cuidar las amistades.

1. Jaime está enamorado de su amiga Tere, pero nunca se atrevió a confesar su amor. Ahora Tere sale con Alberto, un compañero de la universidad. Tere le cuenta a su amigo Jaime cuánto se divierte con Alberto y cómo está enamorada de él.
2. Guillermo se siente totalmente traicionado porque su esposa Inés le confesó que ella no le ha sido fiel. Hace dos años tuvo un amante y el amante era un amigo de los dos.
3. Beatriz se siente desamparada. Tomó por sentado que siempre estaría casada con Felipe, pero ayer su esposo de veinte años le pidió el divorcio.
4. El hijo mayor de Consuelo es drogadicto y últimamente le está robando para comprar sus drogas. Como su hijo no acepta ayuda médica, psicológica o rehabilitativa, Consuelo decidió echarlo de la casa para proteger a los otros hijos.
5. Ana se equivocó cuando decidió confiar en Leona. Leona la hirió profundamente cuando repitió algunas de las confidencias más personales a varias personas que las dos conocen.

👥 **5-9 Una telenovela.** Formen un grupo pequeño para contarse un episodio de una telenovela que hayan visto. Usen expresiones de **¡Así lo decimos!** en su conversación.

1. The subjunctive vs. the indicative in adjective clauses

Suggestions for art. *¿Por qué está triste el extraterrestre? No hay nadie que lo quiera; no hay nadie que lo salude; no hay nadie que lo llame por teléfono. ¿Qué busca el extraterrestre? Busca a alguien que lo invite a salir.*

No hay nadie que me quiera llamar.

An adjective clause is a clause that modifies a noun. The subjunctive is used in an adjective clause when it refers to a person or object that is indefinite or does not exist. Like the noun clause, most adjective clauses are connected to the main clause with **que,** but they can also be joined with conjunctions like **donde.**

Indefinite antecedent

Busco una novia que **sea** sensible. *I'm looking for a girlfriend who is sensitive.*

Ana necesita un amigo que le **dé** consejos. *Ana needs a friend who will give her advice.*

Queremos ir a una isla donde **haya** playas aisladas. *We want to go to an island where there are isolated beaches.*

Nonexistent antecedent

No veo a ningún chico que me **guste**.   *I don't see any boy that I like.*

No hay nadie aquí que se **atreva** a bailar   *There is no one here that dares*
el merengue.   *to dance the merengue.*

◆ When the dependent clause refers to a person or thing that is certain or definite, the indicative is used.

Tengo un novio que siempre **da** el primer   *I have a boyfriend who always takes*
paso para hacer las paces.   *the first step to make peace.*

Ése es el chico que me **gusta**.   *That's the boy that I like.*

Ramón es un hombre que no **puede** ser fiel.   *Ramón is a man who can't be faithful.*

◆ Note that in questions, the existence itself of the person or object is being questioned, and so the subjunctive is generally used.

¿Conoce Ud. a alguien que no **tenga**   *Do you know anyone who doesn't*
problemas?   *have problems?*

¿Hay alguien aquí que **dé** el primer paso?   *Is there anyone here who will take*
the first step?

◆ There are no set expressions that trigger the subjunctive in adjective clauses, but some common phrases include the following:

Necesito (-as, -a...) [algo/alguien] que...

Buscamos (-áis, -an...) [algo/alguien] que...

No conozco (-es, -e...) a nadie que...

No hay nadie/nada que...

Aplicación

👥 **5-10 No hay nadie, ninguno/a...** Usen la lista de frases para formar oraciones y contradecirse según el modelo. Pueden inventar otras situaciones o características, si quieren.

Expansion for Activity 5-10.
Have students expand some of these into fuller contexts.

MODELO: E1: *No hay nadie que no chismee de vez en cuando.*
E2: *No es cierto. Liliana es una mujer que no chismea nunca.*

tomar por sentado la fidelidad
disculpar a un/a esposo/a infiel
prestar atención al/a la profesor/a durante la clase entera
perdonar una calumnia
dormir como un lirón durante un huracán

👥 **5-11 Los amigos ideales.** Explíquense qué cualidades buscan en un/a amigo/a ideal. Luego, descríbanse lo que buscan en un/a novio, un/a esposo/a, un hijo/a, un/a hermano/a y en un/a profesor/a ideales.

MODELO: *Busco un/a amigo/a que me respete, que no me ponga a prueba, que no me hiera y que me quiera como soy.*

👥 **5-12 Los programas favoritos.** ¿Qué programas de televisión les gustan y por qué? Explíquense sus preferencias.

MODELO: *Me gustan mucho los programas que son cómicos porque prefiero escaparme de la realidad cuando veo televisión.*

Expansion for Activity 5-13. Have students work in a group to have a roundtable discussion with a moderator, who plays the role of *consejero/a*.

👥 **5-13 ¿Sabes lo que quieres?** Explíquense lo que creen que necesitan para ser felices. ¿Cuál de ustedes es más realista en sus deseos?

MODELO: *Quiero una relación amorosa en la que nunca nos peleemos.*

Suggestion for Activity 5-14. Have students rehearse and videotape the exchange to show to the entire class.

👥 **5-14 Consejos.** En un grupo de tres, imagínense que son dos novios/as, o amigos/as y un/a consejero/a. Los novios/as (amigos/as) le explican al/a la consejero/a por qué se enojan. El/la consejero/a les aconseja qué hacer.

MODELO: AMIGO/A 1: *Doctor, el problema es que quiero un/a amigo/a que no sea dominante, pero no encuentro a nadie que me respete como persona.*

AMIGO/A 2: *¡Pero no es verdad! Soy una persona que no te domina y que te respeta un montón.*

DOCTOR/A: *Un momento. ¡Cálmense!...*

Suggestion for Activity 5-15. Have students practice role-playing the exchange and perform it for the class. Encourage students to use different personality types, such as the rude customer, the pushy clerk, etc.

👥 **5-15 Un regalo.** Túrnense para hacer los papeles de un/a cliente que necesita comprar un regalo y el/la dependiente/a que lo/la ayuda. Primero, el/la cliente debe escoger a una persona y un regalo de las listas, y luego preguntarle al/a la dependiente/a si tiene el regalo que busca. Al final, pueden inventar sus propios regalos y personas.

MODELO: novia/ramo de flores: incluir rosas blancas y lirios rosados

E1: *Necesito comprar unas flores para mi novia. ¿Tiene usted un ramo que incluya rosas blancas y lirios rosados?*

E2: *No, lo siento. No tengo ningún ramo que tenga rosas blancas, pero puedo arreglarle uno que tenga rosas rosadas y lirios blancos.*

Personas	Regalos
novio/a o esposo/a	muñeca: llorar y hacer pipí
padre o madre	reloj: tener números grandes
amigo/a	anillo: costar entre quinientos y seiscientos dólares
secretario/a	coche de segunda mano: tener motor bueno pero no ser caro
jefe/a	perfume: ser ligero y tener un aroma a flores
hermanito/a	camión (*truck*) de juguete: hacer ruidos y tener puertas que abren
hijo/a	corbata de seda: ser conservadora pero moderna
abuelo/a	cajita de chocolates: tener una variedad de bombones
	guantes: calentar bien las manos pero no ser gruesos

> Creíamos que iba a regresar a las diez.

Suggestion for *A propósito*... Remind students that there are always exceptions to the rule, and that more and more Hispanic women work outside the home. However, even single-parent households usually have support from the extended family.

***Conexiones* for *A propósito*...** Have students see the film *Mi familia / My family* as an example of the importance of family values.

La influencia de la familia hispana en los jóvenes

La familia hispana más tradicional es extremadamente unida. La madre, que hasta hace unas décadas raramente trabajaba fuera de la casa, es "la reina" del hogar. Ella es la persona que planea las comidas diarias, los horarios de los hijos, las fiestas familiares. A ella van los hijos con sus problemas, y es muchas veces la que intercede con el padre a favor de pedidos (*requests*) de los hijos. El padre, que comúnmente es el único que trabaja fuera de la casa, respeta y apoya esa posición tan especial que tiene la madre dentro del núcleo familiar. El padre, además de mantener a la familia, es la persona encargada de disciplinar a los hijos cuando es necesario. Como casi no existe el trabajo de tiempo parcial (*part-time*) en el mundo hispano, los hijos, hasta que terminan la universidad o consiguen trabajo, dependen totalmente de los padres para sus gastos. Esta dependencia económica de los hijos les da a los padres una gran autoridad sobre ellos porque tienen que acudir a los padres por cualquier necesidad económica. Las implicaciones de esta dependencia son enormes. Los hijos desde muy pequeños aprenden a respetar el poder de los padres sobre ellos, como los padres lo aprendieron de sus padres. Y como es común que algún abuelo o alguna tía viva en el núcleo familiar, los jóvenes aprenden de sus padres a tratar con cariño a los otros familiares en ese contacto íntimo diario, y así desde muy pequeños, intuyen la necesidad de llevarse bien con todos los miembros de la gran familia.

Vamos a comparar

¿Cuáles son las diferencias principales entre la familia tradicional hispana y la de ustedes? ¿Piensan que dependen de sus padres tanto como el joven hispano típico? ¿Por qué sí o por qué no? ¿Por qué creen que no hay mucho trabajo de tiempo parcial en el mundo hispano? ¿Les gustaría vivir con sus abuelos o tíos? ¿Por qué sí o no?

EL ESPACIO PERSONAL

Los hispanos son seres sociales que necesitan menos espacio personal que los anglosajones. Al hispano le encanta estar con otras personas y sus diversiones favoritas como bailar, ir al club, pasear por el parque, jugar juegos de azar, los deportes, etcétera, siempre lo ponen en contacto con otras personas. El hispano ve el contacto físico como algo natural. Los amigos de ambos sexos cuando se encuentran en la calle se dan la mano, se besan, se tocan los brazos, se dan palmadas en la espalda; los hombres y las mujeres, cuando se saludan, es muy común que se abracen.

LA INCERTIDUMBRE SOCIAL

Muchos sociólogos y psicólogos sostienen que vivimos momentos de intimidación marcados por la competitividad y la inseguridad social; es decir, en un ambiente repleto de incertidumbres que, sobre todo a los jóvenes, les conduce al repliegue.

Cuando no es especialmente severa, la timidez resulta positiva: nos protege de nuestros impulsos y nos impide caer en la mala educación y el comportamiento grosero. También, muchas veces se alaba a los tímidos por sus cualidades ocultas. En el amor, cuando son incapaces de declararse, terminan encontrando las maneras más encantadoras para expresar sus deseos más profundos. Asimismo, algunos tímidos resultan adorables y a otros su excentricidad y humor les sirven de caparazón protector para salir airosos de situaciones comprometidas.

La antítesis del tímido adorable es el introvertido que se lleva por delante todos los obstáculos que encuentra en su camino. Como reacción a su timidez puede nacer en estos sujetos un afán de poderío, de prestigio o de fama para impresionar a la concurrencia; o de posesión, por miedo a la miseria y a la dependencia. De ese afán nacen tres nuevos impulsos: las tendencias a dominar, a humillar y a despojar. Estos tres impulsos les pueden causar grandes problemas a los introvertidos.

¡Así lo decimos!

Vocabulario primordial

abrazarse	extrovertido/a
la apariencia	gesticular
darse la mano	inmaduro/a
descortés	olvidarse
excéntrico/a	privado/a

Otras palabras y expresiones

dar una palmada	to pat (on the back)
es decir	that is
el juego de azar	game of chance
llevarse por delante	to overcome
salir airoso/a	to come through with flying colors

Vocabulario clave

Verbos

acontecer	to take place
alabar	to praise
despojar	to plunder
dominar	to control
replegar (ie)	to withdraw

Sustantivos

el caparazón	outer shell
el comportamiento	behavior
la concurrencia	general public
el gesto	gesture
la incertidumbre	uncertainty
la inseguridad	insecurity
el poderío	power; might
el repliegue	withdrawal
el trago	drink

Adjetivos

ambos/as	both
callado/a	quiet
consentido/a	spoiled
encantador/a	charming
humillante	humiliating
malcriado/a	spoiled
oculto/a	hidden
recto/a	strait-laced
tacaño/a	stingy

Ampliación

Verbos	Sustantivos	Adjetivos
acontecer	el acontecimiento	acontecido/a
amistar(se)	la amistad	amistoso/a
apasionarse	la pasión	apasionado/a
beneficiarse	el beneficio	beneficiado/a
cartearse	la carta	carteado/a
divorciarse	el divorcio	divorciado/a
gesticular	el gesto	gesticulado/a
poblar	la población	poblado/a
replegar (ie)	el/la repliegue	replegado/a
separarse	la separación	separado/a
unirse	la unión	unido/a

Aplicación

Expansion for Activity 5-16. Have students give each other advice on how to handle these kinds of people.

5-16 El/La malcriado/a. Nuestro comportamiento determina cómo los demás nos perciben y categorizan. Explica cómo cada una de las siguientes personas se comporta y luego describe una experiencia asociada con esa idea.

MODELO: el/la malcriado/a

> *Es una persona impaciente y egoísta que sólo piensa en sus propias necesidades. Mi compañera de cuarto es malcriada. Siempre pone su música cuando estudio, usa mis cosas sin pedir permiso y me pide muchos favores.*

1. el/la replegado/a
2. el/la que tiene un caparazón protector
3. el/la que gesticula
4. el/la sinvergüenza
5. el/la tímido/a
6. el/la grosero/a
7. el/la tacaño/a
8. el/la inseguro/a
9. el/la dominante
10. el/la que necesita mucho espacio personal

Composición for Activity 5-17. Have students use several of these expressions in a paragraph.

5-17 Exprésate mejor. Lee las siguientes oraciones. Usa una variación de cada palabra en itálica para escribir una oración nueva que elabore la idea de la oración original.

MODELO: Por muchos años, los jóvenes tuvieron una gran *amistad*. Se amistaron *la primera vez que se vieron.*

1. *Se beneficiaron* de una relación abierta y franca.
2. Poco a poco desarrollaron una gran *pasión*.
3. Se escribieron *cartas* de amor.
3. Por fin celebraron su *unión* nupcial.
4. El gran *acontecimiento* tuvo lugar en la parroquia de la novia.
5. Pero después de algunos años *se separaron*.
6. Finalizaron *el divorcio* el mes pasado.

⁎⁎ 5-18 ¿Cómo son sus amigos? Túrnense para describir a dos de sus mejores amigos. Luego, hagan una lista de las cualidades que estos amigos tienen en común. Comparen su lista con las de otros grupos.

Expansion for Activity 5-19. Have students exchange and respond to each other's letters.

5-19 Consejos. ¿Qué consejos le das a un/a amigo/a que sufre de inseguridad? Escríbele una carta para alentarlo/la. Refiérete a **¡Así es la vida!** y usa expresiones de **¡Así lo decimos!**

Estructuras

2. The future perfect and pluperfect tenses

The future perfect

¿Habrá entendido lo que le dije?

Suggestions for art. *¿Quiénes serán estas personas? ¿De qué estarán hablando? ¿Habrán cenado fuera esta noche? ¿Habrán visto una película romántica?*

The future perfect is used to express an action which *will have occurred* by a certain point in time. Form the future perfect with the future of the auxiliary verb **haber** + *past participle*.

	FUTURE	PAST PARTICIPLE
yo	habré	
tú	habrás	
Ud./él/ella	habrá	
nosotros(as)	habremos	**tomado/comido/vivido**
vosotros(as)	habréis	
Uds./ellos/ellas	habrán	

¿Habrás hablado con el psicólogo para esta tarde?	*Will you have talked with the psychologist by this afternoon?*
No, no **habré hablado** con él hasta mañana a las diez.	*No, I will not have talked with him until tomorrow at 10:00.*

◆ The future perfect can also be used to express probability or conjecture about what may have happened in the past, yet has some relation to the present.

¿Se le habrá declarado a Estela ya?	*I wonder if he has proposed to Estela yet?*
¿Habrán salido airosos del encuentro?	*I wonder if they have come through the encounter with flying colors?*

The pluperfect

Suggestions for art. ¿Qué había hecho el señor antes de la llegada de la mujer? ¿Qué no había hecho antes de su llegada?

Suggestion for practicing the pluperfect tense. Have students transform the verb from the preterit to the pluperfect as they respond to this and other questions. ¿Conociste a una persona introvertida? (Sí, pero no había conocido a una antes de venir aquí.) ¿Saliste airoso/a del examen? ¿Le agradeciste a tu profesor una buena clase? ¿Te le declaraste a tu novio/a? ¿Te enfadaste en clase ayer? ¿Te pusiste molesto/a con un amigo ayer?

The pluperfect is used to refer to an action or event that occurred before another past action or event. Compare the following sentences with the time line.

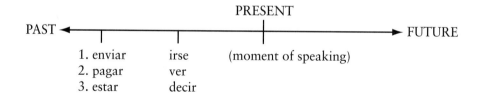

PRESENT

PAST ←——————————————————————————→ FUTURE

1. enviar	irse	(moment of speaking)
2. pagar	ver	
3. estar	decir	

1. Mis padres **habían enviado** la tarjeta postal antes de irse a México.
   My parents had sent the postcard before leaving for Mexico.

2. Cuando yo la vi, ya **había pagado** la cuenta.
   When I saw her, she had already paid the bill.

3. Nos dijeron que **habían estado** en ese hotel.
   They told us that they had been at that hotel.

Like the present perfect tense, the pluperfect is a compound tense. It is formed with the imperfect tense of **haber** + *past participle*.

	IMPERFECT	PAST PARTICIPLE
yo	**había**	
tú	**habías**	
Ud./él/ella	**había**	**tomado/comido/vivido**
nosotros(as)	**habíamos**	
vosotros(as)	**habíais**	
Uds./ellos/ellas	**habían**	

Mis hermanos **habían dominado** la conversación toda la noche.

My brothers had dominated the conversation the whole evening.

Ambrosio siempre **había tenido** buenas relaciones con Carmen.

Ambrosio had always had good relations with Carmen.

Me dijo que **había venido** a la fiesta a bailar.

She told me that she had come to the party to dance.

Remember that in compound tenses nothing may be inserted between the auxiliary **haber** and the past participle; **haber** must agree with the subject, and the past participle is invariable.

Ana siempre me **había caído** bien.

I had always liked Ana.

Tu novio nunca **había sido** posesivo.

Your boyfriend had never been possessive.

Suggestion for pluperfect tense. For each of the example sentences, have students continue the "story" using a verb in the preterit to underscore the notion that the past perfect action occurred before another past (preterit) action. Here are some models you may wish to use: *Mis hermanos habían dominado la conversación toda la noche cuando por fin tuve yo la oportunidad de hablar. Ambrosio siempre había tenido buenas relaciones con Carmen, por eso se sorprendió cuando ella no quiso verlo. Me dijo que había venido a la fiesta a bailar. Sin embargo, no lo vi en la pista de baile en toda la noche.*

Aplicación

5-20 Resoluciones de una introvertida. Completa la carta en que Luisa resuelve ser más extrovertida. Usa la forma correcta del verbo más apropiado de la lista para cada número.

Responses to Activity 5-20. 1. *habré alquilado* 2. *Habré conocido* 3. *habré invitado* 4. *habré preparado* 5. *habré explicado* 6. *habré hecho* 7. *habré ido* 8. *me habré enamorado*

alquilar	enamorarse	hacer	ir
conocer	explicar	invitar	preparar

Para el año que viene resuelvo que (1)_____ un nuevo apartamento en un barrio más divertido. (2)_____ a un mínimo de cinco personas nuevas. Las (3)_____ varias veces a mi casa, y les (4)_____ la cena. Les (5)_____ que soy una persona introvertida pero que estoy haciendo grandes esfuerzos para quitarme el caparazón. Me (6)_____ miembro de un club atlético y (7)_____ por lo menos una vez a la semana. ¡No (8)_____, porque creo que eso es demasiado rápido en un solo año!

👥 **5-21 La comunicación.** ¿De qué deben hablar los novios antes de comprometerse? Explíquense qué temas importantes (cinco cada uno/a) habrán resuelto (o que su hijo/a habrá resuelto) con su novio/a antes de comprometerse.

MODELO: *Ya habremos hablado sobre nuestras relaciones con nuestros padres.*

Suggestion for Activity 5-22. Have students place their resolutions on a class bulletin board so they can read each other's.

👥 **5-22 Resoluciones.** Muchas personas hacen resoluciones periódicamente, por ejemplo en Año Nuevo o para un cumpleaños. Escriban individualmente cinco resoluciones que quieran o necesiten hacer, y luego compártanlas y hablen de cómo las pueden cumplir.

👥👥 **5-23 Para el año 2010.** En un grupo de cuatro, hagan ocho predicciones de lo que habrá ocurrido para el año 2010 y explíquense por qué estas cosas habrán ocurrido.

MODELO: *Para el año 2010 no habrá tantos divorcios como ahora. Pienso esto porque vamos a prepararnos mucho mejor para el matrimonio.*

Suggestion for Activity 5-24. Students can create fantastic or outlandish stories and have other class members judge them for their creativity.

5-24 Ya lo había hecho. Piensa en los siguientes acontecimientos u otros que se te ocurran y explica lo que ya habías hecho (o lo que habían hecho otras personas) ese día o antes de ese día.

MODELO: *Antes de mi último cumpleaños, había estudiado tanto para los exámenes que me había olvidado de mi cumpleaños. Pero al llegar a mi apartamento, descubrí que mis amigos habían planeado una fiesta.*

el primer beso
la primera cita
un cumpleaños importante
la primera clase universitaria
la graduación de la secundaria
una gran discusión o pelea con un/a amigo/a, novio/a o pariente

Expansion for Activity 5-25. Have students role-play a famous person and say what he or she had never done before becoming famous.

👥 **5-25 Antes de venir a esta universidad.** Hablen de cosas que habían hecho o no antes de venir a la universidad. Empiecen con la siguiente lista de actividades y luego añadan sus propias ideas.

MODELO: E1: *Antes de venir a esta universidad, no había tenido novio/a.*
E2: *Yo sí, conocí a mi primer/a novio/a en la escuela secundaria cuando tenía quince años.*

tener novio/a
casarse
enamorarse
divorciarse
escribir un poema de amor
resolver un problema con un/a amigo/a

3. Comparisons with nouns, adjectives, verbs and adverbs, and superlatives

Comparisons of equality

> Tengo tantos caramelos como tú.

◆ In Spanish, use the **tanto/a(s)...como** construction to make comparisons of equality of nouns (e.g., *as much affection as*; *as many friends as*). Note that **tanto/a(s)** is an adjective and agrees in gender and number with the noun or pronoun it modifies.

tanto/a(s) + noun + como

Mi tía da **tantos** consejos **como** mi madre.	*My aunt gives as many pieces of advice as my mother.*
Mi padre tiene **tanta** paciencia **como** tu padre.	*My father has as much patience as your father.*

◆ Comparisons of equality of adjectives (e.g., *as nice as*) and adverbs (e.g., *as slowly as*) are made with the **tan...como** construction. **Tan** is an adverb and so is invariable.

tan + adjective/adverb + como

La Dra. Cisneros es **tan** callada **como** su esposo.	*Dr. Cisneros is as quiet as her husband.*
Carlos se declaró **tan** suavemente **como** un poeta.	*Carlos proposed as smoothly as a poet.*

◆ Make comparisons of equality of verbs (e.g., *plays as much as*) with **tanto como**. **Tanto** in this context is an adverb and is invariable.

verb + tanto como + subject of second (implied) verb

María del Carmen alaba a los demás **tanto como** su mamá.	*María del Carmen praises others as much as her mother does.*
Mis amigos hispanos se dan la mano **tanto como** nosotros.	*My Hispanic friends shake hands as much as we do.*

Comparisons of inequality

Tengo más hoteles que tú.

Warm-up for Comparisons of inequality. *En esta clase, ¿quién es más alto/a que yo? ¿Quién es más simpático/a? ¿Quién tiene más amigos? ¿Quien canta más dulcemente?*

◆ When the comparison is unequal, use **más/menos...que** for nouns, adjectives, and adverbs. Use **más/menos que** after verbs.

> **más/menos** + adjective/adverb/noun + **que**

México es **más** grande **que** Perú.	*Mexico is bigger than Peru.*
Perú está **más** lejos de aquí **que** México.	*Peru is farther from here than Mexico.*

> verb + **más/menos** + **que**

Gesticulo **más que** tú.	*I gesture more than you (do).*

◆ If the measure of the comparison is a number, substitute **de** for **que**.

En una versión de la leyenda, don Juan tiene **más de** diez hijos ilegítimos.	*In one version of the legend, don Juan has more than ten illegitimate children.*

A que ya sabías...

Conexiones for A que ya sabías. Have students locate the islands of Mallorca and Menorca on a map of Spain and the Mediterranean, and to explain their names.

Some Spanish adjectives have both regular and irregular comparative forms.

adjective	regular form	irregular form	
bueno/a	más bueno/a	mejor	*better, best*
grande	más grande	mayor	*bigger, biggest*
joven	más joven	menor	*younger, youngest*
malo/a	más malo/a	peor	*worse, worst*
pequeño/a	más pequeño/a	menor	*smaller, smallest*
viejo/a	más viejo/a	mayor	*older, oldest*

Mejor and **peor**, which occur more often than the regular forms, are used to describe quality and performance related to both people and objects. **Más bueno que** and **más malo que** usually refer to moral, ethical, and behavioral qualities. Note these examples.

El promedio de Lucinda es **mejor que** el de su hermana.   *Lucinda's average is better than her sister's.*

Luisa es **más buena que** Lucho.   *Luisa is nicer than Lucho.*

Más grande and **más pequeño** are often used to refer to size, while **mayor** and **menor** refer primarily to age.

La Ciudad de México es **más grande que** Nueva York.   *Mexico City is bigger than New York City.*

José Antonio es **mayor que** Laura.   *José Antonio is older than Laura.*

Note for *A que ya sabías...* *Mayor and menor are generally used to refer to "size" with abstract nouns: El mayor problema de la ciudad es la contaminación. La sequía es de menor importancia ya que se pronostican lluvias fuertes para la primavera.*

Superlatives

◆ The superlative (the most, the greatest, the worst, etc.) in Spanish is expressed with the definite article and **más** or **menos**. Note that the preposition **de** is the Spanish equivalent of *in* for this structure.

> **el/la/los/las/**(noun) + **más/menos** + adjective + **de**

Luisito es **el más grosero de** la clase.   *Luisito is the most vulgar one in the class.*

◆ When a noun is used with the superlative, the article precedes the noun in Spanish.

Lucrecia es **la** persona **más solitaria de** la universidad.   *Lucrecia is the most solitary person in the university.*

Warm-up for Superlatives. *¿Cuál es la ciudad más grande del mundo? ¿la más bella? ¿la más interesante? ¿Cuál es el país más grande? ¿más poblado? ¿más rico?*

Aplicación

Responses to Activity 5-26.
1. *más* 2. *de* 3. *más* 4. *de* 5. *tan*
6. *como* 7. *más* 8. *que* 9. *más*
10. *que* 11. *más* 12. *más* 13. *que*
14. *más* 15. *que* 16. *más* 17. *que*
18. *más* 19. *del* 20. *más* 21. *del*
22. *más* 23. *del* 24. *más* 25. *del*
26. *más* 27. *del*

Conexiones for Activity 5-26.
Have students use the Internet, an almanac, or an encyclopedia to investigate other geographical, political, economic, or social comparisons they can make about the Spanish-speaking world.

5-26 La variedad hispana. Completa la descripción del mundo hispano usando comparaciones y superlativos apropiados y lógicos.

El mundo hispano es una entidad sumamente variada. Primero que todo, hay (1)_____ (2)_____ diecisiete naciones independientes, y esto no incluye los grandes poblados hispanos en los Estados Unidos donde (3)_____ (4)_____ 20 millones de personas se consideran hispanoparlantes. Los pueblos indígenas han contribuido mucho a la civilización hispana, pero desgraciadamente sus idiomas no son (5)_____ conocidos hoy en día (6)_____ antes. Sin embargo hay un movimiento (7)_____ fuerte (8)_____ nunca para conservar algunos de los que todavía no han desaparecido. Hay mucha variedad topográfica y climática. En algunos países hay gran actividad volcánica. En el Ecuador hay (9)_____ volcanes activos (10)_____ en muchos otros países del mundo. Hay muchos ríos importantes, como el Amazonas, que es (11)_____ ancho y (12)_____ largo (13)_____ el río Mississippi. Hay importantes puertos: Montevideo, Antofagasta, Guayaquil. Guayaquil es (14)_____ grande (15)_____ Antofagasta. Por su ubicación cerca de la línea ecuatorial, hace (16)_____ calor en Guayaquil (17)_____ en Montevideo.

Punta Arenas es la ciudad (18)_____ sureña *(southern)* (19)_____ continente sudamericano. La Paz, Bolivia es la capital (20)_____ alta (21)_____ mundo. La Ciudad de México es la capital (22)_____ poblada (23)_____ mundo. Algunos dicen que el lago Titicaca es el lago navegable (24)_____ alto (25)_____ mundo, pero no lo es. El Canal de Panamá es una de las vías de comercio (26)_____ importantes (27)_____ mundo. Hay muchas más cosas que se podrían mencionar, ¡pero ahora te toca a ti!

5-27 La familia. Vuelve al artículo sobre la familia hispana de **A propósito...** (pág. 147) para hacer comparaciones entre la familia hispana y la familia norteamericana en general o tu propia familia. Considera los diferentes papeles dentro de la familia. Incluye comparaciones de igualdad, de desigualdad, superlativos y números.

5-28 Comparaciones. Túrnense para hacer comparaciones basadas en la siguiente información.

MODELO: más excéntrico/a que Steve Martin

Creo que Jim Carrey es más excéntrico que Steve Martin.

1. menor que tú
2. más groseros que *los Simpsons*
3. mayor que el/la profesor/a
4. tan callado/a como tu mejor amigo/a
5. tan tacaño/a como Scrooge
6. más sinvergüenza que un/a político/a
7. baila tan divinamente como Gloria Estefan
8. canta mejor que Willie Nelson

5-29 Están orgullosos(as). Es natural sentir orgullo de su universidad o de su ciudad. Preparen una pequeña descripción comparativa de un lugar que conozcan y luego preséntensela a la clase. Traten de incluir un superlativo también.

Expansion for Activity 5-29. Have students create a brochure in which they extol the virtues of their university, town, or region.

MODELO: *Nos gusta mucho esta universidad, aunque es más pequeña que otras. Tiene menos de diez mil estudiantes, pero nunca hay más de veinte estudiantes en una clase. Para nosotros, es la mejor universidad del estado.*

5-30 El record Guinness. Hagan individualmente listas de diez cosas, personas, acontecimientos o lugares superlativos. Luego desafíense para ver si el/la otro/a los puede nombrar.

MODELO: E1: *¿Cómo se llama el edificio más alto del mundo?*
E2: *La torre de Sears en Chicago es el más alto del mundo.*
E1: *No, ahora hay edificios más altos que la torre de Sears.*

Suggestion for *A propósito...* Act out the gestures and have students identify them.

A propósito...

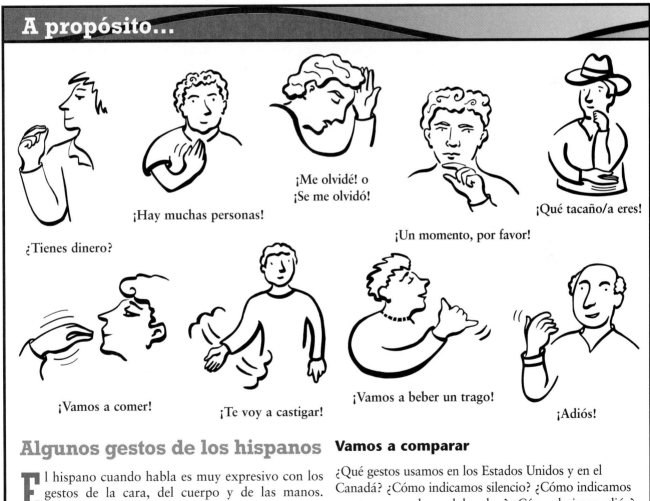

¿Tienes dinero?

¡Hay muchas personas!

¡Me olvidé! o ¡Se me olvidó!

¡Un momento, por favor!

¡Qué tacaño/a eres!

¡Vamos a comer!

¡Te voy a castigar!

¡Vamos a beber un trago!

¡Adiós!

Algunos gestos de los hispanos

El hispano cuando habla es muy expresivo con los gestos de la cara, del cuerpo y de las manos. Aquí tienen varios dibujos con los gestos hispanos más comunes.

Vamos a comparar

¿Qué gestos usamos en los Estados Unidos y en el Canadá? ¿Cómo indicamos silencio? ¿Cómo indicamos que tenemos calor, sed, hambre? ¿Cómo decimos adiós? ¿Cómo indicamos que estamos enamorados, contentos o tristes? ¿Es natural usar gestos? ¿Por qué?

Síntesis

Actividades

Expansion for Activity 5-31. Have students role play the trial of Giovanni Vigliotti.

👥 **5-31 Más matrimonios que nadie.** Lean el artículo e intercambien sus opiniones. Luego traten de ver el caso desde las perspectivas que siguen también.

> ### Más Matrimonios Que Nadie
>
> Giovanni Vigliotti, un italiano que trabajaba en un mercado de pulgas y viajaba por toda Europa vendiendo antigüedades, fue convicto y encarcelado por bigamia múltiple en 1983 en una corte de Turín, ya que—a lo largo de 20 años de viajes—se casó con 105 mujeres en diferentes países de Europa, con las que tuvo más de 200 hijos. Con razón se habla tanto de los famosos "latin lovers". Aunque, hoy en día se dice que el príncipe Zabid de Qatar tiene 612 esposas legales, y como no puede recordar el nombre de todas, les hace llevar números en la ropa cuando están en el harén de su palacio. Cuando le preguntaron por qué se casaba tantas veces, el príncipe contestó: "Porque me encantan las ceremonias nupciales y comer pastel de bodas".

1. el moral, ético o religioso
2. el social
3. el feminista
4. el machista
5. el económico

Conexiones for Activity 5-32. Students in Biology class may be able to contribute information regarding the importance of pheromones in physical attraction.

👥 **5-32 La química y el amor.**
Algunos científicos opinan que el amor es poco más que una reacción a la sustancia química llamada "oxytocina", y que el paso del tiempo nos hace tolerar los impulsos químicos, y por lo tanto, perder la intensidad de la pasión y el interés romántico. Hablen de sus propias relaciones y experiencias y otros casos que ustedes conozcan. ¿Están de acuerdo con esta hipótesis?

Suggestion for Activity 5-33. Have students write and respond to anonymous e-mail love letters, and then discuss how they felt about the experience.

👥 **5-33 Cómo escribir cartas de amor.** A través de la historia, las cartas de amor han sido estimadas y valoradas como una manera importante de mantener una relación amorosa. Hoy en día, muchas personas usan la red informática para explorar las relaciones personales. Comparen la carta romántica tradicional y el mensaje electrónico. ¿Cuál les parece el mejor, el más económico, etcétera?

👥👤 **5-34 La amistad y los amigos.** Lean las citas sobre la amistad y los amigos que aparecen a continuación. Escojan dos de cada grupo con las que puedan identificarse y explíquense por qué.

Expansion for Activity 5-34. Have students write their own *dichos*.

LA AMISTAD	LOS AMIGOS
1. "No tengas amistad con quien tenga poderosos enemigos." Ramón Llul (1235–1315), filósofo y escritor español	**1.** "Sólo un buen amigo es capaz de comprender que su presencia puede llegar a molestarnos." Noel Llansó (1905–1985), escritor español
2. "Hay pocos lazos de amistad tan fuertes que no puedan ser cortados por un pelo de mujer." Santiago Ramón y Cajal (1852), médico español	**2.** "Cada uno muestra lo que es en los amigos que tiene." Baltasar Gracián (1601–1658) escritor español
3. "Amistades que son ciertas, nadie las puede turbar." Miguel de Cervantes (1547–1616), escritor español	**3.** "Mi patria son los amigos." Alfredo Bryce Echenique (nacido en 1939), escritor peruano
4. "La amistad siempre es provechosa; el amor a veces hiere." Séneca (2 a. de C.–65), filósofo latino nacido en la Península Ibérica	**4.** "Si es un verdadero amigo, no habrá que perdonarle jamás nada." José Luis Coll (nacido en 1931), humorista español
5. "Hay una teoría infalible sobre la amistad: siempre hay que saber qué se puede esperar de cada amigo." Carmen Posadas (nacida en 1953), escritora uruguaya	**5.** "No hay riqueza tan segura como un amigo seguro." Luis Vives (1492–1540), humanista español

5-35 Un caso excepcional. Hoy en día, aunque haya mucha información negativa sobre el matrimonio y la familia, hay casos excepcionales de familias unidas, parejas felices y amor eterno. ¿Conoces alguno? Piensa en un ejemplo de tu familia o de la comunidad y preséntaselo a la clase. Explica por qué opinas que es excepcional.

cone✹iones

La pareja modelo. En grupos de tres, piensen en una pareja famosa de la historia, del cine o de la literatura que ejemplifique la pareja perfecta. Defiendan a su pareja ante el resto de la clase, citando los aspectos de su relación, por ejemplo la pasión o el respeto mutuo, que la hacen modelo. ¿Es alcanzable una relación perfecta?

La familia. En pequeños grupos, consideren lo siguiente: Una familia puede verse como un sistema de relaciones personales en el que cada individuo tiene un doble papel. Los papeles son esposo/padre, esposa/madre, hijo/hermano e hija/hermana. ¿Cuáles son las expectativas que cada uno de estos individuos tiene de los demás? ¿Cómo han cambiado nuestros conceptos de estos papeles, y la relación entre ellos, en los últimos cincuenta años? ¿En los últimos cien? ¿En los últimos mil? Con el resto de la clase, comparen la sociedad de hoy con la de nuestros antepasados en términos de la idea de "familia".

Note for Conexiones. These activities offer points of connection with Ethics, History/Civilization, and Literature in terms of ideals and archetypal portrayals of love, and with History/Civilization, Anthropology, Sociology, and Economics in terms of the evolving notions of "family," the family unit, and gender roles in western cultures. Some suggested factors for students to consider in the second activity are the evolution from early and fragmented agrarian economies in Europe to today's modern global economy (family size, succession of wealth/poverty), intellectual and social moments and movements (the Renaissance, the Enlightenment, exploration and immigration, civil rights and liberation movements, etc.), and current issues such as divorce and adoption rates, single parenthood, and domestic partnership legislation.

Diez buenas razones para casarse (según David L). A continuación escucharás las diez mejores razones para casarse, según un humorista popular de la televisión. Indica si cada razón beneficia más al hombre (H) o a la mujer (M).

Comprensión.

_____	10.	_____	5.
_____	9.	_____	4.
_____	8.	_____	3.
_____	7.	_____	2.
_____	6.	_____	1.

 Ahora, con un/a compañero/a decidan si están de acuerdo o no. ¿Pueden añadir razones a la lista?

Ritmos
Laura Pausini

Laura Pausini nació en 1974 en Faenza, Italia. Sus discos en español han sido muy exitosos en España, Hispanoamérica y entre los hispanos en los Estados Unidos. Su música es una mezcla de pop, rock y balada. *Las cosas que vives* es una canción sobre la amistad. Según la cantante, para ella la amistad es "importante, constructiva y fundamental". Laura Pausini se dedica también a ayudar a los niños del mundo a través de UNICEF.

Las cosas que vives

La amistad es algo que atraviesa° el alma,   *penetrates*
es un sentimiento que no se te va.
No te digo cómo, pero ocurre justo
cuando dos personas van volando juntas.

5   Suben a lo alto sobre la otra gente,
como dando un salto° en la inmensidad.   *jump*
Y no habrá distancia...no la habrá
ni desconfianza, si te quedas en mi corazón,
ya siempre.

10 Porque en cada sitio° que estés,   lugar
porque en cada sitio que esté,
en las cosas que vives yo también viviré.
Porque en cada sitio que estés,
nos encontraremos unidos
15 uno en brazos del otro, es el destino.

En la misma calle, bajo el mismo cielo,
aunque todo cambie no nos perderemos.
Abre bien los brazos, mándame un aviso
no te quepa duda,° yo te encontraré.   *don't ever doubt it*
20 No estarás ya solo...yo estaré
continuando el vuelo que
te lleve con mi corazón,
ya siempre.

Porque en cada sitio que estés,
25 porque en cada sitio que esté,
en las cosas que vives yo también viviré.
Porque en cada sitio que estés,
no nos queda más que un camino
sólo habrá dos amigos tan unidos.

30 Cree en mí, no te atrevas a dudar,
todas las cosas que vives
si son sinceras como tú y yo
sabes tú que jamás terminarán.

Porque en cada sitio que estés,
35 Porque en cada sitio que esté,
en las cosas que vives yo también viviré.

Porque en cada sitio que estés
que estés, porque en cada sitio que esté
y que esté
40 tú me llevas contigo dentro del corazón.
Porque en cada sitio que estés
nos encontraremos unidos
uno en brazos del otro
es el destino.
45 Es el destino.

5-36 ¿Qué significa para ustedes? Discutan el significado de esta canción. Hablen de los siguientes temas.

1. el tipo de amistad que aparentemente describe la canción
2. la lealtad en la amistad
3. la generosidad como aspecto de la amistad
4. otras cualidades de un/a buen amigo/a

Imágenes
Pablo Ruiz y Picasso

Conexiones for Imágenes.
Students in Art or Art History classes may be familiar with other works by Picasso and Izquierdo and may be able to share more information about their periods, style, and medium. You may find additional information about both artists on the Internet.

Pablo Ruiz y Picasso (1881–1973) nació en Málaga, España, pero durante la Guerra Civil española se expatrió a Francia donde se destacó como pintor, escultor y diseñador de escenas teatrales. Se conoce con Georges Braque como el creador del movimiento artístico, el cubismo. Su obra es tan enorme y ha tenido tanta influencia en el arte moderno que se le considera uno de los genios más importantes del siglo XX.

Pablo Picasso, "Madre e hijo", Spanish Art Institute of Chicago

María Izquierdo

María Izquierdo (1902–1956) nació en San Juan de los Lagos, Jalisco, México. Sus temas se inspiran en motivos populares que incluyen naturalezas muertas, alacenas (*niches*) con dulces, juguetes y retratos. Se observa su preferencia por los colores fuertes y vivos de los juguetes, la cerámica policromada, y las piñatas características de la plástica popular.

María Izquierdo, "Madre proletaria", 1944, Oleo s/tela, 75 × 105 cm., Colección particular

Perspectivas e impresiones

👥 **5-37 ¿Cómo se comparan?** Vean estos dos cuadros y contrasten los siguientes elementos. Traten de usar expresiones comparativas.

1. sus colores
2. su tema
3. su estilo
4. su mensaje

Páginas
Humberto Padró

Humberto Padró nació en 1906 en Puerto Rico y fue maestro de escuela por varios años. Después se dedicó al periodismo y a escribir ficción. En 1929 publicó *Diez cuentos*, donde aparece "Una sortija para mi novia". Padró murió en 1958.

Antes de leer

Warm-up for *Páginas*. Have students discuss what they think life was like on the island of Puerto Rico during the author's lifetime. How did it compare with the experiences of their parents and grandparents? You may wish to include social, political, and economic considerations.

5-38 ¿Creen en la casualidad? ¿Han soñado alguna vez con una persona o con una situación que luego se ha realizado? ¿Han conocido a una persona que, por casualidad, tiene los mismos intereses que ustedes, o comparte los mismos valores y experiencias semejantes? ¿Es una casualidad o es el destino? Conversen sobre algunas experiencias que les resultaron ser una gran—y afortunada—casualidad.

MODELO: *Una vez hacía un viaje en autobús de mi casa en Eugene a Los Ángeles donde iba a buscar trabajo. En el autobús conocí a un joven que vivía en L.A. y que tenía muchos contactos en la ciudad. Resulta que me presentó a su tío que me ofreció un puesto en su empresa. Después, supe que el tío era compañero de mi padre cuando los dos estaban en el ejército. Creo que estaba destinada a conocerlo.*

Suggestion for *Estrategias de la lectura*. Using the *modelo* provided in *Estrategias de la lectura*, have students choose four or five longer sentences from the story and underline the non-essential parts. From the portions of the sentence that remain, have them write a simple sentence to express the main idea. Then, using the portions of the original sentence they underlined, have them write several simple sentences, each of which expresses a single modifying idea.

Estrategias de la lectura

La comprensión de oraciones complicadas se facilita si reconoces la estructura básica de la oración en términos de sus partes escenciales: el sujeto, la frase verbal y los complementos. En español el orden y la posición de las palabras puede complicar este proceso. Para identificar la estructura básica, busca e identifica las partes no esenciales de la oración: las frases preposicionales, las cláusulas subordinadas, etcétera. Una vez que entiendas la oración básica, puedes formar otras oraciones simples con la información de las partes "no esenciales" de la oración original.

MODELO: Mientras venían a atenderle, José Miguel se complacía en mirar, sin admiración, la profusión de prendas de diversas formas y matices que resaltaban desde el fondo del terciopelo negro de los escaparates, igual que una constelación de astros, en el fondo de terciopelo negro de la noche.

José Miguel miraba la profusión de prendas.
Venían a atenderle a José Miguel.
Las prendas tenían diversas formas y matices.
Las prendas resaltaban en los escaparates.
Las prendas eran como una constelación de astros.
El terciopelo negro de los escaparates era como el terciopelo negro de la noche.

Una sortija para mi novia

Aquella mañana (¡ya eran las once!), José Miguel se levantó
decidido a comprar una sortija para su novia. Esto, para José
Miguel Arseno, rico, joven, desocupado, debía ser la cosa más
sencilla del mundo. Bastaría con tomar su "Roadster" del garaje,
y de un salto ir a la joyería más acreditada de la ciudad. Pero he
aquí que la cosa no era tan fácil como aparentaba, puesto que
antes de procurar la sortija, José Miguel debía buscar a quién
regalársela. Para decirlo mejor, José Miguel no tenía novia.

Ni nunca la había tenido. Pero, eso sí, no vaya a dársele a
esta actitud suya una interpretación beatífica°... ahí está, si no,
para desmentirla°, su "amigo de correrías"° como le llamaba a
su automóvil, cómplice suyo en más de una aventurilla galante
y escabrosa.°

Sin embargo, razón había para creer que aquella decisión
suya de comprar una sortija para su novia, le iba haciendo, sin
duda, desistir° de su inquietante vida donjuanesca,° para darse
finalmente a una última aventura definitiva. Pero y... ¿dónde
estaba la novia?

Ya en la ciudad, José Miguel penetró en "La esmeralda",
tenida por° la más aristocrática joyería de la urbe. Era la primera
vez que visitaba un establecimiento de aquella índole°, pues
muy a pesar de su posición envidiable, las joyas nunca le habían
llamado la atención.

de una persona devota

denying; forays

rough

give up; de muchas novias

considered as

tipo

Mientras venían a atenderle, José Miguel se complacía en mirar, sin admiración, la profusión de prendas° de diversas formas y matices° que resaltaban° desde el fondo del terciopelo° negro de los escaparates°, igual que una constelación de astros, en el fondo de terciopelo negro de la noche. En su curiosear inconsciente y desinteresado, José Miguel llegó hasta hojear un libro de ventas que estaba sobre el cristal del mostrador. Sobre la cubierta estaba escrito un nombre de mujer.

    —¿En qué puedo servirle, caballero?—le preguntó de pronto una joven, que, para decirlo de una vez, era la dependienta. Pero, ¡qué dependienta!

    —Deseo una sortija para mi novia—replicó José Miguel, al mismo tiempo que se apresuraba° a dejar sobre la mesa el libro de ventas que distraídamente había tomado del mostrador. Y luego, alargándolo° a la joven, medio turbado,° preguntó:
—Éste es un libro de ventas, ¿verdad?

    —Sí, y suyo, si le parece…

    —No, gracias, no lo necesito —dijo José Miguel sonriendo.

    —¡Ah!, pues yo sí, —agregó la joven con gracejo°. En este libro de ventas está mi felicidad.

    —¿Y cómo?

    —Pues… cuanto más crecidas sean mis ventas, mayores serán mis beneficios — repuso ella, no encontrando otra cosa que contestar. Ambos se buscaron con los ojos y rieron.

    —Y bien, volvamos a la sortija —dijo entonces la dependienta, que, ¿será preciso decirlo?, ya a José Miguel se le había antojado bonita.°

    —Sí, muéstreme usted algunas, si tiene la bondad.

    —¿De qué número la busca usted?

    —¡Ah!, qué torpe° soy, no lo recuerdo —trató de disculparse José Miguel.

    —¿Tendrá su novia los dedos poco más o menos igual que los míos? —consultó la joven mientras le mostraba su mano con ingenuidad.°

    —Deje ver —dijo entonces José Miguel, atreviéndose a acariciar levemente aquellos dedos finos y largos, rematados en uñas punzantes y pulidas, hechas sin duda (como lo estaban) para palpar° zafiros y diamantes.

    —¡Ah! Tiene usted unas manos peligrosísimas —dijo al cabo de un rato° José Miguel, mientras dejaba escapar suavemente los dedos de la joven.

    —¿Sí? Y ¿por qué? —inquirió ella con interés.

    —¡Ah! Porque serían capaces de enloquecer a cualquiera acariciándolas.

    —¿No me diga? —Y volvieron a sonreír.

    —Bueno, y ¿cree usted que de venirme bien° la sortija ha de quedarle ajustada a su novia?

    —Sí, es muy probable.

Glosses (right margin):
- joyas
- *hues; stood out; velvet; glass cases*
- *he hurried*
- *handing it; embarrassed*
- *(bantering) wit*
- *he was already impressed by her beauty*
- tonto
- *innocently*
- tocar
- *after a while*
- *since it fits me well*

Y la linda dependienta fue por el muestrario. En tanto,° José   *Meanwhile*
Miguel estudiaba devotamente su figura maravillosamente mo-
delada.

75 —Aquí tiene usted a escoger…¿No le parece que ésta es muy
bonita? —dijo la joven, mostrándole una hermosa sortija de
brillantes°.   *diamantes*
—Tiene que serlo, ya que a usted así le parece… Pruébesela a
ver.

80 —Me viene como anillo al dedo, —agregó ella con picardía.
—¿Y vale? —comentó José Miguel.
—Mil doscientos dólares.
—Muy bien. Déjemela usted.
—Y ¿no desea grabarla?

85 —¡Ah!, sí… se me olvidaba…
—¿Cuáles son las iniciales de su novia?
—José Miguel volvió a mirar el libro de ventas que estaba sobre
el mostrador. Luego dijo:
—R.M.E.

90 —Perfectamente —dijo la joven dependienta, mientras
escribía aquellas tres iniciales en una tarjetita amarilla que
luego ató° a la sortija.   *she tied*
—¿Cuándo puedo venir a buscarla? —inquirió José Miguel.
—La sortija… querrá usted decir… —comentó ella intencionada-

95 mente.
—Pues, ¡claro!, Es decir… si usted no decide otra cosa…
Rieron de nuevo.
—Puede usted venir esta tarde a las cinco.
—Muy bien.

100 —Entonces hasta las cinco.
—Adiós y gracias.

II

No había motivo para extrañarse de que a las seis menos cuarto
José Miguel aún no se hubiera presentado en la joyería a reclamar su sortija. El reloj y la hora eran cosas que nunca le habían
preocupado. Suerte a que su "amigo de correrías" volaba como
105 un endemoniado°.   *as if possessed by the devil*

     Ya estaban a punto de cerrar el establecimiento cuando José
Miguel penetró jadeante° en la joyería.   *breathless*
—Si se tarda usted un momento más no nos encuentra aquí —
le dijo al verle llegar la bella dependienta que aquella mañana
110 le había vendido el anillo. Y entregándole el estuche° con la   *case*
sortija agregó:
—Tenga usted. Estoy segura de que a "ella" le ha de agradar
mucho.
—Gracias —respondió José Miguel, mientras guardaba el
115 estuche en el bolsillo del chaleco.°   *vest*
Y viendo que la joven dependienta se disponía° también a aban-   *was getting ready*
donar el establecimiento, José Miguel le preguntó:

—¿Me permite que la lleve en mi carro hasta su casa? Después de todo, será en recompensa por haberme prestado sus dedos para el número de la sortija...

—Si usted no tiene inconveniente...

Y partieron.

—Señorita, perdóneme que le diga a usted una cosa —le había dicho José Miguel a la linda dependienta, mientras el automóvil se deslizaba muellemente° a lo largo de la avenida.

was gliding smoothly

—Con tal de que su novia no vaya a oírlo... —repuso ella con graciosa ironía.

—Rosa María, usted es una criatura sencillamente adorable...

—Pero... ¿Cómo sabe usted mi nombre? —inquirió ella con extrañanza.

—Rosa María Estades... ¿no se llama usted así?

—Justamente. Pero, ¿cómo lo ha llegado a saber?

—Lo leí esta mañana sobre la cubierta de su libro de ventas.

—¡Vaya que es usted listo! Pero tenga cuidado con sus piropos, pues la sortija para su novia que le está oyendo, bien podría revelárselos a ella, y... ¡entonces sí que es verdad!...

—Rosa María, ¡por Dios! No se burle usted de mí°. A usted es a quien únicamente quiero. No tengo ninguna otra novia.

don't make fun of me

—¡Ja! ¡Ja! ¡Ja! ¡Qué tonto! Y entonces, si no tiene usted ninguna otra novia, ¿cómo se explica lo de las iniciales en la sortija?

—Muy fácilmente. Verá usted.

Y esto diciendo, José Manuel buscó la sortija en el bolsillo del chaleco, y mostrándosela a la joven, añadió:

—Esta sortija es para ti, Rosa María, R.M.E., Rosa María Estades... ¿Comprendes ahora lo de las iniciales?

Y Rosa María haciendo todo lo posible por poder comprender, inquirió, todavía medio incrédula:

—Pero... ¿Será posible?

—Sí —respondió entonces José Miguel que sonreía de triunfo —tan posible como la posibilidad de que se cumplan° los deseos que tengo de darte un beso.

may be fulfilled

Doy fe de° que se cumplieron, repetidas veces, sus deseos...

I bear witness

Lo demás... queda a la imaginación casi siempre razonable del lector.

Expansion for *Páginas.* Have students role-play an interview between a reporter for the social page of the newspaper, José Miguel, and Rosa María.

Después de leer

5-41 ¿Tienen algo en común con José Miguel Arseno? Compárense con el joven de este cuento y hablen de su comportamiento. ¿Cuáles de sus acciones les parecen factibles, arrogantes, lógicas, etcétera?

MODELO: *José Miguel es más rico que yo pero yo soy tan idealista como José Miguel.*

5-42 Desde otra perspectiva. ¿Qué estará pensando el personaje femenino de este cuento? Imagínate que eres Rosa María y escribe tus impresiones sobre el joven José Miguel en tu diario. Intercambia tu composición por la de un/a compañero/a para comparar sus reacciones a esta situación.

MODELO: *2 de noviembre de 1999*
¡No puedes imaginarte lo que me pasó hoy!

Taller

Una carta de amor. Aquí tienes la oportunidad de crear una correspondencia en que practiques el arte de escribir cartas de amor o de afecto. Escribe una carta de amor o de afecto a una persona imaginaria (o verdadera). Luego, intercambia la carta con la de un/a compañero/a para escribir una carta de respuesta.

1. **Idear.** Piensa en una persona que admiras y haz una lista de por qué.

2. **Saludar.** Comienza la carta usando uno de los siguientes saludos.

   Mi (muy/más) querido/a …
   Adorable …
   Mi ángel … (angelito)
   Mi paloma …(palomita)
   Mi corazón …
   Amor de mi vida…

3. **Abrir el tema.** Declárale tu amor.

4. **Elaborar.** Explica por qué lo/la amas. Incluye una descripción de la persona. Trata de usar comparativos y superlativos. Sugiere una reunión o un favor muy especial, o pídele una respuesta rápida a la carta.

5. **Resumir.** Resume las razones por las que le escribes esta carta de amor.

6. **Concluir.** Cierra la carta con una frase cariñosa. Luego, fírmala con un nombre inventado.

   el/la que te admira (quiere/desea),
   tu admirador/a secreto/a,
   tu esclavo/a,
   recibe fuertes abrazos de,
   eres el/la dueño/a de mi corazón,

7. **Revisar.** Revisa la mecánica de tu carta.

   ❑ ¿Has incluido una variedad de vocabulario?
   ❑ ¿Has usado bien las cláusulas adjetivales? (No hay nadie que…)
   ❑ ¿Has usado bien las expresiones comparativas?
   ❑ ¿Has revisado la ortografía y la concordancia?

8. **Intercambiar.** Intercambia tu carta con la de un/a compañero/a para contestárselas. Mientras las contestan, deben hacer comentarios y sugerencias sobre el contenido, la estructura y la gramática.

9. **Entregar.** Pasa tu carta original en limpio, incorporando las sugerencias de tu compañero/a y entrégasela a tu profesor/a.

Suggestion for *Taller*. If students use e-mail for their letters, they may be able to use the ALT keys to produce accented vowels and Spanish punctuation. Try these combinations to see if they work for you: ALT+130 (é); ALT+160 (á); ALT+161 (í); ALT+162 (ó); ALT+163 (ú); ALT+164 (ñ); ALT+168 (¿); ALT+173; (¡). Students using a Macintosh system can type *option* + e before vowels to get accent marks, *option* + ! or ? for ¡ and ¿, respectively.

6 El mundo del espectáculo

Comunicación

- ◆ **Discussing entertainment**
- ◆ **Giving orders**
- ◆ **Talking about actions that are pending on time or circumstances**
- ◆ **Expressing wishes and possibilities**

Estructuras

- ◆ **The subjunctive vs. indicative in adverbial clauses**
- ◆ **Commands (formal and informal)**
- ◆ **The subjunctive with *ojalá, tal vez,* and *quizás***

Cultura

Warm-up for *¡Así es la vida!* *¿Qué artistas hispanos has visto en películas? ¿Cómo son sus papeles de costumbre...? ¿Has visto alguna película en español? ¿Qué sabes de Antonio Banderas?*

- ◆ **El tango**
- ◆ **El arte flamenco**
- ◆ **Ritmos: Mecano**—*El cine*
- ◆ **Imágenes: Amalia Mesa-Bains**—*Ofrenda por Dolores del Río*
- ◆ **Páginas: Ernesto Cardenal**—*Oración por Marilyn Monroe*

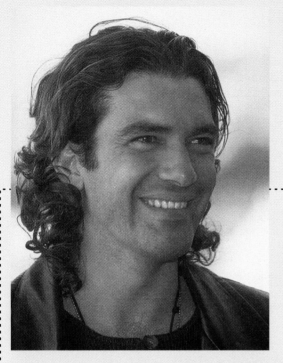

Una entrevista con ANTONIO BANDERAS

Mi siembra en el cine norteamericano empieza ahora a dar sus frutos

ENTREVISTADOR: ¿Cómo ves ahora tus comienzos en el mundo cinematográfico de Hollywood?

BANDERAS: Mi llegada a Hollywood fue como un accidente. Fue gracias a las películas que hice con el director español de cine Pedro Almodóvar, que se empezaron a conocer en los círculos profesionales de los Estados Unidos. Un día un director pensó en mí para hacer *Los reyes del mambo tocan canciones de amor* y me ofreció el papel del hermano joven. En aquel momento yo no hablaba inglés; empecé a aprenderlo y a trabajar con una agencia de actores y me empezaron a llegar otros proyectos. En estos momentos estoy haciendo la película número cuarenta y tres y la décima en los Estados Unidos.

ENTREVISTADOR: ¿Qué ha sacrificado Antonio Banderas en su carrera profesional?

BANDERAS: Sacrifiqué el haber sido durante seis años protagonista en España, para hacer en los Estados Unidos papeles pequeños. Pero fue una siembra que empieza ahora a dar sus frutos. Fue un sacrificio, aunque las cosas luego han ido bien.

ENTREVISTADOR: ¿Cómo ves las oportunidades para los latinos en Hollywood?

BANDERAS: Yo creo que cada vez hay más oportunidades, pero depende mucho de nosotros, los actores; de la integridad con la que representemos a nuestra tierra, a nuestra cultura, a nuestro pueblo. Cada vez más los actores latinos están entrando con mayor empuje en el círculo del gran cine de Hollywood. Veo el futuro con optimismo y no ha sido siempre así. Los papeles de los hispanos en Hollywood han sido siempre mal utilizados. Siempre hacíamos de narcotraficantes y cosas así, pero creo que ahora la figura del latino se está dignificando más en la pantalla.

¡Así lo decimos!

Vocabulario primordial

el actor; la actriz
la antena
el anuncio comercial
apagar
la armonía
el autógrafo
la balada
la cámara
el/la camarógrafo/a
el canal
la canción
el/la cantante
el/la concertista
el concierto

el concurso
el/la conductor/a
el control remoto
el coro
los efectos especiales
encender (ie)
la escena
el estudio
excéntrico/a
el éxito
la melodía
la mezcla
el micrófono
el/la millonario/a

la nota
la película ...
   cómica / de aventuras / de
   ciencia-ficción / de horror / de
   misterio / de suspenso / de
   vaqueros / erótica / extranjera
   / romántica /
los programas de televisión ...
la comedia / los dibujos
animados / los muñequitos /
el documental / el noticiero /
el programa de variedades /
el reportaje / la serie dramática / la serie policíaca / la telenovela / los videos musicales

el/la protagonista
la publicidad
el recital
el ritmo
la sinfonía
el/la televidente
la televisión ...
   por cable / a colores / en
   vivo / en blanco y negro
el televisor
tocar (un instrumento
   musical)
la videograbadora

Vocabulario clave

Verbos

afinar	to tune
conmover (ue)	to move (emotionally)
dignificar	to dignify
interpretar	to interpret (a role)

Sustantivos

la cadena	network
la carrera	career
el certamen	contest
el empuje	energy; push
el espectáculo	show (business)
el fruto	fruition; reward
la gira	tour
la grabación	recording
el guión, el libreto	script
el pueblo	nation; people
la siembra	sowing; seeding
la temporada	season

Otras palabras y expresiones

dar a conocer	to make known
emocionante	exciting

Ampliación

Verbos	Sustantivos	Adjetivos
actuar	la actuación	actuado/a
bailar	el baile	bailable
competir (i, i)	la competición/ la competencia	competitivo/a
componer	la composición; el/la compositor/a	compuesto/a
entretener(ie)	el entretenimiento	entretenido/a
	el espectáculo; el/la espectador/a	espectacular
	la estrella; el estrellato	estelar
	la fama	famoso/a
firmar	la firma	firmado/a
innovar	la innovación	innovador/a
opinar	la opinión	opinado/a
patrocinar	el/la patrocinador/a	patrocinado/a
perder(ie)	la pérdida	perdido/a
producir(zc)	el producto	producido/a
rivalizar	el/la rival; la rivalidad	
sacrificar	el sacrificio	sacrificado/a
transmitir	la transmición	transmitido/a

¡cuidado!

entrar, excitante/emocionante

In Spanish, when you *enter* a place, use the preposition **a** or **en** after the verb **entrar**. **En** is used in Spain and some areas of Latin America; **a** is used in many Latin American countries.

El director entró **en** el teatro temprano.   *The director entered the theater early.*

Los estudiantes entraron **al** cine haciendo mucho ruido.   *The students came into the cinema making a lot of noise.*

The word **excitante** in Spanish means to inspire a feeling of passion. If you want to say **exciting** in the sense of *touching* or *thrilling*, say **emocionante**.

La película fue muy **emocionante**.   *The movie was very exciting.*

Suggestion for ¡Cuidado! Remind students that verbs of motion are always accompanied by a preposition, for example, *salir de / para / a / con.*

Aplicación

6-1 Datos específicos. Apunta la siguiente información sobre Antonio Banderas. Puedes volver a leer el artículo si quieres.

1. su nacionalidad
2. el director con quien trabajaba en su tierra natal
3. un desafío lingüístico que tuvo en los Estados Unidos
4. el número de películas que ha hecho en este país
4. un sacrificio profesional que hizo
5. un problema que tienen los actores latinos en las películas de Hollywood

6-2 ¿Quién es Antonio Banderas? Haz una lista de lo que sabías de Antonio Banderas antes de leer la entrevista. ¿Cuáles de sus películas has visto? ¿Cómo se llama su compañera? Compara tu lista con la de un/a compañero/a de clase.

6-3 Exprésate mejor. Lee las siguientes oraciones. Usa una variación de cada palabra en itálica para escribir una oración nueva que elabore la idea de la oración original.

Composición for Activity 6-3. Have students use these expressions in an original paragraph.

MODELO: Antonio Banderas *ha actuado* en más de cuarenta películas. *Su actuación en* Los reyes del mambo tocan canciones de amor *lo dio a conocer al público norteamericano.*

1. El pianista no quiso *firmar* el contrato con la orquesta.
2. El merengue y la cumbia son dos *bailes* populares del Caribe.
3. Muchos críticos influyen en el éxito de una obra cuando expresan sus *opiniones* sobre música, películas y programas de televisión.
4. Todos los años en Buenos Aires hay una *competencia* para la mejor pareja de bailadores de tango.
5. En México, los mariachis cantan baladas y corridos tradicionales para *entretener* a los turistas.
6. Algunas de las películas del director Pedro Almodóvar *han innovado* el cine español.

Expansion for Activity 6-4. Ask students if they have seen some Spanish-language films, such as *Mujeres al borde de un ataque de nervios; Mi familia; Fresas y chocolate; El mariachi; Como agua para chocolate.*

👥 **6-4 Películas.** Estos son algunos títulos en español de películas que ustedes conocerán. ¡A ver si saben de qué películas se tratan! Contesten las siguientes preguntas sobre cada una. ¿Quiénes actuaron en la película? ¿Qué tipo de película es? ¿Qué efectos especiales hay en la película? ¿Tuvo mucho éxito? ¿Ganó algún premio? ¿Qué opinas de la película, la interpretación de los papeles y la dirección?

El extraterrestre

Tiburón

Amistades peligrosas

Mentes peligrosas

Cazadores del arca perdida

La dama y el vagabundo

Juegos de guerra

La guerra de las galaxias

Los reyes del mambo tocan canciones de amor

👥 **6-5 ¡Fue memorable!** Describan una película, un actor y un papel memorables que hayan visto. Expliquen cuándo vieron la película y por qué les impresionó.

MODELO: *El año pasado vi la película* Shine. *Me impresionó mucho porque el personaje principal tuvo que superar sus problemas emocionales para poder volver a tocar el piano y dar conciertos. El papel de su esposa también fue bien interpretado. Ella siempre tuvo fe en él y lo ayudó muchísimo.*

Suggestion for Activity 6-6. Have students prepare this activity on a grid with columns labeled *ventajas* and *desventajas,* and the professions listed down the left side. Then they can use their chart to support an oral narrative.

👥 **6-6 Las ventajas y las desventajas.** Hagan una lista de las ventajas y las desventajas de cada profesión. Incluyan los aspectos intelectuales, monetarios y personales.

MODELO: *Lo bueno de ser concertista es que uno/a sabe mucho sobre música, tiene amigos con los mismos intereses, y, si es bueno/a, gana mucho dinero. Pero hay que practicar mucho para ser bueno/a; y es difícil mantener una buena vida familiar cuando hay que viajar tanto. Además, los instrumentos musicales cuestan mucho.*

1. actor/actriz de teatro
2. violinista
3. director de cine
4. camarógrafo/a
5. cantante
6. conductor/a de orquesta
7. patrocinador/a de telenovelas
8. compositor/a
9. escritor/a de documentales
10. afinador/a

👥 6-7 Es una cuestión de gusto. ¿Qué diferencias hay entre las preferencias por la música, el cine y el teatro de su generación y las de sus padres y de sus abuelos? ¿Es posible compartir algunos de los gustos entre generaciones? Hagan una lista de gustos que puedan compartir y otros que nunca podrán compartir.

MODELO: *Nosotros somos fanáticos del rap y del jazz. A nuestros padres les gusta el jazz, pero detestan el rap. Nuestros abuelos, en cambio, prefieren la música clásica.*

👥 6-8 Una serie nueva. Creen el concepto de una serie para la televisión. Incluyan sus ideas para el título, los personajes, la trama, los actores, etcétera. Usen las siguientes preguntas como guía.

Suggestion for Activity 6-8. Have students role-play the presentation of their concept to a TV series producer.

1. ¿Qué tipo de serie es?
2. ¿Cómo serán los episodios? ¿de argumentos autónomos o con argumentos interrelacionados y continuos?
3. ¿Cuál será el tono del programa?
4. ¿Cómo será innovador el programa?
5. ¿Habrá uno o dos protagonistas o habrá varios papeles y grupos de personajes?

Estructuras

1. The subjunctive vs. indicative in adverbial clauses

Suggestion for art. *Iré con tal que me compres palomitas de maíz. Pediré un refresco grande en caso de que tengamos mucha sed. Me advertirás de las escenas violentas para que cubra los ojo.*

Conjunctions that always require the subjunctive

Suggestion for Conjunctions that require the subjunctive. Have students change these sentences to sentences with two subjects. *Vamos a ver una película en español a fin de escuchar el idioma. (El profesor pone una película en español a fin de que escuchemos el idioma.) Buscaremos una película de Pedro Almodóvar antes de alquilar una de un director norteamericano. Separamos tiempo de la clase para verla esta semana.*

The following conjunctions are always followed by the subjunctive when they introduce a dependent clause because they express purpose, intent, condition, or anticipation. The use of these conjunctions presupposes that the action described in the subordinate clause is uncertain or has not yet taken place.

a fin de que	*in order that*
a menos (de) que	*unless*
antes (de) que	*before*
con tal (de) que	*provided (that)*
en caso de que	*in case*
para que	*in order that, so that*
sin que	*without*

El coro tiene que cantar más alto **para que** todos lo escuchen mejor.	*The chorus has to sing louder so everyone hears them better.*
No hablaré con la actriz **a menos que** me lo pidan.	*I will not speak with the actress unless they ask me.*
El camarógrafo no se enojará **con tal que** no lo interrumpas.	*The cameraman will not get angry provided that you don't interrupt him.*
Llevaré el libreto **en caso de que** vea al productor.	*I will take the script in case I see the producer.*
Debemos encender las luces **antes de que** llegue el público.	*We ought to turn on the lights before the public arrives.*

◆ When there is no change in subject, there is no dependent clause and the following prepositions are used with the infinitive.

a fin de	**antes de**
con tal de	**para**
a menos de	**sin**
en caso de	

La temporada será más larga este año **a fin de** complacer a la directora.	*The season will be longer this year in order to please the director.*
No podemos afinar los instrumentos **sin** tener el permiso del primer violinista.	*We can't tune our instruments without the permission of the first violinist.*
La grabación fue en Inglaterra **para** poder grabar con la orquesta sinfónica de Londres.	*The recording was in England in order to be able to record with the symphonic orchestra of London.*

Conjunctions with either subjunctive or indicative

Continuaremos practicando cuando terminen de hablar.

Suggestion for art. *La orquesta siempre ensaya cuando todos están presentes. Hoy ensaya cuando todos estén callados. La música empieza en cuanto hay silencio en el salón. Hoy la música va a empezar en cuanto todos le presten atención al director.*

The following conjunctions introduce time, place, or manner clauses and require subjunctive when you can't speak with certainty about an action that has not yet taken place. The uncertainty is often conveyed by a future tense in the main clause.

cuando	*when*	**hasta que**	*until*
después (de) que	*after*	**luego que**	*as soon as*
(a)donde	*(to) where*	**mientras que**	*as long as*
como	*how*	**según**	*according to*
en cuanto	*as soon as*	**tan pronto como**	*as soon as*

El entrevistador hablará con el conductor **cuando tenga** tiempo.

The interviewer will talk with the conductor when he has time.

Los aficionados seguirán al conjunto musical **por donde** vayan.

The fans will follow the musical group no matter where they go.

El afinador afinará el piano **en cuanto pueda.**

The tuner will tune the piano as soon as he can.

Graba la telenovela **hasta que termine** el episodio.

Tape the soap opera until the episode ends.

◆ If the action in the main clause is habitual or has already happened, use the present or past indicative in the subordinate clause.

Siempre fue tímida **hasta que tomó** un curso de arte dramático.

She was always timid until she took a course in dramatic art.

Esta actriz siempre actúa **según** le pide el director.

This actress always acts according to how the director asks her.

Suggestion for art. Have students create and contrast other parallel phrases that each person in this drawing might say. *Él: Aunque no me quieras; aunque no me escuches; aunque no me respondas? Ella: Aunque me llamas todos los días; aunque me escribes muchas cartas; aunque me regalas muchas flores.*

Suggestion. Point out that when *aunque* corresponds to the English "even if," the subjunctive is used; when it corresponds to "even though," the indicative is used. "Although" presents a more ambiguous situation.

◆ Use the subjunctive with the conjunction **aunque** *(even if, although, even though)* to convey uncertainty. To express certainty or refer to a completed event, use the indicative.

Aunque vea la telenovela argentina, no te diré lo que pasó.

Even if I see the Argentinean soap opera, I will not tell you what happened.

No me gusta ese tipo de programa, **aunque es** muy buena la serie policíaca.

I don't like that type of program, although the police series is very good.

Aunque detesta el rap, mi novia lo escucha para complacerme.

Although she detests rap, my girlfriend listens to it in order to please me.

Aplicación

6-9 Los amoríos de Lulú. Aquí tienes una descripción de una escena para una telenovela. Complétala con conjunciones adverbiales o preposiciones lógicas.

Hay dos personas en la escena y una tercera escondida detrás de una cortina. (1)_____ levantar el telón, aparece una cuarta persona sentada al lado de la pareja en el sofá. (2)_____ se levanta el telón, empieza a tocar un violín romántico en el fondo. (3)_____ los novios se dan cuenta de la presencia de la cuarta persona, dejan de abrazarse. La mujer se levanta rápidamente (4)_____ su novio también pueda levantarse. El otro, detrás de la cortina espía (5)_____ los demás se pelean. (6)_____ parezca imposible, el que está detrás de la cortina saca una pistola y tira. La mujer cae muerta, los dos otros se abrazan, y baja el telón. Todos aplauden (7)_____ salgan los actores. Pero, (8)_____ salen los tres, se apagan las luces y se escucha un grito horrendo. ¿Lulú está realmente muerta …? Lo sabrán ustedes la semana que viene (9)_____ otra vez se presente *Los amoríos de Lulú*.

Responses to Activity 6-9. (Answers may vary.) 1. *antes de* 2. *Cuando* 3. *En cuanto* 4. *antes de que* 5. *mientras que* 6. *Aunque* 7. *para que* 8. *tan pronto como* 9. *cuando*

👥 **6-10 ¿Qué hacemos esta noche?** Túrnense para sugerir diferentes actividades para esta noche. Al contestar, siempre traten de complacer al/a la otro/a. Usen las siguientes preguntas, y luego añadan otras parecidas:

MODELO: E1: *¿Adónde vamos esta noche?*
         E2: *Iremos adonde tú quieras.*

1. ¿Dónde hacemos la fiesta?
2. ¿Cómo vamos?
3. ¿Cuándo salimos?
4. ¿Hasta qué hora nos quedamos?
5. ¿Dónde comemos?
6. ¿Cuándo regresamos?

Expansion for Activity 6-10. This activity may be done with three students who can't decide where they want to go. E3: *¿Por qué no compramos un periódico para ver qué películas dan?*

6-11 Los planes del/de la director/a de cine. Eres director/a de cine y haces planes para tu próxima película que se filmará en Cabo San Lucas, México. Completa las oraciones de una manera lógica. ¡Recuerda usar la forma correcta del verbo y tu imaginación!

MODELO: *Saldremos para Cabo San Lucas a las ocho de la noche con tal que el avión no esté demorado.*

1. Mi secretaria me acompañará a menos que…
2. No llevaremos seis camarógrafos aunque…
3. Vamos a tener una reunión con el personal que trabajará en la película en cuanto…
4. Hablaré con el alcalde de Cabo San Lucas a fin de que…
5. Traeremos a nuestros propios cocineros en caso de que…
6. Contrataremos extras mexicanos antes de que…
7. Tendremos que hacer las comidas en la playa cuando…
8. Filmaremos en Cabo San Lucas donde…
9. Tendremos una gran fiesta después que…
10. Volveremos a los Estados Unidos tan pronto como…

Expansion for Activity 6-11. Change the statements to the present tense to convey that the director often films in Cabo San Lucas. This change will affect statements 2, 3, 7, 8, 9, and 10.

6-12 La entrevista. Imagínense que uno/a es reportero/a que le hace preguntas sobre los planes y sueños a un/a joven actor/actriz. Deben formar preguntas con conjunciones adverbiales. Representen la entrevista ante la clase.

Conexiones for A propósito... Students in ballroom dance classes may be able to demonstrate some tango steps.

MODELO: E1: *¿Vas a casarte cuando encuentres un/a hombre/mujer que te guste?*
E2: *Ya encontré al/a la hombre/mujer que me gusta, pero no quiero casarme hasta que tengamos tiempo para conocernos mejor.*

A propósito...

El tango

El tango es el baile típico de Argentina. El tango se comenzó a bailar a fines del siglo XIX. Los expertos de este baile original dicen que los pasos (*steps*) deben improvisarse de acuerdo con la música, y como en otros bailes sociales, el hombre debe comunicarle a su compañera cada paso y movimiento. Al principio, el tango se bailaba al estilo "canyengue", con el hombre abrazando fuertemente a la mujer, las rodillas un poco dobladas y la mirada de la pareja hacia abajo. La mano izquierda del hombre estaba más baja y a veces en un bolsillo (*pocket*) y la mujer tenía la mano derecha igual o en su cintura (*waist*). El baile se distinguía por sus pasos complicados y las piernas a veces entrelazadas (*intertwined*). En 1940 Carlos Estévez revolucionó el tango. A Estévez se le conocía por el apodo de Petróleo, por su pelo engominado (*lacquered*) y sus rápidos y resbaladizos (*slippery*) pasos. En el estilo petróleo la pareja baila más separada, con una postura más recta y distinguida, con la mirada al frente y dando vueltas con un estilo más elegante.

Los porteños, como les llaman a los argentinos de Buenos Aires, van a bailar tangos a salones de baile donde los bailes comienzan a las once de la noche y duran hasta las cuatro de la madrugada (muy temprano por la mañana).

El más famoso de los cantantes de tango fue el argentino Carlos Gardel, que murió hace varias décadas en un accidente de avión. El gobierno del presidente Carlos Menem ha declarado su casa patrimonio histórico nacional. La compañía argentina de discos Odeón acaba de reeditar viejos temas de Gardel en un nuevo disco.

Hoy en día el tango está de moda en todas partes del mundo. Hay varias revistas dedicadas exclusivamente al tango. La Canadian Broadcasting Corporation ha emitido tres programas dedicados al tango. En España hay un programa, "Mano a mano con el Tango", que se emite en las 21 estaciones que componen Radio Voz. En las escuelas de Buenos Aires se les enseña a los niños el tango. En Buenos Aires, el director español Carlos Saura terminó el año pasado la película *Tango*, su cuarto musical después de *Carmen*, *El amor brujo* y *Sevillanas*. Si les interesa más información sobre el tango, pueden obtenerla a través de la red informática.

Vamos a comparar

¿Han oído algún tango en español o en inglés? Si no, pregúntenles a sus padres, abuelos o a otros conocidos de su generación si ellos han oído alguno. ¿Qué instrumentos musicales predominan? ¿Hay un lugar en su ciudad donde den clases de tango? ¿Qué bailes o ritmos norteamericanos se pueden comparar con el tango? ¿Hay estaciones de radio en los Estados Unidos y el Canadá que toquen un solo tipo de música? ¿Por qué creen que este tipo de música es popular? ¿Qué música o baile les gusta y por qué?

Jon Secada, un cantante que comparte pasiones

En poco tiempo el joven cantante y compositor ha conseguido el éxito tanto en español como en inglés

Las luces de la fama no han dejado de brillar sobre Jon Secada desde que colaboró en el gran éxito de Gloria Estefan, *Coming out of the dark.* Y la vida de este joven de 28 años no ha vuelto más a caer en la rutina. Nacido en Cuba, se inició en Miami acompañando a otros cantantes. Su primer sencillo, *Just another day,* encabezó las listas de éxitos de la revista *Billboard* en inglés y en español. Su primer álbum, *Jon Secada,* es Disco de Oro.

Este prodigio es producto de la *Miami Sound Machine.* Es el primer artista cubano "pop", además de su amiga Gloria Estefan, en llegar a la lista de los Primeros Diez Artistas Americanos. Emilio Estefan, su mentor, productor y director, ha venido preparando al joven cantautor desde hace cinco años, transformándolo en la estrella más cotizada del ambiente "funk-pop".

"Emilio me dirigió en la forma que yo necesitaba", cuenta Secada. "Puedo escribir en mucho estilos, pero él me llevó al más adecuado para mí".

Sobrino de una magnífica cantante cubana, Moraima Secada, Jon descubrió su interés por la música en su adolescencia. "Mi herencia cubana se refleja en el ritmo y la percusión", explica.

Secada es un músico educado. Estudió en la Escuela de Música de la Universidad de Miami y se graduó de Bachiller en Música y Master en Jazz Vocal Performance. Pero ese estilo "soul" que se le oye en *Do you really want me?* y *Always something,* viene de años de escuchar a sus ídolos: Stevie Wonder, Elton John y Billy Joel. Estos son los principales ingredientes de un talento que llega a "los dos lados", bilingüe y biculturalmente. En la música, esto se llama un triunfo a multiformato, un álbum repleto de canciones que pueden alcanzar la fama en cualquier categoría: latina, "rock", "pop" o "soul". Y además, no es nada feo.

"Mis canciones tratan de asuntos personales: mi vida o las vidas de los que me rodean. Salen del corazón. Quiero hacer a la gente sentir la pasión, los dolores, las penas y el amor que canto." Desde que el público lo recibió con una tremenda ovación al iniciar el Concierto de Ayuda para los Damnificados del Huracán de Miami, no ha parado de promover su éxitos en Europa y Latinoamérica.

Gloria Estefan, la más famosa de sus compañeras de composición, lo admira desde hace mucho tiempo. "Me encantó desde la primera vez que lo oí", dice. "Luego me cautivó su creación musical". Según su esposo, Emilio, "Jon es un tipo que te cae bien de entrada. Su cara refleja sinceridad y la puedes sentir en sus canciones. Además, es uno de los mejores artistas en vivo que yo haya visto".

—Cyn Zarco

Warm-up for ¡Así es la vida! ¿Qué tipo de música te gusta? ¿Qué artistas hispanos conoces? ¿Qué ritmos puedes identificar (salsa, merengue, tango, cha cha chá, cumbia, etcétera)? ¿Qué significa ser bilingüe y bicultural? ¿Conoces a artistas que sean ambos?

Suggestion for ¡Así es la vida! Bring or have students bring some music by Jon Secada to share with the class. If you have tapes of traditional salsa, merengue, and other Hispanic music, have students identify the elements Jon Secada's music has in common with it.

Segunda parte ■ 183

¡Así lo decimos!

Vocabulario primordial

la acción	el monólogo
el acordeón	el órgano
el acto	la orquesta
la audición	el premio
el boleto	la proyección
el clarinete	el radio/la casetera
el contrato	portátil
el/la dramaturgo/a	el/la radioyente
el escenario	la recepción
el/la fanático/a	el refresco
la flauta	el sintetizador
la guitarra	los subtítulos
el/la ídolo	el talento
el intermedio	la trompeta
el maquillaje	el violín

Sustantivos

el asunto	*business*
el bajo	*bass*
la batería	*drums*
la butaca	*theater seat/stall*
el cantautor	*singer-songwriter*
la cartelera	*entertainment section of newspaper*
el conjunto	*band; ensemble*
la emisora	*(radio) station*
la farándula	*(people in) show biz*
la fila	*row; tier (of seats in theater)*
el/la locutor/a	*(radio/TV) announcer*
las palomitas de maíz	*popcorn*
la reseña	*critical review*
el sencillo	*single (record)*
el tambor	*drum*
la taquilla	*box office*

Otras palabras y expresiones

cotizado/a	*valued*
de entrada	*from the start*

Vocabulario clave

Verbos

brillar	*to shine*
cautivar	*to captivate*
compartir	*to share*
doblar	*to dub*
encabezar	*to head*
rodear	*to surround*
sintonizar	*to tune (a radio)*
tratar de	*to deal with, be about*

Ampliación

Verbos	Sustantivos	Adjetivos
aplaudir	el aplauso	aplaudido/a
colaborar	la colaboración	colaborador/a
contratar	el contrato	contratado/a
ensayar	el ensayo	ensayado/a
estrenar	el estreno	estrenado/a
ganar	la ganancia/ el/la ganador/a	ganado/a
triunfar	el triunfo	triunfal

¡cuidado!

al principio/final, jugar/tocar, parecer/lucir, puesto que/desde

◆ Use **al principio/al final** to express *at* or *in the beginning/end*.

Al principio no entendía el argumento pero **al final** de la película todo tenía sentido.	*In the beginning I didn't understand the plot, but at the end of the movie everything made sense.*

◆ Remember that **jugar** means *to play a game/sport* and **tocar** means *to play a musical instrument* (also *to touch* and *to knock*).

Mi hijo es muy talentoso: sabe **jugar** muy bien al ajedrez y **toca** el violín como Paganini.	*My son is very talented: he knows how to play chess very well, and he plays the violin like Paganini.*

◆ **Parecerse a** means *to look like*. **Parecer** before an adjective, adverb, or subordinate clause means *to seem*. **Lucir bien/mal**, on the other hand, refers to appearance in the context of dress or clothing.

Manuel **se parece** a Antonio Banderas.	*Manuel looks like Antonio Banderas.*
Parece que cancelaron la función.	*It seems that they cancelled the performance.*
Marta **luce** muy **bien** con ese vestido.	*Marta looks good in that dress.*

◆ **Puesto que** means *since* or *because of*, but when *since* refers to a point in time, use **desde**.

Puesto que yo no tengo dinero, no podré ir al concierto.	*Since I don't have money, I won't be able to go to the concert.*
Gloria Estefan ha dado varios conciertos **desde** su accidente.	*Gloria Estefan has given several concerts since her accident.*

Suggestions for ¡Cuidado! Have students complete these phrases. *Al principio de la clase (obra de teatro, partido de...), pero al final...* Have students create contexts for *tocar* and *jugar*, then challenge each other to fill in the blanks, for example, *No sé ...el piano pero sí sé ...al fútbol.* Have students describe class members or others using *parecerse a*. For example, *El rector de la universidad se parece a... La profesora se parece a... Yo me parezco a...* Have students create contexts for these phrases: *Puesto que hoy no hay examen...; Puesto que mañana es sábado...; Puesto que no tengo dinero...*

Aplicación

6-13 Entérate más. Apunta la siguiente información sobre Jon Secada. Puedes volver a leer el artículo si quieres.

1. dónde nació y dónde vive ahora
2. sus mentores en la música
3. el nombre del conjunto musical con el que ha colaborado
4. su primer trabajo
5. su educación
6. su herencia musical
7. sus modelos musicales en los Estados Unidos
8. sus temas
9. su personalidad

Expansion for Activity 6-13. Have students write a résumé for Jon Secada based on the article using these numbered items as a guide.

6-14 Jon Secada. Antes de leer el artículo, ¿qué sabías de Jon Secada? Haz una lista de lo que ya sabías y compárala con la de un/a compañero/a de clase. ¿Pueden nombrar algunas de sus canciones?

6-15 Exprésate mejor. Lee las siguientes oraciones. Usa una variación de cada palabra en itálica para escribir una oración nueva que elabore la idea de la oración original.

MODELO: Jon Secada y Gloria Estefan *han colaborado* en muchas grabaciones.
Su colaboración *ha resultado en varios éxitos musicales.*

1. La orquesta *ha ensayado* la sinfonía varias veces, pero el conductor todavía no está satisfecho.
2. El dramaturgo está nervioso porque *estrena* su obra esta noche.
3. ¿Cuánto *habrá ganado* Antonio Banderas por su última película?
4. Por su éxito en *Los reyes del mambo tocan canciones de amor*, Banderas recibió otros *contratos* para hacer películas en los Estados Unidos.
5. Jon Secada *ha triunfado* en varias categorías: latina, rock, pop o soul.
6. Cuando Jon Secada comienza los conciertos, el público *aplaude* por varios minutos.

6-16 Programas de televisión. Estos son los títulos de algunos programas de televisión en español. ¡A ver si saben de qué programas se trata! Contesten las siguientes preguntas sobre cada uno. ¿Qué tipo de programa era? ¿En qué década era popular? ¿Tenía mucha violencia o poca? ¿Quiénes eran los protagonistas? ¿Siguen estos actores en la televisión?

Viaje a las estrellas	**Gasparín, el fantasma amigable**
La mujer maravilla	*Mi bella genio*
El hombre nuclear	Me casé con una bruja
La mujer biónica	***Los duques de la suerte***

👥 **6-17 Un conjunto.** Preparen una descripción completa de un conjunto (¡pero sin nombrarlo!) en la que incluyan la siguiente información: el número de miembros, su apariencia física, algunos detalles personales de los miembros, los instrumentos musicales que tocan, su estilo y algunos títulos. Luego preséntensela a la clase para que adivine el nombre del conjunto. Finalmente, expliquen por qué les gusta su música o no.

👥 **6-18 El teatro.** Resuman una obra de teatro que hayan visto. Incluyan una descripción de los personajes, un resumen del argumento, su estilo (drama, comedia, tragicomedia, comedia musical, ópera), y la música, pero no den el título. Preséntenle un resumen a la clase para que adivinen qué obra es.

👥 **6-19 Los gustos de la música.** ¿Qué música escuchan tus padres o tus abuelos? Compara las preferencias de tus padres y/o abuelos con las de los padres/abuelos de tus compañeros/as de clase.

Estructuras

2. Commands (formal and informal)

Toquen los violines más alto.

Suggestion for art. *¿Qué otros mandatos les da el director a los miembros de la orquesta? Por ejemplo, ¡No coman durante el ensayo! ¡Tomen cinco minutos de descanso! ¡Vuelvan a tocar esta pieza! ¡Anímense!*

Formal

We use commands to give instructions or to ask people to do things. In Spanish, commands have different forms for formal (**usted/ustedes**) and informal (**tú/vosotros**) address.

◆ The following chart summarizes the formation of the formal commands. Note that the verbs follow the same pattern as the subjunctive. The same spelling changes (**-gar, -gue; -car, -que; -zar, -ce**), stem changes (**e, ie; e, i; o, ue**), and irregular verbs (**dar, estar, ir, saber, ser**) apply.

Warm-up for Commands. Have students identify the number of persons being addressed and the context in which they may hear these commands. *¡No fume Ud., por favor! ¡Siéntense! ¡Váyanse! ¡No toquen! Abra Ud. la boca, por favor. Pase Ud. a la sala de esperar. ¡Compre dos por uno!*

Hable con el acomodador para no tener que hacer fila.	*Talk with the usher so that you don't have to stand in line.*
Toque la trompeta más alto.	*Play the trumpet louder.*
Pida unas palomitas de maíz.	*Ask for some popcorn.*
Tenga paciencia en la cola.	*Be patient in line.*
Vayan al ensayo temprano.	*Go to rehearsal early.*
Sea más crítico.	*Be more critical.*

- Negative commands are formed by placing **no** in front of the command form.

  No ponga la grabación en su caja todavía.   *Don't put the recording in its box yet.*

  No escriban la reseña hasta conversar con la autora.   *Don't write the critical review until talking with the author.*

- Subject pronouns may be used with commands for emphasis. As a rule, they are placed after the verb.

  Piense usted en el personaje.   *You think about the character.*

  No hablen ustedes con el violinista.   *You don't talk with the violinist.*

- With affirmative commands, direct and indirect object pronouns must follow the command form and be attached to it. An accent mark is added to commands of two or more syllables to show that the stress of the original verb remains the same.

  ¿El cartel? Diséñe**melo** inmediatamente.   *The poster? Design it for me immediately.*

  Prepáre**les** el contrato.   *Prepare the contract for them.*

- With negative commands, direct and indirect object pronouns are placed between **no** and the command form.

  ¿El productor? No **lo** siente allí; siéntelo aquí.   *The producer? Don't sit him there; sit him here.*

  No **le** ponga más maquillaje a la actriz.   *Don't put more makeup on the actress.*

Aplicación

Responses to Activity 6-20.
1. *ponga* 2. *arréglele* 3. *péinele* 4. *límpiele* 5. *apaguen* 6. *tráigame* 7. *sonría* 8. *póngase* 9. *abra* 10. *entre* 11. *busque* 12. *encuentre* 13. *ábrala* 14. *léala* 15. *grite* 16. *salga* 17. *levántese* 18. *sígala* 19. *corte* 20. *imprima*

6-20 En el estudio de la telenovela *El corazón siempre llora*. Completa el monólogo del director con el mandato (*command*) de los verbos entre paréntesis.

Buenas tardes, señoras y señores. Con su cooperación, esta tarde vamos a filmar una escena entera de *El corazón siempre llora*. Camarógrafo, (1. poner)_____ su cámara donde pueda ver todo el escenario. María, (2. arreglarle)_____ el maquillaje a la estrella y (3. peinarle)_____ el cabello. Jorge, (4. limpiarle)_____ la corbata a don José. Parece que almorzó papas con salsa de tomate. Lupita y Sara, _____ (5. apagar) las luces al fondo del escenario. Jorge, (6. traerme)_____ el guión para esta escena. Rosa María, no (7. sonreír)_____ , por favor. Don José, (8. ponerse)_____ más serio. Sí, eso es. Bueno, luz, cámara, acción: Rosa María, (9. abrir) _____ la puerta lentamente, _____ (10. entrar) en la sala, (11. buscar) _____ su correspondencia, (12. encontrar) _____ la carta, (13. abrirla)_____ , (14. leerla)_____ , (15. gritar)_____ y (16. salir) _____ corriendo. Don José, (17. levantarse)_____ y (18. seguirla) _____. ¡Perfecto! ¡(19. Cortar)_____ e (20. imprimir)_____ !

6-21 ¡No toque, por favor! En el museo siempre hay reglas para los visitantes. Intercambien mandatos afirmativos o negativos usando las acciones de la lista y otras que se les ocurran. La regla debe ser lógica.

Suggestion for Activity 6-21. Have students act out or mime the responses.

MODELO: tocar los cuadros

¡No los toque, por favor!

1. fumar
2. comer
3. sentarse en el banco
4. observar los colores vivos del cuadro
5. beber
6. ponerse serio
7. comparar los estilos
8. acercarse a las esculturas

6-22 El escenario. Ustedes son responsables del escenario para un concierto de Jon Secada (u otro/a artista que conozcan). Escriban mandatos para los asistentes. Usen las siguientes sugerencias como guía.

cómo limpiar
dónde poner los instrumentos, micrófonos, etcétera
dónde colocar los audífonos, cámaras, etcétera

6-23 El congreso y la NEA (National Endowment for the Arts). Ustedes son ayudantes de algunos congresistas que quieren establecer nuevas normas para la NEA. Escriban una serie de normas que ustedes estimen importantes para esta organización.

Conexiones for Activity 6-23. Have students use the Internet to investigate current funding causes and controversies involved with the NEA.

MODELO: *No donen más de un millón de dólares a una sola causa.*

6-24 En la cartelera. Busca información en la cartelera del periódico o en la red informática para aconsejar a las siguientes personas quienes no saben qué hacer el próximo fin de semana. Usa mandatos afirmativos y negativos para sugerirle a cada uno/a algo que le pueda interesar y algo que debe evitar.

1. **Paulina.** Es una joven estudiante que trabaja a tiempo parcial en un restaurante fino. No tiene novio serio pero tiene muchos amigos y dos o tres buenas amigas. Le gustan el teatro y el baile. Le gustan las películas pesadas *(heavy)* pero para nada las cómicas.

2. **Mauricio y Felicia.** Estos recién casados volvieron de su luna de miel hace tres semanas y han vuelto a la rutina. Antes de casarse pasaban mucho tiempo en la discoteca más frecuentada de la ciudad con sus muchos amigos. Tras tres semanas en la casa juntos, ¡ya los dos tienen ganas de salir!

3. **Don Federico.** Don Federico se encuentra soltero y con dinero de sobra después que su mujer lo dejó por un hombre más joven y más rico. Los hijos de don Federico, ya adultos, siempre le están diciendo que debe salir a conocer a otras personas. Don Federico es un poco tímido, pero muy simpático. Ha viajado mucho y aprecia las artes y el teatro tanto como un partido de fútbol.

The tú commands

Suggestion for art. *Toca tu guitarra, mi amor. Sonríe, mi corazón. Acércate más. Muestra tus pies. Descansa un poco.*

Baila, mi amor.

Warm-up for *tú* and *vosotros* commands. Have students identify the number of people and the context of these commands. *¡Cállate! Por favor, no te vayas. Bésame. Sacad vuestra tarea, por favor. Ponte el abrigo porque hace frío. Idos en paz. ¡No comáis tan rápidamente! No me toques. No uséis el teléfono para llamadas de larga distancia.*

◆ Most affirmative **tú** commands have the same form as the third person singular of the present indicative. For the negative commands use the subjunctive.

INFINITIVE	AFFIRMATIVE	NEGATIVE
comer	come	no comas
comprar	compra	no compres
escribir	escribe	no escribas
pedir	pide	no pidas
pensar	piensa	no pienses

Prepara los subtítulos al final.   *Prepare the subtitles at the end.*

Escribe, si puedes, una tragedia griega.   *Write, if you can, a Greek tragedy.*

Pide el micrófono para el concierto.   *Ask for the microphone for the concert.*

No hagas los contratos todavía.   *Don't do the contracts yet.*

No pidas más audiciones.   *Don't ask for more auditions.*

No vayas a la taquilla hasta muy tarde.   *Don't go to the box office until very late.*

◆ The following verbs have irregular affirmative command forms. The negative **tú** commands of these verbs use the subjunctive form.

decir	**di**	**Di** si el cartel te gusta.	*Tell (Say) if you like the sign.*
hacer	**haz**	**Haz** la proyección.	*Do the projection.*
ir	**ve**	**Ve** a la emisora.	*Go to the radio station.*
poner	**pon**	**Pon** el tambor en la mesa.	*Put the drum on the table.*
salir	**sal**	**Sal** para el teatro enseguida.	*Leave for the theater right now.*
ser	**sé**	**Sé** amable con el guitarrista.	*Be nice to the guitarist.*
tener	**ten**	**Ten** paciencia con los radioyentes.	*Be patient with the radio listeners.*
venir	**ven**	**Ven** al estudio de televisión.	*Come to the television studio.*

The vosotros *commands*

Most Spanish speakers in Latin America use the **ustedes** form to express both familiar and formal plural commands. In Spain, however, familiar plural commands are expressed with the **vosotros** commands.

Affirmative **vosotros** commands are formed by dropping the **-r** of the infinitive and adding **-d**. Negative **vosotros** commands have the same form as the second-person plural of the present subjunctive. The subject **vosotros, -as**, is usually omitted for the familiar plural command forms.

Doblad el diálogo del inglés al español.	*Dub the dialogue from English to Spanish.*
Aplaudid a los músicos, por favor.	*Clap for the musicians, please.*
Subid al escenario por aquí.	*Go up to the stage this way.*

INFINITIVE	AFFIRMATIVE	NEGATIVE
hablar	hablad	no habléis
comer	comed	no comáis
vivir	vivid	no viváis
hacer	haced	no hagáis
pedir	pedid	no pidáis

◆ The familar commands of reflexive verbs drop the final **-d** before adding the reflexive pronoun **-os**, except for **idos** (**irse**). Every **-ir** reflexive verb, with the exception of **irse**, requires an accent mark on the **i** of the stem of the verb. The negative **vosotros** command uses the subjunctive.

INFINITIVE	AFFIRMATIVE	NEGATIVE
acostarse	acostaos	no os acostéis
quererse	quereos	no os queráis
vestirse	vestíos	no os vistáis
irse	idos	no os vayáis

Idos al estreno de la obra.	*Leave for the premiere of the play.*
Vestíos bien para ir al concierto.	*Dress well to go to the concert.*

Aplicación

6-25 *El rey león.* Usa mandatos informales (tú, vosotros) para completar las instrucciones que la mamá les da a sus hijos antes de ver esta película popular.

Pepito, (1. dejar)_____ tu chicle en el basurero antes de entrar. No (2. mascarlo)_____ en el cine. Toño y Conchita, (3. buscar)_____ la fila 32, butacas de la "f" a la "j". (4. Sentarse)_____ y no (5. moverse) _____ . Pepito, (6. comprarles) _____ palomitas de maíz y refrescos a tus hermanos. Conchita, (7. compartir)_____ tu refresco con Toño. Pirula, (8. ponerse)_____ el suéter que pronto vas a tener frío. (9. Mirar)_____ hijos, va a empezar la película. (10. Callarse)_____ por favor. Pepito, ¡(11. sentarse)_____ ahora!

6-26 Consejos. ¿Qué consejos le darías a un/a buen/a amigo/a que está por salir a buscar fortuna como concertista o actor/actriz. Escríbele una carta en la que le des algunos consejos prácticos y filosóficos para empezar esta etapa de su vida.

MODELO: *Querido Elvis:*
Ya que eres mi mejor amigo, quiero darte algunos consejos antes de que te vayas a Nashville. Primero, sé optimista …

6-27 Una balada. Eres cantautor y necesitas una canción sentimental para tu próximo álbum. Escríbela con ocho o diez mandatos familiares. Luego, preséntale la letra de tu canción a la clase.

MODELO: *Amor mío, por favor no te vayas …*

6-28 Un tablao (*dance floor*) en Sevilla. Ustedes son bailadores de flamenco que tienen que negociar un contrato nuevo con los dueños del tablao donde bailan. Usando mandatos de **vosotros**, escriban una lista de sus demandas.

MODELO: *Dadnos quince minutos de descanso cada hora.*

Suggestion for Activity 6-28. Other contexts could be a group of mariachis in Mexico; members of the cast of a *telenovela; un mimo* in Madrid.

Warm-up for *A propósito...* Bring a video of a flamenco performance or flamenco music to class.

Conexiones for *A propósito...* Music students may wish to provide more information regarding the origin, rhythm, and style of flamenco. Information regarding artists may be found on the Internet.

A propósito...

El arte flamenco

El arte flamenco es oriundo de (*native of*) la región española de Andalucía. Aunque el flamenco en su forma actual tiene sólo dos siglos, los judíos, los hindúes, y especialmente los árabes, influyeron mucho en su desarrollo. Los gitanos (*Gypsies*), que llegaron a Andalucía de la India y Pakistán hace varios siglos, son los mejores exponentes de este original arte.

El flamenco es un arte individualista y espontáneo que está compuesto de tres partes: la canción, el baile y la guitarra, todo mezclado en un ritmo único y apasionante. Para ver este arte es necesario ir a un **tablao flamenco**, nombre que se le da al lugar donde se ve este espectáculo. La música está basada en el **cante jondo** (*deep song*), cuya letra describe las emociones del cantante en frases poéticas. El ritmo se lleva con palmadas (*hand-claps*), castañuelas y el zapateado (*heel-clicks*). El papel del cantante es muy importante, y aunque antes la guitarra flamenca sólo servía de acompañamiento, ahora los guitarristas flamencos como Paco de Lucía han adquirido gran fama.

Hay dos estilos de flamenco: el **jondo**, serio y profundo, que imita el llanto de los gitanos oprimidos a través de los siglos; y el **chico**, alegre, ligero y lleno de humor. El cantante con su canto sirve de inspiración al guitarrista y a los bailarines, y estos últimos llevan botas especiales llenas de clavos (*nails*) en la suela y en el tacón para crear los complejos ritmos con sus juegos de pies.

Vamos a comparar

¿Han visto alguna vez un programa de arte flamenco? ¿Qué les impresionó más, el cantante, el guitarrista o los bailarines? ¿Qué tipo de arte en los Estados Unidos o el Canadá se puede comparar al flamenco? ¿Por qué? El flamenco es también el nombre de un pájaro grande y rosado. ¿Qué tienen en común el baile y el animal?

3. The subjunctive with *ojalá, tal vez,* and *quizá(s)*

Ojalá que llegue a ser una buena escritora.

- The expression **¡Ojalá!** entered into the Spanish language during the Arab occupation of Spain. Its literal translation is "May Allah grant your wish," and its actual meaning is *I hope that*. **¡Ojalá!** may be used with or without **que**, and is followed by the subjunctive.

¡Ojalá (que) **podamos** ver la película *Carmen*.	*I hope that we can see the film Carmen.*
¡Ojalá (que) **venga** a la fiesta el cantautor.	*I hope that the singer-songwriter comes to the party.*

- The expressions **tal vez** and **quizá(s)**, meaning *perhaps* or *maybe*, are followed by the subjunctive to convey uncertainty or possibility.

Tal vez vaya al estreno de la obra.	*Perhaps I'll go to the premiere of the play.*
Quizás invite a Patricia a ir conmigo.	*Maybe I'll invite Patricia to go with me.*

- When **tal vez** or **quizá(s)** follows the verb, use the indicative.

Vamos a oír al conjunto, **tal vez**.	*We're going to listen to the band, perhaps.*
Te **veré** en el intermedio, **quizás**.	*I'll see you in the intermission, maybe.*

Suggestion for The subjunctive with *ojalá, tal vez,* and *quizá(s)*. Have students create contexts for each of these phrases. *¡Ojalá llueva! Quizás no venga. Tal vez coma un pastelito. ¡Ojalá reciba hoy una carta! Quizás tengamos tiempo para otra canción. Tal vez vayamos a un concierto.*

Aplicación

Responses to Activity 6-29.
1. *elimine* 2. *tenga* 3. *podamos*
4. *pague(n)* 5. *establezca* 6. *estén*
7. *aumenten* 8. *llegue*

6-29 En el ensayo del drama. Vas a ensayar una obra de teatro con un nuevo director que ha sido contratado porque el otro no resultó *(didn't work out)*. Completa la lista de las cosas que esperas que salgan mejor con este nuevo director usando la forma correcta del presente del subjuntivo.

1. Ojalá que (eliminar) _____ rápido la fricción que existe entre el dramaturgo y el actor principal.
2. Ojalá que (tener) _____ tacto con todos los miembros de la obra.
3. Ojalá que nosotros (poder) _____ empezar y terminar los ensayos a tiempo.
4. Ojalá que nos (pagar) _____ el salario puntualmente.
5. Ojalá que el productor (establecer) _____ fechas realistas para la producción.
6. Ojalá que los actores y actrices (estar) _____ satisfechos con los cambios que hará.
7. Ojalá que nos (aumentar) _____ el salario si la obra tiene éxito.
8. Ojalá que la obra (llegar) _____ eventualmente a Broadway.

Expansion for Activity 6-30.
Have students create additional possibilities in the same context.

6-30 Tal vez lo pase bien. Vas al cine con una persona por primera vez y no sabes si vas a pasar un buen rato o no. Por eso deseas planear lo que puedes decirle. Cambia las siguientes oraciones para que expresen incertidumbre con **quizá(s)** o **tal vez.**

MODELO: Me vestiré informalmente.

Tal vez me vista informalmente. o *Quizá(s) me vista informalmente.*

1. Primero le comentaré algo sobre el tiempo.
2. Después le hablaré de mis estudios.
3. Le preguntaré de sus planes para el futuro.
4. Cuando termine el cine, la/lo convidaré a tomar un refresco en el café Carmelo.
5. Entonces le diré lo que pienso hacer este verano.
6. Más tarde le preguntaré cuáles son sus pasatiempos favoritos.
7. Y finalmente le explicaré por qué me gusta la música clásica.
8. Si somos compatibles, lo/la invitaré a bailar el próximo sábado.

6-31 Ojalá que... Hablen de cosas que desean que les ocurran en los próximos diez años. Pueden expresar esperanzas verdaderas o inventadas.

MODELO: E1: *Ojalá que me gradúe con buenas notas.*

E2: *Ojalá encuentre la pareja perfecta.*

6-32 En el año 2025. En pequeños grupos, hablen de los posibles cambios que ocurrirán en el mundo del espectáculo para el año 2025. Incluyan el cine, el teatro, la música, la radio y la televisión.

MODELO: E1: *Tal vez no tengamos películas en cines como ahora.*

E2: *Quizás todo el mundo viva sus fantasías en la realidad virtual.*

Síntesis

Actividades

6-33 Una carta de un/a admirador/a. Escribe una carta a una estrella que admires. Cuéntale qué películas has visto, qué papeles te han gustado, y por qué lo/la admiras. Ofrécele algún consejo para el futuro y exprésale tus esperanzas para el futuro de su carrera. Luego, intercambia tu carta con la de un/a compañero/a y escríbele una respuesta.

Suggestion for Activity 6-33. Discuss with students whether they will use formal or informal means of address.

6-34 ¿Qué oficio tenían...? Aquí tienen una lista de superestrellas y sus oficios antes de llegar a ser famosas. ¿Cuáles les sorprenden? ¿Cuáles no? ¿Qué oficios les parecen más admirables que su actual profesión?

¿Qué oficio tenían... antes de ser superestrellas?

- **Warren Beatty:** Albañil
- **Rosanne Barr:** Arreglaba vidrieras
- **Harrison Ford:** Carpintero y comprador de una tienda por departamentos
- **Nicolas Cage:** Vendía boletos y confituras en un cine
- **Sean Connery:** Lustrador de féretros, lechero, albañil
- **Bill Cosby:** Vendedor de zapatos
- **Geena Davis:** Camarera
- **Gerard Dépardieu:** Vendedor ambulante
- **Whoopi Goldberg:** Empleada de una funeraria
- **Danny Glover:** Trabajador social
- **Dennis Quaid:** Boxeador
- **Liam Neeson:** Conductor de un vehículo de levantar carga
- **James Spader:** Limpiador de pisos en un estudio para ensayos artísticos en "Times Square". También cargador de vagones ferroviarios
- **Rod Stewart:** Sepulturero
- **Raquel Welch:** Tuvo distintos trabajos, pero se dio a conocer como "presentadora del tiempo" en la televisión

Suggestion for Activity 6-34. Encourage students to speculate about the artists' former professions, for example, *Tal vez a Warren Beatty le guste trabajar con las manos.*

6-35 Han dicho. ¿Conocen a las siguientes personalidades famosas? ¿Qué saben de cada uno/a? Lean las citas de cada uno/a y decidan si están sorprendidos o no con lo que han dicho. ¿Están de acuerdo? ¿Por qué sí o por qué no?

HAN DICHO...

◆ **Antonio Banderas:** "Atravieso un doloroso proceso personal".

◆ **Celia Forner:** "El glamour de Hollywood ha desaparecido. Ahora son las modelos las que han sustituido a las actrices".

◆ **Cindy Crawford:** "De niña quería ser doctora, luego profesora, más tarde la primera mujer Presidente. De lo que estaba segura era que debía dedicarme a algo grande".

◆ **Elena Ochoa:** "Voy a tomarme dos años de descanso en TV. Estoy agotada".

◆ **Antonio Muñoz Molina:** "En la vida hay que aprender a tener los sueños que a uno le corresponden".

◆ **Olga Viza:** "La audiencia no es plastilina, a la que se pueda moldear".

◆ **Victoria Camps:** "Las Facultades de Letras son el basurero de todas las universidades".

◆ **Glenda Bay:** "La adversidad económica no ha hecho a España menos hospitalaria".

Conexiones for Activity 6-36. *La Plaza de la Raza* is an organization that dedicates itself to furthering the arts among the Spanish-speaking community by offering classes and sponsoring artistic events. Have students look up their web page to find out about this and other upcoming events.

6-36 Una función importante. Planeen una función que beneficie una causa importante. Escriban un anuncio para el periódico en el que incluyan la siguiente información: el lugar, la fecha, la función, el programa, el grupo que beneficie y el costo. Al lado del anuncio, incluyan una foto o un dibujo que ilustre la función.

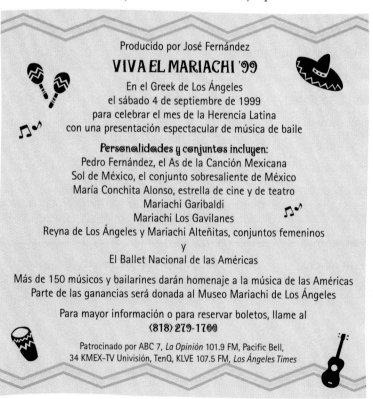

Producido por José Fernández

VIVA EL MARIACHI '99

En el Greek de Los Ángeles
el sábado 4 de septiembre de 1999
para celebrar el mes de la Herencia Latina
con una presentación espectacular de música de baile

Personalidades y conjuntos incluyen:
Pedro Fernández, el As de la Canción Mexicana
Sol de México, el conjunto sobresaliente de México
María Conchita Alonso, estrella de cine y de teatro
Mariachi Garibaldi
Mariachi Los Gavilanes
Reyna de Los Ángeles y Mariachi Alteñitas, conjuntos femeninos
y
El Ballet Nacional de las Américas

Más de 150 músicos y bailarines darán homenaje a la música de las Américas
Parte de las ganancias será donada al Museo Mariachi de Los Ángeles

Para mayor información o para reservar boletos, llame al
(818) 279-1700

Patrocinado por ABC 7, *La Opinión* 101.9 FM, Pacific Bell,
34 KMEX-TV Univisión, TenQ, KLVE 107.5 FM, *Los Ángeles Times*

👥 **6-37 *Nada personal*.** *Nada personal* es una telenovela popular en México que trata de la corrupción política y judicial. Se transmite en México por Televisión Azteca. En 1997 fue galardonada en España como la mejor telenovela del año. En grupos de tres o cuatro compañeros/as, inventen un episodio para la telenovela y después preséntenselo a la clase.

Suggestion for Activity 6-37. Students may rehearse and videotape their episode outside of class to then show in class.

cone✗iones

¿Qué es el espectáculo? Trabajando en parejas, hablen de la importancia del espectáculo (cine, música y baile, teatro, televisión) en la cultura norteamericana y en la hispana. ¿Qué buscan en el espectáculo? ¿Debe enseñarnos algo? ¿Sólo debe entretenernos? ¿Debe hacer las dos cosas? Con los otros grupos, discutan algunas películas, canciones u obras de teatro en cuanto a si sólo entretienen o si tienen algo que enseñar.

El artista, el espectáculo y el espectador. En pequeños grupos, hablen del espectáculo como "representación" y lo que esto significa para el artista y el espectador. ¿Cuáles son las responsabilidades que el artista lleva con el renombre (*fame*)? Con los demás grupos, conversen sobre la influencia que tiene el espectáculo en la sociedad y lo que esto implica, con respecto a la responsabilidad y el poder, para las grandes compañías de Hollywood y los patrocinadores (*advertisers*). ¿Piensan ustedes que los espectadores típicos ven los espectáculos con un ojo suficientemente crítico?

Note for *Conexiones*. These activities offer points of connection with Popular Culture, the ethics of Representation, Economics, Business Ethics, and Marketing. For the second activity, have students recall the Frida Kahlo image they saw and the Julia de Burgos poem they read in *Lección 4*.

📼 A ESCUCHAR

Juan Luis Guerra. Juan Luis Guerra es el cantante dominicano que revolucionó el mundo del merengue. A continuación, escucharás cómo se hizo famoso.

Comprensión. Indiquen si las siguientes oraciones son ciertas (C) o falsas (F), y luego corrijan las falsas.

_____ 1. Juan Luis Guerra revolucionó el merengue.

_____ 2. El merengue y la salsa son iguales.

_____ 3. El tango se había convertido en la música tropical más popular.

_____ 4. Juan Luis Guerra se viste de negro.

_____ 5. Guerra había estudiado en un conservatorio de música.

_____ 6. Juan Luis es puertorriqueño.

_____ 7. Guerra tiene más de 40 años.

_____ 8. Guerra es muy generoso con lo que ha ganado.

Resumir. Escribe un pequeño párrafo para resumir la información que oíste sobre Juan Luis Guerra. Puedes volver a escuchar la narración si quieres.

Tapescript for *A escuchar*. Hace cinco años el merengue estaba a punto de pasar a la historia. No porque fuera a acabarse, sino porque se había convertido en un género monótono y envejecido. La salsa, a la cual no pertenece estrictamente el merengue, se había apoderado de todos los escenarios de la música tropical. Y entonces llegó Juan Luis Guerra, con su conjunto 4:40, su abrigo negro, su barba y su sombrero característico, y produjo una revolución en el merengue. Juan Luis antes fue músico de conservatorio y se había criado escuchando zarzuelas españolas, boleros y salsa. El merengue de Juan Luis Guerra se infunde de estos ritmos tanto como se inspira en el merengue tradicional. Nacido en Santo Domingo en 1957, Guerra sólo necesitó unos pocos años para convertirse en estrella de los años 90, sintonizando la tradición y la innovación en perfecta armonía. Junto con su esposa, Nora, Guerra ha dedicado millones de dólares a la creación de hogares para niños huérfanos.

Conexiones for *Ritmos*. Have students find more information about Mecano on the Internet.

Suggestions for *Ritmos*. Have students describe the scene while waiting to see a popular movie: the age of the people waiting in line; their expectations before seeing the movie; names of other movies they have seen by the same director or starring the same actors.

Ritmos
Mecano

Mecano es uno de los mejores grupos españoles de Pop y Rock, nacido en los años ochenta. Es un trío compuesto por una chica (Ana) y dos chicos (José y Nacho, dos hermanos). Mecano ha grabado varios discos y son famosos en toda Hispanoamérica y en Europa. La siguiente canción describe la experiencia de perderse en una película.

El cine

La cola de esta noche		
no tiene final		
dos horas confiando°	*hoping*	
que no colgarán°	*won't hang*	
5 dichoso cartelito°	*darned sign*	
de "completo está el local"		
Logré cruzar la puerta		
diez duritos° van	50 pesetas	
no me ponga delante		
10 ni tampoco detrás		
eterno en la pantalla está		
el "visite nuestro bar"		
Las luces se apagaron		
esto va a empezar		
15 la chica de la antorcha°	*torch*	
ya ocupó su lugar		
preludio de que algo		
emocionante va a pasar.		
Sobre la foto fija		
20 de una gran ciudad		
los nombres y apellidos		
de los que serán		
actores, directores, productores y demás.		

El ruido de las fábricas al despertar
25   los olores y colores de la gran ciudad
me hicieron sentir que yo estaba allí
que estaba allí
el cuerpo de esa chica que empezó a temblar
cuando el protagonista la intentó besar
30   me hicieron sentir que yo
estaba allí
que era feliz.
Las primeras escenas de aproximación°   *close-ups*
consiguen que te metas
35   en la situación
y poco a poco se va
desarrollando la acción.
Parece que se ha producido un apagón°   *blackout*
silbidos a cabina°   *the public whistles to the*
40   tensa situación.   *projection room*
La chica ya estaba desnuda
cuando se cortó.
Recuperado el ritmo
ya llegó el final
45   barullo de murmullos°   *noise of murmurs*
que preguntan que ¿qué tal?
y un desfile de zombis
que abandonan el local.
Durante una hora y media
50   pude ser feliz
comiendo chocolates
y palomitas de maíz
sintiendo que era yo
el que besaba a aquella actriz.

Follow-up for *Ritmos*. Have students write a passage (prose, poem, or lyric) describing an experience at the movies. They can work individually or in pairs.

6-38 Comprensión. Indica si las siguientes oraciones son ciertas (C) o falsas (F) según la canción. Indica en qué línea(s) de la canción se encuentra la información y luego corrige las oraciones falsas.

_____ 1. El cantante entró al cine corriendo porque llegó tarde.
_____ 2. Era una película popular.
_____ 3. Pagó diez dólares para ver la película.
_____ 4. Fue a ver una película de horror.
_____ 5. Los zombis invadieron la ciudad en la película.
_____ 6. El cantante comió algo durante la película.
_____ 7. La película duró dos horas.
_____ 8. Al cantante le gustó la película.

👥 **6-39 ¡Qué película!** Piensen en películas que los hayan conmovido y describan la experiencia. ¿Por qué los/las conmovieron esas películas?

Conexiones for Imágenes. *El día de los muertos* is especially popular in Mexico when family and friends of the deceased create *altares* and *ofrendas* for their loved ones. The traditional colors are orange, purple, and white, all of which symbolize death. The town of Pátzcuaro is famous for its celebration beginning the night of November 1 and continuing until daybreak of November 2, All Soul's Day. The event has been filmed and broadcast by National Geographic and the Discovery Channel, among others.

Imágenes
Amalia Mesa-Bains

Amalia Mesa-Bains (1943–) es una de las artistas más cotizadas de origen chicano. Ella es también profesora, escritora, y doctora en psicología. La Dra. Mesa-Bains es artista independiente y crítica cultural y sobre todo una creadora de instalaciones artísticas, principalmente de "altares". *Ofrenda*—dedicada a Dolores del Río, una actriz mexicana muy famosa—es una obra representativa de este género artístico.

Amalia Mesa-Bains, "Ofrenda por Dolores del Río", 1990–93, Instalación de medios mixtos, National Museum of American Art, Smithsonian Institution, Washington, D.C.

Perspectivas e impresiones

👥 **6-40 Un altar personal.** El altar es una representación importante en la cultura mexicana y mexicoamericana porque es aquí que se rinde homenaje a los antepasados y a los admirados. Piensen en una persona a quién les gustaría honrar y hagan una lista de artículos que incluirían en su altar.

MODELO: *Honro a mi bisabuelo que murió en 1995. En su altar pongo su pipa, sus gafas, una novela de detectives, una cinta de Frank Sinatra, un pastel de manzana, y unas flores rojas (su color favorito).*

Páginas
Ernesto Cardenal

Ernesto Cardenal nació el 20 de enero de 1925 en Granada, Nicaragua. Cardenal, sacerdote de la iglesia católica, ha tenido problemas con la jerarquía eclesiástica por su activismo político y su prominente participación en el gobierno sandinista. Su poesía, como su persona, es bastante controversial. El tema que predomina en su poesía es la injusticia social y política, que presenta con sinceridad, ironía y a veces con un impactante sarcasmo. Hoy Cardenal es considerado por muchos críticos el poeta más importante que ha producido Nicaragua después de Rubén Darío.

Conexiones **for** ***Páginas****.* Members of the Catholic church have been involved with social welfare issues throughout Central America. Students in Religion, Political Science, or International Relations may contribute other information regarding liberation theology and/or the political history of Nicaragua.

Antes de leer

6-41 Marilyn Monroe Haz una lista de frases que describan a Marilyn. Luego, intercambia tu lista con la de un/a compañero/a para compararlas.

Estrategias de la lectura

Antes de empezar una lectura, piensa en lo que sabes del tema. Haz una lista y si es posible, categorízala. Puedes referirte al título, a imágenes (si las hay) o a las primeras líneas del poema. A veces el tema es evasivo, pero aun así, tu lista puede ayudarte a prever elementos irónicos o sarcásticos. ¿Cuántos son físicos y cuántos son psicológicos? Este ejercicio te ayudará a conectar lo que ya sabes con lo que vayas a leer.

Oración por Marilyn Monroe

Señor
recibe a esta muchacha conocida en toda la tierra con
el nombre de Marilyn Monroe
aunque no era su verdadero nombre
5 (pero Tú conoces su verdadero nombre, el de la huerfanita°   *que no tiene padres*
violada a los 9 años
y la empleadita° de tienda que a los 16 se había querido   *empleada*
matar)
y que ahora se presenta ante Ti sin ningún maquillaje
10 sin su Agente de Prensa
sin fotógrafos y sin firmar autógrafos
sola como un astronauta frente a la noche espacial.
Ella soñó cuando niña que estaba desnuda° en una iglesia   *sin ropa*
(según cuenta *Time*)
15 ante una multitud postrada°, con la cabeza en el suelo   *in a prone position*
y tenía que caminar en puntillas° para no pisar las cabezas.   *tiptoe*
Tú conoces nuestros sueños mejor que los psiquiatras.
Iglesia, casa, cueva°, son la seguridad del seno materno°   *cave*
pero también algo más que eso…   *maternal bosom*
20 Las cabezas son los admiradores, es claro
(la masa de cabezas en la oscuridad bajo el chorro° de luz).   *flood*
Pero el templo no son los estudios del 20th Century-Fox.
El templo —de mármol° y oro— es el templo de su cuerpo   *marble*
en el que está el Hijo del Hombre con un látigo° en la mano   *whip*
25 expulsando° a los mercaderes de la 20th Century-Fox   *expelling*
que hicieron de tu casa de oración una cueva de ladrones°.   *thieves*
Señor
en este mundo contaminado de pecados, radioactividad
Tú no culparás° tan sólo a una empleadita de tienda   *blame*
30 que como toda empleadita de tienda soñó ser estrella
de cine.
Y su sueño fue realidad (pero como la realidad del tecni-
color).
Ella no hizo sino actuar según el script que le dimos
35 —El de nuestras propias vidas— Y era un script absurdo
Perdónala Señor y perdónanos a nosotros
por nuestra 20th Century
por esta Colosal-Super-Producción en la que todos
hemos trabajado.
40 Ella tenía hambre de amor y le ofrecimos tranquilizantes,
para la tristeza de no ser santos
se le recomendó el Psicoanálisis.

Warm-up for *Páginas.*
Have students brainstorm what they know about Marilyn Monroe, and write an abbreviated list on the board. After reading, compare the information in the poem with the information on the board.

Suggestion for *Páginas.*
The theme of this poem may be related to that of *Las dos Fridas* and *Julia de Burgos*. Review with students the concepts of *máscara* and *cara pública/cara privada*.

Conexiones for *Páginas.*
Students of Psychology may explain the role of dreams in psychoanalysis.

Recuerda, Señor, su creciente°, pavor° a la cámara
y el odio al maquillaje —insistiendo en maquillarse en cada
45 escena—
y cómo se fue haciendo mayor el horror
y mayor la impuntualidad a los estudios.
Como toda empleadita de tienda soñó ser estrella de cine.
Y su vida fue irreal como un sueño que un psiquiatra inter-
50 preta y archiva°.
Sus romances fueron un beso con los ojos cerrados
que cuando se abran los ojos
se descubre que fue bajo reflectores
y apagaron los reflectores
55 y desmontan° las dos paredes del aposento° (era un set
cinematográfico)
mientras el Director se aleja con su libreta
porque la escena ya fue tomada°.
O como un viaje en yate, un beso en Singapur, un baile
60 en Río
la recepción en la mansión del Duque y la Duquesa de
Windsor
vistos en la salita del apartamento miserable°.
La película terminó sin el beso final.
65 La hallaron muerta en su cama con la mano en el teléfono.
Y los detectives no supieron a quién iba a llamar.
Fue
como alguien que ha marcado el número que le dice:
WRONG NUMBER
70 O como alguien que, herido por los gangsters,
estira° la mano a un teléfono desconectado.
Señor
quienquiera° que haya sido el que ella iba a llamar
y no llamó (y tal vez no era nadie
75 o era Alguien cuyo número no está en el Directorio de Los
Ángeles)
¡contesta Tú el teléfono!

increasing
miedo

files away

take down
habitación

filmada

pobre

stretches out

whoever

Después de leer

6-42 ¿Cómo lo interpretas tú? Contesta las preguntas sobre el poema basándote en el texto mismo o en lo que puedes inferir de él.

1. ¿Qué simboliza el maquillaje en este poema?
2. ¿Por qué caracteriza el estudio Twentieth Century Fox como una "cueva de mercaderes"? ¿Te parece una descripción justa?
3. ¿Por qué crees que el guión de la vida de Marilyn Monroe fue "un *script* absurdo"?
4. ¿Cómo sería la vida personal de esta actriz?
5. ¿Crees que este poema tiene un mensaje didáctico?
6. ¿Ha habido otros actores que hayan sufrido una vida tan trágica como ésta?
7. ¿Qué escritor artista ha representado a esta actriz en su obra? ¿Cómo se compara su representación con la de este poema?

6-43 Contrastes. Haz una lista de contrastes que se presentan en el poema para enfatizar su mensaje. Luego intercámbiala con la de un/a compañero/a para hablar del uso de contrastes en el poema.

MODELO: *Todo el mundo sabe quién es Marilyn Monroe, pero nadie la conoce.*

Taller

Una escena dramática

La comunicación entre dos o más personas incluye entre otras cosas, gestos, miradas, tono y ambiente. Por eso, un guión debe ofrecer más que el diálogo entre los personajes. Debe crear una escena y un diálogo que podría figurar dentro de un guión más amplio.

Expansion for *Taller*. Have students prepare and present some of the scenes to the class.

1. **Idear.** Piensa en la escena, los personajes y el problema dramático. Escribe una lista de ideas sobre los elementos que incluya ideas sobre el estado físico y psicológico de los personajes.

2. **Describir.** Describe la escena: el lugar, lo que se encuentre allí, el tono del ambiente, etcétera.

3. **Ampliar.** Describe la acción, es decir, lo que esté pasando antes del intercambio.

4. **Escribir.** Inventa un breve diálogo entre los dos personajes.

5. **Agregar.** Entre paréntesis, añade frases que indiquen los gestos, las expresiones, y el tono de voz de los personajes.

6. **Leer en voz alta.** Lee sólo el diálogo en voz alta para ver si es "natural", y para ver si lograste el tono.

7. **Revisar.** Revisa tu escena. ¿Es lógica? ¿Son claras las direcciones? ¿Fluye bien el diálogo? Luego, revisa la mecánica de lo que escribiste.

   ❏ ¿Has incluido una variedad de vocabulario?

   ❏ ¿Has incluido algunos mandatos o la expresión de alguna esperanza (con **ójala, tal vez,** o **quizá(s)**?

   ❏ ¿Has usado bien los mandatos y el subjuntivo?

   ❏ ¿Has verificado la concordancia y la ortografía?

8. **Intercambiar.** Intercambia tu escena con la de un/a compañero/a. Mientras leen las escenas, hagan comentarios y sugerencias sobre el contenido, la estructura y la gramática.

9. **Entregar.** Pasa tu ensayo en limpio, incorporando las sugerencias de tu compañero/a y entrégaselo a tu profesor/a.

7 La diversidad y los prejuicios

Comunicación

- ◆ **Discussing diversity, rights, and accomplishments**
- ◆ **Expressing how long an action or situation has been going on**
- ◆ **Answering the questions** *Why?* **and** *What for?*

Estructuras

- ◆ *Hacer* **and** *desde* **in time expressions**
- ◆ *Por* **and** *para*
- ◆ **Verbs that require a preposition before an infinitive**

Cultura

- ◆ **Los diversos aportes a la lengua española**
- ◆ **La mujer hispanoamericana y la política**
- ◆ **Ritmos: Tony Croatto**—*Nuestra sangre*
- ◆ **Imágenes: José Clemente Orozco**—*La mesa de la hermandad*
- ◆ **Páginas: Alfonsina Storni**—*Tú me quieres blanca;*
  Nicolás Guillén—*Balada de los dos abuelos*

Warm-up for ¡Así es la vida!
En este país, ¿qué porcentaje de los que se especializan en ciencias son mujeres? ¿Por qué hay más hombres en los campos científicos que mujeres? ¿Va cambiando esta situación en los últimos 20 años? ¿Por qué?

Mujeres científicas Mexicanas al microscopio

Nuestras científicas, sin prisas pero sin pausa, se han ido integrando a la investigación. Y para muestra tenemos unos botones de lujo.

La sociedad mexicana es una sociedad machista. Esto no es ningún secreto para nadie, pero lo que sí es mucho menos conocido es el hecho de que en nuestro país la mujer ha sostenido una larga batalla por su incorporación al ámbito científico bajo "condiciones muy adversas", remarca *La mujer contra el machismo en la ciencia: Una batalla que ha durado milenios*, un artículo publicado por Alfonso José Vilchis Peluyera. Señala Vilchis que "el 20 por ciento de todos los científicos del Sistema Nacional de Investigadores en México son mujeres". La mayoría fueron pioneras en campos como biología, ciencias biomédicas y química. En las ciencias sociales y las humanidades su participación aumenta: alcanza el 33 por ciento. La actividad astronómica se ha convertido en los países latinos en coto femenino, con una presencia femenina del 20 por ciento; "todas ellas con doctorados y registradas en la Unión Astronómica Internacional".

La doctora JULIETA FIERRO es Jefa de Difusión del Instituto de Astronomía de la UNAM. Ha escrito un buen número de libros de divulgación científica y recibió en 1995 el Premio Kalinga de la UNESCO.

—¿*Las mujeres tienen mayores dificultades que los hombres para dedicarse a la ciencia?*

—Sí, porque las mujeres necesitamos tiempo para tener nuestros hijos y criarlos, labor fundamental para que la especie humana continúe.

—¿*Qué habría que hacer al respecto?*

—Dar más opciones educativas a las mujeres, es decir, opciones más acordes con sus ciclos biológicos.

Parte del problema es que la sociedad está hecha por los hombres, de la mejor manera que han podido, pero pensando en ellos. No se han puesto a reflexionar en las necesidades de las mujeres. Esto es muy evidente en el bachillerato, por ejemplo, cuando las niñas dedican tiempo a la conquista... Lo que resulta muy lógico porque ellas no pueden esperar hasta los 50 años para tener hijos. En cambio, un hombre a los 60 puede procrear.

Dada esta diferencia biológica, deberíamos reestructurar el sistema educativo para que siempre hubiera opciones para la mujer.

—¿*Encuentra algunas dificultades laborales?*

—No. En la única área donde he notado injusticias es en la de los premios, porque para algunos el límite de edad es 30 años, etapa en la que una mujer terminaría su doctorado y frenaría su productividad por las razones que he mencionado antes.

—¿*Aportarían algo especial las mujeres a la ciencia?*

—Nuestra riqueza está en la diversidad, no en la exclusión. Creo que si incorporamos a las mujeres en esta área de conocimiento, vamos a ser una sociedad más rica en ideas.

MARY GLAZMAN es docente del Departamento de Matemáticas en la Facultad de Ciencias de la UNAM, fundadora de la revista Supercuerdas y lleva a cabo una investigación sobre las mujeres en las matemáticas.

—¿*Cuánto tiempo lleva con la investigación de la actividad femenina en las matemáticas?*

—Llevamos varios años. Queremos saber dónde están, cuántas trabajan en qué áreas y temáticas.

—¿*Tienen ya algunas conclusiones?*

—Como es un trabajo muy irregular—lo realizamos en nuestras horas libres—no podría darle conclusiones. Lo que sí puedo expresar son nuestras hipótesis: La más importante es que la mujer de alrededor de los 30 años sufre un declive en su productividad. Una de las causas que se han esgrimido para explicarlo es el matrimonio o la maternidad. Sin embargo, los resultados de las entrevistas han arrojado que es un problema inherente a la mujer que trabaja en las matemáticas, es decir, tiene que ver con su desarrollo biológico. Ahora, nuestro objetivo es analizar las causas y las posibles soluciones.

La doctora DEBORAH DULTZIN pertenece al Sistema Nacional de Investigadores y trabaja en el Instituto de Astronomía de la UNAM. Es experta en astrofísica y extragaláctica.

—¿*Es difícil para una mujer dedicarse a una disciplina dura como la astronomía?*

—Depende de dónde se halle. En los países desarrollados y de tradición anglosajona encontrará muchas dificultades, no para estudiar, sí para ejercer. La proporción de mujeres en este medio es bajísima. Las cosas mejoran un poco en los países latinos. Un ejemplo es México: el 30 por ciento de los investigadores somos mujeres, en este instituto tenemos una directora y más del 50 por ciento de los jefes de los departamentos son igualmente mujeres.

—¿*Cuál es su interpretación de este fenómeno?*

—Hay dos factores que influyen. El primero es el sueldo bajo que reciben las personas dedicadas de tiempo completo a la investigación científica—sobre todo para las que empiezan. Entonces, los varones se han ido a otras áreas más rentables: finanzas, comercio, asesorías... y han cedido sus lugares a las mujeres. En los países ricos, donde los salarios son mucho mejores, la competencia es feroz por los puestos, y a las mujeres se les impide el acceso a ellos.

El segundo punto importante: En estas supuestas naciones machistas, una mujer siempre será una mujer, no importa lo que haga, y los varones la piropean y le coquetean sin problemas. Es decir, son científicas y además se asumen como mujeres sin problemas y se pintan, tienen hijos y una vida privada...

—¿*Cómo ve el trabajo científico de las mujeres en México en los próximos años?*

—Creo que habrá cada vez más científicas en el futuro cercano. Entre otras cosas, porque ha surgido una nueva mentalidad entre los jóvenes, quienes son menos sexistas y no creen en los roles. Se acerca el fin de los estereotipos.

Vocabulario primordial

aceptar	pertenecer (zc)
el ciclo	la pobreza
económico/a	el prejuicio
la ignorancia	la raza
la mayoría	el rechazo
la minoría	respetarse
negarse (ie)	la unidad
perpetuar	

Vocabulario clave

Verbos

aportar	to contribute
arrojar	to show (the result of a study, statistics)
caer(se)	to fall
coquetear	to flirt
criar	to raise (children)
cursar	to study
ejercer	to practice
esclarecer	to clear up
frenar	to brake; to slow down
hallarse	to be in a certain place or condition
rechazar	to reject
reflexionar	to meditate
señalar	to point out, make known

Sustantivos

el acoso sexual	sexual harassment
el adelanto	progress
el ámbito	environment
la cifra	(statistical) number
el coto	preserve, territory
el declive	decline
la divulgación	circulation; popularization
la escolaridad	schooling
la etapa	stage
la índole	nature; disposition; kind
el/la investigador/a	researcher
la riqueza	wealth
el seguimiento	pursuit; chase
el varón	male

Adjetivos

analfabeto/a	illiterate
comprometedor/a	compromising
educativo/a	educational
esclarecedor/a	enlightening
esgrimido/a	wielded
furibundo/a	raging
imprescindible	indispensable
pleno/a	full
rentable	financially attractive

Otras expresiones

al respecto	in this respect
es docente	(he/she) teaches
estrepitosamente	noisily; loudly
hacer piropos	to pay compliments; make "cat calls"

Ampliación

Verbos	Sustantivos	Adjetivos
aportar	el aporte/la aportación	aportado/a
burlarse	la burla	burlado/a
divulgar	la divulgación	divulgado/a
esclarecer	el esclarecimiento	esclarecedor/a
humillar	la humillación	humillado/a
prohibir	la prohibición	prohibido/a
rechazar	el rechazo	rechazado/a
valorar	el valor	valorado/a

¡cuidado!

todos/as, todos los días/cada día

To express *all of a group*, simply use **todos/as**.

Todos mis amigos odian el racismo.	*All of my friends hate racism.*

Also, remember that *every day* translates as **todos los días**, while *each day* translates as **cada día**.

Todos los días la científica se siente humillada en el trabajo.	*Every day the scientist feels humiliated at work.*
Cada día tengo un caso de discriminación.	*Each day I have a discrimination case.*

Aplicación

7-1 ¿Cómo figura la mujer en las ciencias mexicanas? Contesta las siguientes preguntas sobre el artículo *Mexicanas al microscopio*.

Composición for Activity 7-1. Have students use these questions as a guide to write a summary of the article.

1. ¿Cuál es el porcentaje de mujeres científicas en el Sistema Nacional de Investigadores en México? ¿Cómo se compara esta cifra con el porcentaje de mujeres en las ciencias sociales y las humanidades?
2. ¿Crees que hay mayor proporción de mujeres ciéntificas en los Estados Unidos o en el Canadá?
3. ¿Qué campo científico se ha convertido en coto femenino? ¿Por qué ejerce tanta influencia la mujer en este campo?
4. Según la doctora Fierro, ¿qué diferencias hay entre el hombre y la mujer en cuanto a sus oportunidades profesionales? ¿Hay evidencia que apoye esta hipótesis en el campo de las matemáticas?
5. ¿Qué desventaja tiene la mujer en cuestiones de premios?
6. ¿Por qué acuden los hombres a los campos de comercio, finanzas y asesorías? ¿Es igual en los Estados Unidos y en el Canadá?
7. ¿Qué diferencias hay entre la mujer latina y la mujer anglosajona según la Dra. Dultzin? ¿Crees que su visión de la mujer norteamericana es justa?
8. ¿Por qué se cree que hay un declive en la productividad de la mujer alrededor de los 30 años? ¿Es algo que tú también has observado?

7-2 ¿Cómo se comparan? Compara la experiencia de la científica mexicana con la de la científica norteamericana en las siguientes áreas. ¿Dónde preferirías vivir y trabajar si fueras científica?

1. la educación
2. el sueldo
3. el prestigio
4. la oportunidad para destacarse

7-3 ¡Exprésate mejor! Lee las siguientes oraciones. Usa una variación de cada palabra en itálica para escribir una oración nueva que elabore la idea de la oración original.

Composición for Activity 7-3. Have students expand one of these sentences to write a paragraph.

MODELO: Ha habido casos en el trabajo donde los hombres *se han burlado* de una mujer. *Estas* burlas *son tanto ilegales como crueles.*

1. *El valor* de una persona en el trabajo depende de sus conocimientos y sus talentos.
2. En los Estados Unidos está *prohibido* discriminar por razones de raza, sexo o religión.
3. La candidata fue *rechazada* por ser mujer.
4. Después del incidente, la mujer se sintió totalmente *humillada*.
5. Vamos a *esclarecer* este asunto en la corte.

Suggestion for Activity 7-4. Have each student anonymously write a definition of *machismo* and turn it in. Read or have volunteers read a few of these to compare and contrast the definitions.

7-4 El machismo. ¿Has experimentado u observado el machismo en el trabajo o en la escuela? ¿Cómo te ha afectado? ¿Cómo has reaccionado? ¿Cómo ha afectado a las otras personas involucradas (*involved*)?

7-5 El adelanto de la mujer en los campos científicos. Completa cada una de las siguientes oraciones con la forma correcta de la palabra más apropiada de la lista. Luego, usa cada una de las palabras de la lista en una oración original relacionada con la oración que completaste.

MODELO: Según *las cifras*, 60 millones de niñas en los países en desarrollo no reciben educación formal. *Esta* cifra *me preocupa.*

Responses to Activity 7-5. (Original sentences will vary.) 1. *criar* 2. *ámbito* 3. *aporta* 4. *piropear* 5. *analfabetas* 6. *premios* 7. *varón* 8. *imprescindible* 9. *rentables* 10. *valorar*

ámbito	piropear
analfabeto	premio
aportar	rentable
cifra	valorar
criar	varón
imprescindible	

1. Es labor de la mujer dar a luz; pero es labor de todos _____ a los niños.
2. La mujer ha luchado por incorporarse al _____ científico.
3. La investigación de la doctora Glazman _____ detalles a nuestro entendimiento de la condición femenina en el campo de las matemáticas.
4. Según algunos, la mujer sabe coquetear; el hombre sabe _____.
5. El número de mujeres _____ es mayor que el de hombres por su falta de acceso a las escuelas.
6. Pocas mujeres reciben _____ por su trabajo en las ciencias porque ellas empiezan su carrera a una edad más avanzada.
7. En general, el _____ ha decidido estudiar profesiones mejor remuneradas.
8. Es _____ elevar el estatus de la mujer en las ciencias.
9. En México, los campos comerciales ahora son más _____ que los científicos.
10. Podemos _____ la contribución de toda persona, sea hombre o mujer.

7-6 Profesiones machistas/feministas. Hagan una lista de profesiones en que hay más presencia masculina y otra en que hay más presencia femenina. Expliquen las razones detrás de la tradición y piensen si esto va cambiando con el tiempo.

MODELO: *En los Estados Unidos hay más ingenieros que ingenieras porque ...*

Conexiones for Activity 7-7. Direct students to recent legislative and judicial actions in Texas and California.

7-7 La Acción Afirmativa. Hoy en día esta ley es muy controversial. Den ejemplos de sus éxitos y sus fracasos, y discutan sus ventajas y sus desventajas. ¿Creen que esta ley tenga suficientes méritos para continuar vigente?

Estructuras

1. *Hacer* and *desde* in time expressions

> Hace muchos años que observamos a los marcianos.

To express the idea that an action began in the past and is still going on in the present, Spanish uses the following constructions with the verb **hacer** and the preposition **desde**.

◆ To ask how long or since when a certain action has been going on, Spanish uses:

> **¿Cuánto (tiempo) hace que** + a verb phrase in the present?
> OR
> **¿Desde cuándo** + a verb phrase in the present?

¿Cuánto (tiempo) hace que sabes que Paco es machista?	*How long have you known that Paco is a chauvinist?*
¿Cuántos años hace que trabajas en el comité?	*How many years have you worked on the committee?*
¿Desde cuándo son Mirta y Ofelia feministas?	*Since when have Mirta and Ofelia been feminists?*

Suggestion for *Hacer* and *desde* in time expressions. Have students help you create a context in which you show the duration of time, for example, *Hace un semestre que nos conocemos. Hace un mes que nos reunimos para esta clase. Hace una semana que no tenemos examen.*

◆ To state how long or since when an action has been going on, Spanish uses:

> **Hace** + a time expression + **que** + a verb phrase in the present
> OR
> A verb phrase in the present + **desde hace** + a time expression

The first construction is the equivalent of *for* + a period of time, while the second corresponds to the English *since... ago*.

Hace dos meses que sé que Paco es un machista furibundo. — *I have known for two months that Paco is a raging chauvinist.*

Mirta y Ofelia son feministas **desde hace** dos años. — *Mirta and Ofelia have been feminists since two years ago.*

Note that in Spanish, the verb **hacer** and the main verb are in the present; the English equivalent, however, uses *has* or *have been*.

Suggestion for *hacía* + past tense. Relate a personal anecdote to establish a context for students, for example, *En 1998, hacía cuatro años que vivía en esta ciudad; hacía cinco años que enseñaba español; hacía un año que estaba casado.*

◆ To express the idea that an action that began in the remote past and was still continuing when another ocurrence happened, Spanish uses the following construction.

> **Hacía** + period of time + **que** + a verb phrase in the imperfect

Hacía seis meses **que** la investigadora trabajaba en el proyecto. — *The researcher had been been working on the project for six months.*

Note that in Spanish, the verb **hacer** and the main verb are in the imperfect; the English equivalent, however, uses *had* or *had been*.

Suggestion for "ago" expressions. Draw a time line on the chalkboard with today's date indicated, plus several other memorable dates in the past, for example, *¿Cuánto tiempo hace que se murió Martin Luther King? ¿JFK? ¿Cuánto tiempo hace que primero pisamos la luna? ¿...que el equipo francés ganó la Copa Mundial del fútbol?*

◆ To tell how long ago an action or event occurred, Spanish uses the following construction.

> **Hace** + *a time expression* + **(que)** + *a verb in the preterit*

◆ If the **hace** clause comes first, **que** may introduce the main clause; but if **hace** and the time expression follow the verb, **que** is not used.

Hace varios años **que** comenzaron la investigación.

Comenzaron la investigación **hace** varios años.

The research was started several years ago.

Aplicación

👥 7-8 Hace años. Expliquen cuánto tiempo hace que ustedes hacen algunas de las siguientes cosas y otras cosas que se les ocurran.

MODELO: estudiar ciencias

      E1: *Hace dos años que estudio ciencias.*

      E2: *Yo no. Yo estudio ciencias hace ocho años.*

ser feminista/idealista/ambicioso/a	valorar los estudios/los derechos humanos
hallarse en esta universidad	conocer a …
cursar matemáticas/biología/ciencias	pertenecer a …

👥 7-9 ¿Cuánto tiempo hace que…? Escriban individualmente cinco preguntas indiscretas. Luego, háganse las preguntas.

MODELO: E1: *¿Cuánto tiempo hace que coqueteas con Pedro?*

      E2: *¡Ay! Hace dos semanas que coqueteo con él.*

Suggestion for Activity 7-9. This could be an interview with a famous person.

👥 7-10 Antes de empezar los estudios universitarios. Expliquen cuánto tiempo hacía desde que llevaban a cabo distintas actividades antes de empezar sus estudios universitarios. Pueden usar la lista a continuación u otras ideas que tengan.

MODELO: *Hacía cinco años que trabajaba como niñera* (baby sitter) *antes de venir a la universidad.*

estar casado/a	vivir solo/a / con compañero/a de cuarto
ser estudioso/a / feminista / idealista	vivir en la residencia estudiantil / en un
tener novio/a / coche / bicicleta	apartamento / en una casa

👥 7-11 Antes de morir. ¿Recuerdan a las siguientes personas y lo que hacían? Expliquen cuánto tiempo hacía que las siguientes personalidades practicaban las actividades indicadas antes de morir.

MODELO: la princesa Diana / apoyar la organización contra minas

      Hacía dos años que Diana apoyaba la organización contra minas.

1. La Madre Teresa / trabajar con los pobres de India
2. Sonny Bono / servir de congresista
3. John Denver / ser piloto
4. Jerry García / dar conciertos de Grateful Dead
5. Chris Farley / hacernos reír en *Saturday Night Live*

Expansion for Activity 7-11. Have students create other examples with people they know from the press.

7-12 ¿Cuándo lo hiciste? Expliquen cuánto tiempo hace que cada uno/a de ustedes hizo lo siguiente.

MODELO: comprar un coche

Hace dos años que compré un coche.

1. llegar a casa
2. despertarme hoy
3. desayunar

4. graduarme de la escuela secundaria
5. sacar una "A"
6. hablar con mis padres/hijos

Suggestion for *A propósito...*
Explain that *Martínez* means *hijo de Martín* and *Rodríguez* means *hijo de Rodrigo*. Point out that in English *-son* at the end of names means "son of." For example, Anderson means "son of Andrew" and Johnson means "son of John." Have students brainstorm other *-ez* and *-son* names and figure out the original meanings.

A propósito...

Los diversos aportes a la lengua española

Como todos sabemos, el español es una lengua romance que viene del latín. Debido a los casi ocho siglos de dominación árabe (711–1492) de la Península Ibérica, el español tiene muchas palabras de origen árabe como **algodón, alcohol, alcalde, almohada** y **álgebra**. Otro aporte árabe es la terminación **-ez** que significa "hijo de...", y de ahí muchos apellidos españoles como **Martínez, González, Rodríguez**. Lo que hoy se conoce como español moderno data del siglo XVI, época del descubrimiento del Nuevo Mundo. Después de la conquista de América, los esclavos africanos comenzaron a llegar al Caribe en el siglo XVI y aportaron al español palabras africanas como **shangó**. Originalmente Shangó era el nombre de la diosa del trueno (*thunder*). Los esclavos le dieron ese nombre a Santa Bárbara. Otra palabra africana que se usa en Cuba es **jimagua**, que significa mellizo (*twin*). Los indígenas americanos también enriquecieron la lengua española con palabras como **chocolate, cóndor, llama, cancha, jaguar** y **coyote**.

Con la inmigración europea al Nuevo Mundo en los últimos dos siglos, particularmente de los italianos, el español ha adoptado palabras como **chao** y **tallarín**.

Vamos a comparar

¿Qué palabras hispanas forman parte del vocabulario de una persona de habla inglesa? ¿Qué palabras de origen indígena se usan en los Estados Unidos y el Canadá? ¿Sabes el origen de la palabra *buckaroo*? ¿Puedes pensar en otras palabras étnicas que existan en la lengua inglesa? ¿De origen italiano? ¿De origen judío? ¿De origen chino?

Prevención del racismo en el trabajo

Algunas empresas europeas han puesto en práctica programas para fomentar la igualdad de oportunidades de las minorías étnicas que abarcan aspectos como la selección y contratación de personal, la formación e información, los procedimientos de tramitación de quejas y disciplinarios, y el desarrollo de la carrera profesional. Algunos sindicatos y organizaciones empresariales europeos han adoptado asimismo estrategias contra la discriminación racial y en favor de la igualdad de oportunidades para las minorías étnicas en el lugar de trabajo.

En la conferencia se presentaron las políticas nacionales y empresariales para la prevención del racismo, y se evaluó la repercusión de las mismas en el mercado laboral y en las prácticas de los interlocutores sociales. Se examinaron asimismo los obstáculos y los elementos favorables a la ejecución de esas políticas, así como otras políticas posibles para prevenir mejor el racismo en el trabajo.

La conferencia concluyó con un coloquio sobre una política global europea para hacer frente al racismo, en el que tomaron parte la Comisión Europea, representantes de los gobiernos de Alemania, España y Suecia, y representantes de organizaciones empresariales y sindicales europeas.

La Fundación Europea fue la única institución que organizó una exposición en la conferencia, y sus numerosas publicaciones sobre el racismo despertaron un gran interés. La conferencia recibió asimismo una considerable atención de los medios de comunicación.

¿Cómo se originaron las diferentes razas humanas?

A pesar de tener un lugar de origen común—África hace 30 o 40 mil años—el hombre ha cambiado mucho sus rasgos físicos, pero apenas un poco sus caracteres genéticos, lo que hace que nos reconozcamos como especie.

Señala el genetista de poblaciones italiano Luigi L. Cavalli-Sforza: "Si tomamos un habitante del círculo polar ártico y otro del Ecuador, resulta que cada uno de ellos ha ido evolucionando genéticamente para adaptarse al medio en que vive..." Es decir, el clima y la cultura han influido para que los grupos humanos, asentados en las diferentes partes del planeta, cambien y se adapten a las condiciones imperantes en su entorno.

Así, los descendientes de los grupos humanos que inmigraron del África central a Asia, y luego a Europa y a América, cambiaron para sobrevivir en otros mundos que ellos llegaron a poblar.

¡Así lo decimos!

Vocabulario primordial

el barrio	el letrero
el cartel	las leyes antidiscrimi-
derogatorio/a	natorias
la etnicidad	mantener
la genética	mutuo/a
el impedimento físi-	la orientación sexual
co/mental	parecer
integrarse	protestar

Adjetivos

asentado/a	*settled down*
imperante	*prevailing*

Otras expresiones

a partir de	*since*
contra	*against*
en su entorno	*in their surroundings*
la tramitación de quejas	*the complaint procedure*

Vocabulario clave

Verbos

abarcar	*to include, to cover*
arder	*to burn*
hacer frente	*to face*
odiar	*to hate*
sobrevivir	*to survive*

Sustantivos

el asilo de ancianos	*nursing home*
el disciplinario	*discipline (issues)*
la empresa	*company*
el género	*gender*
el habitante	*inhabitant*
la huelga de hambre	*hunger strike*
el personal	*personnel*
la política	*policy*
el rasgo	*feature*

Ampliación

Verbos	Sustantivos	Adjetivos
insultar	el insulto	insultante
maltratar	el maltrato	maltratado/a
negar (ie)	la negación	negado/a
odiar	el odio	odiado/a
prevenir (ie)	la prevención	preventivo/a
promover (ue)	la promoción	promovido/a
respetar	el respeto	respetado/a

¡cuidado!

lo + adjective

To express "*the* + adjective + *thing*..." in Spanish, use the neuter **lo** + adjective (masculine singular).

Lo importante es evitar la discriminación.	*The important thing is to avoid discrimination.*

In English the word *people* is plural while in Spanish **la gente** is singular.

Esa **gente** no es nada racista.	*Those people are not at all racist.*

Suggestion for ¡Cuidado! Have students complete these phrases. *Lo bueno de esta universidad…; Lo difícil para mí…; Lo increíble es …; Lo ridículo…; Lo maravilloso…*

Aplicación

7-13 Prevención del racismo en el trabajo. Refiérete al artículo de ¡**Así es la vida!** para contestar estas preguntas.

1. ¿Qué hacen algunas empresas europeas para fomentar la igualdad entre las razas?
2. ¿Se propone proteger a otros grupos además de las minorías étnicas?
3. ¿Cuáles serán algunas de las repercusiones en el mercado laboral por tener programas de antidiscriminación?
4. ¿Cuál será una organización equivalente a la Fundación Europea en los Estados Unidos o en el Canadá?

Conexiones for Activity 7-13. In recent years we have seen a reversal of many programs that benefited certain ethnic groups, such as bilingual education in California. Have students investigate the pros and cons of some of these programs and present their findings to the class.

7-14 Exprésate mejor. Lee las siguientes oraciones. Usa una variación de las palabras en itálica para escribir una oración nueva que elabore la idea de la oración original.

MODELO: El juez se *negó a* oír el caso de discriminación. *Su negación resultó en muchas manifestaciones y protestas.*

1. Quieren implementar unas reglas para *prevenir* el racismo en el trabajo.
2. Algunos grupos étnicos *odian* a otros por razones económicas.
3. El *maltrato* de los trabajadores inmigrantes ha sido una desgracia.
4. Se ha iniciado una *promoción* de la ley antidiscriminación para que todos entiendan sus derechos.
5. Son *insultantes* algunos de los apodos étnicos.
6. Hay que *respetar* al individuo, no importa su origen étnico o racial.

Composición for Activity 7-14. Have students expand one of the ideas to write a paragraph.

7-15 Los grupos étnicos y los estereotipos. Es común estereotipar a un grupo, aunque sabemos que puede ser muy injusto. Escribe una lista de estereotipos o generalizaciones sobre un grupo étnico o racial—puede ser el tuyo o el de otra persona—y explica por qué los aceptas o no.

MODELO: *Soy judía. Se dice que los judíos somos muy intelectuales, y esto es verdad en mi familia. En cambio, también dicen que los judíos son muy ricos, y esto no es verdad.*

Suggestion for Activity 7-15. Have students react to each other's stereotypes.

7-16 La discriminación. Contesta estas preguntas sobre tu propia experiencia o la de alguien que conoces.

1. ¿Has sido alguna vez víctima de la discriminación? ¿Conoces a alguien que se sienta víctima?
2. ¿Cuál fue la base de la discriminación? (el sexo, la raza, la edad, la religión...) ¿Cómo reaccionaron tú y los demás?
3. ¿Qué provocó el episodio?
4. ¿Cómo resolviste el problema o qué hiciste para prevenir otra provocación?

Composición for Activity 7-16. Use these questions for a guided composition.

Conexiones for Activity 7-17. Have students in Social Sciences and Women's Studies classes contribute additional information on the well-publicized court cases involving sexual harassment.

👥 7-17 La política en tu universidad. Conversen entre ustedes sobre estas cuestiones de la política en tu universidad.

1. ¿Cuál es la política que se sigue en tu universidad cuando hay una queja de discriminación racial, o por discriminación/acoso sexual?
2. ¿Cuáles serán algunas de las razones por las que la gente no se queja?
3. Observen la representación de grupos étnicos y el porcentaje de hombres y mujeres en la universidad. ¿Representa la población general del área? Si no, ¿a qué se atribuye la diferencia?
4. ¿Qué hace tu universidad para reclutar *(recruit)* a estudiantes de grupos minoritarios?

👥 7-18 La discriminación en el trabajo. Hagan una lista de maneras obvias y otras sutiles en que se manifiesta el racismo o la discriminación o el acoso sexual en el trabajo.

MODELO: *Una manera obvia de discriminación es cuando no se contrata a una persona por causa de su raza. Una manera sutil es cuando no se le da mucha responsabilidad a una persona de una clase minoritaria o a una mujer.*

Expansion for Activity 7-19. Have students draw a family tree in which they show their "roots" for several generations. They can use this illustration as a support for oral composition.

Conexiones for Activity 7-20. Many social injustices in the U.S. and Canada have been ameliorated during the 20th century. Students can relate their studies from History, Psychology, Biology, and Social and Political Sciences classes.

👥 7-19 ¿Cuáles son sus orígenes? Comenten lo que sepan de sus orígenes étnicos/raciales. ¿De qué parte de su herencia se sienten más orgullosos/as?

7-20 Las costumbres de otras culturas. Trata de justificar estos ejemplos de lo que se podría considerar discriminación en otra cultura.

1. En la Arabia Saudita no se permite que una mujer maneje un coche.
2. En la India todavía se arreglan los matrimonios entre muchas parejas.
3. En la China es común abortar a los fetos que se sabe van a ser hembras.
4. En los Estados Unidos muchas mujeres toman el apellido de sus esposos.
5. En México, hasta 1998 una persona tenía que ser ciudadano para heredar propiedad mexicana.
6. En el Japón se insiste en que los originarios de otros países cambien su apellido a uno japonés antes de sacar la ciudadanía.

🌐 7-21 A conocerse. Visita algún sitio en la red informática o algún centro cultural en tu ciudad que represente a un grupo étnico, racial o cultural al que no perteneces tú. Apunta dos o tres cosas que no sabías antes y también anota cualquier estereotipo que resulte falso. Luego, comparte la experiencia con el resto de la clase.

Estructuras

2. *Por* and *para*

Suggestion for art. *¿Para qué trabajan los obreros? ¿Por qué quieren más dinero? ¿Cuánto reciben por hora? ¿Cuánto necesitan para vivir?*

Although the prepositions **por** and **para** are both often translated as *for* in English, they are not interchangeable. Each word has distinctly different uses in Spanish, as outlined below.

◆ **Por** expresses the object or goal of an action; the notion of something in exchange for something else; the time of day an event or action takes place and the duration of time it lasts; motion through, by, along, and around; and the means or manner in which an action is accomplished.

◆ **Para** expresses the purpose of an object, action or event, or one's studies; comparison in qualities or perspective with others; time limits, deadlines, or expected time; destination as a place or a recipient; and the state of being about to do something.

You will see several examples of each of the different uses of **por** and **para** on the following pages.

Warm-up for *Por* vs. *para*. Create a context involving a trip or excursion you or someone else has made to illustrate some of the contrasts between *por* and *para*. For example, *En diciembre fui a España por una semana. Salí para el aeropuerto a las 5 de la tarde. En camino, tuve que pasar por varios pequeños pueblos. Por eso, estuve más de una hora en llegar. Por fin, ...*

Por

◆ the object or goal of an action *(for, because of, on behalf of)*

Vengo **por** usted a las ocho.	*I'll come by for you at eight.*
Los estudiantes fueron **por** el cartel.	*The students went for the poster.*
Tuve que volver **por** la queja de la mujer.	*I had to return because of the woman's complaint.*
¿Lo hiciste **por** mí?	*Did you do it for me?*

◆ *in exchange for*

¿Quieres $5 **por** ese libro de derecho?	*Do you want $5 for that law book?*
Te lo doy **por** tu libro de ciencias políticas.	*I'll give it to you for your political science book.*

◆ duration of time or the part of day an event or action takes place *(for, during)*

Vamos a visitar el asilo de ancianos **por** la tarde.	*We are going to visit the nursing home during the afternoon.*
Pensamos estudiar genética **por** cuatro años.	*We plan to study genetics for four years.*
¿**Por** cuánto tiempo vas a la manifestación?	*For how long are you going to the demonstration?*
Voy a la manifestación **por** dos horas.	*I'm going to the demonstration for two hours.*

◆ motion *(through, by, along, around)*

Pasé **por** el barrio esta mañana.	*I went by the neighborhood this morning.*
La niña salió **por** la puerta hace un minuto.	*The girl went out through the door a minute ago.*

Note. The passive voice is reviewed in *Lección 12*.

◆ means or manner in which an action is accomplished, or agent in a passive statement *(by)*

¿Trajeron los alimentos **por** avión?	*Did you bring the food by plane?*
La explosión demográfica fue iniciada **por** nosotros los humanos.	*The demographic explosion was initiated by us humans.*

Para

◆ purpose of an object, action or event, or one's studies (*for, to, in order to*)

La pintura es **para** hacer los carteles.	*The paint is for making the posters.*
Organizan la manifestación **para** protestar contra la decisión del juez.	*They're organizing a demonstration to protest the judge's decision.*
Carmen estudia **para** abogada.	*Carmen is studying to become a lawyer.*

◆ comparison in qualities or perspective with others (stated or implicit)

Para ser conservador, tiene la mente muy abierta.	*For a conservative, he has a very open mind.*
Para el científico las estadísticas son fáciles de entender.	*For the scientist, statistics are easy to understand.*

◆ time limits, deadlines, or expected time (*by, for*)

Necesito el reportaje sobre los países industrializados **para** mañana.	*I need the report about the industrialized countries for tomorrow.*
Piensan estar en la reunión **para** las seis de la tarde.	*They plan to be at the meeting by six in the afternoon.*
Hablan de otra manifestación para la primavera.	*They're talking about another demonstration for Spring.*

◆ destination as a place or a recipient

Ahora mismo partimos **para** la oficina del abogado.	*Right now we're departing for the lawyer's office.*
Esta citación es **para** ustedes.	*This summons is for you.*

◆ *to be about to* do something when used with **estar** + infinitive

Estamos **para** discutir el problema.	*We are about to discuss the problem.*
Estoy lista **para** estudiar la pobreza en las naciones subdesarrolladas.	*I am ready to study poverty in underdeveloped nations.*

Suggestion for practicing estar para. Have students create contexts for these statements. *La chófer está para arrancar el motor. El congresista está para proponer una ley. Los trabajadores están para entrar al edificio. Los novios están para salir en su luna de miel. Estamos listos para…Estoy listo/a para…*

Suggestion for some common idiomatic expressions with *por.* Have students create examples for each of these phrases and challenge each other to supply a logical phrase. For example, *Necesitamos mucha ropa para el viaje, __ (por ejemplo) camisas, pantalones, zapatos…*

Suggestion for *por* expressions. Give them the common idiomatic expression *para nada* (not at all) and write the following MODELO on the board. *A ese pobre candidato no le gustan los debates para nada.*

◆ some common idiomatic expressions with **por:**

por ahí/allí	*around there*
por ahora	*for now*
por aquí	*around here*
por cierto	*by the way; for certain*
por Dios	*for God's sake*
por eso	*that's why*
por ejemplo	*for example*
por favor	*please*
por fin	*finally*
por lo general	*in general*
por lo visto	*apparently*
por poco	*almost*
por si acaso	*just in case*
por supuesto	*of course*
por último	*finally*

A que ya sabías…

Por vs. para

The uses of **por** and **para** have similarities that sometimes cause confusion. Linking their uses to the questions **¿para qué?** (for what purpose?) and **¿por qué?** (for what reason?) can be helpful.

—**¿Por qué** no se defendió?	*Why (For what reason) didn't she defend herself?*
—No se defendió **porque** estaba sola.	*She didn't defend herself because she was alone.*
—**¿Para qué** se defendió?	*For what purpose did she defend herself?*
—Se defendió **para** aclarar las cosas.	*She defended herself (in order) to clarify things.*

In many instances the use of either **por** or **para** will be grammatically correct, but the meaning will be different. Compare the following sentences.

Elena camina **para** la universidad.	*Elena is walking to (toward) the university.* (destination)
Elena camina **por** la universidad.	*Elena is walking through (in) the university.* (motion)
Lo hicimos **por** usted.	*We did it because of you.*
Lo hicimos **para** usted.	*We did it for you.* (destination)
El dinero es **por** la investigación.	*The money is for the research.* (in exchange for)
El dinero es **para** la investigación.	*The money is for the research.* (so that the research can be done)

Aplicación

7-22 Un pleito civil. Completa el monólogo de un abogado durante un juicio civil con **por** o **para**.

Señoras y señores, miembros del jurado, estamos aquí hoy (1)_____ juzgar el caso de Chávez versus los productores de uvas. (2)_____ cierto, ustedes han leído mucho sobre este asunto. Saben que el señor Chávez trabaja (3)_____ mejorar las condiciones de los obreros. Saben que él mismo ha sufrido mucho (4)_____ ser líder del UFW. Pero tal vez no sepan que él también ha trabajado largas horas (5)_____ mantener a su familia, y que además de eso se ha dedicado a esta importante lucha (6)_____ ayudar a sus compatriotas. (7)_____ ejemplo, (8)_____ horas él ha llevado pancartas protestando contra el maltrato de los trabajadores. (9)_____ días él ha estado en huelga de hambre (10)_____ señalar las malas condiciones del trabajo. Pero ha ganado muy poco (11)_____ sus esfuerzos: ¡Mírenlo, (12)_____ ser un señor joven, parece tener 70 años! Sin embargo, no ha perdido la fe en el sistema de justicia de los Estados Unidos. (13)_____ eso estamos aquí, señoras y señores. Vamos a escuchar su historia: su (14)_____ qué y su (15)_____ qué. Y(16)_____ favor, escúchenlo bien. Recuerden que este caso es (17)_____ todos los que se ganan la vida trabajando en el campo (18)_____ darnos a nosotros algo que comer. Bueno, (19)_____ ahora, esto es suficiente. Gracias.

Responses to Activity 7-22.
1. *para* 2. *Por* 3. *para* 4. *por* 5. *para* 6. *para* 7. *Por* 8. *por* 9. *Por* 10. *para* 11. *por* 12. *para* 13. *Por* 14. *por* 15. *para* 16. *por* 17. *para* 18. *para* 19. *por*

Conexiones for Activity 7-22.
The history of the UFW and César Chávez's efforts to organize farm workers has been documented in several resources, including an excellent documentary produced by PBS.

7-23 Tu filosofía y trato con los demás. Usa las siguientes frases para formar oraciones originales según tu propia experiencia o imaginación.

MODELO: *Para mí... es difícil entender por qué hay intolerancia religiosa o racial.*

1. Para mis padres...
2. Por supuesto,...
3. Siempre trabajo para...
4. Por ahora,...
5. Lo hago por...
6. Por lo general,...
7. Fui influenciado/a por...
8. Ahora estoy para...

👥 **7-24 Causas y fines.** Háganse las siguientes preguntas para contrastar los motivos y las metas.

MODELOS: ¿Por qué hay desigualdad entre las razas?

Por razones históricas, políticas, sociales y económicas.

¿Para qué luchan los discriminados?

Para recibir oportunidades de trabajo y un sueldo justo.

1. ¿Por qué recibe una mujer menos dinero por igual trabajo que un hombre? ¿Para qué sirve la comisión EEOC en los Estados Unidos?
2. ¿Por qué acepta la gente el maltrato de otros? ¿Para qué se trabaja en la vida?
3. ¿Por qué todavía hay discriminación racial? ¿Para qué sirve la Acción Afirmativa?
4. ¿Por qué hay gente que se cree superior a los demás? ¿Para qué luchan ellos?
5. ¿Por qué boicoteó el UFW a los productores de uvas? ¿Para qué luchó César Chávez?

Conexiones for Activity 7-24.
Students may wish to investigate further the motives and goals of any one of these issues or organizations.

Suggestion for Activity 7-25.
Have students write their story on construction paper to post on the class bulletin board, or publish the collection in a class journal.

7-25 Una historia.
Imagínense que son activistas de algún grupo y necesitan investigar un lugar clandestinamente. Inventen los motivos y propósitos de su visita. Usen las expresiones de la lista.

Expresiones útiles

venir por	por allí (ahí)
pasar por	por la tarde (noche, mañana)
ir por	por el parque (teatro, calle, museo)
trabajar para	para Madrid (Buenos Aires, Asunción …)
pagar por	por avión (barco, bicicleta …)
estar para	por último
arder por	por cierto
permanecer por	por si acaso

Warm-up for *A propósito...*
Have students name some U.S. women in politics, and discuss how they became politicians, what facilitated their political career, and what obstacles they had to overcome. Ask them how they think their experiences are (were) different from those of the Hispanic women in politics.

A propósito...

La mujer hispanoamericana y la política

Aunque hace ya casi medio siglo que la mayoría de los países hispanoamericanos les concedió a las mujeres el derecho al voto, varias leyes importantes están facilitando su participación activa en la política.

Venezuela es el cuarto país donde desde 1977 —después de Bolivia, Ecuador y Perú— los legisladores han votado requerir el nombre de mujeres en las boletas para candidaturas del Congreso.

Argentina dio la pauta (*set the trend*) en 1991 cuando los legisladores pasaron una ley que requería que el 30 por ciento de los candidatos en los distintos partidos políticos fueran mujeres. El resultado de la elección que ocurrió en 1993 fue que la representación de las mujeres en el Congreso aumentó del 6 por ciento al 28 por ciento. Ecuador pasó una ley nacional en febrero de 1997, Bolivia en marzo y Perú en junio. Todas las leyes exigen por lo menos un 20 por ciento de mujeres en las listas de candidatos. En el verano de 1997 la Cámara de Diputados de Venezuela aprobó una propuesta de requerir que cada partido político nominara un 30 por ciento de mujeres en la lista de candidatos.

A pesar de que Isabel Perón (Argentina), Lidia Gueiler Tejada (Bolivia), Violeta Chamorro (Nicaragua) y Rosalía Arteaga (Ecuador) han llegado a ocupar la presidencia de sus respectivas naciones, las personas a favor de estas cuotas afirman que ésta es la única manera de aumentar la participación de mujeres en la política. En estos momentos las mujeres hispanoamericanas sólo ocupan el 10 por ciento de los escaños (*seats*) legislativos, por debajo del promedio mundial, que es de 11,5 por ciento.

Vamos a comparar

¿Sabes cuál es el por ciento de mujeres en el Congreso de los Estados Unidos y el Parlamento del Canadá? ¿y en el Senado de los Estados Unidos? ¿Crees que sería conveniente tener aquí una ley similar a las que se están aprobando en Hispanoamérica? ¿Por qué? ¿Piensas que las mujeres son mejores o peores políticos que los hombres? ¿Por qué?

3. Verbs that require a preposition before an infinitive

A number of Spanish verbs require a characteristic preposition before an infinitive.

Te voy **a** enseñar **a** reconocer la discriminación.	*I am going to teach you to recognize discrimination.*
Quedemos **en** reunirnos aquí para la manifestación.	*Let's agree on meeting here for the demonstration.*

Warm-up for Verbs that require a preposition. Have students complete in meaningful ways these statements overheard at a class party. *Te invito a...; Me alegro de...; ¿Me enseñas a...?; ¿Has dejado de...? Me olvidé de...; Cuento con...; No tardamos en...*

Suggestion for Verbs that require a preposition. Remind students that, unlike English, the verb form following a preposition is always the infinitive.

Verbs that require **a**

The preposition **a** follows verbs of motion, of beginning, and of learning process, among others.

aprender a	*to learn*
atreverse a	*to dare*
ayudar a	*to help, aid*
bajar a	*to take down; to go down*
comenzar (ie) a	*to begin*
empezar (ie) a	*to begin*
enseñar a	*to teach*
invitar a	*to invite*
ir(se) a	*to go; to leave*
negarse (ie) a	*to refuse*
obligar a	*to oblige, force*
salir a	*to leave to*
venir (ie) a	*to come*
volver (ue) a + infinitive	*to do something again*

Empecé a comprender cómo se originaron las razas.	*I began to understand how races originated.*
Nos obligaron a pensar en las consecuencias del SIDA.	*The forced us to think of the consequences of AIDS.*

Verbs that require **de**

acabar de	*to have just*
acordarse de	*to remember*
alegrarse de	*to be glad*
arrepentirse (ie, i) de	*to regret, be sorry*
asegurarse de	*to assure oneself*
avergonzarse (ue) de	*to be ashamed*
cansarse de	*to get tired*
cesar de	*to cease to*
(no) dejar de	*(not) to stop to*
encargarse de	*to take charge (care) of*
estar cansado/a de	*to be tired*
estar seguro/a de	*to be sure*
jactarse de	*to brag about*

Verbs that require de (continued)

olvidarse de	*to forget*
tener (ie) miedo de	*to fear*
tratarse de	*to be a question of*

Los padres **tenían miedo de** recibir al novio de su hija.	*The parents were afraid to entertain their daughter's boyfriend.*
Cesaron de molestarla.	*They stopped bothering her.*

Verbs that require con

contar (ue) con	*to count on, rely on*
soñar (ue) con	*to dream of*

Soñamos con mejorar el mundo.	*We dream of improving the world.*

Verbs that require en

consentir (ie, i) en	*to consent to, agree to*
insistir en	*to insist on*
pensar (ie) en	*to think of*
quedar en	*to agree to, decide on*
tardar (+ *period of time*) en	*to take (period of time) to*

Insistí en hacer frente al racismo.	*I insisted in facing racism.*
Tardó diez años en hacer su estudio sobre las razas.	*It took him ten years to do his study about the races.*

Suggestion for practicing Verbs that require a preposition before an infinitive.
¿Qué dijo Frank Sinatra cuando estaba para morir? No me arrepiento de... Sigo pensando en... Me avergüenzo de... Me alegro de... Me niego a... No me atrevo a... No ceso de...

Aplicación

Responses to Activity 7-26.
1. *Insisto en* 2. *Iba a* 3. *empecé a* 4. *comencé a* 5. *invitarlo a* 6. *se cansó de* 7. *consintió en* 8. *quedamos en* 9. *me arrepentí de* 10. *nos cansamos de* 11. *ayudó a* 12. *estoy seguro de* 13. *Sueño con* 14. *volvamos a*

7-26 Las mejores intenciones. Completa la narración con un verbo lógico y su preposición acompañante.

ayudó	consintió	empecé	estoy seguro	iba
insisto	comencé	invitarlo	se cansó	me arrepentí
nos cansamos	quedamos	sueño	volvamos	

¡ (1)_____ contarte lo que hice este fin de semana! (2)_____ pasar todo el fin de semana trabajando en mi investigación pero luego (3)_____ pensar en mi viejo amigo, Pancho, quien vive en Santa Clara. (4)_____ recordar nuestros tiempos cuando nos gustaba ir de pesca. Decidí llamarlo e (5)_____ ir a la bahía a pescar. Al principio, me dijo que no podía, pero (6)_____ negarse. Por fin, (7)_____ ir y (8)_____ vernos el sábado.

Cuando lo vi, no (9)_____ haberlo planeado. Pasamos todo el día juntos y no (10)_____ charlar. Además, hablamos de mi investigación y él me (11)_____ esclarecer mis ideas. Ahora (12)_____ continuar con más energía que nunca. ¿Para qué tenemos amistades si no nos ayudamos de vez en cuando? (13)_____ repetir el día cuando (14)_____ pasar todo el día pescando y charlando.

7-27 Una abogada y su asistente. Completa el diálogo de una manera lógica entre una abogada que trata un caso de discriminación y su asistente.

Suggestion for Activity 7-27. Have students role-play their conversation.

MODELO: ABOGADA: ¿Tienes los documentos legales?
ASISTENTE: Acabo de... *ponerlos en su escritorio.*

1. —¿Cuándo vas a terminar tu investigación?
   —Empiezo...
2. —¿Has encontrado el artículo que necesito?
   —Vuelvo...
3. —Por favor, no desordenes mi escritorio.
   —No me atrevo...
4. —Necesito tu ayuda con la presentación.
   —Con mucho gusto le ayudo...
5. —Es mucho trabajo preparar estos materiales.
   —No me canso...
6. —¿Quién tiene la responsabilidad de preparar la defensa?
   —El señor Robles se encarga...
7. —¿Cuál es la fecha límite para preparar los materiales?
   —Contamos...
8. —¡Es una barbaridad que no tengas lo que te pedí!
   —Me avergüenzo...

7-28 Sé cortés. Escribe cartas breves según las indicaciones. Trata de usar por lo menos tres verbos con preposición en cada una.

Suggestion for Activity 7-28 and Activity 7-29. These letters may be posted on the class electronic bulletin board for response.

MODELO: una excusa

Estimada profesora Rodríguez:

Me avergüenzo de confesarle que no asistí a la reunión ayer porque me olvidé de apuntar la hora. Me arrepiento de no haber asistido, y le pido mil disculpas.

Su segura servidora,

Serafina

1. una excusa
2. una invitación
3. la petición de un favor
4. una amenaza

7-29 ¿Aceptas? Intercambia una de tus cartas de **7-28** con la de un/a compañero/a y responde a la carta de tu compañero/a.

7-30 Sean creativos. Usa por lo menos diez verbos con preposición para crear un poema o una canción en español.

MODELO: *No consiento en dejarte.*
No insisto en amarte.
No sueño con convencerte.
No dejo de quererte.

Síntesis

Actividades

Conexiones for Activity 7-31. Students may use the Internet to locate names of films in which Hispanic actors have parts.

7-31 En nuestra defensa. Contesta las preguntas basadas en el artículo a continuación.

En nuestra defensa

Nuestra imagen peligra. Dirigidos por el prestigioso director de "La Bamba", Luis Valdez, un grupo de artistas hispanos ha sido nombrado por el Consejo Nacional de La Raza para mejorar la imagen de los hispanos en los medios de comunicación. "Ya era hora", declaró Valdez. "Los hispanos no existen en los medios o su imagen es negativa". El grupo, que piensa atacar el problema a nivel legal, corporativo y gubernamental, también incluye al cineasta Moctezuma Esparza y al músico Carlos Santana. "Sólo un puñado de las 500 películas que lanza Hollywood al año tienen papeles principales hispanos o protagonistas del film", explica Esparza. "Al ver una película de Vietnam como 'Nacido el cuatro de julio', uno ni se entera de que los hispanos pusimos una cuarta parte de los muertos en esa guerra y que ganamos más medallas que ningún otro grupo". Entre las actividades del comité se encuentra el publicar listas de las diez mejores y peores películas del año en cuanto al tema de la imagen hispana.

Más: Verano, 1990

1. ¿Quién es Luis Valdez?
2. ¿Cómo es la imagen de los hispanos en los medios de comunicación?
3. ¿Qué películas conoces en que figuren artistas hispanos?
4. ¿Qué tipo de información ayudaría a mejorar la imagen del hispano?

7-32 ¿Cómo se destacan las minorías? Escoge un grupo minoritario o el grupo menos representado en tu pueblo/ciudad. Busca información sobre qué hace para destacarse en tu comunidad. ¿Tiene museos, periódicos, organizaciones humanitarias u otros recursos?

Suggestion for Activity 7-33. Have students form societies to protect their rights as members of a minority or under-represented group. Each group should explain to the rest of the class how they are discriminated against and what concessions they require for equal opportunity.

7-33 Los bajos, a la cola del desempleo. No todos los discriminados lo son por razón de su raza o su sexo. Lean el artículo a continuación (página 229). ¿Qué grupo es discriminado en la escuela, según este artículo? ¿Qué otros grupos conocen que también sufren discriminación? ¿Tienen organizaciones de antidiscriminación?

LOS BAJOS, A LA COLA DEL DESEMPLEO

Un estudio del epidemiólogo británico Scott Montgomery, de la City University, revela que los niños con retraso en el crecimiento a los siete años tienen mayor riesgo de engrosar las listas del desempleo que sus compañeros más altos, aunque presenten una altura normal al llegar a la edad de trabajar. En la investigación participaron 2.256 hombres que nacieron en una misma semana de 1958.

7-34 ¡Victoria en Argentina! Lee el artículo a continuación sobre una ley antidiscriminatoria en la Argentina. Esta ley argentina es más liberal que muchas de las que tenemos en los Estados Unidos y el Canadá. Formen dos grupos, uno *en pro* y otro *en contra* para debatir la justicia y el efecto de esta nueva ley.

Conexiones for Activity **7-34.** Have students investigate what U.S. areas have particularly liberal or conservative laws regarding treatment of gays and lesbians.

Conexiones for Activity **7-34.** Students may wish to view *Kiss of the Spider Woman*, a film based on a novel and play by the Argentinean author Manuel Puig.

¡Victoria en Argentina!
No más agresiones contra gays y lesbianas

El pasado agosto, en Buenos Aires, Argentina, la Convención Estatuaria aprobó por unanimidad una ley que prohíbe la discriminación con base en el género, la edad, la raza, la religión, la ideología política o la orientación sexual de cada individuo, convirtiendo a esta ciudad en la primera en Latinoamérica en lograrlo.

Como parte de esta histórica decisión, la misma convención aprobó una cláusula que deroga el derecho que permitía a la policía detener arbitrariamente a travestis, a gays, lesbianas y a prostitutas sin razón alguna.

Antes de la derogación, las autoridades arrestaban a 400 gays diariamente sólo por ser considerados "peligrosos"; permanecían detenidos por doce horas y eran maltratados ya sea física, verbal o emocionalmente. Muchos activistas que realizaban campañas de educación y prevención sobre el SIDA también fueron detenidos sin razón en numerosas ocasiones.

coneiones

Características y estereotipos. ¿Cuál es la diferencia entre reconocer las características de un grupo y ver al grupo en términos estereotípicos? Escojan tres "grupos minoritarios", sean grupos étnicos, raciales o sociales, y para cada uno, escriban una lista de algunas de las características del grupo y otra de los estereotipos con los que el grupo se enfrenta en nuestra cultura. ¿Hay alguna conexión entre las características y los estereotipos? Hablen de sus conclusiones con el resto de la clase.

La corte y la cultura. Trabajando en grupos de tres, piensen en algún caso famoso que haya iniciado grandes cambios sociales o culturales. Luego, piensen en otro caso que se haya llevado a la corte como resultado de los logros (*achievements*) de un movimiento social o cultural. Presenten sus casos a los demás grupos y hablen de la relación entre corte y cultura.

A ESCUCHAR

Menos latinos. Escucha el artículo *Menos latinos aspiran a la Universidad...* de Elena de la Cruz, publicado recientemente en *La Opinión*. Luego contesta brevemente las preguntas que siguen en español. Puedes escuchar más de una vez si quieres.

Comprensión.

1. ¿En qué estado han anulado la Acción Afirmativa?
2. ¿Cuál ha sido el resultado inmediato de esta anulación?
3. ¿En qué porcentaje ha disminuido el número de aspirantes latinos a la UCLA?
4. ¿Por qué es preocupante la situación?
5. ¿Por qué es controversial esta acción por parte de la Junta de Regentes?
6. ¿Qué opinas tú de esto?

Ritmos
Tony Croatto

Tony Croatto es un puertorriqueño "adoptado". A pesar de que nació en la Argentina, ha vivido muchos años en Puerto Rico y se considera hijo adoptivo de la isla. Su amor por Puerto Rico, sus costumbres y su gente se refleja en sus canciones. Tony Croatto ha dedicado muchos años de su vida a la divulgación de la música autóctona puertorriqueña. Cuando escuches esta canción, apunta los elementos musicales que te parezcan típicos de Puerto Rico.

Nuestra sangre

Indio de raza guerrida°　　　*war-prone*
y de bélicos ardores°　　　*burning desires of war*
hallan los descubridores
allá en la tierra perdida. (*bis*)

5　La mujer de tez curtida°　　　*tanned face*
de las tribus borinqueñas°　　　*puertorriqueñas*
con su mirar, halagüeña°,　　　*flattering*
al hombre blanco seduce
empezando con sus cruces
10　la raza puertorriqueña. (*bis*)

Del arroyo en la ribera°　　　*river bank*
del valle a la colina
al blanco que fue su ruina
le dio su encanto y hechizo°　　　*spell*
15　y de ellos nació el mestizo
con ascendencia latina. (*bis*)

Con la negra fue mezquino°　　　*cruel*
y contra la ley divina
él la hizo su concubina
20　en el solar hogareño°　　　*home lot*
y entonces nació el trigueño°　　　*person of dark skin*
con mezcla de sangre fina. (*bis*)

De la fría sed de Iberia
y África que el sol abraza
25　entre opulencia y miseria
se fue fundando la raza. (*bis*)

7-35 ¿Qué opinan ustedes? Contesten las siguientes preguntas:

1. Busquen frases que indiquen el punto de vista del cantautor. ¿Conocen a alguien que cante en inglés que comparta una filosofía semejante?
2. ¿Cómo se formó "la raza puertorriqueña"?
3. ¿Cuáles son algunas de las diferencias entre esta conquista y la colonización inglesa de Norteamérica?
4. ¿Ha habido otra conquista de Puerto Rico después de la española?
5. ¿Qué ventajas y desventajas políticas o económicas tiene uno/a por ser puertorriqueño/a?

Imágenes
José Clemente Orozco

José Clemente Orozco (1863–1949) es uno entre tres muralistas que se consideran los tres grandes muralistas mexicanos. (Los otros dos son Diego Rivera y David Alfaro Siqueiros.) Su obra se conoce por expresar un gran compromiso social de impacto universal. En este mural Orozco pintó a once hombres sentados como iguales alrededor de una mesa. El pintor incluye dos asiáticos, un africano, un árabe, un tártaro, un indígena mexicano, un afroamericano, un crítico de arte norteamericano, un filósofo francés, un zionista y un poeta holandés.

**José Clemente Orozco, "La mesa de la hermandad",
Permiso de la Flia. Orozco Valladares/VAGA, New York.**

Perspectivas e impresiones

7-36 El cuadro. Observen la imagen y contesten las siguientes preguntas:

1. ¿Qué tienen en común las figuras? ¿Cómo se diferencian?
2. ¿De qué tratará el libro que está sobre la mesa?
3. ¿Qué estará observando cada uno de ellos?
4. ¿Cómo será el estado de ánimo de cada uno?
5. ¿En qué estará pensando cada uno?
6. ¿Por qué se ha excluido a las mujeres de este cuadro?

7-37 Otras imágenes. En una enciclopedia o en la red informática, busca información sobre Diego Rivera, Rufino Tamayo y David Alfaro Siqueiros, todos muralistas mexicanos contemporáneos de Orozco. Escoge tres de las pinturas que más te gusten y preséntaselas a la clase.

Páginas
Alfonsina Storni

Suggestion for *Páginas*. Have students name U.S. women who publish or have published poetry expressing dissatisfaction with their position as women in relations, society, and/or politics.

A lfonsina Storni nació en 1892 en Suiza, pero vivió toda su vida en la Argentina. Su poesía se publicó entre los años 1916 y 1938. Su vida personal constituye un ejemplo de la discriminación de la mujer que no cumple con el estereotipo social de su época. En gran parte de su poesía, Storni denuncia este hecho junto con la frustración y el desconcierto que le provoca el ser discriminada por ser mujer. Storni murió en Mar del Plata, Argentina en 1938.

Antes de leer

7-38 Los colores. Hojea *(skim)* el poema para encontrar palabras que se refieren a colores. Apunta cada color y escribe una palabra o idea que asocias con esos colores. Guarda tus apuntes para después de leer.

Estrategias de la lectura

Cuanto más sepas sobre el contexto en que fue escrito un poema, más fácilmente comprenderás el poema. Debes buscar datos sobre el/la autor/a, su país de origen, los años en que vivió y escribió, y el ambiente político y socioeconómico en que vivió. A menudo, se ofrecen algunos datos antes de una lectura. Puedes buscar más información en una enciclopedia, libros de referencia y en la red informática. De hecho, puedes llamar a la biblioteca y pedir tal información al/a la bibliotecario/a de referencia.

7-39 Alfonsina Storni. Lee los datos biográficos sobre Alfonsina Storni y subraya información que creas que pueda ser incluida en el poema. Trata de encontrar información sobre la situación de la mujer durante la vida de Alfonsina Storni.

Tú me quieres blanca

Tú me quieres alba,°   *white as the dawn*
Me quieres de espumas
Me quieres de nácar.°   *mother-of-pearl*
Que sea azucena°   *lily*
5 Sobre todas, casta.
De perfume tenue,
Corola cerrada.

Ni un rayo
Filtrado me haya,
10 Ni una margarita°   *daisy*
Se diga mi hermana.
Tú me quieres nívea,
Tú me quieres blanca,
Tú me quieres alba.

15 Tú que hubiste° todas   tuviste
Las copas a mano,
De frutos y mieles
Los labios morados.
Tú que en el banquete
20 Cubierto de pámpanos°   *vine branches*
Dejaste las carnes
Festejando a Baco.°   *Bacchus, Roman god of wine*
Tú que en los jardines
Negros del engaño
25 Vestido de rojo
Corriste al estrago°.   *havoc*
Tú que el esqueleto
Conservas intacto
No sé todavía
30 Por cuáles milagros,
Me pretendes blanca
(Dios te lo perdone)
Me pretendes casta
(Dios te lo perdone)
35 ¡Me pretendes alba!

Huye° hacia los bosques;   *flee*
Vete a la montaña;
Límpiate la boca;
Vive en las cabañas
40 Toca con las manos
La tierra mojada;
Alimenta al cuerpo
Con raíz amarga;°   *bitter root*
Bebe de las rocas;
45 Duerme sobre escarcha;°   *frost*
Renueva tejidos°   *body tissues*
Con salitre° y agua;   *sea salt in the air*

Habla con los pájaros
Y lévate° al alba.   levántate
50 Y cuando las carnes
Te sean tornadas,
Y cuando hayas puesto
En ellas el alma
Que por las alcobas
55 Se quedó enredada,°   tangled
Entonces, buen hombre,
Preténdeme blanca,
Preténdeme nívea,
Preténdeme casta.

Después de leer

7-40 ¿Cómo lo interpretas tú? Contesta las siguientes preguntas sobre el poema.

1. Saca tus apuntes sobre los colores. ¿Qué color predomina en la primera parte? ¿en la segunda parte?
2. Compara los asociaciones que apuntaste con las asociaciones que hace la autora con los colores.
3. ¿Qué simboliza ser blanca?
4. ¿Qué cualidades se relacionan con el blanco en el poema? ¿con el rojo?
5. ¿Quién será el *tú*?
6. ¿Qué tiene que hacer el *tú* para merecer el derecho de quererla blanca?
7. ¿Puedes pensar en un refrán en inglés o en español que resuma este poema?

7-41 El doble criterio *(standard)*. El contraste de colores que la poeta establece en el poema sirve para contrastar también cómo el *tú* vive y es, y cómo ese mismo *tú* quiere que sea la narradora. Sigan los siguientes pasos para estudiar las imágenes del poema.

1. Hagan una lista de lo que el *tú* quiere de la narradora y trata de dar ejemplos concretos para cada imagen. Por ejemplo, *La quiere alba, es decir, que sea "nueva" o virgen.*
2. Hagan una lista de cómo el *tú* vive y trata de dar ejemplos concretos para cada imagen. Por ejemplo, *Tuvo todas las copas a mano, es decir, se permitió todos los placeres carnales (alcohol, comida, mujeres, etcétera).*
3. Comparen las imágenes y los ejemplos que apuntaron en **1** y **2**. ¿Por qué se enoja la narradora?
4. Hay un contraste implícito en el poema entre lo espiritual y lo carnal. Escriban por lo menos cinco palabras o ideas que asocien con cada concepto y expliquen por qué.
5. La narradora le da instrucciones al *tú* del poema para deshacer el doble criterio. ¿Le pide "ejercicios" espirituales o terrenales *(earthly)*? Hagan una lista de los ejercicios que la narradora requiere del *tú* y expliquen por qué.

Nicolás Guillén

Nicolás Guillén nació en Camagüey, Cuba, en 1902. Este gran escritor mulato dedicó su vida a la poesía, la cual se caracteriza por su ritmo y belleza, y a la vez por su contenido sociocultural. En su obra, Guillén plasma (representa) la experiencia afrocubana mientras que denuncia la discriminación racial que sufren los negros y los mulatos (personas de herencia negra y blanca). "Balada de los dos abuelos" pertenece a su tercer libro *West Indies. Ltd.* (1934). Guillén murió en 1989.

Antes de leer

7-42 Dos abuelos. Si conoces a tus dos abuelos, haz una lista de lo que asocies con cada uno. ¿Cómo son diferentes? ¿Qué tienen en común? ¿Qué heredaste de cada uno? Guarda tu lista para después de leer.

7-43 Nicolás Guillén. Lee los datos biográficos sobre Nicolás Guillén y subraya la información que creas que pueda ser incluida en el poema. Busca más información sobre el autor y su país en las referencias que tengas a mano.

Balada de los dos abuelos

Sombras que sólo yo veo,
me escoltan° mis dos abuelos. *escort*

Lanza con punta de hueso,
tambor de cuero y madera:
5 mi abuelo negro.

Gorguera° en el cuello ancho, *Ruff*
gris armadura guerrera:
mi abuelo blanco.

Pie desnudo, torso pétreo° *stony; rocky*
10 los de mi negro;
¡pupilas de vidrio° antártico *glass*
las de mi blanco!
África de selvas húmedas
y de gordos gongos° sordos°...; *metal musical instruments shaped like a disk; deaf*

15 —¡Me muero!
(dice mi abuelo negro).
Agua prieta° de caimanes,   *black*
verdes mañanas de cocos.
—¡Me canso!
20 (dice mi abuelo blanco).

¡Oh, velas de amargo viento,
galeón ardiendo en oro!
—¡Me muero!
(dice mi abuelo negro).
25 ¡Oh, costas de cuello virgen,
engañadas de abalorios°...!   *deluded with glass beads*
—¡Me canso!
(dice mi abuelo blanco).
¡Oh, puro sol repujado,°   *embossed*
30 preso en el aro° del trópico!   *ring; hoop*
¡Oh, luna redonda y limpia
sobre el sueño de los monos!...

¡Qué de barcos, qué de barcos!
¡Qué de negros, qué de negros!
35 ¡Qué largo furor° de cañas!°   *brilliance; sugar cane*
¡Qué látigo° el del negrero!   *whip*
Piedra de llanto y de sangre,
venas y ojos entreabiertos,
y madrugadas vacías,°   *empty dawns*
40 y atardeceres de ingenio,°   *innocent sunsets*
y una gran voz, fuerte voz,
despedazando° el silencio.   *breaking*
¡Qué de barcos, qué de barcos,
qué de negros!

45 Sombras que sólo yo veo,
Me escoltan mis dos abuelos.

Don Federico me grita
y Taita° Facundo calla;   *abuelito*
los dos en la noche sueñan
50 y andan, andan
Yo los junto.
        —¡Federico!
¡Facundo! Los dos se abrazan.
Los dos suspiran. Los dos
55 las fuertes cabezas alzan;
los dos del mismo tamaño,
bajo las estrellas altas;
ansia° negra y ansia blanca,   *yearning, longing*
los dos del mismo tamaño,
60 gritan, sueñan, lloran, cantan.
Lloran, cantan.
Sueñan, lloran, cantan.
¡Cantan!

Después de leer

Suggestion for Activity 7-44. Have students ask similar questions about their own grandfathers or grandmothers based on the lists they made.

7-44 ¿Cómo lo interpretas tú? Contesta las siguientes preguntas sobre el poema. Revisa los apuntes que hiciste para la actividad **7-42**.

1. ¿Quiénes son los dos abuelos?
2. Haz una lista para cada abuelo de las palabras e ideas que el poeta usa para describirlo.
3. ¿Qué tienen en común los dos abuelos? ¿Cómo se contrastan?
4. ¿Crees que el poeta muestra más orgullo por uno que por el otro?
5. ¿A qué se refiere la lucha en el poema? ¿Cómo se relaciona esa lucha con el mundo interior del poeta?

7-45 El ritmo del lenguaje. Lee este poema en voz alta para oír el ritmo típico de la poesía afrocubana. Busca otro poema de Nicolás Guillén en que encuentres el ritmo afrocubano.

Taller
Un reportaje periodístico

1. **Idear.** Piensa en algo que haya ocurrido recientemente en tu universidad, ciudad o estado. Escribe una breve cronología del acontecimiento.

2. **Informar.** Escribe una oración que dé cuenta general del acontecimiento.

3. **Detallar.** Escribe cuatro o cinco oraciones para dar una cronología de lo ocurrido y añadir detalles.

4. **Agregar.** Agrega citas de personas interesadas o involucradas en el acontecimiento.

5. **Conjeturar.** Escribe dos o tres oraciones en que calcules el efecto de este acontecimiento.

6. **Resumir y concluir.** Escribe una o dos oraciones para resumir el incidente y concluir el artículo.

7. **Revisar.** Revisa tu artículo para ver si tiene una secuencia lógica. Luego revisa la mecánica.

   ❏ ¿Has incluido una variedad de vocabulario?

   ❏ ¿Has usado una frase con **hacer?**

   ❏ ¿Has verificado el uso de verbos seguidos por una preposición?

   ❏ ¿Has verificado los usos de **por** y **para?**

   ❏ ¿Has verificado la ortografía y la concordancia?

8. **Intercambiar.** Intercambia tu artículo con el de un/a compañero/a. Mientras lean los ensayos, hagan comentarios y sugerencias sobre el contenido, la estructura y la gramática.

9. **Entregar.** Pasa en limpio tu ensayo, incorporando las sugerencias de tu compañero/a, y entrégaselo a tu profesor/a.

8 Las artes culinarias y la nutrición

Warm-up for ¡Así es la vida! ¿Qué tipo de comida prefieres? ¿la española? ¿la mexicana? ¿la casera? ¿...? ¿Te gusta cocinar? ¿Cuál es tu plato especial?

Suggestion for ¡Así es la vida! Have students reconstruct their meal pattern (lunch and dinner) over at least the past seven days. Compare students' menus for the most balanced, most erratic, most nutritious, most "hazardous," etc.

Suggestion for ¡Así es la vida! Remind students that the names of foods vary from country to country, and that specialties are often named for the region where they originate. This menu comes from a Spanish magazine, hence some of the terms are particular to Spain, for example, *nata* instead of *crema*.

Comunicación

◆ **Discussing trends and tastes in food and recipes**
◆ **Expressing what you would do, or would not have done**
◆ **Discussing hypothetical situations**

Estructuras

◆ **The imperfect subjunctive**
◆ **The conditional and conditional perfect**
◆ **The indicative or subjunctive in *si*- clauses**

Cultura

◆ **La diversidad de la comida española**
◆ **Productos oriundos del Nuevo Mundo y productos que los españoles introdujeron en él**
◆ **Ritmos: Juan Luis Guerra y 4:40**—*Ojalá que llueva café*
◆ **Imágenes: Salvador Dalí**—*Nature Morte Vivante*
◆ **Páginas: Laura Esquivel**—*Como agua para chocolate (selección)*

Un menú completo para el mes de marzo

Una cocina variada, sana, equilibrada y apetitosa es lo que te ofrecemos en este menú que resolverá tus almuerzos y cenas para todo el mes de marzo

	días	almuerzo	cena
MENÚS PARA LAS SEMANAS 1A Y 3A	lunes	Crema de espárragos Hígado de cordero encebollado Yogur de frutas	Sopa de verduras Empanadillas de queso Melocotón en almíbar
	martes	Arroz con bacalao Chuleta de cerdo adobada Sorbete de naranja	Sopa de caldo con pasta Calamares en su tinta Crepes con mermelada
	miércoles	Ensalada de remolacha, cebolla y maíz Pollo a la plancha Yogur natural	Puré de legumbres Salchichas con pisto (pimientos, tomate, cebolla) Fresones con crema
	jueves	Sopa de cordero Ternera rellena Pera	Ensalada de tomate y queso Tortilla de alcachofas Helado de coco
	viernes	Judías verdes estofadas Pollo guisado con zanahorias Crema quemada	Espinacas a la crema Pita de carne Manzana
	sábado	Canelones de verdura Escalopa de ternera Ensalada de fruta fresca	Ensalada de espárragos y salmón Costilla de cerdo estofada con patatas Queso con mermelada
	domingo	Ensalada de aguacate y pomelo Espaldita de cordero al horno Bizcocho de chocolate	Rollos de primavera Salmón al vapor Fresones con moscatel
MENÚS PARA LAS SEMANAS 2A Y 4A	lunes	Pasta con mantequilla de hierbas Solomillo de cerdo al horno Manzana al horno	Berenjenas rellenas con jamón y queso Huevos revueltos con tomate Galletas de anís
	martes	Cazuela de lentejas Bistec de ternera a la parrilla Zumo (jugo) de kiwi	Cogollos de Tudela (pueblo de Navarra) con anchoas Pechuga de pollo empanada Flan con nata (crema)
	miércoles	Fideos a la cazuela Merluza en papillote Pastel de queso fresco	Col y patatas Croquetas de jamón Plátano
	jueves	Ensalada variada con atún Cazuela de cordero Piña en almíbar	Puerros gratinados Brochetas de calamar Frutos secos
	viernes	Arroz al azafrán con frutas Albóndigas con verduras Helado de fresa	Acelgas al vapor Callos a la madrileña Tarta de yogur
	sábado	Sopa de pollo con verduras Bacalao a la vizcaína Leche frita	Guisantes salteados con jamón Bocaditos de pavo Pera y naranja
	domingo	Lasaña de espinacas Chuletas de cordero a la parrilla Helado de limón	Sopa de berros Chirlas a la marinera Cuajada con miel

Vocabulario primordial

Comidas y sazones

el aguacate	la pera
la anchoa	el pescado
el anís	la pimienta
el arroz	la piña
las aves	el pollo
el bistec	la sal
las carnes	la salchicha
la crema	el salmón
los dulces	la sopa
la ensalada	la trufa
los espárragos	el yogur
las espinacas	las verduras
las frutas	la zanahoria
el helado	
el huevo	**Utensilios**
el jugo (el zumo)	el abrelatas
la leche	la balanza
las legumbres	la batidora
el maíz	la cacerola
la manzana	la cafetera
los mariscos	la cuchara
la naranja	el cuchillo
el pan	la espátula
la papa (la patata)	la estufa
la pasta	el horno
el pavo	el sacacorchos
	el tenedor

Vocabulario clave

Verbos

adobar	to marinate
ahumar	to smoke
colar	to strain
empanar	to bread
guisar (estofar)	to stew
medir (i, i)	to measure
rallar	to grate
rebanar	to slice
saltear	to sauté

Sustantivos

la acelga	chard
la albóndiga	meatball
la alcachofa	artichoke
la almeja (la chirla)	clam
el almíbar	syrup
el azafrán	saffron

el bacalao	codfish
el bizcocho	cake
la berenjena	eggplant
el berro	watercress
la brocheta	skewer, kabob
el calamar	squid
el caldo	broth
el callo	tripe
la cazuela	stew pot
el cerdo	pork
el champiñón (el hongo)	mushroom
el coco	coconut
la col	cabbage
el cordero	lamb
la costilla	rib
la cuajada	junket, curd
la empanada	turnover
el entremés (el antojito)	appetizer
el fideo	noodle
la fresa (el fresón)	strawberry
el frijol	bean
la galleta	cookie; cracker
los guisantes	peas
el hígado	liver
las judías	green beans
el melocotón (el durazno)	peach
la merluza	hake (whitefish)
el pastel	pastry; cornmeal/rice mold
el papillote	foil/paper wrap
la pechuga	breast
el puerro	leek
la remolacha	beet
el sabor	flavor
el solomillo	sirloin
la ternera	veal
la toronja (el pomelo)	grapefruit
la tortilla	(Spanish) omelet

Ampliación

Verbos	Sustantivos	Adjetivos
adobar	el adobo	adobado/a
colar	el colador	colado/a
condimentar	el condimento	condimentado/a
filtrar	el filtro	filtrado/a
moldear	el molde	moldeado/a
picar	el picante	picante / picoso/a
rallar	el rallador	rallado/a
rebanar	la rebanada	rebanado/a
salar	la sal	salado/a

¡cuidado!

un poco de / pocos/as / poco/a / pequeño/a

In Spanish, use **un poco de** to express *a little.*

A esta sopa le hace falta **un poco de** sal. | *This soup needs a little salt.*

Use **pocos/pocas** to say *few,* with respect to a limit in number.

Es una receta de **pocos** ingredientes. | *It's a recipe of few ingredients.*

Quedan **pocas** tapas en la mesa. | *There are few snacks left on the table.*

Use **poco/poca** to express *little,* with respect to amount, scope, or degree.

Para una familia cubana, ustedes beben **poco** café. | *For a Cuban family, you drink little coffee.*

To express *small* or *little* in size, use **pequeño/a(s).**

Este pavo es muy **pequeño**. Debemos comprar otro más grande. | *This turkey is very small. We should buy another bigger one.*

oler a/saber a

The verbs **oler** (*to smell*) and **saber** (*to taste*), require the preposition **a**, not **como**, to express *smell/taste like.*

Esta sopa **huele a** mariscos. | *This soup smells like seafood.*

Dicen que las ancas de rana **saben a** pollo. | *They say that frog legs taste like chicken.*

Suggestion for *un poco de.* Have students complete these phrases: *Para sazonar una sopa, le echo un poco de...; Para ir a un concierto, necesito un poco de...; Para ganar la lotería, necesito un poco de...*

Suggestion for *pocos / un poco/a.* Have students create contexts for these statements: *Tengo muchos gastos y poco dinero. A la una de la mañana hay poco ruido en mi casa. De toda la comida que compré queda poca que me gusta en el refrigerador: hay muchas bananas y pocas manzanas.*

Suggestion for *oler a.* *¿A qué huelen estos lugares? ¿tu casa? ¿tu restaurante favorito? ¿la casa de tu abuela? ¿la casa de tu amigo? ¿el restaurante estudiantil? ¿un bar?*

Aplicación

8-1 Un menú completo. Observa el menú de **¡Así es la vida!** y contesta las preguntas que siguen.

1. Según este menú, ¿cuál es la comida más fuerte del día? ¿Es igual en tu casa?
2. ¿Qué platos te parecen más atractivos? ¿Qué platos nunca has probado?
3. ¿Qué platos nunca comerías? ¿Por qué?
4. ¿Qué comidas le apetecerían más a un/a vegetariano/a?
5. ¿Qué comidas comería una persona que padece de diabetes?
6. ¿Qué comidas serían buenas para un/a atleta?
7. ¿Cómo son los postres en general? ¿Son diferentes a los que sueles comer?
8. En tu opinión, ¿de dónde será este menú? ¿Por qué?

8-2 ¿Bajo qué categoría? Nombra por lo menos tres comidas o condimentos de cada una de las siguientes categorías.

MODELO: *La sal es una sazón.*

aves	panes
carnes	pescado
dulces	sazones
frutas	verduras

Composición for Activity 8-3.
Have students use some of these
expressions to write a paragraph.

8-3 ¡Exprésate mejor! Lee las siguientes oraciones. Usa una variación de cada palabra en itálica para escribir una oración nueva que elabore la idea de la oración original.

MODELO: Usamos *el molde* para preparar gelatina. *Estuvo varias horas en el refrigerador y después salió perfectamente* moldeada.

1. Los *condimentos* son muy importantes en un restaurante de comida rápida.
2. Por favor, saca *el molde* del refrigerador.
3. El café está muy amargo *(bitter)*; prefiero el café *filtrado*.
4. No les puse *sal* a los huevos.
5. Una ensalada muy bonita se prepara con zanahorias y col *ralladas*.
6. Si quieres una carne bien sabrosa, debes *adobarla* con vino y ajo por dos o tres horas antes de hornearla.
7. ¡No te preocupes! Los chiles que puse en el guacamole no son muy *picantes*.
8. ¿Dónde está el *colador* para la pasta?
9. Si te gusta el pan *salado* te va a agradar el pan mexicano.
10. Pero no *rebanes* el pan cuando esté todavía caliente.

Expansion for Activity 8-4.
Have students equip their kitchen
with necessary utensils according
to their taste in food.

8-4 ¿Para qué sirve? Describan utensilios sin nombrarlos para que el/la otro/a lo adivine.

MODELO: Sirve para preparar el café.

Es una cafetera.

Conexiones for Activity 8-5
and Activity 8-6. Students in
health classes will contribute
information regarding the nutritional value of foods and diets to
avoid illnesses.

8-5 Un menú colaborativo. Preparen un menú para una semana. Indiquen cuánto tiempo tardará la preparación, cuánto costará, y cuál será el valor nutritivo de cada plato.

8-6 La salud y la nutrición. Escojan dos de las siguientes condiciones y escriban regímenes para personas que padezcan de cada una.

la diabetes	la alergia a productos lácteos
el sobrepeso	la hipoglicemia
la arteriosclerosis	el cáncer

8-7 Otros platos. Cada país y cada región tiene sus gustos y especialidades culinarias. Usa guías turísticas y la red informática para buscar y describir platos típicos de otros lugares en el mundo hispano.

MODELO: *Se conoce Puebla, México, por su mole poblano; es un plato de pollo o pavo con un guiso especial de especias, chocolate, almendras y manteca.*

Estructuras

1. The imperfect subjunctive

Suggestion for art. Expand the context of the cartoon from the teenager's point of view. *Cuando era joven, mi madre siempre insistía en que me portara bien en un restaurante. Pedía que me lavara las manos antes y después de comer. ¡Y hay más! Por ejemplo, me decía que no comiera muy rápido. Insistía en que no hablara con la boca llena.*

The Spanish imperfect subjunctive has two conjugations: **-ra** endings and **-se** endings. The **-ra** form is more common in daily conversation, while the **-se** form is used in formal speech and, especially, writing. The **-ar, -er,** and **-ir** verbs follow the same pattern.

◆ All imperfect subjunctive verbs are formed by dropping the **-ron** ending of the third-person plural of the preterit and adding the endings below.

-*RA* FORM		-*SE* FORM	
-ra	-ramos	-se	-semos
-ras	-rais	-ses	-seis
-ra	-ran	-se	-sen

Suggestion to practice the forms of imperfect subjunctive. Have students work in teams to quickly conjugate verbs and use them in a meaningful sentence. For example, *nosotros/hablar: Usted no quería que habláramos en clase. yo/ decir; tú/comer; ustedes/saber; los profesores/traer; vosotros/ir; nosotros/estar*

◆ The following chart shows the imperfect subjunctive forms of some common regular and irregular verbs.

	3RD PERSON PLURAL	1ST PERSON SINGULAR
INFINITIVE	PRETERIT	IMPERFECT SUBJUNCTIVE
tomar	tomaron	tomara/tomase
beber	bebieron	bebiera/bebiese
escribir	escribieron	escribiera/escribiese
caer	cayeron	cayera/cayese
decir	dijeron	dijera/dijese
ir/ser	fueron	fuera/fuese

◆ The first person plural requires a written accent.

cayéramos / cayésemos
tomáramos / tomásemos

◆ The imperfect subjunctive is required under the same conditions as the present subjunctive, but the point of reference is in the past. Compare the following sentences.

Juana **duda** que el pavo **esté** cocinado.

Juana doubts that the turkey is cooked.

Juana **dudaba** que el pavo **estuviera** cocinado.

Juana doubted that the turkey was cooked.

Suggestion for polite requests. Have students complete the following phrases. *En la casa de un amigo, digo: "Quisiera…"; En la clase, le preguntamos al/a la profesor/a: "Pudiéramos…"; En casa mis padres me dicen: "Debieras…"*

◆ A common use of the imperfect subjunctive is to make polite requests or statements with the verbs **querer, poder,** and **deber.** Note the following examples.

Quisiera probar las albóndigas.

I would like to taste the meatballs.

¿**Pudieras** pasarme las empanadillas?

Could you pass me the turnovers?

Debieran seguir la receta.

You should follow the recipe.

A que ya sabías…

Suggestion for *ojalá*. Ask students questions to which they can respond using *ojalá*. For example, *¿Qué dices cuando hace mucho calor? ¡Ojalá que tuviera un vaso de agua! ¿…cuando tienen un examen?; ¿…cuando quieren impresionar a una persona?; ¿…cuando necesitan dinero?*

Suggestions for *ojalá*. Ask students if they remember the origin of the word *ojalá* (see *Lección 6*).

Ojalá (que) + *imperfect subjunctive* expresses a wish that is contrary to fact in the present or unlikely to happen in the future.

Ojalá que mamá **tuviera** cordero para la cena.

I wish Mom had lamb for dinner. (She doesn't.)
I wish Mom would have lamb for dinner. (She probably won't.)

Aplicación

8-8 En la cocina con Tita y Nacha. Completa el recuerdo de Tita. Escribe la forma correcta del imperfecto de indicativo o de subjuntivo de cada verbo entre paréntesis.

(1. Ser)_____ un día perfecto para preparar la rosca (*braided bread*) de Navidad. Nacha siempre (2. querer)_____ que nosotras la (3. preparar)_____ dos días antes de la Navidad para que la (4. poder)_____ servir para la Noche Buena. Nos (5. pedir) _____ que (6. buscar)_____ huevos frescos en la pollera, que (7. comprar) _____ levadura y fruta, que (8. calentar)_____ bien la leche y que (9. medir)_____ bien la harina. (10. Hacer)_____ una masa olorosa, llena de frutas secas, nueces, canela y amor. Sí, el secreto de la rosca es que siempre hay que prepararla con amor. Luego (11. ser)_____ necesario que la (12. hornear) _____ en el horno de leña en la cocina grande de Mamá Elena. La (13. poner) _____ por dos horas hasta que (14. salir)_____ bien tostada y fragante. Después, Mamá Elena (15. insistir)_____ en que nosotros se la (16. servir)_____ a los huéspedes con un cafecito o un vinillo, incluso al padre Román de la parroquia. Así lo (17. hacer) _____ todos los años cuando nosotros (18. ser)_____ jóvenes.

8-9 Un recuerdo tuyo. Escribe un párrafo en que recuerdes una secuencia de acciones que siempre hacías de joven. Usa el imperfecto del indicativo y del subjuntivo. La actividad 8-8 puede servirte como modelo.

👥 8-10 Cuando eran más jóvenes. Comenten sus deseos, preferencias y costumbres de cuando eran más jóvenes. Usen las frases a continuación y háganse preguntas para elaborar sus recuerdos.

MODELO: E1: *Cuando era más joven, siempre quería que mi mamá me preparara sopa cuando me sentía mal.*

E2: *¿Qué sopa te gustaba más?*

E1: *Prefería la sopa de pollo.*

1. Esperaba que…
2. No conocía a nadie que…
3. Buscábamos una receta que…
4. Siempre hacía ejercicio para que…
5. No iba a la escuela sin que…
6. Mis padres preferían que…
7. Queríamos seguir un régimen que…
8. Tomábamos vitaminas a fin de que…

8-11 ¡Ojalá! ¿Cuáles son sus deseos? Expresen algunas esperanzas que tengan que no son probables. Traten de hacer un comentario sobre cada uno de los siguientes temas.

MODELO: *¡Ojalá mi abuelo se cuidara mejor y no comiera tanta grasa!*

la comida esta noche el clima este fin de semana
el próximo examen la tarea para mañana
el precio de una cena la salud de un familiar

A propósito...

La diversidad de la comida española

La comida española es una de las más ricas y variadas del mundo. El norte de España es conocido por sus mariscos y pescados como la merluza, el pulpo (*octopus*), las vieiras (*scallops*), los percebes (*goose-barnacles*), y los mejillones (*mussels*). Galicia es famosa por su carne excelente, el típico caldo gallego y el lacón con grelos (*ham with turnips*). Asturias se distingue por su fabada, un plato hecho con alubias (*white beans*), chorizo, morcilla (*blood sausage*) y cerdo. Se dice que el País Vasco es donde mejor se come en España. Allí goza de fama la merluza en salsa verde y los chipirones en su tinta (*baby squid in their own ink*). La Meseta Central se especializa en los asados como el cochinillo (*suckling-pig*) y el cordero. Andalucía es la tierra de los pescados fritos y del gazpacho, Navarra y Aragón se especializan en chilindrones (*meat and poultry in tomato and red pepper sauce*); y la región de Cataluña es famosa por sus butifarras (*a type of pork sausage*) y por su incomparable postre, la crema catalana (*a custard with a caramel top*).

En toda España se comen tapas (*hors d'oeuvres*) en los bares antes del almuerzo y la cena. Hay tapas de tortilla (*omelet*), de patatas, de pescado, de mariscos, de carnes y de fiambres (*cold cuts*), especialmente el jamón. Los españoles acompañan sus tapas con un vaso de cerveza o una copa de vino blanco, tinto o rosado.

Vamos a comparar

¿Puedes pensar en especialidades de comida que existan en distintas regiones de los Estados Unidos y el Canadá? ¿Qué tipos de tapas se comen en tu pueblo o ciudad? ¿Es común ir a bares en tu comunidad? ¿Por qué? ¿Sabías que hay restaurantes de tapas españolas en Atlanta, Chicago, Toronto y Nueva York, entre otras ciudades norteamericanas?

Técnicas culinarias
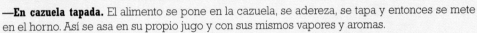

Asar. Es cocer los alimentos bajo la acción directa del calor, es decir, al horno. Hay tres maneras de asar:

—**A la parrilla.** Se coloca el alimento en la parrilla del horno, con la bandeja debajo para que recoja el líquido sobrante sin que toque el asado.

—**En bandeja.** En el horno el alimento se asa junto con sus jugos y los que hemos añadido nosotros para obtener luego una salsa. Recuerda que, normalmente, el horno tiene que estar caliente cuando introduzcas los alimentos.

—**En cazuela tapada.** El alimento se pone en la cazuela, se adereza, se tapa y entonces se mete en el horno. Así se asa en su propio jugo y con sus mismos vapores y aromas.

Blanquear y escaldar. Consiste en dar un corto hervor a los alimentos para meterlos después en agua fría. Al blanquear, se elimina el color —como en el caso de la coliflor— o se suaviza el sabor de ciertos alimentos. El escaldado facilita, por ejemplo, pelar los tomates.

Baño de María. Es un sistema de cocción para alimentos delicados. Éstos se ponen en un recipiente que se deposita a su vez dentro de otro que contiene agua caliente.

Cocer en "papillote". Consiste en cocer alimentos envueltos, lo que permite que éstos conserven su sabor y aroma, ya que se cuecen en su propio jugo. Se puede utilizar como envoltorio el papel pergamino, el papel de aluminio y las bolsas de asar. Por otro lado, los "papillotes" se pueden cocinar fritos, al horno, a la parrilla, etcétera.

Cocer al vapor. Es cocer los alimentos en un recipiente tapado y con agua sin que ésta esté en contacto con los alimentos. Luego se colocan en rejillas o en cestillos especiales y se van cocinando al vapor.

Escalfar. Se trata de cocer alimentos en líquido abundante, por debajo del punto de ebullición, es decir, por debajo de los 100° centígrados, incorporando líquido frío, si es preciso. Al meterlos en el líquido, los alimentos se hunden y cuando están en su punto suben a la superficie.

Estofar. Para estofar, primero se ha de freír el alimento a fuego fuerte y por poco tiempo. Luego, se continúa su cocción lenta con líquido, no demasiado, en cazuela tapada hasta el final de la misma, procurando que la cocción no baje de los 100°.

Freír. Es cocer los alimentos en aceite caliente. Los alimentos pequeños y de poco grosor se fríen en una sartén y los que son de un tamaño un poco mayor, en una sartén con tapa o en cazuela semitapada (para que no retengan demasiada humedad).

Hervir. Consiste en cocer un alimento en un líquido que lo cubra, a una temperatura constante de 100°. Si se preparan sopas con carnes se han de quitar las impurezas (espumando la superficie). Si lo que se pretende es que el alimento conserve todas sus cualidades nutritivas, debe colocarse en el líquido ya hirviendo; pero si lo que se desea es que el alimento desprenda todos sus nutrientes en el caldo, entonces se debe colocar en el líquido aún frío.

Rehogar. Es cocer los alimentos con muy poco líquido y con grasa o aceite. La cocción ha de ser a fuego bajo y con el recipiente tapado herméticamente mientras dure la cocción. Los alimentos se cuecen sin dorarse.

Gratinar. Consiste en dorar la superficie de un alimento ya cocido, hasta que quede crujiente. Para gratinar lo más indicado es la parrilla del horno.

¡Así lo decimos!

Vocabulario primordial

la acidez
adelgazar
bajar de peso
blando/a
la caja
cocinar
el colesterol
duro/a
engordar
freír (i,i)
la grasa
la proteína
suavizar
subir de peso
la vitamina

Ingredientes

el aceite
el ajo
la cebolla
el chorizo
el cilantro

Medidas

el gramo
el kilo
la libra
el litro
la onza
la taza

Sustantivos

la bandeja	tray
la cuerda	string
el fogón	kitchen range, stove
el grosor	thickness
el horno	oven
la lata	can
la olla	pot
la parrilla	grill
el recipiente	container
la rejilla	small grill
la sartén	frying pan

Adjetivos

envuelto/a	wrapped
hermético/a	air-tight
mediano/a	medium
sobrante	left over

Otras palabras y expresiones

a la brasa	charcoal grilled
a la parrilla	broiled
a la plancha	grilled
al horno	baked
al vapor	steamed
relleno/a	stuffed
soso/a	bland

Vocabulario clave

Verbos

aderezar	to season
asar	to roast
blanquear	to blanch
cocer (ue)	to cook
colocar	to place
congelar (ie)	to freeze
desperdiciar(se)	to waste
desprender	to detach
dorar	to brown
echar a perder	to spoil
escalfar	to poach
espumar	to foam
gratinar	to brown with bread crumbs, cheese, etc., on top
hervir	to boil
hundir	to submerge
meter	to put in
pelar	to peel
rehogar	to simmer
tapar	to cover
tragar	to swallow; gulp

Ampliación

Verbos	Sustantivos	Adjetivos
alimentar	la alimentación	alimenticio/a
(des)congelar	el congelador	congelado/a
desperdiciar(se)	el desperdicio	desperdiciado/a
embotellar	la botella	embotellado/a
enlatar	la lata	enlatado/a
hornear	el horno	horneado/a
medir (i, i)	la medida	medido/a
nutrir	la nutrición	nutrido/a
pesar	el peso	pesado/a
rellenar	el relleno	relleno/a
tapar	la tapa	tapado/a
tragar	el trago	tragado/a

¡cuidado!

copa/taza/vaso

Copa is a glass of wine, champagne, or brandy.

Vamos a tomar una copa.

Let's have a drink.

Taza means *cup* in the sense of a cup of coffee or a measuring cup.

Lava unas **tazas** para el café
mientras busco una **taza** de azúcar.

*Wash some cups for the coffee
while I look for a cup of sugar.*

Vaso is a glass of water, juice, milk, soda, etc.

¿Quieres un **vaso** de limonada?

Do you want a glass of lemonade?

Suggestion for ¡Cuidado! Have students indicate which they use and where they drink the following: *vino: Tomo una copa de vino en una cena especial en un restaurante.*
leche; agua; té; limonada; café; champán; jugo de naranja; espreso; agua mineral

¡EXTRA!

A la + *adjective* refers to the cooking style, often of a certain region or country.

bacalao a la vizcaína	*Basque-style cod*
ternera a la francesa	*French-style veal*
arroz a la marinera	*seafood-style rice*

Aplicación

8-12 Técnicas culinarias. Nombra la técnica culinaria descrita en las siguientes oraciones.

MODELO: Quieres preparar una carne en su propio jugo al horno.

  Lo hago en cazuela tapada.

1. Quieres conservar todos los jugos de la carne.
2. Quieres adornar un plato de alcachofas con queso y ponerlo en el "grill" del horno.
3. Quieres preparar una salsa muy delicada y no calentarla demasiado.
4. Quieres pelar fácilmente los tomates, cebollas y melocotones.
5. Quieres preparar platos chinos al vapor.
6. Calientas el agua hasta 100° C y la mantienes a esa temperatura mientras cocinas las patatas o las remolachas.
7. Quieres dorar las cebollas y el ajo en aceite antes de agregar el arroz.
8. Quieres preparar un pavo grande para la Nochebuena.
9. Quieres preparar un buen bistec.
10. Quieres preparar verduras con muy poco aceite.

8-13 En tu cocina. ¿Qué utensilios necesitas para estas técnicas?

asar	estofar
blanquear y escaldar	freír
cocer al vapor	gratinar
cocer en "papillote"	hervir

Conexiones for Activity 8-14. Have students bring in their favorite recipe with the measurements converted to metric.

8-14 ¿Cuánto necesitas comprar? Busca en un diccionario o libro de recetas el equivalente de cada una de las siguientes cantidades.

MODELO: *Dos litros de leche equivalen (más o menos) a medio galón.*

un litro de aceite	250 gramos de queso
500 gramos de café	3 gramos de azafrán
2 kilos de arroz	100 gramos de ajo

Expansion for Activity 8-15. Have each pair of students discuss what constitutes a low-fat, low-cholesterol diet (*una dieta baja en grasa y en colesterol*), and the advantages and disadvantages of such a diet.

Conexiones for Activity 8-15. Students in Health or Biology classes may have additional information regarding the role of different fats and oils in the diet.

8-15 La cocina y la buena nutrición. Expliquen cómo les gusta preparar las siguientes comidas y por qué.

MODELO: *Me gusta cocer las verduras al vapor porque así conservan su color y sus vitaminas.*

el arroz	las patatas
el cerdo	el pescado
la coliflor	el pollo
las hamburguesas	la salsa de tomate
los huevos	el solomillo

Expansion for Activity 8-16. Have students write a radio or newspaper ad campaign to direct excess food to a worthy cause.

Note for Activity 8-16. In Europe, the quality of a restaurant is indicated by the number of forks. A four-fork restaurant would be very elegant and expensive.

8-16 ¿Qué hacen con los sobrantes? Se dice que desperdiciamos mucha comida en los Estados Unidos y el Canadá. Expliquen qué hacen ustedes cuando la comida es demasiado abundante en estos contextos.

1. en un restaurante de comida rápida
2. en un restaurante de cuatro tenedores
3. en la casa de los suegros o la familia del/de la novio/a
4. en sus casas
5. en las casas de sus padres

Expansion for Activity 8-17. Have students use several of the expressions in a paragraph.

8-17 ¡Exprésate mejor! Lee las siguientes oraciones y para cada una escribe una oración que elabore la idea presentada usando una variación de la palabra en itálica.

MODELO: Metí la carne al *horno* a las 2:30. *Hay que hornearla por tres horas y media.*

Note for Activity 8-17. The wine from the Rioja region of Spain is considered some of the best in the world. The red wine is especially well known.

1. Esta *botella* de vino tinto es de uno de los mejores vinos de la Rioja.
2. Ten cuidado *midiendo* la harina. Si no, el pan no quedará bien.
3. ¿Tienes una receta para chiles *rellenos*?
4. No te olvides de usar la balanza para *pesar* los ingredientes.
5. La leche *enlatada* nunca se echa a perder.
6. Si quieres, te invito a tomar un *trago* después del trabajo.

Estructuras

2. The conditional and conditional perfect

The conditional

Me gustaría el bistec un poco más cocido.

Warm-up art. *¿Qué más le gustaría a la mujer? ¿Le gustaría una ensalada de tomates? ¿una copa de vino? ¿...? ¿Qué dice el señor?*

In Spanish, the conditional is formed by adding the imperfect ending for **-er** and **-ir** verbs to the infinitive. The same endings are used for **-ar**, **-er**, and **-ir** verbs.

Suggestion for practicing the conditional. Have students challenge each other by creating sentences to say what they would do in the following contexts. Classmates must supply a logical verb. For example, *En clase, le... buenos días al profesor. Le... la tarea. ...los ejercicios. ... las explicaciones.*
en casa; en el laboratorio; en la cocina; en un restaurante; en mi coche

	TOMAR	COMER	VIVIR
yo	tomaría	comería	viviría
tú	tomarías	comerías	vivirías
Ud./él/ella	tomaría	comería	viviría
nosotros/as	tomaríamos	comeríamos	viviríamos
vosotros/as	tomaríais	comeríais	viviríais
Uds./ellos/ellas	tomarían	comerían	vivirían

◆ The conditional is used to state what you *would* do in some future or hypothetical situation.

| ¿**Comerías** un arroz a la marinera? | *Would you eat a seafood rice?* |
| Dijo que **eliminaría** el bacalao del menú. | *She said that she would eliminate the cod from the menu.* |

◆ The conditional is also used when the speaker is referring to an event that is future to a point in the past.

Creía que **habría** más personas en el restaurante.

I thought that there would be more people at the restaurant.

Ellos me informaron que **preferirían** los chorizos.

They informed me that they would prefer the Spanish sausages.

◆ The conditional of **deber**, like the present indicative, translates as *should*.

No **deberías** añadir más vino a la ternera.

You should not add more wine to the veal.

Deberían encender el fogón ahora.

They should light the stove now.

◆ The conditional has the same irregular stems as the future.

decir	**dir-**	diría, dirías...
hacer	**har-**	haría, harías...
haber	**habr-**	habría, habrías...
poder	**podr-**	podría, podrías...
querer	**querr-**	querría, querrías...
saber	**sabr-**	sabría, sabrías...
poner	**pondr-**	pondría, pondrías...
salir	**saldr-**	saldría, saldrías...
tener	**tendr-**	tendría, tendrías...
venir	**vendr-**	vendría, vendrías...

◆ Probability or conjecture in the past is often expressed in Spanish with the conditional.

¿Cuándo preparó la chef el caldo?
Lo **prepararía** esta mañana.

When did the chef prepare the broth?
She probably prepared it this morning.

The conditional perfect

Suggestion for art. *¿Qué más dice la señora? También habría podido usar carne. Habría podido echarle un poquito de vino. Habría podido preparar una comida sin carne.*

The conditional perfect is formed with the conditional of the auxiliary verb **haber** + *past participle*.

Suggestion for conditional perfect. Have students create contexts for the following statements. *Habría podido beber un jugo de verduras. Habríamos comido esa noche en un restaurante. Habrías tenido hambre. Nuestros compañeros habrían preparado una gran comida.*

	CONDITIONAL	PAST PARTICIPLE
yo	habría	asado
tú	habrías	metido
Ud./él/ella	habría	medido
nosotros/as	habríamos	pelado
vosotros/as	habríais	dependido
Uds./ellos/ellas	habrían	hervido

◆ The conditional perfect is used to express an action which would or should have occurred but did not.

| **Habría enlatado** las remolachas, pero ya se las comieron. | *I would have canned the beets, but they already ate them.* |
| **Habríamos cocido** los alimentos con menos líquido, pero no teníamos las proporciones correctas. | *We would have cooked the food with less liquid, but we didn't have the correct proportions.* |

◆ The conditional perfect is also used to express probability or conjecture.

| **Habría asistido** a una escuela culinaria antes de hacerse famoso. | *He had probably attended a culinary school before becoming famous.* |
| ¿**Habría engordado** Eduardo el primer año de casado? | *I wonder if Eduardo had gained weight the first year of marriage?* |

Aplicación

8-18 ¿Qué habrían hecho? Expliquen lo que habrían hecho sus abuelos en las siguientes circunstancias.

MODELO: al recibir una invitación a una fiesta de gala

La habrían aceptado con mucho gusto. Mi abuelo se habría puesto el traje negro. Mi abuela habría pasado el día en la peluquería. Se habrían divertido un montón.

1. al conocer a una estrella de cine
2. al nacer el primer nieto
3. al asistir a la graduación de un hijo o de una hija
4. al celebrar 50 años de matrimonio
5. al ver a un astronauta caminar en la luna
6. al tener a todos los hijos y nietos juntos para una fiesta familiar
7. al cumplir 21 años
8. al recibir una carta con malas noticias

Suggestion for Activity 8-19.
Have students act out their scenarios as if they were talking on the telephone. They should have their backs to each other to simulate not being able to see each other's faces.

👥 **8-19 ¡No lo comería yo!** Intercambien consejos sobre su régimen y su modo de vida. Pueden inventar situaciones y regímenes.

MODELO: E1: *Quiero adelgazar y me dicen que debo comer una sopa de vegetales. ¿Qué opinas?*

E2: *¡No la comería yo! Mejor comería puras proteínas, carne, pescado, pollo. Nada de vegetales.*

Suggestion for Activity 8-20.
Students could do this in triads to be able to offer additional opinions.

8-20 Una cena desastrosa. Tu amigo/a preparó una gran cena, pero todo le salió mal. Explícale cómo habrías preparado los platos. Piensa en seis desastres culinarios y explica cómo evitarlos.

MODELO: Rehogué la berenjena, pero salió seca.

Yo la habría rehogado con menos fuego y por menos tiempo.

Conexiones for *A propósito...*
Students in Anthropology classes could contribute additional information regarding the nutritional and ceremonial importance of certain food products, such as *el cacao*, to pre-Columbian civilizations.

👥 **8-21 En un mundo mejor.** ¿Cómo sería el mundo ideal? Contesten esta pregunta usando el condicional.

MODELO: *No habría guerra. Todos tendrían la oportunidad de seguir una carrera buena.*

A propósito...

Productos oriundos del Nuevo Mundo y productos que los españoles introdujeron en él

Con el descubrimiento del Nuevo Mundo los españoles introdujeron en España, y después en el resto de Europa, una serie de productos desconocidos hasta entonces. El que más impacto ha tenido es el tabaco, más tarde llevado por Sir Walter Raleigh a Londres en el siglo XVI y cuya nefasta influencia perdura en todo el mundo hasta nuestros días.

En el siglo XVI llegaron a Europa a través de España productos comestibles como el maíz, la papa, la vainilla, el tomate, el aguacate, el cacao, la piña, la guayaba, la papaya, el chile, los frijoles, el boniato (*yam*), el maní (*peanut*) y el pavo.

De la gran variedad de plantas americanas vienen productos farmacéuticos como la quinina y la coca. Y qué sería de los métodos de transporte sin la goma del caucho (*rubber*).

De Europa los españoles introdujeron en América el café, posiblemente el producto que más impacto ha causado. Además trajeron la caña de azúcar, el arroz, el mango y las bananas. Y con los españoles vinieron animales como los caballos, los burros, los mulos, las ovejas, las cabras, los perros bravos, las vacas, los cerdos, los pollos, los gatos y hasta los ratones. Comestibles como el trigo, el olivo, la cebolla y el ajo cambiaron para siempre la dieta del indígena americano.

Vamos a comparar

¿Qué productos no sabías que eran oriundos de América? ¿Qué productos no sabías que eran oriundos de Europa? ¿Cuál crees que es el producto más importante que vino de Europa y por qué? ¿Cuál piensas que es el producto más importante que los españoles llevaron de América a Europa y por qué?

3. The indicative or subjunctive in *si*-clauses

Simple si-*clauses*

Si me invitas a cenar, te cocino algo especial.

Suggestion for art. *Y, ¿qué dice la mujer? Si cocinas, traigo el vino / te compro flores / te preparo el postre.*

A **si**-clause states a condition that must be met in order for something to occur. The verb in a simple **si**-clause is usually in the present indicative, while the verb in the result clause is in the present or future tense.

Si no sacas el helado del congelador ahora, **estará** muy duro cuando lo sirvas.	*If you don't take out the ice cream from the freezer now, it will be very hard when you serve it.*
Si quieres, comemos fresas de postre.	*If you want, we'll eat strawberries for dessert.*

Contrary-to-fact si-*clauses*

¡Si nos viera la tía Julia, estaría mortificada!

Suggestion for art. *¿Qué diría la tía Julia si los vieran?¿Qué haría? ¿Qué haría la pareja si la tía Julia apareciera en ese momento?*

Suggestion for practicing si-clauses. Have students complete these statements with a logical contrary-to-fact si-clause. *No volvería a un restaurante donde la comida estuviera mala… Te invitaría a tomar una copa… Saldríamos juntos esta noche… Llamaría a todos mis amigos…*

When a **si**-clause contains implausible or contrary-to-fact information, the imperfect subjunctive is used in the **si**-clause and the conditional is used in the result clause.

Si tuviera dinero, te **invitaría** a una copa.	*If I had money, I would invite you to a drink.*
Si pusieras la carne en el refrigerador, no se **echaría** a perder.	*If you were to put the meat in the refrigerator, it would not spoil.*
Aderezaría el pollo esta tarde, **si** tú me **ayudaras**.	*I would season the chicken this afternoon if you were to help me.*

◆ Note that the conditional clause does not have a fixed position in the sentence; it may appear at the beginning or end of the sentence.

◆ When the **si**-clause containing contrary-to-fact information describes a past action, the pluperfect subjunctive is used in the **si**-clause, while the conditional perfect is used in the main clause.

Si hubiera sabido que te gustaba, te **habría hecho** el cordero a la parrilla.	*If I had known that you liked it, I would have made you the lamb on the grill.*
Si no **hubiéramos comprado** tantos alimentos, no **habríamos comido** tanto.	*If we had not bought so much food, we wouldn't have eaten so much.*

A que ya sabías…

Suggestion for practicing como si-clauses. Have students transform these statements. *No sé cocinar, pero hablo como si… La comida de la cafetería es bastante buena, pero los estudiantes… No te gustan los aspárragos pero… Los estudiantes se quejan de la comida…*

Comparative **si**-clauses introduced by **como si** (*as if*) refer to a hypothetical or contrary-to-fact situation and require either the imperfect or the pluperfect subjunctive. When used with the imperfect, the action coincides in time with the main verb; when used with the pluperfect, the action happens before the main verb.

Julián ha desayunado **como si** no **fuera a** comer más hoy.	*Julián has had breakfast as if he were not going to eat more today.*
Ana nos habló del menú **como si hubiera asistido** al almuerzo.	*Ana spoke to us about the menu as if she had attended the luncheon.*

Aplicación

8-22 ¡Si hay amigos, hay fiesta! Completa estas frases con una cláusula lógica.

1. Si no llueve…
2. No habrá quejas…
3. Llegaremos a tiempo…
4. Si encendemos la estufa…
5. Si no pierdes el sacacorchos…
6. Serviremos mariscos…
7. No se preocupará nadie…
8. Si se acaba la comida…

8-23 La buena nutrición. Completa el diálogo entre la nutricionista y su cliente con el condicional o el imperfecto del subjuntivo según el contexto.

DON ISMAEL: No me siento bien, doctora. ¡Ay! Si (1. tener)_____ más energía.

DRA. RODRÍGUEZ: Si (2. tomar)_____ estas vitaminas e (3. hacer)_____ más ejercicios, (4. sentirse)_____ mejor, don Ismael.

DON ISMAEL: Pero doctora, las vitaminas son caras. Si (5. tener)_____ el dinero para comprar pastillas, no (6. tener)_____ que trabajar tanto y (7. sentirme)_____ mejor. Y hacer ejercicios es aburrido. Si (8. vivir)_____ más cerca del gimnasio, lo (9. hacer) _____, pero…

DRA. RODRÍGUEZ: Entiendo que es difícil, don Ismael. Pero ¿qué (10. hacer)_____ su esposa si algo le (11. pasar)_____ a usted? ¿No (12. estar)_____ muy triste si usted (13. estar)_____ en el hospital? Veo que usted tiene que cuidarse mejor. Si (14. seguir)_____ mi consejo, (15. ser)_____ mucho más feliz y su esposa no (16. temer)_____ por su salud.

DON ISMAEL: Usted tiene razón. Ojalá (17. poder)_____ seguir sus consejos a pecho. Pero voy a tratar de hacerlo. Ay, si (18. ser)_____ más joven.

Responses to Activity 8-23.
1. *tuviera* 2. *tomara* 3. *hiciera* 4. *se sentiría* 5. *tuviera* 6. *tendría* 7. *me sentiría* 8. *viviera* 9. *haría* 10. *haría* 11. *pasara* 12. *estaría* 13. *estuviera* 14. *siguiera* 15. *sería* 16. *temería* 17. *pudiera* 18. *fuera*

Expansion for Activity 8-23.
Have students work in pairs to create an original dialogue in which one gives advice to the other, and the other finds excuses for not following it.

8-24 Ay, si… Desafortunadamente, su cocina no está muy bien equipada. Digan qué harían si tuvieran estos utensilios.

MODELO: una batidora

E1: *Si tuviera una batidora, te prepararía una bebida deliciosa.*
E2: *¿Y qué le pondrías?*
E1: *Le pondría ron, limón, hielo y azúcar.*

1. una sartén
2. una olla
3. un recipiente
4. un horno
5. una paellera
6. un caldero
7. una cafetera
8. una balanza
9. una cuchara grande
10. un cuchillo
11. una cacerola
12. una tostadora

Suggestion for Activity 8-24.
Encourage students to continue the exchange beyond three statements.

8-25 ¿Qué harían si pudieran vivir más de cien años? En un grupo pequeño discutan la posibilidad de vivir más de cien años. ¿Qué harían? ¿Cómo vivirían? ¿Qué comerían para mantener la buena salud? ¿Serían felices o estarían cansados/as de vivir tanto tiempo?

Síntesis

Actividades

Suggestion for Activity 8-26. Before beginning this activity, have students write down what they do when they feel they have a cold or the flu, and what precautions and remedies they take for illness.

Conexiones for Activity 8-26. Have students investigate alternative cures for illness. They could include diet, herbal medicine, acupuncture, etc.

👥 **8-26 ¡Ojo con los tópicos!** Lean estas advertencias y discutan si tienen validez. ¿Qué hacen ustedes para luchar contra el resfriado y la gripe?

¡Ojo con los tópicos!

Existen una serie de creencias sobre los resfriados que son erróneas y que es conveniente aclarar.

■ *El ayuno.* Aunque probablemente pierdas el apetito cuando estás resfriado/a, no debes dejar de comer, sobre todo si tienes fiebre, ya que entonces estás quemando el doble de la energía normal. Come, eso sí, poca cantidad y de alimentos livianos tales como fruta, miel, verduras, pescado o carne blanca, pan integral y yogur, ya que si no, la fiebre recibirá un combustible que contribuirá a mantenerla.

■ *Los antibióticos.* Un resfriado es una infección de las vías respiratorias superiores provocada por un virus, y los antibióticos no son eficaces contra los virus. Estos se prescriben sólo contra las bacterias, si hay una infección secundaria de la garganta o del pecho.

■ *La medicación.* Contrariamente a lo que se cree, por sí sola no elimina el resfriado con más rapidez, lo que sí consigue es aliviar alguno de sus síntomas.

■ *Ambientes caldeados.* Conviene abrigarse bien y evitar los cambios bruscos de temperatura, pero no hay que pasar mucho tiempo en ambientes demasiado caldeados, ya que suelen producir sequedad en las mucosas respiratorias, facilitando con ello las infecciones causadas por virus. Lo mejor es mantener la habitación a una temperatura templada, pero ventilarla bien a diario.

👥 **8-27 Si fueran de la generación de sus abuelos.** Hablen de las diferencias que habría en la comida que comerían y su preparación. ¿Qué comidas predominarían en la dieta y por qué? ¿Qué utensilios se utilizarían? ¿Quiénes estarían en una comida? ¿Cuánto tiempo pasarían en una comida familiar?

8-28 Mesón Rincón de la Cava. Este restaurante madrileño tiene fama por sus platos españoles bien preparados y presentados. ¿Qué comerían si lo visitaran? ¿Qué otros platos pondrían en su menú? ¿Qué vinos incluirían?

Conexiones for Activity 8-28. Have students look up menus from restaurants or recipes in Spanish-speaking countries on the Internet.

Mesón Rincón de la Cava

Especialidad en

★ Pescados fritos   ★ Jamón de Jagubo

★ Tortilla española   ★ Lomo

★ Champiñón a la plancha   ★ Chorizo

★ Gambas al ajillo   ★ Queso

C/Cava de San Miguel, 17
Tel. 3.66.58.30

Disponemos de cortijo y restaurantes
Para bodas y fiestas camperas
Reservas: tel. 859 42 96

8-29 Cocinar en casa o comer fuera. ¿Cuáles son las ventajas y desventajas de cada costumbre? ¿Qué prefieren hacer ustedes? ¿Qué harían si tuvieran más tiempo? ¿más dinero? ¿mejor selección de restaurantes o mercados?

Suggestion for Activity 8-29. Have students prepare a summary list of pros and cons to use as support for their conversation.

8-30 Los suplementos dietéticos. La industria de tiendas de nutrición ha crecido increíblemente durante las últimas décadas del siglo XX. ¿Qué opinan de los suplementos enlatados, embotellados, sintéticos o naturales? ¿Los consideran importantes para mantener la salud, o es mejor seguir una dieta balanceada para estar bien nutrido/a? Debatan este tema entre equipos en pro y en contra de los programas de suplementos dietéticos.

8-31 Las carnes y las enfermedades. Ha habido mucha controversia sobre el consumo de la carne de vaca y de las aves por las enfermedades que acarrean. Discutan entre sí los beneficios y los peligros de comer carne y el futuro de estas industrias en el siglo XXI.

cone*iones

Comida y cultura. Organícense en pequeños grupos en los que haya la mayor diversidad posible de herencia étnica y/o cultural. Conversen sobre los platos típicos que forman parte de la tradición culinaria de sus familias. ¿Hay comidas que sólo se comen en días especiales? ¿Cómo se caracterizan las diferentes dietas en términos del tipo y de la cantidad de carnes, verduras, condimentos, dulces, etcétera? ¿Sus diferentes dietas tienen cosas en común? ¿Qué conexiones pueden identificar entre comida y cultura? Después, cambien recetas para probar algunos platos típicos de sus compañeros.

Un menú internacional. Trabajando en grupos de tres, piensen en un restaurante local que no se identifique con ningún tipo de comida en especial y en el que cada uno haya comido alguna vez. Hablen del menú en términos del origen de los diferentes platos que sirven. Con los demás grupos, discutan los restaurantes que hayan esogido y la diversidad cultural del menú del restaurante típico norteamericano.

 A ESCUCHAR

Tu salud. Escucha el artículo publicado recientemente en *La Opinión* y luego contesta las preguntas sobre la información que oíste y cómo afecta la salud.

Comprensión.

1. ¿Cuáles son las tres cosas mencionadas que afectan la salud?
2. ¿Qué órgano está especialmente afectado?
3. ¿Cuál de los tres es el más importante, según este estudio?
4. ¿Dónde tuvo lugar el estudio?
5. ¿Cuántos sujetos participaron?
6. ¿Entre qué edades estaban los sujetos?
7. ¿Qué presentan los pacientes con mucho estrés?
8. ¿Qué más podrías hacer para llevar una vida feliz?

Ritmos
Juan Luis Guerra y 4:40

Juan Luis Guerra y 4:40 forman uno de los grupos musicales contemporáneos más importantes de Hispanoamérica. Vienen de la República Dominicana y los ritmos típicos de su país mezclados con sus ritmos nuevos y espectaculares letras y arreglos musicales les han dado fama internacional. Según Juan Luis Guerra, la canción *Ojalá que llueva café en el campo* tiene su origen en un poema anónimo que encontró en el pueblo de Santiago de los Caballeros. Guerra piensa que quizás haya sido escrita por algún campesino y le pareció una metáfora muy bella. Entonces, la desarrolló y le puso música. El resultado es esta bella canción.

8-32 Asociaciones. ¿Qué productos asocias con el bienestar de tu región o estado? ¿Son productos agrícolas o fabricados? En el título de esta canción, ¿qué producto se menciona? Busca la República Dominicana en el mapa y describe las diferencias geográficas y climáticas entre tu región y la de esta canción.

Suggestion for *Ritmos*.
Encourage students to react physically to the music.

Conexiones for *Ritmos*.
Students of Economics can comment on the problems inherent in an economy that depends heavily on one or two products.

Suggestion for *Ritmos*.
Have students locate on a map of the Dominican Republic the places named in the song.

Ojalá que llueva café en el campo

Ojalá que llueva café en el campo
que caiga un aguacero° de yuca y té   *mucha lluvia*
del cielo una jarina° de queso blanco   *light rain (Dominican slang)*
y al sur una montaña de berro y miel
5   oh, oh, oh-oh-oh, ojalá que llueva café.

Ojalá que llueva café en el campo
peinar un alto cerro°   *hill*
de trigo° y mapuey°   *wheat; a tuber like the potato but harder*
bajar por la colina de arroz graneado   *in consistency*
10   y continuar el arado° con tu querer   *plough*
oh, oh, oh-oh-oh.

Ojalá el otoño en vez de hojas secas
vista mi cosecha de pitisalé°   *sundried and salted beef or pork*
sembrar una llanura° de batata°   *(Dominican slang); plain; sweet*
15   y fresas   *potatoes*
ojalá que llueva café.

Pa' que en el conuco°   *small farm*
no se sufra tanto, ay ombe°   *hombre*
ojalá que llueva café en el campo
20   pa' que en Villa Vásquez°   *un municipio situado en el noroeste de*
oigan este canto   *la República Dominicana*
ojalá que llueva café en el campo
ojalá que llueva,
ojalá que llueva, ay ombe
25   ojalá que llueva café en el campo
ojalá que llueva café.

Ojalá que llueva café en el campo
sembrar un alto cerro de
trigo y mapuey
30   bajar por la colina de arroz graneado
y continuar el arado con tu querer
oh, oh, oh-oh-oh.

Ojalá el otoño en vez de hojas secas
vista mi cosecha de pitisalé
35   sembrar una llanura de batata y fresas
ojalá que llueva café.

Pa' que en el conuco
no se sufra tanto, oye
ojalá que llueva café en el campo
40 pa' que en Los Montones° oigan este canto   un paraje rural, parte del municipio de San
ojalá que llueva café en el campo   José de Las Matas, cerca de la Cordillera
ojalá que llueva,   Central
ojalá que llueva, ay ombe
ojalá que llueva café en el campo
45 ojalá que llueva café.

Pa' que todos los niños
canten en el campo
ojalá que llueva café en el campo
pa' que en La Romana° oigan este canto   la tercera ciudad de la República Dominicana
50 ojalá que llueva café en el campo
ay, ojalá que llueva,
ojalá que llueva, ay ombe
ojalá que llueva café en el campo
ojalá que llueva café.

8-33 ¿Qué has escuchado? Contesta las siguientes preguntas.

1. ¿Cómo caracterizas el ritmo de esta canción? ¿La puedes comparar con
   otra canción caribeña que hayas oído?
2. ¿Qué instrumentos musicales predominan?
3. ¿Cómo es el tono? ¿Es optimista? ¿pesimista? ¿alegre? ¿triste?
4. ¿Qué le representa el café y los otros productos a un campesino? Si Juan
   Luis Guerra te compusiera una canción, ¿qué productos incluiría?
5. Busca más información sobre el cantautor y su grupo los 4:40 en la red
   informática. ¿Está todavía activo este grupo?

👥 **8-34 ¡Ojalá!** Piensen en otros deseos para que tengan una vida feliz.

MODELO: *¡Ojalá que siempre tengas pollo para tu arroz!*

Imágenes
Salvador Dalí

Salvador Dalí (1904–1989), reconocido internacionalmente como uno de los más importantes artistas del siglo XX, nació en Figueras, un pueblo cerca de Barcelona. Junto con Pablo Picasso y Joan Miró, es producto de la rica cultura catalana. En París, Dalí conoció al círculo de poetas y pintores surrealistas cuya influencia se ve claramente en su obra. Con un estilo de pintar esmeradamente realista y preciso, Dalí coloca objetos familiares en espacios y paisajes que parecen ser el fruto de un sueño. Lo común se transforma así en imágenes tanto inquietantes como impresionantes. También influenciado por sus lecturas del famoso psicoanalista vienés Sigmund Freud, Dalí indaga tanto en lo oscuro como en lo bello del inconsciente.

Salvador Dalí, "Nature Morte Vivante", 1956, Oleo s/tela.

Perspectivas e impresiones

8-35 Observa el cuadro. Contesta las siguientes preguntas.

1. ¿Cuál es el estilo de esta pintura? ¿impresionista? ¿realista? ¿surrealista?
2. ¿Qué comidas y bebidas puedes identificar en la pintura?
3. Comenta los siguientes elementos de la pintura: la mesa, el mantel *(tablecloth)*, el balcón.
4. ¿Qué contraste percibes entre la manera en que Dalí pinta cada uno de los objetos individualmente y el efecto de la pintura vista como un todo?
5. El cuchillo está en el centro del cuadro. ¿Qué podría significar esto?
6. Piensa en el simbolismo relacionado con algunos de los objetos de la pintura y luego comenta cómo funciona la imaginería en su totalidad.

Páginas
Laura Esquivel

Laura Esquivel nació en México, D.F. en 1950. Aunque se ha dedicado mayormente al teatro infantil, la escritora también ha hecho cine y ha escrito novelas. La primera de ellas, *Como agua para chocolate*, publicada en 1989, fue un éxito casi instantáneo a nivel internacional y ha sido traducida a un sinnúmero de idiomas.

Antes de leer

8-36 ¿Cómo está el agua? Antes de leer el capítulo, considera las siguientes preguntas e ideas. Puedes buscar información en la enciclopedia o en la red informática.

1. El agua para preparar el chocolate o el café debe estar hirviendo. Aplica la metáfora a la relación entre dos personas.
2. La novela tiene lugar en México antes y durante la Revolución Mexicana. ¿Quiénes son algunos de los héroes de la Revolución?
3. Imagina cómo sería una cocina mexicana en esa época. ¿Cuáles son algunos de los instrumentos de cocina que tenemos ahora que no tendrían en esa época?
4. ¿Cuál sería el papel de la mujer en esa época? ¿Cuál sería el papel del hombre?
5 En una casa de clase media o alta, ¿quién se encargaría de la cocina?
6. ¿Qué emociones e imágenes relacionas con una cocina?

Estrategias de la lectura

El estilo literario es uno de los elementos principales de una novela. Muchos novelistas lo escogen desde el principio para lograr alguna meta en su novela. Como lector/a, debes tomar en cuenta el estilo. ¿Qué fin sirve, por ejemplo, una novela en forma de diario? ¿o una novela epistolar, es decir, una colección de cartas? ¿Qué logra el/la autor/a a través de la retrospección o los *flashbacks*? A veces el estilo es obvio desde la primera página, pero otras veces el estilo no se distingue hasta después de leer unas páginas o capítulos.

8-37 Las recetas. En *Como agua para chocolate*, Laura Esquivel usa varios elementos estilísticos. La novela es todo un *flashback* de una descendiente de los personajes principales del argumento. Esta descendiente lee la novela, que es un libro de recetas. Antes de leer el capítulo incluido aquí, haz una lista sobre la comida: ¿Por qué es importante? ¿Qué tienen que ver las recetas y las comidas con las relaciones interpersonales? ¿Cómo se relacionan las recetas y la comida con las tradiciones familiares? ¿Qué importancia tienen las recetas y la comida para los recuerdos?

Suggestion for *Páginas.* Have students read this selection in stages, following the organization outlined in **Activity 8-38**, page 272, item 1.

Suggestion for *Páginas.* Have students see all or parts of the movie to help them visualize the *realismo mágico* of this work.

Como agua para chocolate

Novela de entregas mensuales con recetas, amores y remedios caseros

CAPÍTULO I (selección)

–Enero
TORTAS DE NAVIDAD
INGREDIENTES:
1 lata de sardinas
I/2 kilo de chorizo
1 cebolla
orégano
1 lata de chiles serranos
10 teleras

Manera de hacerse:
La cebolla tiene que estar finamente picada. Les sugiero ponerse un pequeño trozo de cebolla en la mollera° con el fin de evitar el molesto lagrimeo que se produce cuando uno la está cortando. Lo malo de llorar cuando uno pica cebolla no es el simple hecho de llorar, sino que a veces uno empieza, como quien dice, se pica, y ya no puede parar. No sé si a ustedes les ha pasado pero a mí la mera verdad sí. Infinidad de veces. Mamá decía que era porque yo soy igual de sensible a la cebolla que Tita, mi tía abuela.

    Dicen que Tita era tan sensible que desde que estaba en el vientre° de mi bisabuela lloraba y lloraba cuando ésta picaba cebolla; su llanto era tan fuerte que Nacha, la cocinera de la casa, que era medio sorda, lo escuchaba sin esforzarse. Un día los sollozos fueron tan fuertes que provocaron que el parto se adelantara. Y sin que mi bisabuela pudiera decir ni pío, Tita arribó a este mundo prematuramente, sobre la mesa de la cocina, entre los olores de una sopa de fideos que se estaba cocinando, los del tomillo°, el laurel, el cilantro, el de la leche hervida, el de los ajos y, por supuesto, el de la cebolla. Como se imaginarán, la consabida nalgada° no fue necesaria pues Tita nació llorando de antemano, tal vez porque ella sabía que su oráculo determinaba que en esta vida le estaba negado el matrimonio. Contaba Nacha que Tita fue literalmente empujada a este mundo por un torrente impresionante de lágrimas que se desbordaron sobre la mesa y el piso de la cocina.

    En la tarde, ya cuando el susto había pasado y el agua, gracias al efecto de los rayos del sol, se había evaporado, Nacha barrió el residuo de las lágrimas que había quedado sobre la loseta° roja que cubría el piso. Con esta sal rellenó un costal° de cinco kilos que utilizaron para cocinar por bastante tiempo. Este inusitado nacimiento determinó el hecho de que Tita sintiera un inmenso amor

upper forehead

belly

thyme

traditional spank

tile
sack

por la cocina y que la mayor parte de su vida la pasara en ella, prácticamente desde que nació, pues cuando contaba con dos días de edad, su padre, o sea mi bisabuelo, murió de un infarto°. A Mamá Elena, de la impresión, se le fue la leche. Como en esos tiempos no había leche en polvo ni nada que se le pareciera, y no pudieron conseguir nodriza° por ningún lado, se vieron en un verdadero lío° para calmar el hambre de la niña. Nacha, que se las sabía de todas respecto a la cocina —y a muchas otras cosas que ahora no vienen al caso— se ofreció a hacerse cargo de la alimentación de Tita. Ella se consideraba la más capacitada para "formarle el estómago a la inocente criaturita", a pesar de que nunca se casó ni tuvo hijos. Ni siquiera sabía leer ni escribir, pero eso sí, sobre cocina tenía tan profundos conocimientos como la que más. Mamá Elena aceptó con agrado la sugerencia pues bastante tenía ya con la tristeza y la enorme responsabilidad de manejar correctamente el rancho, para así poderles dar a sus hijos la alimentación y educación que se merecían, como para encima tener que preocuparse por nutrir debidamente a la recién nacida.

heart attack

wet nurse
mess

Por tanto, desde ese día, Tita se mudó a la cocina y entre atoles° y tés creció de lo más sana y rozagante°. Es de explicarse entonces el que se le haya desarrollado un sexto sentido en todo lo que a comida se refiere. Por ejemplo, sus hábitos alimenticios estaban condicionados al horario de la cocina: cuando en la mañana Tita olía que los frijoles ya estaban cocidos, o cuando a medio día sentía que el agua ya estaba lista para desplumar a las gallinas, o cuando en la tarde se horneaba el pan para la cena, ella sabía que había llegado la hora de pedir sus alimentos.

hot drink made of cornmeal; robust

Algunas veces lloraba de balde°, como cuando Nacha picaba cebolla, pero como las dos sabían la razón de esas lágrimas, no se tomaban en serio. Inclusive se convertían en motivo de diversión, a tal grado que durante su niñez Tita no diferenciaba bien las lágrimas de la risa de las del llanto. Para ella reír era una manera de llorar.

for nothing

De igual forma confundía el gozo° de vivir con el de comer. No era fácil para una persona que conoció la vida a través de la cocina entender el mundo exterior. Ese gigantesco mundo que empezaba de la puerta de la cocina hacia el interior de la casa, porque el que colindaba° con la puerta trasera de la cocina y que daba al patio, a la huerta, a la hortaliza°, sí le pertenecía por completo, lo dominaba. Todo lo contrario de sus hermanas, a quienes este mundo les atemorizaba y encontraban lleno de peligros incógnitos. Les parecían absurdos y arriesgados los juegos dentro de la cocina, sin embargo, un día Tita las convenció de que era un espectáculo asombroso el ver cómo bailaban las gotas de agua al caer sobre el comal° bien caliente…

joy

ran along

vegetable garden

earthenware griddle

Cada vez que [Tita] cerraba los ojos podía revivir muy claramente las escenas de aquella noche de Navidad, en que Pedro y su familia habían sido invitados por primera vez a cenar a su casa, y el frío se le agudizaba°. A *became more acute*
90 pesar del tiempo transcurrido, ella podía recordar perfectamente los sonidos, los olores, el roce° de su vestido *light touch*
nuevo sobre el piso recién encerado°; la mirada de Pedro *just waxed*
sobre sus hombros... ¡Esa mirada! Ella caminaba hacia la mesa llevando una charola° con dulces de yemas de *tray*
95 huevo cuando la sintió, ardiente, quemándole la piel. Giró° la cabeza y sus ojos se encontraron con los de *turned*
Pedro. En ese momento comprendió perfectamente lo que debe sentir la masa de un buñuelo° al entrar en con- *pastry dough*
tacto con el aceite hirviendo. Era tan real la sensación de
100 calor que invadía todo su cuerpo que ante el temor de que, como a un buñuelo, le empezaran a brotar burbujas° *bubbles*
por todo el cuerpo—la cara, el vientre, el corazón, los senos°—Tita no pudo sostenerle esa mirada y bajando la *breasts*
vista cruzó rápidamente el salón hasta el extremo
105 opuesto.... Depositó la charola sobre una mesita de centro, tomó distraídamente una copa de licor de Noyó que encontró en su camino y se sentó junto a Paquita Lobo, vecina del rancho. El poner distancia entre Pedro y ella de nada le sirvió; sentía la sangre correr abrasadoramente° *burning hot*
110 por sus venas. Un intenso rubor° le cubrió las mejillas° y *blush; cheeks*
por más esfuerzos que hizo no pudo encontrar un lugar donde posar° su mirada. Paquita notó que algo raro le *rest*
pasaba y mostrando gran preocupación la interrogó:
—Qué rico está el licorcito, ¿verdad?
115 —¿Mande usted?° *I beg your pardon?*
—Te veo muy distraída Tita, ¿te sientes bien?
—Sí, muchas gracias.
—Ya tienes edad suficiente como para tomar un poco de licor en ocasiones especiales, pilluela°, pero dime, *little devil*
120 ¿cuentas con la autorización de tu mamá para hacerlo? Porque te noto agitada y temblorosa —y añadió lastimeramente—°, mejor ya no tomes, no vayas a dar *with a tone of pity*
un espectáculo.
¡Nada más esto le faltaba! Que Paquita Lobo pensara
125 que estaba borracha. No podía permitir que le quedara la menor duda, o se exponía a que fuera a llevarle el chisme a su mamá. El terror a su madre la hizo olvidarse por un momento de la presencia de Pedro y trató por todos los medios de convencer a Paquita de la lucidez de su pen-
130 samiento y de su agilidad mental ...
Mamá Elena le ordenó a Tita que fuera a la cocina por unos bocadillos para repartir entre todos los presentes. Pedro, que en ese momento pasaba por ahí, no por casualidad, se ofreció a ayudarla. Tita caminaba apresurada-
135 mente hacia la cocina, sin pronunciar una sola palabra. La

cercanía de Pedro la ponía muy nerviosa. Entró y se dirigió con rapidez a tomar una de las charolas con deliciosos bocadillos que esperaban pacientemente en la mesa de la cocina.

140   Nunca olvidaría el roce accidental de sus manos cuando ambos trataron torpemente° de tomar la misma charola al mismo tiempo.   *clumsily*

    Fue entonces cuando Pedro le confesó su amor.

    –Señorita Tita, quisiera aprovechar la oportunidad de
145 poder hablarle a solas para decirle que estoy profundamente enamorado de usted. Sé que esta declaración es
atrevida° y precipitada, pero es tan difícil acercársele, que   *daring*
tomé la decisión de hacerlo esta misma noche. Sólo le
pido que me diga si puedo aspirar a su amor.

150   –No sé qué responderle; déme tiempo para pensar.

    –No, no podría, necesito una respuesta en este
momento: el amor no se piensa, se siente o no se siente.
Yo soy hombre de pocas, pero muy firmes palabras. Le
juro que tendrá mi amor por siempre. ¿Qué hay del suyo?°   *What about yours?*
155 ¿Usted también lo siente por mí?

    —¡Sí!

    Sí, sí y mil veces sí. Lo amó desde esa noche para
siempre. Pero ahora tenía que renunciar° a él. No era   *to give up*
decente desear al futuro esposo de una hermana. Tenía que
160 tratar de ahuyentarlo° de su mente de alguna manera para   *drive him away*
poder dormir. Intentó comer la torta de Navidad que
Nacha le había dejado sobre su buró, junto con un vaso de
leche. En muchas otras ocasiones le había dado excelentes
resultados. Nacha, con su gran experiencia, sabía que para
165 Tita no había pena alguna que no lograra desaparecer
mientras comía una deliciosa torta de Navidad. Pero no en
esta ocasión. El vacío que sentía en el estómago no se
alivió. Por el contrario, una sensación de náusea la invadió.
Descubrió que el hueco° no era de hambre; más bien se   *hole*
170 trataba de una álgida° sensación dolorosa. Era necesario   *chilling*
deshacerse de este molesto frío. Como primera medida se
cubrió con una pesada cobija y ropa de lana. El frío per-
manecía inamovible. Entonces se puso zapatos de estam-
bre° y otras dos cobijas. Nada. Por último, sacó de su   *yarn*
175 costurero° una colcha° que había empezado a tejer el día   *sewing case; bedspread*
en que Pedro le habló de matrimonio. Una colcha como
ésta, tejida a gancho°, se termina aproximadamente en un   *hand-knit*
año. Justo el tiempo que Pedro y Tita habían pensado dejar
pasar antes de contraer nupcias. Decidió darle utilidad al
180 estambre en lugar de desperdiciarlo y rabiosamente° tejió y   *muy enojada*
lloró y tejió, hasta que en la madrugada° terminó la colcha   *early morning (before dawn)*
y se la echó encima. De nada sirvió. Ni esa noche ni
muchas otras mientras vivió logró controlar el frío.
Continuará...
185 Siguiente receta: Pastel Chabela (de Boda)

Después de leer

8-38 ¿Has comprendido? Contesta las siguientes preguntas.

1. Apunta la escena, la declaración y la complicación de esta parte de la novela.
2. Describe el carácter y el físico de estos personajes: Tita, Nacha, Mamá Elena, Pedro, Paquita Lobo. ¿Qué comidas están relacionadas con cada uno de ellos?
3. Describe la relación entre Tita y cada uno de los demás.
4. Vuelve a leer la "confesión" que Pedro le hace a Tita. ¿Te parece típica de una que escucharías hoy en día?
5. ¿Por qué no puede Tita controlar el frío?
6. ¿Qué hace la escritora para obligarnos a continuar leyendo la novela?

8-39 La comida de la época de la Revolución. Haz una lista de las comidas que se mencionan en este capítulo. Busca información sobre las recetas de estas comidas. ¿Cómo se comparan estas comidas y sus ingredientes con las de tu dieta?

8-40 La comida y las relaciones sentimentales. Hablen de la relación entre la preparación y la presentación de la comida y los eventos y relaciones sociales. ¿Quiénes se encargan de la preparación de la comida en su familia y entre sus conocidos? Podrán incluir entre otras, la relación entre novios, esposos, padres e hijos, colegas, la familia extendida; entre los eventos, una boda, un *bar mitzvah*, un bautismo, una fiesta de cumpleaños o de aniversario de bodas, un baile, etcétera.

8-41 Los símbolos y las metáforas gastronómicos. Piensa en otros símbolos, comparaciones y metáforas que relacionan la comida con la vida.

MODELO: *Una persona buena es "tan buena como el pan." Un monumento tiene la forma de un pastel de boda...*

8-42 La película. Laura Esquivel también escribió el guión para la popularísima película *Como agua para chocolate.* En ella, la comida y la técnica narrativa llamada "realismo mágico" están entretejidas. Cuando veas la película, apunta cómo la comida parece influir en el estado emocional y físico de la gente.

Taller
Una receta

Suggestion for *Taller*. Have students summarize orally the preparation of their recipe.

1. **Idear.** Piensa en un plato que te gusta mucho. Debe tener alguna relación con un evento social.

2. **Presentar.** Escribe por lo menos cuatro oraciones para explicar el contexto social del plato. ¿Cuál es su origen? ¿Por qué es especial? Puedes inventar el origen si quieres.

3. **Alistar.** Bajo el encabezamiento (*heading*) *Ingredientes,* haz una lista de los ingredientes y sus cantidades.

4. **Explicar.** Bajo el título *Manera de hacerse,* explica los pasos que uno tiene que seguir para preparar el plato. Incluye consejos y sugerencias para ayudar al/a la cocinero/a.

5. **Resumir y concluir.** Escribe un resumen de un párrafo en el que expongas el contenido nutritivo, el valor social, la presentación del plato, etcétera. Puedes usar el condicional para las sugerencias (Podrías servir…). Incluye una foto o un dibujo del plato.

6. **Revisar.** Revisa la secuencia de los ingredientes y de las instrucciones. ¿Están claros y lógicos? Luego, revisa la mecánica de la receta.

   ❏ ¿Has mantenido un solo estilo (formal o informal) de mandatos?

   ❏ ¿Has usado bien el subjuntivo y el condicional?

   ❏ ¿Has verificado la concordancia y la ortografía?

7. **Compartir.** Intercambia tu receta con la de un/a compañero/a. Mientras leen las recetas, hagan comentarios y sugerencias sobre el contenido, la estructura y la gramática.

8. **Entregar.** Pasa tu receta en limpio, incorporando las sugerencias de tu compañero/a y entrégasela a tu profesor/a.

9 Nuestra sociedad en crisis

Comunicación

- ◆ **Discussing social problems and personal excesses**
- ◆ **Talking about what is done or what one does**
- ◆ **Explaining what had or might have happened**

Estructuras

Warm-up for ¡Así es la vida!
Use **Activity 9-4** as a pre-reading activity. Additional questions: *¿Cuáles son los problemas con los que se identifican las pandillas? ¿Qué se puede hacer para combatir el crimen asociado con las pandillas?*

Follow-up for ¡Así es la vida! Tattoos have seen a new rise in popularity. Ask students what groups of people we traditionally associate with tattoos (military, bikers, gangs), and why, and with what groups, tattoos are back in.

- ◆ **The pluperfect subjunctive**
- ◆ **Uses of** *se*
- ◆ **Indefinite and negative expressions**

Cultura

- ◆ **El combate contra el terrorismo: ETA, FMLN, el Sendero Luminoso y MRTA**
- ◆ **Edward James Olmos: Un actor con gran corazón**
- ◆ **Ritmos: Juan Luis Guerra y 4:40—***Elena*
- ◆ **Imágenes: Camilo Egas—***Estación de la calle 14*
- ◆ **Páginas: Luisa Valenzuela—***La droga*

DERMATÓLOGOS AYUDAN A LOS JÓVENES A CORTAR CONEXIONES CON LAS PANDILLAS

DALLAS el 30 de septiembre, 1996 Hace un año Rubén Ruiz cumplió 16 años. Había sido miembro de una pandilla, había abandonado sus estudios, y ahora era padre de una bebé, Elizabeth Marie. Pero Ruiz deseaba una vida nueva para él, su novia y su hija. Buscaba trabajo y quería cambiar de vida. Pero Ruiz era un hombre señalado.

Embriagado por las drogas y presionado por sus amigos, Ruiz había dejado que un amigo le tatuara el nombre de su pandilla en el muslo y que le pintara una serie de puntos en los nudillos. Como un edificio pintado con inscripciones en las paredes, Ruiz era identificado, por sus tatuajes, con la vida de las pandillas. "Cuando solicitaba trabajos, yo trataba de esconder las manos", Ruiz dijo. "Nadie te quiere emplear si piensa que tú eres miembro de una pandilla".

Pero ahora Ruiz estudia y trabaja. Ha cambiado su vida con ayuda de otros, como el Dr. Dennis Newton, profesor de dermatología de la Universidad de Texas, Southwestern Medical Center de Dallas. Durante 1996, Newton ha empleado tecnología de láser para quitar los tatuajes del cuerpo de Ruiz y de otros jóvenes que quieren borrar su conexión con las pandillas. Newton ha hecho ese tratamiento gratis.

El programa creció cuando el Departamento de Dermatología de la Universidad de Texas, Southwestern decidió donar su tiempo y experiencia. Cada dos meses, los dermatólogos tienen sesiones en el Hospital Parkland para quitar tatuajes.

Durante la primera sesión en enero, los dermatólogos usaron láser para empezar el tratamiento en 20 adolescentes con tatuajes que identifican a los jóvenes como miembros de una pandilla. Los adolescentes estaban calmadamente sentados con sus padres, esperando su turno, mientras que las enfermeras frotaban crema anestésica en los tatuajes. "Se siente un poco de dolor, pero no más que el dolor que se siente cuando se hace el tatuaje", dijo el Dr. Amit Pandya. "El láser envía alta energía al pigmento del tatuaje, y éste explota en fragmentos microscópicos que el cuerpo puede absorber. La cantidad y el tipo de tinta que fue usada para pintar los tatuajes determina cuántos tratamientos se necesitan para remover la tinta, pero usualmente son de cuatro a ocho. Y algunos tatuajes nunca desaparecen totalmente."

Después de una consulta gratis, cada tratamiento cuesta entre $75 y $500, dependiendo del tamaño del tatuaje.

Los adolescentes no pagan dinero para que les remuevan los tatuajes, pero se les exige que por cada tratamiento que ellos reciban, dediquen diez horas de servicio a la comunidad. También es necesario que tengan un mentor, usualmente un maestro, un agente de vigilancia de delincuentes juveniles o una enfermera de escuela como Billie Gurke de Thomas Jefferson High School en Dallas.

A principios de 1995, en su campaña para ayudar a los estudiantes a dejar las pandillas, Gurke buscó un dermatólogo que pudiera quitar tatuajes y encontró a Newton. "Una vez que se hicieron los primeros esfuerzos, el programa siguió por su propio ímpetu", dijo Newton. "Es un programa muy bueno porque mucha gente se ha ofrecido voluntariamente para ayudar a estos jóvenes que, aunque están asustados, se muestran corteses y agradecidos."

Cada sesión requiere que los dermatólogos y las enfermeras ofrezcan voluntariamente su tiempo y experiencia. Medical Alliance Inc. es el proveedor del costo del láser, y Exxon Corp. y la Meadows Foundation han hecho donaciones para pagar la anestesia y la gasa que los abastecedores proveen al costo.

Antes de cada sesión, Gurke y otras enfermeras del Condado de Dallas tienen que decirles a varios estudiantes que esperen su turno. Demasiados ex-miembros de pandillas se han apuntado para mantener ocupados a los dermatólogos por varias sesiones.

"No reclutamos a los jóvenes", Gurke dijo. "Ellos piden que les quitemos los tatuajes porque quieren desligarse de las pandillas. Hemos perdido a algunos. Unos cuantos han vuelto a la calle o a la cárcel. Hemos intervenido en la vida de 60 jóvenes, y hemos tenido éxito con la mayoría."

¡Así lo decimos!

Vocabulario primordial

el ataque
la bomba
la cuerda
de repente
el homicidio
el humo
el índice de criminalidad

inesperadamente
la pistola
retener (ie)
el revólver
el rifle
la seguridad

Gente de ley...

el/la agente encubierto/a
el/la agente secreto/a
el/la guardaespaldas
el/la guardia de seguridad
el/la médico/a forense
el/la (oficial de) policía

Contra la ley...

el/la asesino/a
el/la contrabandista
el/la delincuente
el/la homicida
el ladrón/la ladrona
el/la secuestrador/a
el/la traficante
el/la violador/a

Vocabulario clave

Verbos

agredir — to assault; attack
amarrar — to tie up
ametrallar — to (machine) gun down
apuntarse — to sign up
disparar — to fire (a gun)
embriagarse — to become intoxicated
estafar — to swindle
frotar — to rub
multar — to fine
tatuar(se) — to (get a) tattoo

Sustantivos

el abastecedor — supplier
el acoso — harassment
la bala — bullet
el escondite — hideout
la navaja — knife
la pandilla — gang
el puñal — knife
el tatuaje — tattoo
el tiro — a (gun) shot
el turno — shift, turn

Otras palabras y expresiones

por su propio ímpetu — on its own impulse

Ampliación

Verbos	Sustantivos	Adjetivos
abusar	el abuso	abusado/a
defraudar	el fraude	fraudulento/a
donar	la donación	donado/a
embriagarse	la embriaguez	embriagado/a
estafar	la estafa, el/la estafador/a	estafado/a
falsificar	la falsificación	falsificado/a
incendiar	el incendio	incendiado/a
robar	el robo	robado/a
secuestrar	el secuestro	secuestrado/a
traficar	el tráfico	traficado/a
vandalizar	el vandalismo	vandalizado/a

Sobre armas...

Verbos	Sustantivos	Adjetivos
acuchillar	la cuchilla/el cuchillo	acuchillado/a
apuñalar	el puñal	apuñalado/a
ametrallar	la ametralladora	ametrallado/a
balear	la bala, el balazo	baleado/a
disparar	el disparo	disparado/a
tirar	el tiro	tirado/a

¡cuidado!

abusar de

In Spanish the verb **abusar** is usually followed by **de** before naming the abused. The abused is the object of the preposition **de**.

El hombre **abusó de** la generosidad de mi tío.   *The man abused my uncle's generosity.*

Parece que los padres **abusaron de** los dos hijos.   *It seems the parents abused the two children.*

Avoid **me abusa**, **lo abusa**, etc., which are ungrammatical.

matar / muerto(a)

In English, when reporting fatal incidents in the news, the passive voice is very common: *Three people were killed*, *The person was found dead*, etc.

In Spanish, use the active voice with the verb **matar** (*to kill*), or the passive voice with the verb **morir** (*to die; to kill*). Note that the passive voice is not very common in everyday speech in Spanish.

Lo **mataron** los rebeldes. ⎫
Fue **muerto** por los rebeldes. ⎭   *He was killed by the rebels.*

Suggestion for *abusar de.* Have students complete these phrases: *Un drogadicto…(abusa de las drogas.)*

Un alcohólico…

Un machista…

Un ladrón…

Un político que comete fraude electoral…

Una persona que acosa a mujeres…

Suggestion for *matar / muerto/a.* Have students describe what happened using both active and passive voice. *JFK (fue muerto por Lee Harvey Oswald; Lo mató Lee Harvey Oswald en Dallas.)*

Gandhi; Martin Luther King; Salvador Allende; John Lennon; Bobby Kennedy, Ronald Reagan

Aplicación

9-1 Rubén Ruiz. Contesta estas preguntas sobre Rubén Ruiz basadas en la lectura y en tus propias opiniones.

1. ¿A qué edad y por qué decidió cambiar de vida?
2. ¿Cuál era el obstáculo más grande que enfrentaba?
3. ¿Cómo se solucionó su dilema?
4. ¿Cómo sería el tratamiento?
5. ¿Qué hacen los jóvenes a cambio de recibir el tratamiento?
6. ¿Qué recompensa o beneficio reciben el equipo médico y el *Medical Alliance* por su servicio?
7. ¿Cuántos años tendrá Rubén ahora y qué estará haciendo?

Conexiones for Activity 9-1. Have students who take Sociology courses discuss the causes and consequences of youth gangs.

9-2 Las pandillas. Contesten las siguientes preguntas y hablen en más detalle de cada tema.

1. ¿Por qué se asocia uno/a con una pandilla?
2. ¿Es posible desligarse fácilmente?
3. ¿En qué ciudades hay más pandillas?
4. ¿Conocen a alguien que esté asociado con alguna pandilla?
5. ¿Cómo se identifican los miembros de una pandilla?
6. ¿Conocen programas que ayuden a los jóvenes a desligarse de una pandilla?

9-3 Los tatuajes. ¿Conoces a alguien que tenga tatuaje? ¿En qué parte se tatuó? ¿Sabes por qué se tatuó? ¿Cómo reaccionaron los amigos y la familia de la persona?

Composición for Activity 9-4. Have students use some of these expressions to write an original paragraph.

9-4 Exprésate mejor. Lee las siguientes oraciones. Usa una variación de cada palabra en itálica para escribir una oración nueva que elabore la idea de la oración original.

MODELO: Era necesario *donar* sangre para salvarle la vida al policía. *El banco de sangre recibió* donaciones *de más de cien personas.*

1. Los delincuentes *apuñalaron* a la pobre víctima por más de diez minutos.
2. No se sabe dónde consiguieron las *ametralladoras*.
3. El policía recibió una *bala* en el corazón.
4. La *cuchilla* que tenía el asesino fue la misma que usó en otros delitos.
5. Alguien le *disparó* con una pistola a la multitud.
6. El político cometió *fraude* electoral.
7. Se detuvo al pasajero por *falsificación* de documentos.

9-5 El alcohol y las drogas. La embriaguez afecta el juicio. Hablen de acontecimientos actuales en que las drogas o el alcohol hayan causado un incidente serio.

Conexiones for Activity 9-6. Have students contact local law enforcement agencies to gain information regarding rates and types of crime.

9-6 Las armas y la violencia. ¿Cuáles son las armas más comunes en su vecindario o ciudad? ¿Cuáles son los crímenes más comunes? ¿Qué hace la comunidad para controlar el crimen? ¿Han sido víctimas de un crimen o conocen a alguien que haya sido víctima? ¿Qué le pasó? ¿Cómo reaccionó?

Conexiones for Activity 9-7. Encourage students to read the newspaper and/or watch the TV news to bring current events into the classroom.

9-7 El crimen. Hablen de casos recientes de los siguientes crímenes. Traten de dar detalles del caso.

MODELO: *Unos terroristas pusieron* una bomba *en el World Trade Center en Nueva York. Por fin arrestaron a los culpables, los juzgaron y los sentenciaron.*

1. un incendio
2. un asesinato
3. un ataque
4. un robo
5. un secuestro
6. una violación
7. un homicidio
8. un asalto
9. un acto de vandalismo
10. una estafa

Estructuras

1. The pluperfect subjunctive

Ojalá que no me hubiera hecho su tatuaje.

Suggestion for art. *Ojalá no la hubiera conocido. Ojalá no me hubiera dejado por otro. Ojalá no le hubiera dado mi coche.*

The pluperfect subjunctive has the identical communicative function as the pluperfect indicative, which you reviewed in *Lección 5*. It is used to refer to an action or event occurring before another past action or event. However, while the pluperfect indicative describes actions that are real, definite, or factual, the pluperfect subjunctive is used in subordinate clauses that express attitudes, wishes, feelings, emotions, or doubts. See the sentences below the time line.

Suggestion for pluperfect subjunctive. Have students invent contrary-to-fact statements using *ojalá* in these contexts. *En el consultorio del dentista (Ojalá me hubiera cepillado los dientes todos los días.)*

en la casa de los suegros; en el examen final de español; en una fiesta; en el banco; en un partido de fútbol

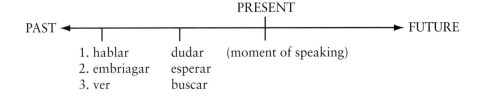

```
                        PRESENT
PAST ◄──────┬──────────┬─────────────────► FUTURE
         1. hablar    dudar    (moment of speaking)
         2. embriagar esperar
         3. ver       buscar
```

Dudaban que **hubiéramos hablado** con el traficante de drogas.

They doubted that we had talked with the drug trafficker.

Esperaba que Carlos no **se hubiera embriagado** en la fiesta.

She hoped that Carlos had not gotten drunk at the party.

Buscábamos un testigo que **hubiera visto** el accidente.

We were looking for a witness who had possibly seen the accident.

Primera parte ■ 279

The pluperfect subjunctive is formed with the imperfect subjunctive of the auxiliary verb **haber** + *the past participle.*

		IMPERFECT SUBJUNCTIVE	PAST PARTICIPLE
yo		hubiera	
tú		hubieras	tomado
Ud./él/ella		hubiera	comido
nosotros/as		hubiéramos	vivido
vosotros/as		hubierais	
Uds./ellos/ellas		hubieran	

Compare the pluperfect indicative with the pluperfect subjunctive in the examples that follow.

indicative

Dijo que el guardia **había golpeado** al criminal.
He said that the guard had beaten the criminal.

subjunctive

Deseaba que el guardia **hubiera golpeado** al criminal.
He wished that the guard had beaten the criminal.

The first sentence, *He said that the guard had beaten the criminal*, uses the indicative because the action in the subordinate clause is presented as a fact. The second sentence, *He wished that the guard had beaten the criminal*, uses the subjunctive because the subordinate clause expresses a hypothetical action—what he *wishes* had happened, not what necessarily did happen.

Aplicación

9-8 Archivos X. Lee las siguientes oraciones de los "Archivos X", y complétalas con el pluscuamperfecto del indicativo o del subjuntivo, según el contexto.

1. No encontramos a nadie que (ver) _____ el incidente, pero había un señor que lo (escuchar) _____ desde su apartamento.
2. El traficante de drogas insistió en que no (estar) _____ involucrado en el caso, pero sospechábamos que él (enterarse) _____ de algo. No le permitimos salir antes de que nos (asegurar) _____ de su inocencia.
3. El asesino (disparar) _____ su rifle cuando el camarógrafo lo filmó. Fue ridículo que nadie lo (ver) _____ antes.
4. Al terminar la Guerra Fría, el gobierno ya (identificar) _____ a muchos agentes encubiertos. Los soviéticos estaban nerviosos de que (descubrirse) _____ tanta información secreta.

9-9 ¡Ojalá...! Hagan una lista de las noticias recientes o corrientes y coméntenlas usando "¡Ojalá...!"

MODELO: E1: *Murieron muchas personas inocentes en Chiapas.*
E2: *¡Ojalá no se hubieran muerto!*

9-10 Los sospechosos. Tienes que comentar el interrogatorio de unos prisioneros que se han declarado inocentes. Usa la expresión **como si** para expresar tus sospechas.

MODELO: El joven Miguel dice que no le robó la bolsa a la señora.

Pero actúa como si se la hubiera robado.

1.   La señorita ha jurado que nunca fue prostituta.
2.   Los hombres han jurado que no estuvieron donde ocurrió el incendio.
3.   El policía declara que nunca aceptó un soborno (*bribe*).
4.   Las niñas dicen que no se comieron los caramelos de la maestra.
5.   El delincuente declara que no estafó a nadie.
6.   El político juró que no vendió su voto.
7.   Los banqueros juraron que no cometieron fraude.
8.   El estudiante declara que no vio el examen antes de presentarlo.

Suggestion for 9-10. Remind students that *como si* is generally followed by the imperfect or pluperfect subjunctive. They reviewed *como si* in *Lección 8, Segunda parte,* with the indicative and the subjunctive in *si*-clauses.

Conexiones for Activity 9-10. Have students write other declarations based on current events.

Conexiones for A propósito... Have students investigate the Zapatistas in Chiapas. Political Science students may be able to give insights into common causes, motives, and methods of guerrilla groups.

A propósito...

El combate contra el terrorismo: ETA, FMLN, el Sendero Luminoso y MRTA

El terrorismo es el uso sistemático de violencia física —actual o futura— contra los no combatientes para llamar la atención de una audiencia más amplia. El terrorismo pretende crear un clima de terror en la población con la idea de forzar cambios políticos y/o sociales.

El terrorismo es uno de los problemas más serios que enfrentan los países hispanos. Las causas han sido los graves problemas sociales y económicos que éstos sufren. Los gobiernos muchas veces han respondido al terrorismo con medidas represivas que no sólo van contra los presuntos terroristas, sino que a veces violan los derechos humanos. A continuación leerán una descripción de las cuatro organizaciones terroristas más conocidas.

La ETA (Euskadi ta Askatasuna: *Basque Fatherland and Liberty, Basque Homeland and Freedom*) es una organización nacionalista vasca formada en 1959. Cerca de 800 personas han muerto asesinadas en España como resultado de sus operaciones. El grupo obtiene sus fondos extorsionando a empresas españolas y robando bancos.

El FMLN (Frente Farabundo Martí para la Liberación Nacional) es una organización guerrillera salvadoreña que ahora se ha convertido en el princi-pal partido político de izquierda en El Salvador. Su objetivo para 1999 es desplazar (*displace*) de la presidencia a Arena, la coalición conservadora que ganó las últimas elecciones.

El Sendero Luminoso es considerada la más peligrosa y violenta organización terrorista del mundo. Tiene una orientación neo-maoísta y fue iniciada cuando un grupo de militantes decidió separarse del Partido Comunista del Perú. La meta de la organización es la destrucción del gobierno peruano existente para establecer un sistema socialista liderado por los indígenas del Perú.

El MRTA (Movimiento Revolucionario Túpac Amaru) es responsable de más ataques contra los estadounidenses que cualquier otro grupo que opera en Hispanoamérica. El grupo se concentra en secuestros por rescates (*kidnappings for ransom*). Tiene una ideología castroísta-marxista-leninista. Desean establecer un régimen marxista en el Perú y la eliminación de todo tipo de actividad comercial con los Estados Unidos.

Vamos a comparar

¿Hay organizaciones terroristas en los Estados Unidos y el Canadá? ¿Cuáles? ¿Por qué piensas que existen organizaciones terroristas que odian a los Estados Unidos? ¿Crees que tienen validez algunas de sus razones? ¿Por qué? ¿Cómo piensas que se debe luchar contra el terrorismo?

Warm-up for ¡Así es la vida! *¿Cuál contiene más alcohol: una cerveza o una onza de whisky? ¿Cuántos tragos se puede tomar hasta sentir el efecto del alcohol? ¿Conoces a alguien que da la impresión de poder tomar mucho alcohol sin embriagarse?*

¿Cómo afecta el alcohol al organismo?

Remitida por Pedro Mondragón.

Contrariamente a lo que mucha gente piensa, el alcohol es un depresor del sistema nervioso central, señala el doctor Simón Brailowsky. "Aquellas personas que sienten que pueden hacer mejor muchas cosas (hablar, bailar, manejar, etcétera) después de haber ingerido algunos tragos, se equivocan. Ese estado de aparente bienestar y relajación proviene de la desinhibición que resulta de la depresión de mecanismos inhibitorios. El sistema nervioso es particularmente sensible a los efectos del alcohol, y los procesos inhibitorios son los inicialmente afectados. Al disminuir la inhibición, el equilibrio de la excitabilidad cerebral se pierde momentáneamente a favor de la excitación". Continúa el doctor Brailowsky: "Los centros superiores se deprimen primero: el habla, el pensamiento, la cognición y el juicio. A medida que la concentración alcohólica aumenta en la sangre, se deprimen los centros inferiores, incluyendo la respiración y los reflejos espinales. Si se bebe más, tanto los mecanismos inhibitorios como los excitatorios se afectan. Es así como la intoxicación alcohólica puede llegar hasta el estado de coma". Pero eso es nada más con respecto al momento de la borrachera. A largo plazo puede provocar daño hepático (cirrosis), aumento de ácido láctico, úrico y de ácidos grasos, y efectos similares a los provocados por barbitúricos: pérdida de la memoria, irritación estomacal y gastritis, entre otros.

Efectos físicos y psicológicos del alcohol

núm. de tragos	alcohol en la sangre(%)	efectos
1	0,02–0,03	Sin efectos evidentes. Animación.
2	0,05–0,06	Relajación, calor, disminución del tiempo de reacción y de coordinación fina.
3	0,08–0,09	Pérdida ligera del equilibrio, del habla, la visión y el oído. Euforia y falta de coordinación motora fina.
5	0,14–0,15	Alteración mayor del control físico y mental: habla y visión disminuida.
10	0,30	Intoxicación severa; mínimo control consciente.
17	0,50	Coma profundo.
20	0,60	Muerte por depresión respiratoria.

Estos efectos han sido observados en personas no habituadas al alcohol. El intervalo entre "trago" y "trago" es de menos de 60 minutos y el equivalente es una cerveza o una onza (28 ml) de whisky.

¡Así lo decimos!

Vocabulario primordial

alarmante	la pena capital, la pena
el alcoholismo	de muerte
la consejería	prevenir (ie)
la drogadicción	rehabilitar
el escándalo	el sistema judicial
evitar	violentar(se)
la masa	

Ampliación

Verbos	Sustantivos	Adjetivos
acusar	la acusación	acusado/a
amenazar	la amenaza	amenazado/a
arrestar	el arresto	arrestado/a
ensuciar	la suciedad	sucio/a
interrogar	el interrogatorio	interrogado/a
jurar	el juramento	jurado/a
juzgar	la justicia	justo/a
patrullar	la patrulla	patrullado/a
peligrar	el peligro	peligroso/a
prostituir(se)	la prostitución,	prostituido/a
	el/la prostituto/a	
sentenciar	la sentencia	sentenciado/a

Vocabulario clave

Verbos

amenazar	to threaten
apostar (ue)	to bet
proveer	to provide
provenir (ie)	to come from

Sustantivos

la borrachera	drunkenness
la fianza	bail, bond
la muchedumbre	crowd
el poder	power
el rasgo	trait
la relajación	relaxation
el tribunal	court

Adjetivos

ligero/a	slight; light
momentáneo/a	momentary

Otras palabras y expresiones

a largo plazo	long term
con respecto a	with regard to
darle risa	to make one laugh

¡cuidado!

actualmente / de hecho

To say *currently*, in Spanish use **actualmente**.

Actualmente hay menos crimen en Nueva York.

Currently there is less crime in New York.

To say *actually*, in Spanish use **de hecho**.

De hecho se han empleado más policías y las calles están más seguras.

Actually, more policemen have been hired, and the streets are safer.

Expansion for ¡Cuidado! Remind students that *actual* means "current." *Según las cifras actuales, se aumenta el índice del alcoholismo. Actualizar* means "to bring up to date." *Tengo que actualizar mi curriculum vitae.* Have students use these variations in personalized contexts.

Aplicación

Conexiones for Activity 9-11.
Students in Health, Psychology, or Biology classes may have additional information regarding the role of alcohol in physical and mental illness.

9-11 Los efectos físicos, psicológicos del alcohol. Haz una lista de los pros y contras del consumo del alcohol. ¿Bajo qué circunstancias y en qué contextos opinas que tiene sentido tomar alcohol?

9-12 La adicción ¿una enfermedad o una debilidad personal? El alcoholismo, la drogadicción y otros tipos de adicción nos afectan a todos. ¿Conoces a alguien que sea adicto/a a algo? Explica su situación y cómo ha tratado de resolverla.

Composición for Activity 9-13.
Have students use some of these expressions to write an original paragraph.

9-13 Exprésate mejor. Lee las siguientes oraciones. Usa una variación de cada palabra en itálica para escribir una oración nueva que elabore la idea de la oración original.

MODELO: Un policía murió cuando trataron de *arrestar* al criminal. *Por eso, el arresto del criminal va a durar muchísimos años.*

1. Algunos opinan que *la prostitución* no debe considerarse un crimen porque no le hace daño a nadie.
2. El médico no quiso meter sus manos en el agua *sucia*.
3. Joven, si tomas drogas ilícitas, pones tu vida en *peligro*.
4. La policía *interrogó* al prisionero por más de cinco horas.
5. El joven *amenazó* al policía con una pistola.
6. Joven, estás *acusado* de haber matado a dos personas.
7. El juez lo *sentenció* a cincuenta años en la cárcel.
8. Los residentes del barrio emplearon a un guardia para *patrullar* las calles de noche.

Conexiones for Activity 9-14.
Students of Physiology or Psychology may have information regarding the chemical changes in the brain caused by eating, drinking, smoking, exercise, etc.

👥 **9-14 Otros escapes.** ¿Qué hacen para relajarse o para aliviarse de las presiones de la vida académica y/o del trabajo? Hablen de los puntos positivos y negativos de otros tipos de escapes, tales como el ejercicio, la comida, el tabaco, la meditación, el juego, etc.

👥 **9-15 Los jóvenes y el (ab)uso del alcohol.** Den sus opiniones sobre el uso o abuso del alcohol entre los jóvenes de su universidad. ¿Se considera importante servir bebidas alcohólicas en los eventos sociales? ¿Ha habido incidentes de intoxicación severa o muertes causadas por la intoxicación? ¿Qué programas hay para combatir el abuso del alcohol en su universidad o trabajo?

Conexiones for Activity 9-16.
Have students investigate and compare the minimum drinking age and the rate of alcoholism in Spain and several Latin American countries.

👥 **9-16 El uso del alcohol en otros países.** Se dice que la prohibición de consumir bebidas alcohólicas a menores de 21 años no ha impedido la incidencia del alcoholismo en los Estados Unidos. ¿Qué opinan de esta situación? ¿Cómo se podría combatir? ¿Sería mejor bajar la edad de consumo o eliminar una edad mínima?

Estructuras

2. Uses of *se*

The impersonal se *to express* "people, one, we, you, they"

En mi fraternidad se bebe más que aquí.

Suggestion for art. *El joven también dice: pero no se come tan bien como aquí. No se baila tan bien. No se canta tan bien.*

The pronoun **se** may be used with the third-person singular form of a verb to express an idea without attributing the idea to anyone in particular. These expressions are equivalent to English sentences that have impersonal subjects such as *people, one, you, we, they.*

Se dice que un hombre que no sabe beber es un tonto.	*They/People say that a man that doesn't know how to drink is a fool.*
Se puede rehabilitar a los alcohólicos con terapia y disciplina.	*One/You/We can rehabilitate alcoholics with therapy and discipline.*

◆ As in English, the third person plural of the verb may be used alone to express these impersonal subjects.

Dicen que a la profesora le gusta jugar canasta todos los sábados.	*They say that the professor likes to play canasta every Saturday.*

Suggestion for practicing the impersonal *se*. Have students create personalized contexts for each of the actions, for example, *decir (Se dice que los norteamericanos consumimos más alcahol que los europeos.)*

comer; trabajar; poder; beber; hablar

The passive se

Suggestion for art. ¿Qué se sirve en este bar? Se sirven tragos; se sirve comida; se sirven tapas.

The pronoun **se** may also be used with the third-person singular or plural form of the verb as a substitute for the passive voice in Spanish. In such cases, the person who does the action is **not** expressed.

◆ The verb that follows **se** is in the third person singular when the statement refers to a singular noun, and in the third person plural when the statement refers to a plural noun.

Se vende marihuana en las calles.	*Marijuana is sold on the streets.*
Se venden drogas en esa escuela.	*Drugs are sold at that school.*

Suggestion for The passive se. Point out that in the passive se construction, *le/les* are used (instead of *lo/los*) as masculine direct object pronouns. *Se le admite porque ha dejado de beber. Se les apoya aun después que dejan el programa.*

Suggestion for The passive se. Have students pay special attention to the use of the personal *a* in deciding whether the statement refers to a specific person or persons or to a general category of people. Contrast the following examples: *Se necesitan más policías para patrullar las calles* vs. *Se espera a los oficiales que arrestaron al traficante para empezar el interrogatorio.*

◆ When the statement refers to a specific person or persons, the verb that follows **se** is in the third person singular and the personal **a** is used.

Se admite a Juan porque ha dejado de beber.	*Juan is being admitted because he stopped drinking.*
Se apoya a los ex-adictos aun después que dejan el programa.	*The ex-addicts are supported even after they leave the program.*

Aplicación

👥 **9-17 ¿Dónde?** Conversen entre sí para contestar estas preguntas:

1. ¿Dónde se bebe mucho alcohol?
2. ¿Dónde se cometen más crímenes violentos?
3. ¿Dónde se sentencia al mayor número de personas a la pena de muerte?
4. ¿Dónde se rehabilita a los drogadictos?
5. ¿Dónde no se denuncia el terrorismo?
6. ¿Dónde se persigue a los inocentes?
7. ¿Dónde no se vigilan los derechos humanos?
8. ¿Dónde se arresta a los que practican la prostitución?

9-18 Portavoz presidencial. Usa estas expresiones y otras para responder a las preguntas de la prensa.

Expansion for Activity 9-18. Have students create additional questions based on current events.

se dice	se opina	se duda	se afirma
se cree	se teme	se anuncia	se niega

MODELO: ¿Cómo está la situación ahora en el País Vasco?

Se dice que los miembros de la ETA van a negociar con el gobierno español, pero se niega que la situación política vaya a mejorar pronto.

1. ¿Cual es la tasa de crimen en las ciudades grandes?
2. ¿Ha bajado la tasa de drogadicción entre la juventud?
3. ¿Cómo van a manejar el problema del alcoholismo entre los jóvenes?
4. ¿Hay algún programa para ayudar a los niños y a las mujeres víctimas de abuso?
5. ¿La pena de muerte inhibe el crimen?
6. ¿Es posible rehabilitar a alguien que comete un homicidio?
7. ¿Puede un joven menor de 14 años ser culpable de un homicidio?

9-19 Una campaña importante. Hagan una lista de problemas sociales y monten una campaña para combatir uno de ellos. Usen expresiones impersonales para explicar sus motivos, propósitos y metas.

Suggestion for Activity 9-19. Have students create a television commentary for their campaign to later present to the class.

MODELO: el crimen juvenil

Se opina que el crimen juvenil es uno de los problemas más graves de nuestra sociedad. Con nuestra campaña se espera atraer a los jóvenes a actividades más sanas y seguras.

Suggestion for *A propósito...* Students may be interested in the Edward James Olmos film, *Stand and Deliver*, which deals with the theme of underachieving inner-city youth.

A propósito...

Edward James Olmos: Un actor con gran corazón

El méxicoamericano Edward James Olmos es uno de los actores hispanos más famosos. Pero su mérito más grande está en lo que hace con su tiempo libre después de su trabajo. Desde hace años les lleva un mensaje de esperanza a todo tipo de hispanos: trabajadores inmigrantes mexicanos, chicos con problemas de drogadicción, miembros de las pandillas rivales de Los Ángeles, etcétera. Dos o tres veces a la semana durante 52 semanas del año se reúne con estos grupos. "Después de estar hablando una hora con esos chicos, es una gran satisfacción pensar que estoy dando algo de mí mismo", dice Olmos. "Me ayuda mental, física y espiritualmente. Hay una auténtica armonía entre mi vida profesional y personal." De acuerdo con Olmos, hablar en las escuelas a los jóvenes y a otros grupos con problemas, le da energía. "No hay nada como esto, te cura el alma. Como les suelo decir (*I often tell*) a los chicos, no fumo, no bebo y no tomo drogas. Llevo un horario estricto y me siento bien; lo recomiendo vivamente."

Vamos a comparar

¿Piensas que el trabajo voluntario de Olmos es importante? ¿Por qué? ¿A qué otra persona famosa conoces que haga trabajo voluntario? ¿Piensas que es importante hacer este tipo de trabajo? ¿Por qué? ¿Qué trabajo voluntario harías si tuvieras tiempo?

3. Indefinite and negative expressions

Suggestion for art. *¿Trajiste algo para la reunión? ¿Quieres algún refresco? ¿Siempre vienes solo?*

AFIRMATIVO		NEGATIVO	
algo	*something, anything*	**nada**	*nothing, not anything*
alguien	*someone, anyone*	**nadie**	*nobody, no one*
algún, alguno/a(s)	*any, some*	**ningún, ninguno/a**	*none, not any*
siempre	*always*	**nunca, jamás**	*never*
también	*also, too*	**tampoco**	*neither, not either*
o... o	*either...or*	**ni... ni**	*neither...nor*

Suggestion for practicing Indefinite and negative expressions. Have students create affirmative or negative statements that classmates will contradict. For example, *E1: No tomo alcohol nunca. E2: No es verdad. Siempre tomas cerveza en las fiestas.*

◆ In Spanish, the adverb **no** can be used with a second negative expression to form a double negative. **No** must precede the verb, and the second negative (e.g., **nada, nadie, ningún**) will either immediately follow the verb or be placed at the end of the sentence.

No apuesto **nunca**.	*I never bet.*
No le hablo del escándalo a **nadie**.	*I don't talk about the scandal to anyone.*

◆ When the negative expression precedes the verb, **no** is omitted.

Nunca apuesto.	*I never bet.*
A **nadie** le hablo del escándalo.	*I don't talk about the scandal to anyone.*

◆ Because **nadie** and **alguien** refer only to persons, the personal **a** is required when they appear as direct objects of the verb.

¿Arrestaste **a alguien** esta noche?	*Did you arrest anyone tonight?*
No, no arresté **a nadie**.	*No, I didn't arrest anyone.*

◆ The adjectives **alguno** and **ninguno** drop the **-o** before a masculine singular noun in the same way that the number **uno** shortens to **un**. Note the written accent on the resulting forms.

Ningún drogadicto vino esta tarde.   *No drug addict came this afternoon.*

Tengo que entrevistar a **algún** juez.   *I have to interview some judge.*

◆ In a negative sentence, all indefinite words are negative.

El policía **no** interroga a **nadie tampoco.**   *The policeman doesn't interrogate anybody either.*

Aplicación

9-20 ¡Jamás! Coméntense lo que no harían jamás.

MODELO: E1: *¡Jamás fumaría!*
          E2: *¡Ni yo tampoco!*

9-21 ¡No seas tan negativo! Respondan a los siguientes comentarios y ofrezcan razones por su opinión.

Suggestion for Activity 9-21. Encourage students to make two or more exchanges for each item.

MODELO: No hay ninguna oportunidad para los jóvenes que tienen título universitario.

          E1: *Sí, hay algunas oportunidades, especialmente en los campos tecnológicos.*
          E2: *Y si sabes un segundo idioma, hay muchas oportunidades en el comercio.*

1. Siempre maltratan a los prisioneros en las cárceles.
2. El juez nunca es imparcial.
3. La policía tampoco captura a los ladrones.
4. Hay algo sospechoso en este caso.
5. Los políticos son criminales o los criminales son políticos.
6. Los abogados siempre son deshonestos.
7. Hay algún escándalo en el gobierno.
8. No hay nada que se pueda hacer para combatir el problema de las drogas.

9-22 Sus opiniones. Hablen de las siguientes cosas y expliquen sus opiniones.

Expansion for Activity 9-22. Have students develop one or more of these items into an oral composition.

MODELO: algo que les disguste

          Algo que me disgusta es el vandalismo. Me molesta la falta de respeto a la propiedad de otros.

1. algo que admiren
2. algo que les moleste
3. algún acontecimiento que les choque
4. algo que les fascine
5. alguna persona que admiren
6. algo que les dé risa

Actividades

👥 **9-23 Cómo sobrevivir en la calle.** Nombren consejos que le darían a alguien para evitar problemas y sobrevivir los acosos en la calle.

MODELO: *Es mejor que no salgas solo/a muy de noche porque algún criminal te puede atacar.*

Conexiones **for Activity 9-24.** Have students investigate and report on cases of police brutality. *¿Es posible justificar el abuso de la ley por la policía?*

👥 **9-24 Los vigilantes privados.** Hablen de los beneficios y problemas que conlleva el empleo de vigilantes privados. ¿Dónde es más común su uso? ¿Por qué?

MÁS VIGILANTES PRIVADOS, PERO MENOS CUERPOS DE SEGURIDAD DEL ESTADO

En las ciudades estadounidenses, cada vez hay menos agentes de policía estatales y, por el contrario,

aumentan los vigilantes y los policías privados, que sólo son contratados por los pocos que pueden pagarlos.

9-25 La pena capital. Lean el siguiente artículo e indiquen los países que se consideran del primer mundo. Den sus opiniones sobre la pena de muerte y por qué todavía se practica en los Estados Unidos. ¿Qué otras penas existen para combatir el crimen?

Expansion for Activity 9-25.
¿Cuál es el punto de vista del autor del artículo? ¿En cuáles de los estados se producen el mayor número de ejecuciones? ¿Por qué será?

PENA CAPITAL: La lista más negra del mundo

El año pasado España abolió la pena de muerte que, hasta hace poco, estaba reservada sólo para estados de guerra, y pasó a formar parte de la lista de países abolicionistas. En nuestro país, las declaraciones de un alto funcionario del área policial en favor de la pena de muerte, levantaron una connotada polémica periodística y civil.

Otra lista, ésta más siniestra, es la de las naciones en las que se siguen produciendo ejecuciones. Es la siguiente: Afganistán, Albania, Antigua y Barbuda, Arabia Saudita, Argelia, Armenia, Azerbayán, Bahamas, Bangladesh, Barbados, Belice, Benín, Bielorrusia, Bosnia y Herzegovina, Botsuana, Bulgaria, Burkina Faso, Camerún, Chad, Chile, China, Corea del Norte, Corea del Sur, Cuba, Dominica, Egipto, Emiratos Árabes, Eritrea, los Estados Unidos, Estonia, Etiopía, Gabón, Georgia, Ghana, Granada, Guatemala, Guinea Ecuatorial, Guyana, India, Indonesia, Irán, Iraq, Jamaica, Japón, Jordania, Kazajstán, Kenia, Kuwait, Laos, Lesotho, Letonia, Líbano, Libia, Lituania, Malasia, Malawi, Marruecos, Mauricio, Mauritania, Moldavia, Mongolia, Nigeria, Omán, Paquistán, Polonia, Qatar, Rusia, Sierra Leona, Singapur, Siria, Somalia, Suazilandia, Sudáfrica, Sudán, Tailandia, Taiwán, Tanzanía, Tayikistán, Trinidad y Tobago, Túnez, Turkemistán, Ucrania, Uganda, Uzbekistán, Vietnam, Yemen, Yugoslavia, Zaire, Zambia y Zimbawe.

9-26 Las armas. En los Estados Unidos es más y más común que la gente tenga armas para protegerse. Formen dos grupos para debatir la siguiente resolución: "Cualquier ciudadano tiene el derecho de llevar y usar armas para proteger la vida o la propiedad."

Conexiones for Activity 9-26.
Have students investigate the number and percentage of deaths in the United States each year caused by accidental discharge of a firearm.

9-27 El alcoholismo. La organización *Alcohólicos Anónimos* se fundó en 1935 y ahora cuenta con 100.000 grupos y 2 millones de miembros. ¿Qué hace esta organización para ayudar a dejar de tomar bebidas alcohólicas? ¿Qué otros grupos en su comunidad ofrecen programas de autoayuda? ¿Qué recursos existen para las personas que no quieran afiliarse a un grupo formal?

Conexiones for Activity 9-27.
Have students investigate the percentage of crimes that are alcohol or drug related.

👥 **9-28 ¿Un sueño imposible?** Expliquen el dibujo político que apareció en la revista *Newsweek*. ¿Están de acuerdo con esta opinión? Nombren algunos esfuerzos que se han hecho y hablen de los éxitos y fracasos de cada uno.

México y EE.UU. combaten las drogas

BOLIGAN — LA CRONICA DE HOY, MEXICO

🌐 **9-29 Ayuda y alternativas.** Busca información en la red informática, en la guía telefónica o en el periódico que pueda serles útil a las siguientes personas que quieren resolver algún problema. Comparte la información que encuentres con el resto de la clase.

1. **Reynaldo.** Hace seis meses Reynaldo se mudó con su familia a un pueblo pequeño en las afueras de Miami. Su padre es un periodista que trabaja desde la casa y viaja mucho. Cuando su mamá encontró un puesto muy bueno en el pueblo, ella y su esposo decidieron alejar a la familia de los peligros de la gran ciudad. Reynaldo extraña mucho a sus amigos y a su viejo barrio, y los chicos de su nuevo colegio no lo han aceptado porque tiene un tatuaje y se viste de una manera diferente a ellos. Sólo lo han aceptado unos dos o tres chicos que pasan más tiempo en la oficina del director (*principal's office*) que en clase. Estos nuevos amigos fuman marihuana después de las clases y roban cervezas de la tienda de en frente del colegio. Reynaldo trata de estudiar y sacar buenas notas porque quiere ingresar a la universidad para estudiar periodismo, pero estos nuevos amigos lo distraen.

2. **Diana y Gonzalo.** Diana vivía en Los Ángeles y había comenzado sus estudios universitarios cuando supo que estaba encinta (*pregnant*). Después del primer semestre, tuvo que dejar la universidad porque tuvo complicaciones con el embarazo y fue a vivir con su hermana mayor en San Diego. Quiere mucho a su novio y él quiere casarse con ella y formar una familia. Su novio, Gonzalo, es un buen muchacho y estudia negocios en Los Ángeles, pero tiene un grave problema—bebe demasiado. Diana no sabe qué hacer. Tiene miedo de hablar con sus padres y no quiere criar a un niño con un esposo alcohólico.

*cone*x*iones*

Las drogas y el crimen. ¿Cuál es la relación entre las drogas y el crimen? ¿Es tan simple como parece ser, es decir, mientras más drogas más crimen? ¿Cuáles son los delitos más asociados con la compra y venta de drogas? ¿Hay algunos narcóticos que parecen catalizar más crimen que otros? Con dos o tres compañeros/as, discutan el problema y propongan algunas medidas que se podrían tomar para empezar a resolverlo. ¿Deben legalizarse algunas drogas? ¿Debe eliminarse la posibilidad de poner a los convictos de crímenes asociados con el narcotráfico en libertad bajo palabra *(parole)*? ¿Está la solución en alguna parte que no sea las cortes?

La violencia y los centros urbanos. En pequeños grupos, exploren la conexión a menudo citada entre la violencia y la pobreza. ¿Es cierto que hay más crimen en los centros urbanos donde también hay problemas económicos y muchas personas viven de la asistencia social *(welfare)*? ¿Es más o menos violento el crimen de las metrópolis que el de los pueblos? ¿Son diferentes los motivos, el acceso a las armas, etcétera?

A ESCUCHAR

Noticias del mundo de la medicina. Escucha el siguiente artículo sobre algunas de las recientes innovaciones para mejorar la salud. Luego contesta las preguntas a continuación.

Comprensión.

1. ¿Qué grupo estaría interesado en estos productos?
2. ¿Cuál es el problema que tienen los miembros de este grupo?
3. ¿Cuál es el nombre comercial del clorhidrato de bupropión?
4. ¿Cuántos participaron en el estudio?
5. ¿Qué porcentaje del grupo pudo abandonar el hábito?
6. ¿Se aspira más o menos con el producto?
7. ¿Cuál fue el resultado de la prueba con el inhalador?

¿Cómo les afecta? Contesten las siguientes preguntas basadas en el tema del artículo.

1. ¿Cómo les afecta esta costumbre?
2. ¿Conocen a alguien que haya usado algún producto semejante a los descritos anteriormente?
3. ¿Ha tenido éxito? ¿Por qué?
4. ¿Qué opinan de los casos judiciales entre los estados y las compañías de tabaco?

Note for *Conexiones*. These activities offer points of connection with current mass media coverage of drug-related and other violent crime, gun control and other legal issues, and areas of study such as Criminal Justice, Sociology, Urban Studies, Public Policy.

Tapescript for *A escuchar*. Para dejar de fumar.

Son muchos los fumadores que quieren dejar el cigarrillo y muy pocos los que lo consiguen, pero dos innovaciones prometen facilitarles las cosas. Una es el clorhidrato de bupropión, un antidepresivo conocido en el comercio como Zyban, que, de ser autorizado sería el primer medicamento sin nicotina para dejar de fumar. En un estudio realizado por el laboratorio fabricante entre 900 fumadores, casi la mitad del grupo que tomó dos tabletas del fármaco al día pudo deshabituarse, mientras que sólo una cuarta parte del grupo que tomó un placebo lo consiguió. La segunda innovación es el Nicotrol, un inhalador de forma de cigarrillo al que se le insertarían cartuchos de nicotina. Con este instrumento, los fumadores aspiran de ocho a diez veces menos nicotina por chupada que con un cigarrillo, y nada de alquitrán, monóxido de carbono ni los demás carcinógenos del tabaco. En las pruebas efectuadas por el fabricante, las probabilidades de dejar el cigarrillo fueron más de dos veces mayores entre los fumadores que usaron el inhalador cargado de nicotina que entre los que lo utilizaron cargado de un placebo.

Expansion for *A escuchar*. *En los Estados Unidos estamos más y más conscientes de los peligros de fumar. Sin embargo, en Europa y en Latinoamérica, se pone menos énfasis en los riesgos del hábito, y es normal que la gente fume. Usando la máxima cortesía, trata de convencer a un/a español/a que deje de fumar. Usa tantas razones posibles para convencerle.*

Ritmos
Juan Luis Guerra y 4:40

Y a conoces a Juan Luis Guerra y su grupo
4:40. *Elena* es una de las primeras canciones que le dieron la fama y el reconocimiento de los que hoy goza este cantautor
dominicano y su grupo. Elena es una mujer
que, como tantos dominicanos, emigran de su
país para buscar una vida mejor en los Estados
Unidos, específicamente en Nueva York.

Suggestion for *Ritmos*. Have students talk about songs they know that deal with the ill effects of drugs and violence.

Elena

Elena decidió
vender su cuerpo en una noche fría
(ay, sí, sí, oh...)
ninguna mente dio°   *without giving it any thought*
5   y así fue hecha mujer, ¿quién lo diría?

Ella hizo del amor
el tiempo que se pierde cada día
más tarde se cansó
Elena decidió vender su vida, oh

10   Elena se fugó°   *escaped*
vía Caracas a Nueva York
en un furgón° de un barco que salía, uh   *luggage/cargo wagon*
Elena lo logró
ahora vive en el Bronx
15   con un judío de una factoría°, ¡oh!   *fábrica*

Elena, Elena
si te va bien escribe, Elena...

Ella se la buscó
en medio de la calle, en oficina
20   Elena recorrió°   *traveled on foot*
todo Manhattan con su pie de arcilla°   *clay*

Su mente ella olvidó
sus ojos dejaba en cualquier vitrina°   *store window*
allá en la 102°   Calle 102
25   Elena consiguió lo que quería

Nunca se imaginó
que aquí en los Nuevas Yorks
por entregar un sobre° pagarían, uh   *envelope*
tampoco imaginó
30   por qué tanto temor
ella nunca oyó hablar de cocaína, ¡oh!

Elena, Elena
si te va bien escribe, Elena (uh, uh, Elena...)
¡Uh, Elena!

35 Y Elena así empezó
un juego del que nunca se saldría
ninguna mente dio
pues su televisor se compraría, uh

Un paño° se amarró°   *cloth; tied*
40 dejó el pudor° tirado en una silla   *sense of moral rectitude*
mas nunca imaginó
que a casa ya jamás regresaría

Y un día de calor
en la ciudad de Nueva York
45 fue asesinada Elena en un tranvía°, oh   *tram, subway car*
el cielo se nubló
y nadie recogió
el sobre que en su pecho ella traía, ¡oh!

Elena, Elena
50 si te va bien escribe, Elena (uh, uh, Elena...)
¡Elena!
Oh, oh...

9-30 Sobre Elena. Contesta las siguientes preguntas sobre la canción.

1. ¿A qué se dedicaba Elena en su país?
2. ¿A dónde viajó y cómo?
3. ¿Qué fue lo primero que hizo Elena al llegar a los Estados Unidos?
4. ¿Cuál llegó a ser el estado emocional o mental de Elena? ¿Qué parte de la canción te lleva a determinar este estado?
5. ¿Cuál era el mensaje que Elena recibía de su familia o de sus amigos en su país?
6. ¿Qué quería comprar Elena?
7. ¿Por qué Elena se metió en problemas por "llevar" un sobre? ¿Qué le pasó a Elena?
8. ¿Qué pasó con el sobre que Elena llevaba consigo?

9-31 Querida Elena... Imagínate que eres un/a amigo/a o familiar de Elena y que te has enterado de lo que le pasa en Nueva York. Escríbele una carta para darle consejos sobre cómo salir de la situación.

9-32 ¿Qué piensan? Contesten las siguientes preguntas según sus propias opiniones. Discutan sus respuestas con otros grupos.

1. ¿Creen que Elena merece lástima o el castigo que recibió?
2. ¿Qué hizo que Elena se convirtiera en criminal, sus circunstancias o su propia voluntad?
3. ¿Conocen una historia similar a la de Elena que puedan compartir con el resto de la clase?
4. Según piensan ustedes, ¿cuál es el mensaje que Juan Luis Guerra quiere darnos con esta canción?

Suggestion for *Imágenes*. Have students role-play a TV reporter and the man in the painting. The reporter interviews the man, who may be annoyed with the questions.

Imágenes
Camilo Egas

Camilo Egas es uno de los pintores ecuatorianos más importantes e influyentes de la primera mitad del siglo XX. Sus obras muestran con un intimismo especial la realidad humana tanto interior como exterior. Aunque suscitó y promovió el arte indígena en Ecuador, Egas también plasmó en sus pinturas la condición del ser humano en la sociedad moderna. *Estación de la calle 14* es una obra que produjo mientras vivió en Nueva York.

Camilo Egas, "Estación de la calle 14", Casa de la Cultura, Quito, Ecuador.

Perspectivas e impresiones

👥 **9-33 ¿Conocen a este señor?** Especulen quién será el hombre de la pintura. ¿Por qué se encuentra en la calle? ¿Quiénes serán sus amigos, su familia? ¿Trabaja? ¿Dónde? ¿En qué estará pensando? ¿Dónde pasará la noche?

9-34 Ponte en la escena. ¿Cómo te sientes al ver a este señor? ¿Harías algo para ayudarlo? ¿Crees que podrías encontrarte en una posición semejante? Si sufrieras tal desgracia, ¿qué harías?

Páginas
Luisa Valenzuela

Luisa Valenzuela nació en 1938 en Buenos Aires, Argentina. Aunque dedicó gran parte de su vida al periodismo, comenzó a escribir ficción durante su estancia en París a principios de los años sesenta. Fue en este período cuando escribió su primera novela, *Hay que sonreír*. Después de esta primera obra, Valenzuela escribió varias novelas y colecciones de cuentos, entre las que se encuentra *Aquí pasan cosas raras* (1975), que contiene el cuento "La droga". Esta colección de cuentos muestra una profunda conciencia por parte de la autora de la sociedad contemporánea y sus problemas. Valenzuela presenta en estos cuentos una visión absurda y caótica de la realidad a través de un lenguaje lleno de ironía.

Antes de leer

9-35 Incomprensión y paranoia. Escoge uno de los siguientes temas y usa las preguntas como guía para desarrollar una pequeña narración en primera persona.

1. **Incomprensión.** ¿Alguna vez tuviste la sensación de que protagonizabas un sueño raro cuando de verdad experimentabas algo real? ¿De repente te diste cuenta de que pasaban cosas extrañas alrededor de ti, pero que a nadie más le parecía fuera de lo normal lo que sucedía? Explica la situación. ¿Por fin le encontraste el sentido a la situación o no?

2. **Paranoia.** ¿Alguna vez te pasó que de repente tuviste la impresión de que todo el mundo te miraba, de que algo se sospechaba de ti? ¿Cuál era la situación? ¿Dónde estabas? ¿Quiénes te miraban? ¿Había algún motivo para que te miraran?

Estrategias de la lectura

Cuando leas, es importante pensar en una hipótesis sobre el contenido de la lectura, y luego, al ir leyendo, afirmarla o descontarla. Para formar tu hipótesis, haz una lista de preguntas básicas que debes contestar mientras leas, por ejemplo: ¿Quiénes son los personajes principales? También refiérete a toda la información a tu alcance antes de leer: el título, fotografías y arte, información sobre el/la autor/a, etcétera.

9-36 Una hipótesis. Haz una lista de preguntas que debes contestar mientras leas el cuento. Luego, refiérete al título, la información sobre la autora y el dibujo para hacer una lista de los posibles temas y argumentos del cuento. Incluye posibles escenas, acciones, problemas y resoluciones.

Suggestion for Activity 9-36. Brainstorm these questions with the whole class.

La droga

Estoy en el puerto donde llega la droga y tengo que volver
con un poquito. Me voy acercando lentamente al mar ¿qué
mar? se parece al del Caribe por su quietud° de plomo°
derretido, y justo al borde de la playa están tendidas° las
5   esteras° para que se arme° allí el gran mercado. Sólo que
hoy casi no han entrado barcos, y un único mercader con
aire bastante oriental parece estar esperándome. Me siento
frente a él sobre su estera, en posición de loto°, y me va
mostrando las sedas que saca de una valija (yo tengo la
10 mía). Elijo por fin un pañuelo color borravino° y el mercader me dice, porque justo en ese momento pasa a nuestro
lado un guardia. Es un peso colombiano, pero me hace
seña de cinco con la mano°. Entiendo que es por la droga
que ha escondido en el pañuelo. Yo hurgo° en la bolsita
15 que llevo colgada del cuello y saco monedas de varios países. Por fin encuentro cinco pesos colombianos, le pago, él
me hace un paquete° con el pañuelo y yo lo meto dentro
de mi maleta.

serenity; lead
laid out
mats; set up

lotus

dark purple

cinco pesos
poke around

package

Me dirijo hacia la salida del mercado: hay una muralla
de alambre tejido° y las tranqueras° están cerradas. Mucha
gente hace cola para pasar la aduana, y espera pacientemente. Yo me asusto, pienso que el paquete con el pañuelo comprado allí mismo es demasiado delator°. Además
¿de dónde vengo yo? No he vuelto de ningún viaje como
para justificar mi valija°. Opto por buscar el baño para
tratar de deshacerme° de la droga o al menos esconderla
mejor. Sólo encuentro baños para el personal de aduanas,
pregunto dónde está el baño para viajeros, me contestan
vagamente, nadie sabe muy bien. Sigo arrastrando° mi valija y me siento muy sospechosa. Y, aunque pienso que la
búsqueda es bastante inútil, sigo buscando la puerta del
baño. No quisiera deshacerme de la droga, pero sé que
me la van a encontrar si no tomo alguna medida° además,
siempre me cruzo° con guardias armados. Subo escaleras,
recorro pasillos sucios como de hospital y de golpe me
cruzo con una columna humana que avanza siguiendo
a un instructor de gimnasia. Un, dos; un, dos. Y me
siento un poco ridícula buscando un baño con mi valija a
cuestas°. De golpe me doy cuenta de que la columna está
fondada° por los viajeros que hacían cola frente a la aduana. Pongo cara de urgencia y sigo buscando en sentido
contrario. Más escaleras, ningún baño, más corredores y
de nuevo me cruzo con el instructor de gimnasia y su cola,
y ellos se ríen de mí y todo sería muy cómico (yo, mi valija, la gimnasia) si no fuera por mi temor a que me des-
cubran la droga. La tercera vez que me encuentro con
ellos ya no los cruzo, vamos en el mismo sentido, los pre-
cedo, y el instructor me dice cosas entre amables y obsce-
nas y me da un puntapié amistoso° sobre el hombro
mientras bajamos por unas escaleras. Es como un espal-
darazo para que yo dirija la columna humana, la de los viajeros que marchan, y yo que llevo la droga en la valija no
sé si debo negarme° a hacerlo o si es ése mi deber, mi premio o mi condena.

Epílogo:
del Conocimiento como droga no adictiva y más bien
inquietante.

(marginal glosses)
wire mesh; gates

conspicuous

suitcase
get rid

keep dragging

precautions
happen upon

on my back
made up

friendly kick

refuse

Suggestion for *Páginas.* An ***epílogo*** at the end of a story or novel provides post-narrative information or makes explicit statements about the "message" of the narrative. Have students react to this strange epilogue in which ***Conocimiento*** may mean *knowledge, consciousness,* or *awareness.*

9-37 Los elementos del cuento. Vuelve a leer las listas que hiciste en 9-36. ¿Acertaste en alguna de tus hipótesis? ¿Pudiste contestar todas tus preguntas? Luego, contesta las siguientes preguntas sobre los elementos del cuento.

1. **La escena:** Haz una lista de frases que usa la autora para crear la escena. ¿Cómo te sentirías en ese lugar? ¿Contento/a, inquieto/a, nervioso/a, etcétera? ¿Por qué?
2. **La acción:** ¿Cuál es el propósito del personaje? ¿Cómo se caracteriza ella?
3. **La resolución:** ¿Se resuelve la acción? Imagina qué ocurre después.

9-38 La entrevista. Hagan los papeles del personaje de este cuento y un/a periodista. El/La periodista le hace preguntas al personaje.

MODELO: E1: *¿Por qué quiere comprar drogas?*
        E2: *Me gusta experimentar con las drogas.*

9-39 La dramatización. Hagan los papeles de la narradora, el mercader y el aduanero. Inventen un diálogo que recree la narración. Luego representen su escena ante la clase.

Taller

Un cuento

En el cuento de Luisa Valenzuela tenemos un recuerdo narrado en primera persona. Cuando la narradora interpreta las acciones y pensamientos de los demás, se permite especular y dejar entrar cierto tono inquietante y misterioso. Escribe un recuerdo en el que sigas los pasos a continuación.

1. **Idear.** Piensa en un acontecimiento o incidente en que hayas participado o que hayas imaginado. Escribe unas frases para indicar la secuencia de la acción.

2. **Crear la escena.** Escribe algunas oraciones para crear la escena. Incluye elementos psicológicos tanto como físicos.

3. **Introducir la acción.** Escribe unas diez oraciones en las que des una cronología del incidente y en las que añadas otros detalles. Especula sobre los pensamientos de los personajes por sus gestos, palabras y acciones. Incluye tus propias reacciones y estado psicológico.

4. **Aumentar la tensión.** Aumenta la tensión dramática añadiendo dos o más intentos para deshacerte del problema.

5. **Resolver.** Escribe dos oraciones para indicar tu salida del incidente, pero siempre dejando un aire de misterio sobre su resolución.

6. **Revisar.** Revisa tu cuento para ver si tiene una secuencia lógica. Luego revisa la mecánica.
   - ❏ ¿Has incluido una variedad de vocabulario?
   - ❏ ¿Has empleado algunas expresiones indefinidas o negativas?
   - ❏ ¿Has incluido el uso del **se** impersonal o pasivo?
   - ❏ ¿Has verificado la ortografía y la concordancia?

7. **Compartir.** Cambia tu cuento por el de un/a compañero/a. Mientras lean los cuentos, hagan comentarios y sugerencias sobre el contenido, la estructura y la gramática.

8. **Entregar.** Pasa tu cuento en limpio, incorporando las sugerencias de tu compañero/a y entrégaselo a tu profesor/a.

10 El empleo y la economía

EMPLEOS

SE NECESITAN ¡URGENTE!

Profesionales retirados. Expertos en comercio, diplomacia, turismo y desarrollo económico e industrial en Latinoamérica. También se necesitan personas de todas las edades y sexo con conocimientos en idiomas, relaciones públicas y planificación de eventos sociales, culturales y artísticos. Forme parte de una organización no lucrativa de gran alcance, la primera que busca el desarrollo de los hispanos en los EE.UU., así como en nuestros países. Envíe sus datos personales, incluyendo número de teléfono a: PARA NUESTRA LATINOAMÉRICA, 120 Borderline Ave., Union City, NJ 07087.

EXCELENTE COMPAÑÍA

De productos de belleza, solicita personal T/C o T/P para ocupar posiciones de: *Directoras *Supervisoras y *Demostradoras para impulsar sus productos. Debe ser dinámica y dispuesta a ganar mucho dinero. Interesadas llamar a Dolores al (201)555-9891.

MADRES, TRABAJEN EN CASA

Armando trabajos manuales muy fáciles de hacer, para fábricas en todo el país. Garantizado. Llame al 215-555-5886. Gratis al 1-800-555-7817 CÓDIGO 230.

BUSCAMOS PERSONAS

de ambos sexos, para trabajar en promociones hoteleras e inversiones. Para más información, comuníquese

con el Sr. Víctor Obregón. Llamar al 718-555-8244.

SE NECESITA

Carpintero y albañil con experiencia. Buen salario. Llame al (201)555-2610. 20 Calle 19 Union City, N.J.

¿BUSCA TRABAJO?

Necesitamos personal de tiempo completo para ventas por teléfono al mercado americano. Debe tener alguna experiencia en ventas y hablar inglés con fluidez. Salario + comisiones. Excelente carrera para crecer. Interesados deben presentarse el jueves al mediodía en 41 Borderline Ave. Union City, N.J. (2do Piso).

CARPINTERO CON EXPERIENCIA

TRABAJAR EN BRONX. LLAMAR AL 718-555-0295.

$CHOFERES DE CAMIONES

DISPONIBLES PARA IR A NY, NJ Y MÁS LEJOS. GANE HASTA $2.300 SEMANALMENTE. GARANTIZADO CONTRATO DE TRABAJO FIJO. CONECTAR Y DEJAR CARGAS. 1-800-555-1592.

CHOFERES

Sea su propio jefe. Gane hasta $2000 semanales. Servicio de limosinas con despachador de radio 24 horas. Debe tener carro último modelo. Cadillac o Lincoln de 4 puertas. Visite 201 Pear St. esquina St. Charles St., Brooklyn o llame a Inés al 718-555-6055, Ext. 46.

CHOFERES Y PERSONAS

Para Caminos. Co. distri-

buidores de comestibles en expansión. Debe hablar inglés con fluidez. Llamar al 718-555-7169.

¿BUSCANDO TRABAJO?

Cía fabricante de comida compacta urge 35 personas a $225/Tiempo parcial. Tiempo completo/$450. (718) 555-9185 o (718)555-9453.

OPORTUNIDADES DE EMPLEOS ASISTENTES DE SALUD EN LA CASA

Entrenamiento gratis para HHA/PCA *Enseñanza en español *Trabaje inmediatamente *T/C y T/P, vacaciones pagadas *Bono de $100 por referencia * Disponible. Fabuloso plan médico. SU CASA HOME CARE, Suffolk 516-555-0462, Nassau 516-555-4807.

CAJEROS/AS

¡PARA RANCH #1! T/C y T/P. Hablar inglés. Deben ser honestos y buenos trabajadores; tarjeta verde o ciudadanía necesaria. Pagamos $5,50- $8,00 por hora dependiendo de su exp. Llamar a Leona Marshall al 212-555-6666.

HOJALATERO

CON EXPERIENCIA EN PLÁSTICO; QUE SEPA ARMAR Y DESARMAR CARROS. LLAMAR AL 718-555-0021.

HOJALATERO

CON EXPERIENCIA EN METAL PESADO Y PLÁSTICO. ESPECIALIZADO EN MERCEDEZ BENZ. LLAMAR AL 718-555-8661.

INSTALADOR/A

de transmisión de carros. Tener herramientas. Tam-

bién RESTAURADOR/A. In-Tune Transmission, 6001 Broadway entre calles 204 y 207. Manhattan. 212-555-3341.

EBANISTA

Con experiencia en hacer gabinetes, cortar, arreglar e instalar gabinetes hechos a la medida. Altos salarios y beneficios. Trabajo en Filadelfia. 1-800-555-1804.

CONTADOR/A

Con experiencia en impuestos personales o comerciales. Tiempo parcial o completo. Llamar al teléfono 718-555-6300.

DENTAL: MECÁNICO DENTAL

Fundidor y duplicador. También terminadores y pulidores de metal. Experiencia necesaria. Solicite en: 5021 Jackson Street, Guttenberg, New Jersey. 1-202-555-1005.

Estilista con experiencia.

Para Salón Único en Brooklyn. Tiempo completo. 1-718-555-5806.

ESTILISTA

Con licencia y experiencia en pelo de hombre o mujer. Bayridge, Brooklyn. También manicurista con licencia y experiencia. Buen sueldo. Preguntar por Tomás. 718-921-7280.

ACTORES Y MODELOS

Si siempre soñó con trabajar en telenovelas, la televisión, el cine, el teatro o en desfiles de modelos, no sueñe ni lo piense más. Llame ahora mismo para empezar a trabajar en esta maravillosa carrera. Necesitamos niños y adultos. No se requiere exp. 212-555-1017.

¡Así lo decimos!

Vocabulario primordial

el actor/la actriz	instalar
el/la arquitecto/a	el/la jefe/a
el/la asistente	la licencia
el beneficio	lucrativo
el/la carpintero/a	el/la maestro/a
el/la chofer	el/la mecánico/a dental
el/la científico/a	el/la modelo
el comercio	la pensión
la comisión	el personal
el dato	la planificación
el/la distribuidor/a	la referencia
el/la ejecutivo/a	el retiro
el/la enfermero/a	el salario
el/la estilista	el salón de belleza
el hombre/la mujer de	el/la secretario/a
negocios	el/la taxista
el/la ingeniero/a	el/la técnico/a
el/la instalador/a	tomar la iniciativa

Profesiones y oficios

el/la albañil	bricklayer
el/la cajero/a	cashier
el/la contador/a	accountant
el/la corredor/a de bolsa	stockbroker
el/la ebanista	woodworker
el/la fundidor/a	caster
el/la gerente	manager
el/la hojalatero/a	tinsmith
el/la mecanógrafo/a	typist
el/la pulidor/a	polisher

Adjetivos

disponible	available
dispuesto/a	willing
fijo/a	fixed
gratis	free (of charge)
mensual	monthly
pesado/a	heavy
semanal	weekly

Otras palabras y expresiones

a la medida	custom-made
con fluidez	fluently
en regla	in order; up to date
en ventas	in sales
tiempo completo (TC)	full time
tiempo parcial (TP)	part time
último modelo	most recent model

Vocabulario clave

Verbos

armar	to assemble
crecer (zc)	to grow
desarmar	to disassemble
jubilarse	to retire
presentarse	to show up
solicitar	to apply (for a job, university, etc.)
urgir	to be urgently needed

Sustantivos

el adelanto	advance; loan
el almacén	department store; warehouse
los bienes raíces	real estate
el camión	truck
la carrera	college education (major)
la enseñanza	teaching
el entrenamiento	training
el equipo	team; equipment
la fábrica	factory
el impuesto	tax
la póliza	(insurance) policy; voucher; certificate
el puesto	position (job)

Ampliación

Verbos	Sustantivos	Adjetivos
administrar	el/la administrador/a	administrado/a
anunciar	el anuncio clasificado	anunciado/a
aprender	el aprendizaje	aprendido/a
archivar	el archivo	archivado/a
ascender (ie)	el ascenso	ascendido/a
consultar	el consultorio	consultado/a
contratar	el contrato	contratado/a
(des)emplear	el (des)empleo	(des)empleado/a
entrenar	el entrenamiento	entrenado/a
entrevistar	la entrevista	entrevistado/a
mecanografiar	la mecanografía, el/la mecanógrafo/a	mecanografiado/a
negociar	el negocio	negociado/a
solicitar	la solicitud	solicitado/a
supervisar	el/la supervisor/a	supervisado/a

¡cuidado!

funcionar/servir/trabajar

To express *to work* in Spanish, use **funcionar, servir,** or **trabajar**, depending on the context. These verbs are not interchangeable; their usage depends on context:

Funcionar refers to mechanical, electric or electronic devices.

Este radio no **funciona.**　　　　　*This radio doesn't work.*

Servir refers to non-mechanical devices.

Esta pluma ya no **sirve.**　　　　　*This pen doesn't work anymore.*

Trabajar is related to human labor, only referring to a person working.

Pablo **trabaja** en el banco.　　　　*Pablo works at the bank.*

asistir/atender

Asistir and **atender** are false cognates.

asistir: *to attend; to help*

Manuel no **asistió** a la reunión de la compañía ayer.
Manuel didn't attend the company's meeting yesterday.

La enfermera **asistió** al cirujano durante la operación.
The nurse helped the surgeon during the operation.

atender: *to pay attention; to take care of something or someone; to heed*

No puedo ir a trabajar porque tengo que **atender** a mi hijo que está enfermo.
I can't work because I have to take care of my son who is sick.

Necesitamos **atender** a este caso inmediatamente.
We need to pay attention to (tend to) this case immediately.

Atiende a mis consejos.
Heed my advice.

Suggestion for ¡*Cuidado!* Have students create sentences, leaving out the verb, then have them challenge each other to complete the sentence with the correct form of the most logical verb. For example, *No tengo ningún bolígrafo que…(sirva).*

Suggestion for ¡*Cuidado!* Ask students what a false cognate is. Give them the example of *malicioso/a*, which usually means shrewd or knowing in the Hispanic world, not malicious, which has a more negative connotation in English. Then elicit examples of false cognates that they know.

Suggestion for ¡*Cuidado!* Remind students that "assistant" in Spanish is either *ayudante* or *asistente.* Note also that *asistir* and *atender* are usually followed by *a.*

Aplicación

10-1 Ventajas y desventajas. Haz una lista de ventajas y desventajas de seis profesiones u oficios.

MODELO: el/la agricultor/a

VENTAJAS	DESVENTAJAS
Pasa mucho tiempo al aire libre.	Tiene que madrugar.
Lleva una vida muy sana.	Trabaja largas horas.
Por lo general come comida muy fresca.	Muchas veces gana muy poco por sus esfuerzos.

Composición for Activity 10-1. Have students use felt markers and poster paper, then post their lists. They may use the lists as support for oral composition.

10-2 ¿Qué anuncio? Busca anuncios en ¡Así es la vida! que les interesarían a las siguientes personas y explica por qué.

MODELO: a personas con título universitario

"Se necesitan ¡Urgente!" les interesaría a personas con título universitario porque busca profesionales retirados, expertos en comercio, etcétera. Tendrían la oportunidad de viajar...

1. a gente que quiera trabajar en una oficina
2. a personas jubiladas
3. a alguien que sea actor o actriz
4. a una persona bilingüe en español e inglés
5. a un/a mecánico/a
6. a uno/a que tenga una personalidad dinámica
7. a una persona que quiera trabajar desde su casa
8. a uno/a que tenga permiso para trabajar en los Estados Unidos
9. a una persona que tenga poca experiencia
10. a uno/a que sepa manejar
11. a alguien que necesite seguro médico
12. a gente que quiera trabajar a tiempo parcial
13. a uno/a a quien le importe la buena salud
14. a una persona a quien le guste trabajar en la construcción de casas

10–3 ¿Qué profesión asocias con...? Indica las profesiones que se asocian con estos lugares y asuntos.

MODELO: el arte

Con el arte se asocian artistas, escultores, pintores, fotógrafos, administradores de museos.

1. los automóviles
2. un banco
3. una compañía de software
4. una agencia de bienes raíces
5. un almacén
6. una empresa de exportación
7. un periódico
8. un equipo de fútbol

10-4 Exprésate mejor. Lee las siguientes oraciones. Usa una variación de cada palabra en itálica para escribir una oración que elabore la idea de la oración original.

MODELO: Pase usted al *consultorio* donde puede hablar con la directora de personal. *Ella va a* consultar *su calendario para fijarle una cita para la entrevista.*

1. Aquí tiene usted un *contrato* que se renueva anualmente.
2. No se olvide usted de *archivar* estas solicitudes.
3. Necesitamos *consultar* al gerente antes de firmar este contrato.
4. La directora de cuentas corrientes consiguió su *ascenso* a supervisora.
5. Hemos recibido más de cien *solicitudes* para este puesto.
6. No podemos *entrevistar* a todos los candidatos.
7. Hay que prestar atención a la *mecanografía*.
8. Es imposible *negociar* con esa compañía.

👥 10-5 El trabajo de... Expliquen las obligaciones y el entrenamiento necesario de una persona para realizar estas profesiones u oficios.

MODELO: un/a albañil

> *Trabaja en la construcción de casas o edificios. Es un trabajo duro que requiere una persona en buen estado físico. Necesita una licencia y tiene que trabajar bajo la supervisión de una persona que tenga más experiencia. En muchos lugares debe ser miembro de un sindicato.*

1. un/a chofer
2. un/a restaurador/a de arte
3. un/a administrador/a
4. un/a dueño/a de bienes raíces
5. un/a gerente
6. un/a supervisor/a de ventas
7. un/a arqueólogo/a
8. un/a banquero/a
9. un/a cirujano/a
10. un/a mensajero/a

👥 10-6 Anunciamos. Ustedes manejan un servicio de empleos que pone en contacto a candidatos con compañías que los necesitan. Cada semana escriben anuncios para solicitar a los profesionales y técnicos que desean encontrar. Esta semana, necesitan candidatos para los siguientes puestos. Inventen algunos requisitos y detalles para cada puesto y escriban un anuncio para atraer solicitudes.

Suggestion for Activity 10-6. Have students typeset their ads in newspaper format.

1. un/a publicista
2. un/a traductor/a
3. un/a diseñador/a
4. un/a taxista
5. un/a programador/a
6. un/a ingeniero/a ambiental
7. un/a corredor/a de bolsa
8. un/a administrador/a
9. un/a científico/a médico/a
10. un/a contador/a

👥 10-7 ¿Cuáles son sus sueños? Describan la profesión para la que se preparan en la universidad, o que ya tienen. Expliquen por qué eligieron esa profesión, cuáles son los requisitos y algunos de los beneficios del trabajo.

👥 10-8 Una entrevista para un trabajo. Uno/a es candidato/a y el/la otro/a lo/a entrevista para un puesto en su empresa. Sigan y amplíen los pasos a continuación:

Suggestion for Activity 10-8. Have students rehearse and videotape their interview to show in class.

1. presentarse
2. entrevistador/a: explicar los requisitos y las responsabilidades del trabajo
3. candidato/a: presentar su *currículum vitae (résumé)* y explicar por qué se considera calificado/a
4. entrevistador/a: explicar el procedimiento
5. candidato/a: agradecerle su tiempo al/a la entrevistador/a
6. despedirse

Estructuras

1. Indirect speech

Le dije al rector que cumplíamos con todos los requisitos para trabajar en su oficina.

In indirect speech, one reports what is said, thought, or asked by another. The indirect quote is introduced by a verb of communication such as **asegurar, anunciar, contestar, decir, declarar, informar, preguntar,** etc., and the connector **que.**

Original statement	Reported statement
Anita: "Voy a mandar mi currículum a la agencia de empleos."	Anita dice que va a mandar su currículum a la agencia de empleos.
"I'm going to send my résumé to the employment agency."	*Anita says she's going to send her résumé to the employment agency.*
José: "El chofer ha sido siempre su propio jefe."	José me explica que el chofer ha sido siempre su propio jefe.
"The driver has always been his own boss."	*José explains to me that the driver has always been his own boss.*

◆ When the verb of communication in the reported statement is in the past (preterit or imperfect) the following changes occur in the verb tense of the indirect quote.

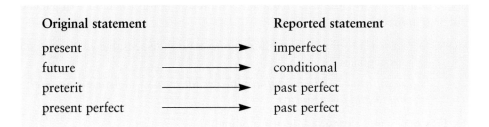

Original statement		Reported statement
present	⟶	imperfect
future	⟶	conditional
preterit	⟶	past perfect
present perfect	⟶	past perfect

Anita: "**Voy** a la entrevista por la tarde."
"I'm going to the interview in the afternoon."

Anita **dijo** que **iba** a la entrevista por la tarde.
Anita said she was going to the interview in the afternoon.

Anita: "**Iré** a la entrevista por la tarde."
"I'll go to the interview in the afternoon."

Anita **dijo** que **iría** a la entrevista por la tarde.
Anita said she would go to the interview in the afternoon.

Anita: "**Fui** a la entrevista por la tarde."
"I went to the interview in the afternoon."

Anita **dijo** que **había ido** a la entrevista por la tarde.
Anita said she had gone to the interview in the afternoon.

Anita: "¡**He tenido** muchas entrevistas!"
"I've had lots of interviews!"

Anita **dijo** que **había tenido** muchas entrevistas.
Anita said she had had lots of interviews.

Note for *había ido y fue*. Many Spanish speakers use either the preterit or the past perfect in this case. *Anita dijo que había ido…* alternates with *Anita dijo que fue….*

◆ Questions can be indirectly introduced by verbs like **preguntar**. Yes/no questions are connected to the reporting verb with **si**; information questions are connected with the original question word.

Nos preguntan: "¿**Están interesados** en el puesto?"
They ask us: "Are you interested in the position?"

Nos preguntan **si** estamos interesados en el puesto.
They ask us if we are interested in the position.

Siempre me pregunta: "¿**Cómo te cae** el candidato?"
He always asks me: "How do you feel about the candidate?"

Siempre me pregunta **cómo** me cae el candidato.
He always asks me how I feel about the candidate.

Suggestion for Indirect speech in questions. Have students create questions that a friend always asks or has asked recently, and then convert the questions into indirect speech. For example, *Mi amigo Tomás siempre me pregunta: "Juan, ¿quieres salir esta noche?"* (*Mi amigo Tomás siempre me pregunta si quiero salir esa noche.*) Challenge students to explain the additional change of esta to esa in the example.

Aplicación

Conexiones for Activity 10-9. Have students report on actual news from the business section of the newspaper.

10-9 Anuncios del mundo de los negocios. Tu jefe/a no tiene tiempo para leer las noticias y tú tienes que resumírselas todos los días. A continuación tienes unos apuntes que tomaste esta mañana. Comunícale la información a tu jefe/a con discurso indirecto.

MODELO: La red informática llega a ser un recurso indispensable en el mundo de los negocios.

Se informa que la red informática es un recurso indispensable en el mundo de los negocios.

1. Hay más y más necesidad de gente bilingüe.
2. En algunas empresas no se permite que los empleados hablen entre sí otro idioma que no sea el inglés.
3. Es urgente entrenarse en la tecnología.
4. Hay más mujeres interesadas en las finanzas ahora que hace diez años.
5. Los jóvenes que invierten un porcentaje de sus ingresos ahora, aseguran su bienestar económico en el futuro.
6. El mundo de las finanzas va a sufrir otros retrasos.
7. Sin embargo, el estado de la economía puede mejorar.
8. Hay muchas oportunidades para los que quieren ser profesores.

10-10 Otras noticias importantes. Individualmente, hagan listas de noticias e información importante que hayan oído recientemente. Luego, comuníquenselas usando discurso indirecto.

Expansion for Activity 10-11. This activity may be done in the past. *La cajera me preguntó si quería...*

10-11 ¿Qué se pregunta? Inventen unas preguntas y respuestas que se escucharían en los siguientes lugares y comuníquenle los escenarios a la clase.

MODELO: en el banco

La cajera me pregunta si quiero abrir una cuenta corriente. Le digo que prefiero abrir una cuenta de ahorros. Le pregunto cuánto es la tasa de interés para una cuenta en ese banco. Me responde que pagan el dos por ciento.

1. en la oficina de empleo
2. en la oficina de la supervisora del trabajo
3. en la oficina del presidente de una empresa internacional
4. en un restaurante
5. en la oficina del director de una escuela privada
6. en la oficina de un periódico
7. en el sitio de construcción de un edificio
8. en el estudio de un artista

10-12 Un informe a tu jefe. Escríbele un informe a tu jefe en el que indiques lo que pasó en una reunión. Incluye también las preguntas que se hicieron.

MODELO: *Ayer en la reunión con los clientes, alguien me preguntó si les íbamos a aumentar el nivel de apoyo financiero para el negocio internacional. Entonces les informamos que el apoyo era posible y les explicamos que necesitaban mandarnos la documentación y los contratos antes de finalizar la cantidad de dinero.*

Suggestion for Activity 10-12. Have students report on what happened in class yesterday. They could post their versions on the class electronic bulletin board.

A propósito...

El tratado de libre comercio (TLC [NAFTA])

El TLC se puso en práctica el 1ro de enero de 1994. Por este tratado se han eliminado las tasas arancelarias *(customs assessments)* sobre los bienes *(goods)* que sean originarios de México, el Canadá y los Estados Unidos. Para determinar cuáles bienes son susceptibles de recibir trato arancelario preferencial se ha establecido una serie de reglas de origen. En otras palabras, las ventajas del TLC se han otorgado *(granted)* sólo a los bienes producidos en la región de América del Norte y no a bienes que se elaboren total o mayormente en otros países. El TLC fue diseñado para aumentar el comercio y la inversión entre los miembros del TLC. El tratado contiene fechas específicas para la eliminación de las tarifas y la reducción de otras barreras que impiden el libre comercio, así como estipulaciones comprensivas sobre la ética comercial en la zona de comercio libre. Estas estipulaciones incluyen ciertos tipos de inversiones, servicios, propiedad intelectual, competencia y la participación temporal de hombres de negocio.

El problema es que muchos de los supuestos beneficios no han ocurrido. Por ejemplo, en México el empleo en las plantas de ensamblaje ha aumentado, pero más de 2.000.000 de mexicanos han perdido sus empleos y el salario promedio *(average)* ha disminuido en un 17 por ciento; más de 116.418 estadounidenses han perdido su trabajo porque las importaciones mexicanas han aumentado o las fábricas se han trasladado a México; los trabajadores mexicanos sin documentos siguen cruzando la frontera; en vez de reducir el tráfico de drogas y la corrupción, México se ha convertido en el país clave para introducir la cocaína en los Estados Unidos; se suponía que el Banco Norteamericano de Desarrollo pusiera dos mil millones de dólares para proyectos de reducción de contaminación en la frontera entre los Estados Unidos y México, pero sólo se han gastado $2.000.000; y por último, en vez de mejorar la situación de los trabajadores, se han presentado varias quejas que alegan que se están violando las leyes laborales en ambos lados de la frontera.

A pesar de estos problemas, Chile y otras naciones hispanoamericanas continúan interesadas en formar parte del TLC. Obviamente estas naciones piensan que los riesgos son menores que los futuros beneficios de un comercio libre entre todas las naciones americanas.

Vamos a comparar

¿Por qué piensas que el gobierno de los Estados Unidos apoya el TLC? Si no tienes suficiente información, investiga en la red informática. ¿Cómo ha afectado el TLC la economía canadiense? Personalmente, ¿crees que es bueno el comercio libre entre los países? ¿Por qué? ¿Tienen solución los problemas que padecen México y los Estados Unidos? ¿Qué harías tú?

Expansión for *A propósito*... Once you finish with the *Vamos a comparar* section, start a discussion about whether the United States or its trading partners will have the advantage in NAFTA.

Conexiones for *A propósito*... Have students research articles for and against the TLC on the Internet. If they search for *tratado de libre comercio*, they will find many articles written in Spanish. They should then refine the search to limit it to the United States and Mexico.

Warm-up for ¡Así es la vida! ¿Tienes una tarjeta de crédito? ¿Es bajo tu nombre o bajo el nombre de otra persona? ¿Cuándo la usas? ¿Cuáles son algunos de los beneficios y de los peligros de tener una tarjeta?

Suggestion for ¡Así es la vida! After students read the article, ask them which credit card they prefer and why.

El dinero de plástico nos invade

Cada vez que una persona paga una factura con una tarjeta de crédito, es financiada por un banco en un plazo muy corto de tiempo. En sí, es un crédito al consumo y su uso indiscriminado puede conducir a unos sustos nada agradables.

El principio de la tarjeta de crédito es el mismo que el de un adelanto de dinero, por eso se le llama dinero de plástico. La mayor parte de los comerciantes aceptan tarjetas de crédito. Así facilitan las ventas, aunque el banco cobra una comisión por cada operación. Para el poseedor de la tarjeta, la comodidad estriba en que puede salir a la calle sin dinero en la cartera.

Ahora bien, cada tarjeta de crédito tiene ciertas condiciones. La primera es que el cliente que la solicita debe ganar como mínimo tres mil nuevos pesos. Se deben presentar talones de pago o copias selladas por la empresa. Ya no se aceptan cartas y se debe forzosamente dar referencia del trabajo anterior al actual. Cada tarjeta impone un límite de crédito, el cual depende de los ingresos del solicitante. En otras tarjetas, como las concedidas a empresarios o directores generales de compañías, el crédito es ilimitado. Las tarjetas clásicas cobran un tipo de interés aproximado del 3,5 al 3,8 por ciento mensual. Eso supone del 35 al 40 por ciento anual.

El poseedor de la tarjeta puede ir pagando poco a poco cada mes por medio de lo que se conoce como pagos mínimos, aproximadamente el 10 por ciento de lo que ha tomado como crédito. Si lo que desea el cliente es disponer de efectivo del cajero automático, se le cobra una comisión del seis o siete por ciento. Además, sólo podrá sacar lo autorizado por su línea crediticia.

Cada titular de una tarjeta tiene un seguro en caso de accidente, seguro de viajero —si ha pagado con tarjeta sus boletos—, seguro por pérdida de equipaje, o seguro por demora de equipaje. Esto depende de la institución bancaria. Si el cliente pierde la tarjeta y no lo comunica a tiempo, se le cobra el gasto que hayan hecho otras personas. No hay que confundir las tarjetas de crédito con las tarjetas de inversión automática. Estas últimas son especie de cuentas de ahorro con servicio de cajero inmediato. Cuando abone con ellas en una tienda o saque dinero de un cajero automático, su saldo disminuirá de forma inmediata.

Otros tipos de créditos son los pagarés y las letras. Ambos son muy parecidos. Los pagarés son documentos privados por los que una persona se compromete a pagar una cantidad determinada en una fecha cierta. Existen pagarés bancarios y pagarés de empresa, entre otros. Igual que con los talonarios de cheques, los bancos ponen a disposición de sus clientes talonarios de pagarés para sus transacciones mercantiles. Otros modelos son los pagarés financieros con los que una empresa o el Estado se dirigen al público con el fin de recaudar dinero para inversiones. A cambio, se comprometen a devolver el dinero y los intereses correspondientes. ■

¡Así lo decimos!

Vocabulario primordial

a corto plazo	la mercancía
a largo plazo	meter
el billete	la moneda
la caja fuerte	el oro
el centavo	la plata
el dinero en efectivo	el por ciento
los fondos	la tarjeta del cajero
el fraude	automático/ de crédito
el interés	

la oficina de correos	*post office*
el pagaré	*promissory note*
el pago	*payment*
el plazo	*term*
el presupuesto	*budget*
la quiebra/la bancarrota	*bankruptcy*
el riesgo	*risk*
el saldo	*balance*
el sobre	*envelope*
la tasa	*rate*
el tesoro	*treasury; treasure*

Adjetivos

imprevisto/a	*unforeseen; unexpected*

Otras palabras y expresiones

al azar	*at random*
el estado de cuentas	*(financial) statement*
forzosamente	*by force; forcibly*
más vale...	*it is better to...*
el talón de pago	*payment coupon*
el talonario (de cheques)	*checkbook*

Vocabulario clave

Verbos

abonar	*to pay*
costear	*to finance*
cubrir(se)	*to cover (oneself)*
estribar	*to be based*
fiar	*to sell on credit*
imponer	*to impose*
impulsar	*to impel; to promote*
invertir	*to invest*
prestar	*to lend*
sacar	*to take, pull out*
sobregirar	*to overdraw*

Sustantivos

las acciones	*stocks*
la bolsa	*stock exchange*
el bono	*bond; bonus*
la casualidad	*chance*
la comodidad	*convenience*
la cuenta corriente	*checking account*
la cuenta de ahorros	*savings account*
el/la empresario/a	*business man/woman*
la factura	*invoice*
el giro bancario	*bank check*
el giro postal	*money order*
la hipoteca	*mortgage*
el ingreso	*income*
la letra	*draft, bill of exchange*

Ampliación

Verbos	Sustantivos	Adjetivos
ahorrar	el ahorro	ahorrado/a
alquilar	el alquiler	alquilado/a
asegurar	el seguro	asegurado/a
depositar	el depósito	depositado/a
endeudar(se)	la deuda	endeudado/a
financiar	el financiamiento	financiado/a
gastar	el gasto	gastado/a
invertir (ie, i)	la inversión	invertido/a
prestar	el préstamo	prestado/a
sobregirar	el sobregiro	sobregirado/a

¡cuidado!

Suggestion for ¡Cuidado!
Translation activity: 1. Can I have the best interest rate on my account? 2. Can I have a receipt? 3. Can I have your pen, please? 4. The cashier isn't here because she had her baby yesterday.

Can I have...?/I had...

Can I have...?, cannot be translated literally into Spanish because **¿Puedo tener...?** means *Can I own...?* To ask someone for something, say **¿Puede(s) darme (traerme/prestarme)...?**

¿Puede **traerme** una Coca-Cola, por favor?	*Can I have a Coke, please?*
¿Puede **darle** el cambio, por favor?	*Can she have her change, please?*
¿Puede **darles** ciento cincuenta dólares en cheques de viajero?	*Can they have one hundred and fifty dollars in travelers checks?*

To state that you had something to eat or drink, avoid **tuve** unless you are talking about receiving something. Use **pedir, comer, tomar,** etc.

Anoche para la cena **comí** un pedazo de pizza y un vaso de leche.	*For dinner last night I had a a slice of pizza and a glass of milk.*

To talk about someone having a baby, use the expression **dar a luz.**

Marta **dio a luz** la semana pasada. ¡Fue una niña!	*Marta had a baby last week. It was a girl!*

Suggestion for ¡Extra! Have students search the Internet or the financial section of a major newspaper to find the names of the different currencies of Spanish-speaking countries (*las monedas*), their graphic symbols (e.g. ₨., S/., etc.) and the current rate of exchange (*el cambio*).

Conexiones for ¡Extra! Point out that a country may have a number of dialects in different regions, for example, in the United States, the many phrases and vocabulary people use in Louisiana are different from those used by people in New York.

Conexiones for ¡Extra! Have students label a map of the Spanish-speaking world with the official monetary system, its exchange rate, and the slang used in an original sentence. For example, *México: el nuevo peso (1USD=785NP) ¡Ay, si tuviera lana para comprarme un carro!*

¡EXTRA!

Regionalismos

In American English there are many slang words for *money* (green, bucks, dough, bread, etc.) In Spanish many words are used to say *money*; it all depends on the country or region. These words are widely used among friends and family or in just about any situation that is not strictly formal. Here are some of them.

la plata	(South America) ¡No tengo **plata**!
el chavo	(Puerto Rico) Necesito **chavos** para ir a Nueva York.
el chele	(Dominican Republic) No puedo ir al cine; no tengo ni un **chele**.
la pela	(Spain) Estoy sin **pelas** ahora, cobro (*I get paid*) la semana próxima.
el bolo	(Venezuela) Esa casa debe costar muchísimos **bolos**.
la lana	(Mexico) Hace falta mucha **lana** para tener un negocio propio.
el cuarto	(Dominican Republic) Ya tengo los **cuartos** para comprar una casa en Santo Domingo.
el quilo	(Cuba) ¡Ese carro ya no vale ni tres **quilos**!

To express that someone is *out of money* or *broke* you might hear the following.

pelado/a	(Puerto Rico, Dominican Republic) Estoy tan **pelada** que no puedo comprar ni un chicle.
lavado/a	(Bolivia) Estamos totalmente **lavados**. Esta semana no podemos ir a bailar.
arrancado/a	(Cuba) No te puedo dar más dinero porque estoy **arrancado** esta semana.

Aplicación

10-13 ¡Socorro! Completa el lamento de una persona que está sufriendo problemas financieros. Usa la forma correcta de las siguientes palabras:

Responses to Activity 10-13.
1. *cuenta corriente* 2. *sobregiré* 3. *sacar* 4. *tarjeta de cajero* 5. *saldo* 6. *ingresos* 7. *gastos* 8. *impone* 9. *adelanto* 10. *deudas* 11. *presupuesto* 12. *gratis* 13. *quiebra*

adelanto	gasto	imponer	presupuesto
cuenta corriente	sacar	ingreso	quiebra
sobregirar	gratis	tarjeta de cajero	saldo
deuda			

Tengo un problema con mi (1)_____. Acabo de enterarme que (2)_____ mi cuenta por $500. Quise (3)_____ dinero con mi (4)_____, pero no pude porque... ¡tenía un (5)_____ negativo! El problema es que mis (6)_____ no cubren mis (7)_____. Mi tarjeta de crédito (8)_____ un límite de $1000 porque no gano lo suficiente. Necesito un (9)_____ de mi salario para poder pagar mis (10)_____. Lo que necesito más que nada es establecer un (11)_____ que me ayude a manejar mis finanzas. En el banco, ofrecen un servicio (12)_____ que puedo consultar. ¡Si no salgo de esto voy a tener que declararme en (13)_____!

10-14 Tus finanzas. ¿Cuáles de estos recursos financieros has recibido/pagado o piensas recibir/pagar pronto? Explica las condiciones.

MODELO: un préstamo

> *Pedí un préstamo cuando compré mi coche. La tasa de interés es del 8 por ciento. Hago un pago mensual de $200 por 48 meses.*

1. un adelanto
2. un bono
3. una factura
4. impuestos
5. una hipoteca
6. un pagaré
7. una cuenta de ahorros
8. una tarjeta de cajero automático
9. un cheque de viajero
10. unas acciones

Composición **for Activity 10-15.**
Have students use several of these terms in a paragraph.

10-15 Exprésate mejor. Lee las siguientes oraciones. Usa una variación de cada palabra en itálica para escribir una oración nueva que elabore la idea de la oración original.

MODELO: Hace un mes abrí una cuenta de *ahorros*. *Espero* ahorrar *suficiente dinero para comprar un coche.*

1. Me gustaría *asegurar* el futuro financiero de mi familia.
2. Según mi talonario, *deposité* el cheque el día 2 de este mes.
3. El banco me *ha prestado* el dinero para comprar una casa.
4. Cuando recibí mi estado de cuenta, no pude creer que me había *sobregirado*.
5. ¡Ten cuidado con tus *deudas*!
6. ¡*Gastamos* mil dolares mensuales en la comida!
7. No sé si quiero seguir *alquilando* mi apartamento o comprar una casa.
8. Si *inviertes* una parte de tu salario ahora que eres joven, podrás jubilarte cuando tengas 50 años.

Conexiones for Activity 10-16.
Have students investigate the rate of personal bankruptcy in the United States or Canada today. To what extent can this be attributed to the proliferation of credit cards?

👥 **10-16 El dinero de plástico.** Hagan una lista de las ventajas y desventajas de tener y usar una tarjeta de crédito. Según el artículo de **¡Así es la vida!,** ¿cuál es el mínimo que uno/a tiene que ganar para poder solicitar una tarjeta? ¿Cuándo usan ustedes la tarjeta de crédito? ¿Han sido víctimas alguna vez de fraude? ¿Preferirían no tener tarjetas de crédito?

👥 **10-17 La tarjeta de inversión inmediata.** Muchos tenemos una tarjeta que podemos usar en lugar de un cheque. ¿Gastan más o menos dinero usando esta tarjeta? ¿Hay más o menos peligro de fraude? ¿Cuál es el punto de vista de los bancos sobre el uso de estas tarjetas?

Estructuras

2. The relative pronouns *que, quien,* and *lo que,* and the relative adjective *cuyo*

Suggestion for art. *¿Qué le pide la madre al hijo? ("Lo que te pido es que no gastes todo tu dinero saliendo con tus amigos.")*

Relative pronouns are used to join two sentences that have a noun or a pronoun in common. Relative pronouns refer to a preceding word, called an antecedent.

Existe un tratado abarcador.	*There exists a comprehensive treaty.*
El tratado será modificado pronto.	*The treaty will be modified soon.*
Existe un tratado abarcador **que** será modificado pronto.	*There exists a comprehensive treaty that will be modified soon.*

The relative pronouns que, quien, and lo que

◆ The relative pronoun **que**, meaning *that, which, who,* and *whom,* is used for both persons and objects.

El talonario de cheques **que** te di está en la mesa.	*The check book (that) I gave you is on the table.*
El hombre **que** conociste trabaja para el Banco Norteamericano de Desarrollo.	*The man (that) you met works for the North American Development Bank.*

◆ The relative pronoun **quien(es)**, meaning *who* and *whom,* refers only to persons and is most commonly used after prepositions.

Ésos son los diplomáticos **con quienes** me reuní para tratar de disminuir el tráfico de drogas.	*Those are the diplomats with whom I met in order to try to diminish drug traffic.*
Ése es el banquero **a quien** entrevistaste.	*That is the banker whom you interviewed.*

◆ The relative pronoun **lo que**, meaning *what* and *that which,* is a neuter form, referring to an idea, or a previous event or situation.

No me gustó **lo que** hicieron con las tasas arancelarias.	*I didn't like what they did with the customs assessments.*
¿Entiendes **lo que** implica el tratado?	*Do you understand what the treaty implies?*

Suggestion to practice *lo que*. Have students complete these phrases in a logical manner. *Lo que me gusta...; Lo que detesto...; Lo que les pido a mis padres...; No entiendo lo que...*

◆ Unlike *that* in English, the use of the relative pronoun **que** in Spanish is never optional.

Las quejas **que** me contaste son increíbles.	*The complaints (that) you related to me are incredible.*
Estamos interrogando a los trabajadores mexicanos **que** cruzaron la frontera.	*We are interrogating the Mexican workers that crossed the border.*

◆ Relative pronouns are used **restrictively** and **nonrestrictively**. The function of a **restrictive** relative clause is to include information that identifies more completely the noun or pronoun it refers to.

El cajero **que** habla francés habló con el turista.	*The cashier who speaks French (as opposed to any other cashier) talked with the tourist.*

◆ When used **nonrestrictively**, the relative clause simply includes additional information about the noun or pronoun, which is already fully identified. In speech, the **nonrestrictive** clause is marked by pauses, and in writing, it is set off with commas.

La sección de fumar en el banco, **que es muy pequeña**, está al lado de la entrada.	*The smoking section in the bank, which is very small, is next to the entrance.*

The relative adjective cuyo

Suggestion for art. Have students complete these additional statements based on the drawing. *La carta...firma es del director del Fondo, es sumamente importante. El director, ...esposa es amiga mía, es de la Argentina. La esposa, ...hijos asisten a una escuela pública en la capital, tiene su título en pedagogía.*

El sobre, cuya carta no encuentro, dice que el remitente es el fondo Monetario Internacional.

◆ **Cuyo/a(s)** means *whose, of whom, of which* and is a relative possessive adjective. It agrees in gender and number with the noun it precedes.

Los cheques, **cuyas** firmas revisaste, fueron depositados en la cuenta de ahorros.	*The checks, whose signatures you checked, were deposited in the savings account.*
El representante, **cuyo** país no pudo firmar el tratado, está mortificado.	*The representative, whose country was not able to to sign the treaty, is mortified.*

◆ **Cuyo/a(s)** is always repeated before nouns of different genders and agrees with each one.

El vicepresidente **cuya** iniciativa y **cuyo** empuje lograron la transacción, fue ascendido a presidente del banco.	*The vice president, whose initiative and enterprise achieved the transaction, was promoted to president of the bank.*

◆ Do not forget that **de quién(es)** corresponds to the English interrogative *whose.*

¿**De quiénes** son estas cuentas?	*Whose accounts are these?*
No sabemos **de quién** es esa factura.	*We don't know whose invoice that is.*

Aplicación

10-18 Consejos de un padre sobre cuestiones de finanzas. Completa la conversación con **que, lo que, quien/es,** o **cuyo/a(s)**.

Responses to Activity 10-18.
1. *que* 2. *que* 3. *lo que* 4. *Lo que* 5. *que* 6. *quien* 7. *que* 8. *lo que* 9. *que* 10. *cuyos* 11. *que* 12. *que* 13. *cuyos* 14. *Lo que* 15. *que* 16. *lo que*

Aquí tienes la tarjeta de crédito (1)_____ recibí esta mañana. Es una tarjeta (2)_____ también puedes usar en el cajero automático, (3)_____ te ayudará cuando tengas alguna emergencia. (4)_____ no quiero es que la utilices para comprar comida. Creo que tienes suficiente dinero en efectivo (5)_____ puedes usar. El joven con (6)_____ compartes el apartamento debe contribuir algo a los gastos también. El recibe un sueldo (7)_____ es mucho mayor que el tuyo, así que no dudes en decírselo. Si necesitas más dinero, (8)_____ dudo, siempre me puedes llamar y te enviaré un giro postal (9)_____ puedes cobrar en cualquier banco. El Banco Atlántico, (10)_____ sucursales se encuentran por todas partes, tiene cuentas especiales para estudiantes. Hay una cuenta corriente (11)_____ cobra muy poco y (12)_____ sólo requiere un saldo mínimo de 200 dólares. No debes llevar el talonario (13)_____ cheques llevan tu nombre y dirección, a menos que quieras comprar algo costoso. (14)_____ necesito enfatizar es que ¡bajo ninguna circunstancia sobregires tu cuenta! En ese caso el banco te cobrará una comisión (15)_____ puede llegar a los 25 dólares, (16)_____ sería mucho para ti.

10-19 En el banco. Añade una cláusula relativa no restrictiva para ampliar las frases siguientes:

Expansion for Activity 10-19.
Have students expand the context with additional clauses and statements related to the original. For example, *El señor Ramírez, cuya familia vive en Buenos Aires, viaja por todo el mundo.*

MODELO: El señor Ramírez es vicepresidente del Banco de Comercio.

El señor Ramírez, que es de Argentina, es vicepresidente del Banco de Comercio.

o

El señor Ramírez, a quien conociste ayer, es vicepresidente del Banco de Comercio.

1. Mi talonario de cheques está en la mesa.
2. Se abre una cuenta de ahorros con un depósito mínimo de $100.
3. Voy a pagar el alquiler con este dinero.
4. Puedes comprar un giro postal en la Oficina de Correos.
5. Esta tarjeta de cajero automático te sirve en toda Latinoamérica.
6. Si quieres invertir en algo seguro, compra oro.
7. Le ofrecemos préstamos para comprar un coche nuevo o de segunda mano.
8. Tiene que mantener un saldo de un mínimo de cien dólares.
9. Si quieres un viaje seguro lleva cheques de viajero.
10. Antes de aprobar su préstamo, queremos una lista de sus deudas.

10-20 En la sección de asuntos internacionales. Forma oraciones que combinen las siguientes palabras con **cuyo/a(s)**.

modelo: el saldo - el mínimo

El saldo, cuyo mínimo es 500 dólares, ha bajado a menos de 100, lo que nos obliga a notificar al cliente.

1. la tasa - la variabilidad
2. el seguro - la póliza
3. el giro postal - el costo
4. el bono - el valor
5. el presupuesto - la fecha límite
6. el pagaré - el plazo
7. las acciones - el riesgo
8. los empresarios - las cuentas

Expansion for Activity 10-21. Have students role-play the client and bank manager who assures the client that the bank or other service has what s/he is looking for. For example, E2: *Le aseguro que este banco tiene todo lo que usted busca.*

10-21 Lo que busco... Completa estas frases de una manera original. Utiliza diferentes verbos, como **buscar, preferir, querer, gustar**, etcétera.

MODELO: en un banco

Lo que busco en un banco son todos los servicios y gente amable.

1. en una tarjeta de crédito
2. en una póliza de seguros
3. en una inversión
4. en una hipoteca
5. en una cuenta de ahorros
6. en una cuenta corriente
7. en un préstamo
8. en un trabajo

10-22 En la oficina de la vicepresidenta del Banco de Crédito, S.A.
Hagan los papeles de la vicepresidenta y su asistente, y tengan conversaciones breves partiendo de las siguientes palabras:

MODELO: los cheques

E1: *¿Dónde están los cheques?*
E2: *¿Quiere usted los cheques de la empresa IBM que dejó ayer en su escritorio?*
E1: *No, busco los cheques del Corte Inglés que recibimos hoy.*
E2: *Creo que los ha puesto en el sobre que puso anoche en la caja fuerte.*

1. los giros bancarios
2. la tarjeta del cajero automático
3. las monedas
4. los documentos
5. los formularios de la hipoteca
6. el alquiler
7. el pago
8. los documentos del seguro

👥 **10-23 ¿Quiénes serán?** Pregúntense quiénes serán estas personas que entran y salen del Banco Universal.

Suggestion for Activity 10-23. Encourage students to use their imagination and extend their discourse to several statements per turn.

MODELO: el hombre vestido de negro

E1: *¿Quién será ese hombre vestido de negro?*
E2: *¿El señor con quien está conversando la mujer que lleva vestido?*
E1: *Sí, el mismo.*
E2: *Creo que es el hombre que le donó un millón de dólares a la universidad.*

1. la mujer que habla con el hombre vestido de negro
2. las personas con maletines
3. la señora mal vestida
4. el señor alto, con barba y gafas
5. los niños
6. la señorita vestida elegantemente
7. el perrito que lleva un collar de diamantes
8. los jóvenes con máscaras

Suggestion for Activity 10-24.
Have students post and respond to letters on the class electronic bulletin board.

Expansion for *A propósito*...
After you discuss *A propósito*, ask students if they know how the Spanish economy is doing now, and how many *pesetas* there are to the dollar.

Conexiones for *A propósito*...
Have students look up the overall unemployment rate, and the unemployment rate for university graduates in Spain. What are the implications of the high rate of unemployment among educated youth?

10-24 Una solicitud de una beca. Escribe una carta a una fundación y pide una beca para seguir tus estudios. Usa pronombres y adjetivos relativos.

MODELO:

(fecha, ciudad)

A quién le pueda interesar:

Soy Raquel Mejías, estudiante de tercer año en la Universidad Politécnica de Monterrey donde estudio asuntos internacionales e inglés. Solicito la beca que ustedes ofrecen a los estudiantes para seguir sus estudios en un programa cuya especialidad son los idiomas. Lo que más me interesa...

Su segura servidora,
Raquel Mejías Gutiérrez

A propósito...

La economía de España

En los últimos treinta y cinco años, la economía española ha pasado por tres períodos diferentes: crecimiento en la década de los sesenta (1960–1974), los años de crisis (1975–1985) y el período de crecimiento dentro de la Comunidad Europea (1985–1990). Durante estos 35 años, la economía ha cambiado de forma sustancial. En 1990 el Producto Interior Bruto (PIB) alcanzaba más de 50 mil millones de pesetas (491.000 millones de dólares) y los ingresos per cápita estaban en 1.141.900 pesetas (11.200 dólares). También la estructura social y económica ha variado. A principios de los años 60, el sector agrícola ocupaba el 37 por ciento de la fuerza laboral y el 22 por ciento del PIB. En 1990, ocupaba el 12 por ciento y el 5 por ciento respectivamente. En la industria, la proporción de la fuerza laboral aumentó del 30 al 33 por ciento y su participación en el PIB subió del 33 al 39 por ciento. Finalmente, en el sector de servicios, la proporción de fuerza laboral aumentó del 33 al 55 por ciento y la participación en el PIB subió del 45 al 56 por ciento. En estos años, los gastos (*expenses*) del Gobierno se incrementaron desde menos del 15 por ciento en 1960, al 43,3 por ciento del PIB en 1990—un aumento espectacular aunque todavía por debajo de la media de la Comunidad Europea (47,3 por ciento del PIB).

En 1991, el período de crecimiento espectacular llegó a su fin. La inflación aumentó sólo al 6,3 por ciento, menos que el año anterior, pero el índice de desempleo llegó al 17 por ciento de la población.

Para 1992 la economía española se había internacionalizado. Ahora la economía está más expuesta a la competencia exterior y también existen más oportunidades para las exportaciones españolas. Se prevé también una expansión en el Área Económica Europea y por medio de nuevos ingresos a la Unión Europea, así como internacionalmente, como resultado de la globalización de los mercados y la posible reducción del proteccionismo en los sectores agrícola y de servicios.

Vamos a comparar

¿Por qué piensas que la economía española ha mejorado? ¿Ha pasado algo similar en la economía de los Estados Unidos y/o en el Canadá? ¿Por qué? ¿Piensas que el TLC ha influido en esto? ¿Crees que España se ha beneficiado por hacerse miembro de la Unión Europea? ¿Por qué?

3. The relative pronouns *el/la cual* and *los/las cuales*

> Éste es el presupuesto de la casa, el cual traigo para que lo examine.

Suggestion for art. *Estos son los planes para la casa, los cuales le traigo para que los examine. Este es el arquitecto de la casa, el cual tiene muchas ideas para presentarle.*

◆ In order to avoid ambiguity **el/la cual, los/las cuales** (*that, which, who,* and *whom*) are used to identify which of two antecedents of different genders is being talked about.

Le expliqué el procedimiento a **la cajera** del banco, **la cual** es extremadamente competente.	*I explained the procedure to the bank teller, who is extremely competent.*
Acabo de encontrar **el pagaré** de la cliente, **el cual** se había perdido.	*I have just found the client's promissory note, which had been lost.*

◆ **El/la cual** and **los/las cuales** are also used after prepositions to refer to things or persons.

Olvidamos las facturas **sin las cuales** no podemos hacer los cheques.	*We forgot the invoices without which we cannot write the checks.*
Usted es la empleada **en la cual** deposito mi confianza.	*You are the employee in whom I deposit my trust.*

◆ **El/la/los/las que** may take the place of the corresponding forms of **el cual** after prepositions, and can imply one among many.

Olga olvidó la planilla de impuestos **sin la que** no podrá consultar al contador.	*Olga forgot the tax form without which she will not be able to consult the accountant.*
El banquero **con el que** hablé es muy simpático.	*The banker with whom I spoke (as opposed to the other bankers) is very nice.*

Suggestion for *el/la/los/las que* **after a preposition.** Remind students that they will commonly use *quien* after a preposition when the antecedent is a person. *El banquero con el que (quien) hablé...*

Aplicación

Expansion for Activity 10-25. Have students amplify the context of each item by adding at least one additional statement. For example, *La información sobre el cliente, el cual quiere comprar la acción, es confidencial.*

10-25 En la Bolsa de Nueva York. Usa pronombres relativos para combinar estas oraciones que describen las actividades de la Bolsa de Nueva York.

MODELO: Estos mensajeros llevan los pedidos de compra y venta. Los pedidos llevan la información sobre el cliente.

Estos mensajeros llevan los pedidos de compra y venta, los cuales llevan la información sobre el cliente.

1. Los operadores llegan a la Bolsa a las 7 en punto. La Bolsa no se abre oficialmente hasta las 10.
2. Todo el mundo tiene por lo menos dos teléfonos celulares. Los teléfonos siempre están al oído de los operadores.
3. A las 10 en punto todos oyen el timbre de apertura. Sin este timbre se prohíbe empezar la compra y venta de acciones.
4. Ahora no se permite que los operadores fumen en la Bolsa. La Bolsa también restringe en cualquier momento el número de operadores que estén presentes.
5. Los operadores sufren de un increíble estrés. El estrés les acorta la vida a muchos.
6. Éstas son algunas acciones de empresas internacionales. Las acciones se venden por más de su valor.
7. Estas malas noticias sobre la economía van a bajar el valor total del mercado. El mercado ha caído bastante durante los últimos días.
8. La situación económica de otros países también perjudica la Bolsa de Nueva York. La situación económica puede empeorar.

10-26 Las noticias financieras. Busca noticias en la sección financiera del periódico y explícaselas a la clase usando cláusulas que aclaren la ambigüedad.

MODELO: *El Fondo Monetario Internacional les ha ofrecido consejo financiero a los países en vías de desarrollo, el cual podrán recibir gratis.*

Suggestion for Activity 10-27. Have students draw up and then present the budget using relative pronouns in their narrative.

10-27 Su presupuesto. Escriban un presupuesto para las siguientes personas. Justifiquen sus decisiones. Incluyan éstas y otras consideraciones.

ahorros	comida	gas y electricidad	préstamos
alquiler/hipoteca	diversión	impuestos	retiro
automóviles	educación	inversiones	vestuario

1. Los Muñoz son una joven pareja profesional sin hijos. Él recibe $1500 al mes (después de los impuestos) en su trabajo de ingeniero. Ella gana $2000 en relaciones públicas.
2. Nora Rodríguez es una madre soltera con dos hijos pequeños. Gana $1400 al mes como tutora en una escuela pública.
3. Isabel Ala es una joven que acaba de graduarse en medicina y tiene deudas de $50.000. Empieza su internado en un hospital en Nueva York donde ganará $1200 al mes.
4. Alonso Cáceres, un señor jubilado que recibe $1000 al mes en seguro social y otros $1000 de un plan de retiro.

Actividades

👥 **10-28 Pedir un préstamo.** Basándose en este anuncio que apareció en el periódico, tomen el papel de una persona que pide un préstamo y del dueño/a de una agencia que lo presta.

Buenas noticias a dueños de casas o personas interesadas en comprar un hogar...

Algo bueno y emocionante está pasando ahora mismo en el nuevo plan de hipotecas. Nunca más usted va a ser rechazado para un préstamo por falta de respaldo financiero. Ahora ustedes, los dueños de casa, pueden ser elegibles para un préstamo de hasta 125% del valor de su casa o $60.000 para arreglos o para consolidar deudas.

Aquí están las condiciones para calificar:
✗ si usted es dueño de una casa de una o dos familias y la habita
✗ si usted paga sus deudas a tiempo
✗ si usted quisiera arreglar su casa
✗ si usted quisiera consolidar todas sus deudas bajo una sola

Sin obligación y en una hora, Final Touch Funding también le puede prestar dinero si tiene mal crédito, o si quiere comprar una casa, y más que nada, consolidar sus deudas.

Para más información, llame gratis al Sr. Diego Santillana al 1-888-555-9966

¡Hablamos su idioma!

👥 **10-29 La lotomanía.** La afición a la lotería llega a ser casi una adicción para muchas personas. Discutan las razones por las que uno/a compra boletos de lotería y los beneficios y desventajas de jugar.

👥 **10-30 Cómo pedirles dinero prestado a sus amigos correctamente.** Uno/a trata de convencer al/a la otro/a que necesita dinero, mientras que el/la otro/a se lo niega amablemente.

MODELO: E1: *Mira, sé que esto es mucho pedir, pero necesito dinero porque mañana es el cumpleaños de mi mamá y quisiera comprarle algunas flores o alguna otra cosita. Ya que eres mi mejor amigo/a, sé que me ayudarás.*

E2: *Ay, me gustaría mucho, y quiero mucho a tu mamá, pero no he podido trabajar esta semana y no tengo dinero.*

10-31 El capítulo 7. Discutan las razones por las cuales querrían o nunca querrían declararse en bancarrota.

¿No lo dejan dormir sus deudas?

¿Se siente frustrado, fracasado y fastidiado por llamadas de sus acreedores? ¡No se dé por vencido! Tiene opciones para enfrentar a sus acreedores.

En ciertos casos se puede negociar un plan de pagos con sus acreedores. Otra opción es declararse en bancarrota.

Según el capítulo 7 del código de bancarrota, puede eliminar completamente sus deudas incluyendo tarjetas de crédito y préstamos bancarios. En muchos casos, puede retener su auto, casa, cuenta bancaria y una o más tarjetas de crédito. No afecta su condición legal en este país ni su empleo. Acuérdese que el único fracaso es no enfrentar su situación.

Para una consulta gratis comuníquese con "Alex & Murray", los abogados de la esperanza, y pregunte por el Sr. Leonardo Ortiz, a los teléfonos:

1 (800) 555-7979
1 (201) 555-9606

Nos encontramos en el 111-5 W. 23rd Street, piso 12, New York, NY 10001.

10-32 Las mejores condiciones para comprar. Conversen sobre las condiciones bajo las que tienden a gastar dinero. ¿Tiene que ver con su estado psicológico, el tiempo que hace, la hora del día, si tienen hambre o no, los estímulos visuales o aromáticos?

La importancia de los olores

Se ha descubierto que cuando las tiendas huelen a talco de bebé, a manzanas verdes, a limón o a especias, ¡las ventas se multiplican! Esta curiosa investigación de mercado al parecer ha logrado que muchas más tiendas hayan comenzado a perfumar sus locales con estos tipos de fragancia, las que al parecer estimulan a los consumidores a gastar más dinero y comprar muchas cosas más.

10-33 Debate. Formen equipos de tres o cuatro personas para tomar las posiciones en pro y en contra de una de las siguientes declaraciones.

- Habrá que deshacer el Tratado de Libre Comercio (TLC).
- Los hijos de inmigrantes indocumentados recibirán los beneficios de la educación y de la salud.
- Hay que dejar de apoyar la economía de naciones que están en crisis económica.

conexiones

El trabajo y el ocio. ¿Cuánto tiempo trabaja el norteamericano típico en una semana? ¿Cuánto tiempo pasa divirtiéndose con amigos, con la pareja o con la familia? En grupos pequeños, hablen del equilibrio entre el trabajo y el ocio *(leisure time)* en sus familias. ¿Qué saben del tema en otros países? ¿Los norteamericanos trabajan más o menos que otros pueblos? Discutan la siguiente idea: mientras más trabajamos, más dinero ganamos y mientras más dinero ganamos, más podemos disfrutar el tiempo libre.

¿Algo quedará para nosotros? Hablen en grupos pequeños sobre el sistema de seguro social en los Estados Unidos o de programas similares en otros países. ¿Cómo ven ustedes el futuro de estos programas?

Note for *Conexiones*. These activities offer a platform for personal expression and points of connection with Intercultural Studies and Public Policy. Students may take a sneak peek at page 357.

Warm-up for *A escuchar*. Discuss with students the different sources of energy available and the advantages and disadvantages of each.

Tapescript for *A escuchar*. Funcionarios de 26 países latinoamericanos analizan una extensa agenda donde el gas natural aparece como el futuro en la región y el carbón como el símbolo del pasado. El informe preparado por técnicos de la Organización Latinoamericana de Energía establece que en la actual década se ha iniciado la transición hacia un nuevo contexto energético. El gas natural ha adquirido importancia porque asegura el abastecimiento energético a largo plazo. Varios factores impactan en la transición, entre ellos la falta de suficientes fondos financieros para la generación hidroeléctrica, adelantos tecnológicos en los sistemas térmicos y las crecientes preocupaciones de los ambientalistas por la formación de los grandes lagos con la construcción de las empresas hidroeléctricas.

Actualmente las interconexiones gasíferas unen a Argentina con Bolivia y Chile; Bolivia con Brasil; México y los Estados Unidos, y próximamente se inaugurará la de la Argentina y Uruguay. Existen otros gasoductos en estudio entre Argentina y Chile y de Argentina con Brasil.

A ESCUCHAR

Gas natural es futuro... Escucha el siguiente artículo de *El Nuevo Herald*. Luego, contesta las preguntas según lo que oíste y lo que opinas.

Palabra útil: abastecimiento *supply*

Comprensión.

1. ¿Qué analizan los funcionarios de 26 países latinoamericanos?
2. ¿Quiénes prepararon el informe?
3. ¿Por qué ha adquirido importancia el gas natural?
4. ¿Qué dos factores impactan en la transición hacia el gas natural?
5. ¿Qué países tienen actualmente interconexiones gasíferas?
6. ¿Piensas que es buena idea cambiar hacia el gas natural? ¿Por qué?

Expansion for *A escuchar*. Ask what other sources of energy they think will be used in the 21st century. Ask why natural gas is better than coal.

Ritmos
Juan Luis Guerra

En las Lecciones 8 y 9 conociste a Juan Luis Guerra. Esta canción pertenece a uno de sus últimos álbumes, *Areito*, en el que incluye canciones con cierta crítica social. *El costo de la vida* trata con cierta ironía y sarcasmo la situación económica por la que pasa la República Dominicana, su patria, en estos momentos. Es como si con esta canción Guerra recogiera las quejas del pueblo y las colocara juntas para hacer una denuncia "cantada" con la esperanza de mejorar las condiciones de vida de su gente.

Santo Domingo, República Dominicana

El costo de la vida

El costo de la vida sube otra vez
el peso que baja ya ni se ve
y las habichuelas no se pueden comer
¡ni una libra de arroz ni una cuarta° de café!   250 gramos
5 a nadie le importa lo que piensa usted
será porque aquí no hablamos inglés
ah, ah, es verdad (repite)
do you understand?
do you, do you?

10 Y la gasolina sube otra vez
el peso que baja ya ni se ve
y la democracia no puede crecer
si la corrupción juega ajedrez
a nadie le importa que piensa usted
15 será porque aquí no hablamos francés
ah, ah, vouz parlez? (repite)
ah, ah, non monsieur.

Somos un agujero° en medio del mar y el cielo   *hole*
500 años después
20 una raza encendida°   *burning*
negra, blanca, taína°   *native Indians of the*
pero, ¿quién descubrió a quién?   *Caribbean islands*
um, es verdad (repite)

¡Ay! y el costo de la vida
25 pa'arriba° tú ves   *para arriba*
y el peso que baja
pobre ni se ve

y la medicina
camina al revés°   *backwards*
30   aquí no se cura
ni un callo° en el pie   *callus*
ai-qui-i-qui-i-qui
ai-qui-i-qui-e
y ahora el desempleo
35   me mordió° también   *bit*
a nadie le importa
pues no hablamos inglés
ni a la Mitsubishi
ni a la Chevrolet.

40   La corrupción pa'rriba
pa'rriba tú ves
y el peso que baja
pobre ni se ve
y la delincuencia
45   me pilló° esta vez   *caught me*
a nadie le importa
pues no hablamos inglés
ni a la Mitsubishi
ni a la Chevrolet
50   um, es verdad (repite)

La recesión pa'rriba
pa'rriba tú ves
y el peso que baja
pobre ni se ve
55   y la medicina
camina al revés
aquí no se cura
ni un callo en el pie
ai-qui-i-qui-i-qui
60   ai-qui-i-qui-e
me mordió esta vez
a nadie le importa,
ni a la Mitsubishi
ni a la Chevrolet.

Expansion for *Ritmos*. Ask students how they think corruption and the instability of the native currency may affect the well-being of Hispanics.

10-34 El costo de la vida. Subraya los gastos cotidianos que se mencionan en esta canción. ¿Cuáles son importantes en tu vida también?

10-35 La crisis económica. Según la canción, ¿a qué o a quiénes se debe la crisis económica? ¿Cómo podrán salir de ella? ¿Te parece optimista o pesimista para el futuro de la isla?

 *Imágenes*
Melesio Casas

Melesio Casas nació en 1929 en El Paso, Texas. Sirvió en las fuerzas armadas de los Estados Unidos y fue herido en el conflicto coreano. Tras estudiar en Texas y luego en la Universidad de las Américas en México, D.F., Casas enseñó en San Antonio College por unos treinta años. En *Paisajes humanos nº 65,* Casas retrata a trabajadores mexicoamericanos en un campo estadounidense con el logotipo de la United Farm Workers (el águila en el fondo). El pintor chicano ha ganado varios premios, ha logrado exponer su obra en galerías por todos los Estados Unidos y ha sido muy activo en el cultivo del arte chicano y latino en general en este país.

Melesio Casas

Melesio Casas, "Paisajes humanos nº 65", Acrílico, 72 × 96 pul., Colección de Jim y Ann Harithas, New York.

Perspectivas e impresiones

10-36 El águila. El logotipo del sindicato United Farm Workers es el águila, que es un símbolo importante en la historia de México, también. La capital azteca fue fundada en el lugar donde encontraron a un águila sentada en un nopal (*prickly pear*) devorando una serpiente. Escribe un párrafo en que expliques lo que el águila simboliza para ti, y compáralo con lo que te parece que simboliza para los trabajadores del UFW.

10-37 La economía agrícola. Es fácil dar por sentado lo que comemos. Discutan entre sí los pasos que hay entre la semilla y la mesa. ¿En cuáles de estos pasos participan ustedes activamente?

10-38 El boicot de las uvas. El UFW organizó el boicoteo de las uvas de mesa en el estado de California en los años 70. En esa época, las condiciones de trabajo y el salario de los trabajadores inmigrantes eran pésimos (muy malos). Muchas veces los niños trabajaban al lado de sus padres y sólo asistían a la escuela cuando no tenían que trabajar en el campo. Haz una pequeña investigación para encontrar más detalles sobre esta lucha y si todavía continúa hoy en día.

Conexiones for Imágenes. Have students investigate some of the sources of conflict for the UFW and its current interests.

Páginas
Orlando Sánchez

Orlando Sánchez es un seudónimo que adoptó el profesor José O. Álvarez en su antología cibernética de cuentos *El microcuento inesperado*. El profesor Álvarez nació en Colombia y como Jefe de Divulgación Cultural de su país realizó una amplia labor de desarrollo, promoción y ejecución de talleres de creación literaria, plástica, escénica y acústica. Actualmente José Álvarez dirige la revista cultural *Espiral* y es profesor de español en la Universidad de Miami.

Antes de leer

Conexiones for Activity 10-39. Have students brainstorm and explain other impossible dreams and the seeker's disillusionment, for example, *la fuente de la eterna juventud, El Dorado, la Utopía.*

👥👥 **10-39 Un sueño imposible.** ¿Han soñado una vez con conseguir algo imposible? Explíquense las cosas que hicieron para lograr la meta a pesar de saber en el fondo (*deep down*) que en realidad no era muy posible.

MODELO: *Un año soñaba con recibir un caballo para la Navidad. Le escribí varias cartas a Santa Claus, pero no les dije nada a mis padres.*

Estrategias de la lectura

Varios géneros tienen una organización interna predecible. Puedes facilitar tu comprensión de una lectura si reconoces y entiendes la organización de ella.

10-40 Las partes. La organización de un cuento es a menudo introducción, elaboración, problema, y finalmente resolución o desilusión. Al leer *Fiebre de lotto*, trata de reconocer e indicar las partes para ver si sigue esta norma.

Fiebre de lotto

Los 160 trabajadores del Banco de Ahorros y Préstamos acordaron gastar todos sus ahorros para comprar conjuntamente medio millón de dólares en números de la lotería de la Florida que subía su pozo acumulado° *jackpot*
5 minuto a minuto. Las enormes carteleras regadas° *spread* a lo largo y a lo ancho del estado hacían ascender la cifra hasta llegar a los 100 millones.

Ponían todas sus esperanzas en el premio gordo para combatir así los rumores de que en pocas semanas iban a
10 ser absorbidos por el Banco Interamericano y posiblemente quedarían en la calle°. *perderían su trabajo*

Para tal efecto contrataron a un experto en combinaciones numéricas el cual había sido expulsado de la Lotería Estatal por negociar con los secretos que dicha entidad
15 maneja en cuestiones de sorteos°. *sweepstakes*

Este señor les cobró una cantidad exagerada que no se pudo revelar por aquello de los impuestos. Antes de mandar al mensajero a comprar los números, por escrito acordaron unas reglas que debían cumplirse al pie de la letra° *word for word*
20 para evitar estropear° la suerte. Ninguno podía comprar *arruinar* por su cuenta° la lotería; no se podía hablar con nadie *on their own* acerca de lo mismo hasta el lunes siguiente a las ocho de la mañana, luego de abrir un sobre con los datos

que cada cual encontraría en su escritorio; todos tenían que dedicar una oración y encender velitas a los innumerables santos de su preferencia para que seleccionara uno de los números comprados por ellos.

Una fila que le daba vueltas a la manzana° le armó una trifulca° al mensajero por demorarse obteniendo los números. Lo salvaron otros mensajeros de otras entidades que estaban haciendo la misma diligencia.

went around the block
a riot began

A medida que pasaba la semana, la atención iba desmejorando progresivamente hasta llegar a la completa ineficiencia del jueves y viernes. En estos días atendieron con tal desgano° que muchos clientes optaron por retirarse maldiciendo.

reluctance

El viernes hicieron una fiesta de despedida y muchos empeñaron° lo poco que les quedaba para comprar bebidas y comidas a granel°. La fiesta terminó en una bacanal° como de final de año. La policía tuvo que intervenir porque la mayoría salió a la calle a gritar pestes° contra el banco, protestando por los salarios de hambre que les pagaban, contando dinero a montones que no era de ellos, y que ahora sí no los iban a ver ni en las curvas° porque se iban a dar la gran vida como se la daban los dueños del banco.

pawned
in great quantities; orgy

insultos

en ningún lugar

Suggestion. Have students compare the image of the chomping alligator with the imagery from the story in the paragraph above.

Ese fin de semana se convirtió en una tortura. Ninguno se atrevió a violar el pacto por temor a echar a perder la suerte del grupo. Nadie quería cargar con la culpa de seguir arrastrando una vida mediocre y sin sentido. El lunes todos se vistieron con sus mejores ropas. No querían demostrar que eran unos miserables que la fortuna los había atropellado°. El corazón latía aceleradamente. Hasta los que siempre llegaban con retraso, ese día se levantaron con tiempo para evitar el tráfico al que le echaban la culpa de sus demoras.

run over

El sobre estaba sobre la mesa. La emoción los paralizó. Nadie se atrevía a dar el primer paso. Poco a poco se empezaron a sentir gritos, desmayos°, llantos. Varios caían fulminados agarrándose° el pecho. Varios elevaban los brazos a lo alto mientras decían "¡Dios mío!" "¡Dios mío!". Al ver los ojos incommensurablemente abiertos de otros, y un rictus° de sorpresa en los demás, lentamente los últimos abrieron el sobre para enterarse que habían sido despedidos y que el pozo acumulado para la próxima semana sería de 200 millones de dólares.

faintings
clutching

sonrisa

Expansión for *Páginas*. After students read the story, ask them why a state or national lottery is good or bad. Ask whether it is worse to have a lottery in third-world countries and why.

Después de leer

10-41 Resumir. Escribe dos o tres frases para resumir el contenido de cada parte del cuento que hayas identificado.

👥 **10-42 El defecto fatal.** Los empleados del banco quisieron hacer todo lo posible para asegurar su éxito en el sorteo. Hagan una lista de lo que hicieron. ¿Hay algo que falte? ¿Hay algo que ustedes no hubieran hecho?

Taller

Un relato irónico

Suggestion for *Taller*. Have students illustrate their story with a drawing or photograph that helps establish the context, but not the irony.

Se podría decir que el cuento anterior termina irónicamente. Sin embargo, es una ironía que se esperaba. Sigue los siguientes pasos para escribir un relato que tenga un desenlace irónico.

1. **Idear.** Piensa en una experiencia que hayas tenido o que hayas oído que tiene una resolución diferente de lo que se esperaba. Escribe un breve resumen de los acontecimientos.

2. **Presentar el contexto.** Abre el cuento con una frase introductoria que capte la imaginación del lector.

3. **Explicar los motivos.** Añade las razones del comportamiento del personaje o de los personajes principales.

4. **Crear expectativas.** Añade otros detalles para crearle suspenso al lector. Si quieres, puedes incluir un pequeño exceso del/de los personaje/s.

5. **Revelar la desilusión o la ironía.** En una o dos frases, revela la desilusión y cierra el relato.

6. **Revisar.** Revisa tu relato para ver si has creado suspenso hasta el momento final. Luego revisa la mecánica.

   ❏ ¿Has incluido una variedad de vocabulario?

   ❏ ¿Has incluido algún discurso indirecto?

   ❏ ¿Has empleado algunas cláusulas relativas?

   ❏ ¿Has verificado la ortografía y la concordancia?

7. **Compartir.** Cambia tu recuerdo por el de un/a compañero/a. Mientras lean los relatos, hagan comentarios y sugerencias sobre el contenido, la estructura y la gramática.

8. **Entregar.** Pasa tu relato en limpio, incorporando las sugerencias de tu compañero/a y entrégaselo a tu profesor/a.

11

El tiempo libre

Comunicación

- ◆ **Talking about outdoor activities and sports**
- ◆ **Planning for a summer break or job**
- ◆ **Talking about what you do for fun and leisure**

Estructuras

- ◆ **Sequence of tenses with the subjunctive**
- ◆ **Uses of definite and indefinite articles**
- ◆ **Uses of the gerund and the infinitive**

Cultura

- ◆ **El béisbol y los jugadores latinoamericanos**
- ◆ **El ocio en el mundo hispano**
- ◆ **Ritmos: Mecano**—*Bailando salsa*
- ◆ **Imágenes: Jaime Antonio González Colson**—*Merengue*
- ◆ **Páginas: Guillermo Samperio**—*Tiempo libre*

14-IV-99
Nueva York

Querido José Luis:

Espero que estés bien y contento porque pronto comienzan las vacaciones de verano. Te escribo para mandarte este folleto y la solicitud del Campamento de Verano Borinquén. Sé que lo conoces porque allí trabajó Graciela el año pasado. Necesitan consejeros. Camila y yo ya mandamos nuestras solicitudes, y nos gustaría mucho que fueras con nosotros. Sería divertido pasar el verano juntos y ganar dinero haciendo deporte. Completa la solicitud y envíala con una carta pronto. La fecha límite es el 27 de mayo.

Un fuerte abrazo,
Julián

Verano borinqueño

¡Descubre la isla!
Explora la selva y las cavernas.
Acampa en las playas.
Celebra los bailes fosforescentes.
¡Descubre la naturaleza!
Bucea en las aguas caribeñas.
Haz excursiones a caballo.
Rema en los lagos en canoas primitivas.
¡Descubre tus límites!
Esquía sobre nuestras olas caribeñas.
Escala nuestras montañas.
Lánzate en paracaídas.

¡Descubre Puerto Rico!

Ofrecemos una variedad de programas

Los deportistas *(tres sesiones de dos semanas)*
Practicarán varios deportes durante el día, concentrándose en un deporte de equipo y un deporte individual. Ofrecemos juegos de pelota, baloncesto, voleibol y fútbol en equipos que compiten entre sí. También ofrecemos sesiones de tenis, esgrima, gimnasia, boxeo, arco y flecha y natación que culminan en competencias.

Este programa tiene lugar en San Juan, donde los participantes conocerán a los jugadores del equipo de béisbol los Senadores.. También harán varias excursiones a las playas y al interior.

Los exploradores *(dos sesiones de una semana)*
Aprenderán a montar tiendas de campaña, encender, usar y controlar una fogata y preparar las comidas al aire libre. Visitarán el Yunque y varias cavernas.

Los marineros *(tres sesiones de una semana)*
Aprenderán a remar canoas, navegar veleros y hacer plancha. Pasarán un día de pesca en alta mar.
Los que tienen certificación de buceo tendrán la oportunidad de bucear con tanque. Los participantes se alojarán cerca de Fajardo.

Los aventureros *(una sesión de tres semanas)*
Este programa es más avanzado. Los participantes deberán hacerse un examen físico previo a la inscripción.
Aprenderán a escalar montañas y hacer paracaidismo. Harán dos excursiones de montañismo y, para mudar el campamento desde el bosque hasta la isla de Vieques, formarán la tripulación de un velero bajo la dirección del capitán Jaime. Pasarán las tres semanas en tiendas de campaña en el bosque cerca del Yunque y luego en la isla de Vieques.

Todos los programas son para jóvenes de 15 a 20 años. (Hay requisitos especiales para Los aventureros).

Siempre hay un/a consejero/a por cada cuatro a diez participantes (depende de la actividad) y todos los consejeros tienen entrenamiento y licencia para rescate acuático, primeros auxilios y RCP, y todos los deportes o actividades que enseñan.

Para mayor información:

Campamento de Verano Borinquén
C/ Herrera 523
San Juan, PR
(787) 555-4322
(787) 555-4300 (fax)
camp@borinq.pr.com

Hay varios puestos disponibles para consejeros. Para solicitar un puesto, remite una carta de solicitud y un *currículum vitae* a la dirección indicada. Si te hace falta alguna certificación, ofrecemos varias clases de entrenamiento antes de las primeras sesiones.

¡Así lo decimos!

Vocabulario primordial

el/la aficionado/a	levantar pesas
apagar	nadar
bajar	la natación
el boxeo	el paracaidismo
el/la consejero/a	el patinaje sobre hielo
el entrenamiento	el patinaje sobre ruedas
el fisiculturismo	la pesca
la gimnasia	subir
el lago	el torneo

Juegos competetivos

el baloncesto/	el fútbol
el básquetbol	norteamericano
el béisbol	el golf
el fútbol	el tenis
	el voleibol

la caza	hunting
la competencia	contest (sports)
el concurso	contest (beauty, talent, luck)
las damas	checkers
el equipo	team; equipment, gear
la equitación	horseback riding
la esgrima	fencing
la fecha límite	deadline
la fogata	bonfire
el/la jinete	horseman/horsewoman
la lucha libre	wrestling
el montañismo	mountaineering; mountain biking
la pelota	ball; baseball game
la pista	track; court; dance floor
la tienda de campaña	camping tent

Otras expresiones

hacer plancha	to (wind) surf
montar una tienda	to pitch a tent

Vocabulario clave

Verbos

animar	to encourage
bucear	to scuba dive
escalar	to climb (a mountain)
navegar a vela/en velero	to sail
pesar	to weigh
remar	to row
sudar	to sweat
torcer(se)	to twist

Sustantivos

el arco y flecha	bow and arrow
el balón	ball
el campamento	campsite, camp
la cancha	field, court
la carrera	race

Ampliación

Verbos	Sustantivos	Adjetivos
aventajar	la ventaja	aventajado/a
clasificar(se)	la clasificación	clasificado/a
desaventajar	la desventaja	desaventajado/a
descalificar	la descalificación	descalificado/a
fracturar(se)	la fractura	fracturado/a
penalizar	la penalidad	penalizado/a
sudar	el sudor	sudado/a
torcer(se)	la torcedura	torcido/a

¡cuidado!

aburrido/a

estar aburrido/a: *to be bored*

ser aburrido/a: *to be boring*

Estoy aburrida con el partido de fútbol.

I am bored with the soccer game.

Para mi esposo, el golf **es aburrido.**

For my husband, golf is boring.

divertirse/pasarlo bien

To say *to have fun* or *to have a good time* use **divertirse.** However, colloquially, many use the phrase **pasarlo bien.**

¡Pásalo bien!

¡Que lo pases bien! } *Have a good time!*

¡Diviértete!

Anoche **lo pasé muy bien (me divertí)** en el partido de fútbol.

Last night I had a great time in the soccer game.

Lo pasaremos muy bien en las montañas este verano.

We will have a great time in the mountains this summer.

Suggestion for ¡Cuidado!
¿Cuáles deportes o pasatiempos son aburridos para ti? ¿Cuándo te aburres o estás aburrido/a? ¿Cuándo lo pasas bien? ¿Cuándo fue la última vez que lo pasaste mal?

Aplicación

11-1 Explica. Explica lo que hacen y qué necesitan las siguientes personas para practicar su deporte.

MODELO: un/a futbolista

> *Juega al fútbol. Necesita un balón, cinco compañeros o compañeras y un campo de fútbol. Por lo general se juega al aire libre, por eso es mejor que no esté lloviendo.*

1. un/a automovilista
2. un/a jinete
3. un/a nadador/a
4. un/a paracaidista
5. un/a patinador/a
6. un/a boxeador/a
7. una/a corredor/a
8. un/a alpinista
9. un/a esgrimista
10. un/a buceador/a

Suggestion for Activity 11-1.
Point out that the name for the person who plays the sport usually ends in *-ista* or *-or/a*.

11-2 Tus talentos y tus deseos. ¿Qué deportes practicas? ¿Qué deportes quisieras aprender? ¿Qué actividades al aire libre prefieres? ¿Por qué?

11-3 Campamento y descubrimiento. Muchas personas asisten a programas de campamento para probar y descubrir sus límites. ¿Qué actividades y situaciones de un campamento sirven para descubrirse a sí mismo?

👥 11-4 En nuestra sociedad. Hagan una lista de seis a ocho personas que en su opinión son las más admiradas de la sociedad de hoy. ¿Participan en algún deporte o pasatiempo al aire libre?

Suggestion for Activity 11-5. Encourage students to give more than one advantage and disadvantage for each activity.

👥 11-5 Los deportes y pasatiempos y la salud. Expliquen los beneficios y las desventajas de varios deportes y pasatiempos, tanto por lo físico como por el aspecto monetario.

MODELO: *El tenis es un deporte que tiene muchos beneficios aeróbicos. Se necesita un mínimo de equipo: una raqueta, una pelota y un par de tenis. Sin embargo, es caro ser miembro de un club de tenis y por eso puede resultar difícil practicarlo en el invierno en ciertas partes del país.*

Composición for Activity 11-6. Have students use some of these expressions to write an original paragraph.

11-6 Exprésate mejor. Lee las siguientes oraciones. Usa una variación de cada palabra en itálica para escribir una oración nueva que elabore la idea de la oración original.

MODELO: *El corredor de Sudáfrica aventajó a todos los demás. Ahora tiene la ventaja en la carrera.*

1. El equipo tuvo que jugar tres partidos antes de *clasificar* en el torneo.
2. Para algunos tenistas, es una *desventaja* jugar en una cancha de arcilla *(clay)*.
3. El árbitro ha *descalificado* a algunos deportistas por pelearse con el otro equipo.
4. La patinadora pasó todo el partido *penalizada* por su comportamiento al principio.
5. La esquiadora *se fracturó* el tobillo en la última carrera.
6. Los atletas llegaron al vestuario todos *sudados*.
7. Después del accidente, el médico me dijo que era una *torcedura* muy grave y que debería usar muletas *(crutches)* durante un mes.

Suggestion for Activity 11-7. Have students exchange and respond to the letters.

11-7 La solicitud de José Luis. Escribe la carta de José Luis solicitando el puesto de consejero para el Campamento Borinquén.

Conexiones for Activity 11-7 and Activity 11-8. Have students use the Internet to find and correspond with camps in Spanish-speaking countries.

👥 11-8 La entrevista de José Luis. Uno/a toma el papel de José Luis y el/la otro/a lo entrevista para el puesto de consejero.

Estructuras

1. Sequence of tenses with the subjunctive

Espero que asistas a la carrera el próximo fin de semana...

The following chart lists the sequence of tenses used with the subjunctive.

MAIN CLAUSE	DEPENDENT CLAUSE
present indicative future indicative present perfect indicative future perfect indicative command	present subjunctive or present perfect subjunctive
preterit indicative imperfect indicative conditional pluperfect indicative conditional perfect	imperfect subjunctive or pluperfect subjunctive

♦ When the verb in the main clause requires the subjunctive in the dependent clause, and the verb is in the present, future, present perfect, future perfect, or is a command, the verb in the dependent clause will be in the present subjunctive or present perfect subjunctive, depending on the context.

Hijo, **queremos** que lo **pases** bien en tu viaje de esquí.	*Son, we want you to have a good time on your ski trip.*
Le **he recomendado** que **solicite** el puesto de consejero.	*I have recommended to him that he apply for the counselor's position.*
Preferirán que **pasemos** las vacaciones explorando el Amazonas.	*They will prefer that we spend the vacation exploring the Amazon.*
Carlos les **habrá sugerido** que no **buceen** en esas aguas.	*Carlos has probably suggested to them not to scuba dive in those waters.*
Dígales que **practiquen** más la natación.	*Tell them to practice swimming more.*
Es bueno que **hayas aprendido** a bailar la cumbia.	*It is good that you have learned how to dance the cumbia.*

Suggestion for Sequence of tenses in the subjunctive. Draw a time line to illustrate the different points of each verb. The present subjunctive refers to a point future to the main verb. The present perfect subjunctive refers to a point prior to the main verb, etc.

♦ When the main-clause verb is in the preterit, imperfect, conditional, pluperfect, or conditional perfect, the verb in the dependent clause will usually be in the imperfect subjunctive. However, the pluperfect subjunctive is used to refer to actions that precede a past action in the main clause.

Dudé que **estuviera** navegando a vela.	*I doubted that he was sailing.*
No **había** nadie que **pudiera** bucear como ella.	*There was no one that could scuba dive like her.*
Nos **gustaría** que **calificaras** para ser instructor de pesca.	*We would like that you be qualified to become a fishing instructor.*
Nos **habría molestado** que José Luis no **viniera** a acampar con nosotros.	*It would have bothered us if José Luis didn't come camping with us.*
Me **alegré** de que Carmen **hubiera encendido** la fogata.	*I was glad that Carmen had lit the campfire.*

♦ At times, when the main-clause verb is in the present, the imperfect subjunctive may be used in the dependent clause to refer to an action that has already occurred.

Siento que no **pudieras** jugar al básquetbol.	*I am sorry that you were not able to play basketball.*
No **creen** que Marta **fuera** tan buena instructora de baile.	*They don't believe that Marta was such a good dancing instructor.*

Aplicación

11-9 En el Campamento Borinquén. Completa la carta que José Luis le escribe a sus padres durante su estadía como consejero.

Responses to Activity 11-9.
1. *se hayan divertido* 2. *asistieran* 3. *conocieran* 4. *muestren* 5. *tengan* 6. *hayan visitado* 7. *hagan* 8. *pusiera* 9. *me acostara* 10. *haga* 11. *esté* 12. *vean* 13. *me quede* 14. *guste*

Expansion for Activity 11-9.
Have students respond to José Luis.

5 de julio de 1999
Campamento Borinquén, Puerto Rico

Mis queridos padres:

¡Qué gusto recibir la carta de ustedes! Me alegro de que (1. divertirse) _____ durante su viaje a Miami la semana pasada. Fue magnífico que (2. asistir) _____ al baile cubano y que (3. conocer) _____ a tanta gente interesante. Espero que me (4. mostrar) _____ las fotos cuando las (5. tener) _____ reveladas. Lamento que todavía no (6. visitar) _____ Tampa, pero tal vez lo (7. hacer) _____ en el próximo viaje.

Aquí todo va bastante bien, aunque la semana pasada estuve un poco enfermo después de pasar todo el día al sol. Julián me advirtió que me (8. poner) _____ más loción bronceadora, pero yo no lo escuché. El médico me recomendó que (9. acostarse) _____ temprano y al otro día estaba perfectamente.

Esta semana vamos a bucear con los jóvenes del campamento. Esperamos que (10. hacer) _____ buen tiempo y que el agua (11. estar) _____ muy clara para que los jóvenes (12. ver) _____ bien los peces marinos. Voy a buscar una máscara que (13. quedarme) _____ mejor porque la mía deja entrar el agua. Camila dice que hay una buena selección en una tienda cerca del campamento donde seguramente encontraré una que me (14. gustar) _____. Bueno, ya me buscan para ir a la tienda. Los extraño mucho y los veré pronto.

Reciban un fuerte abrazo de su hijo,
José Luis

11-10 En un mundo ideal. Completa cada una de las siguientes frases para formar una oración original.

MODELO: Lo que necesitamos es un consejero que…
sepa trabajar con jóvenes activos y que esté en buena forma.

1. Lo que no hay es un atleta que…
2. Busco un campamento que…
3. No hay pistas de tenis que…
4. Durante la competencia no había corredor que…
5. Durante las fogatas no hay nadie que…
6. Quería una actividad que…

Suggestion for Activity 11-11.
Have students post and respond to the letters on the class electronic bulletin board.

Expansion for Activity 11-13.
As an alternative, students can comment on *La Copa Mundial de 1998*.

Warm-up for *A propósito*...
Ask students why they think baseball is popular in Latin America.

Suggestion for *A propósito*...
Have students name several of their favorite Latin American baseball players. Ask them why they like those players. Point out that most professional teams and some sports organizations have websites where they can find player statistics and personal/professional history.

Warm-up for *¡Así es la vida!*
Take a poll of the board games and other activities that students enjoy. Include in the list of possibilities all of the activities mentioned in the boxes.

Follow-up for *¡Así es la vida!*
Ask students which of the game trivia they find most interesting and why.

11-11 Te escribo para animarte a que... Piensa en cinco o más consejos que le puedas dar a un/a amigo/a o a un/a hijo/a que todavía no tenga planes para el verano.

MODELO: *Te escribo para animarte a que solicites un puesto como consejero. Dudo que vayas a encontrar un puesto en tu campo por sólo dos meses, pero es importante que ganes algún dinero este verano.*

11-12 Este verano. ¿Qué quisieran que pasara este verano? Usa las frases **quisiera que...** o **me gustaría que...** para explicar qué quieren hacer este verano.

MODELO: *Quisiera que mis padres hicieran un viaje a España, pero no creo que lo vayan a hacer.*

11-13 Durante los Juegos Olímpicos. Den sus opiniones y comentarios sobre algunos momentos claves de los Juegos Olímpicos. Usen las siguientes frases para expresarse.

> dudo que...
> es (fue) bueno/increíble/importante/triste que...
> me alegro de que...
> me gusta que...
> ¡qué lástima/fascinante que...!

MODELO: *Me alegro de que ganara Tara Lipinsky la medalla de oro por patinaje.*

A propósito...

El béisbol y los jugadores latinoamericanos

Desde que la fiebre del béisbol llegó a Cuba en 1870, el juego se ha convertido en una obsesión no sólo en Cuba sino en México, Nicaragua, la República Dominicana, Venezuela, Puerto Rico, Panamá y Colombia. Más que una simple forma de entretenimiento, este deporte se ha convertido en una parte esencial de la vida de estas naciones y ha llegado a influir en la forma en que las naciones hispanas definen sus relaciones entre sí y los lazos (*ties*) que tienen con los Estados Unidos. "Es más que un juego", dijo una vez el dominicano Winston Llenas, "Es nuestra pasión. Es casi nuestra manera de vivir".

Todo comenzó cuando un cubano llamado Nemesio Guillot regresó a La Habana en 1866 después de estudiar en una universidad estadounidense en la que formó parte del equipo de béisbol. Durante la larga guerra cubana contra los españoles conocida como Guerra de los Diez Años (1868–1878), muchos cubanos pro-independentistas que jugaban al béisbol se refugiaron en la República Dominicana, Colombia y Venezuela, pasando así su pasión por el béisbol a estos países.

Después de los cambios que abrieron las Grandes Ligas a todas las razas, muchos jugadores negros hispanos formaron parte de las Grandes Ligas. Antes de la revolución cubana, Cuba tenía la mayor representación de jugadores en las Grandes Ligas. Ahora la mayoría de beisbolistas es de la República Dominicana, seguida por Puerto Rico y Venezuela. Las Grandes Ligas han sido una gran fuente de orgullo para los hispanos, especialmente en momentos económicos y políticos difíciles. El reconocimiento internacional que reciben los jugadores hispanos hace que los fanáticos hispanos se identifiquen con ellos en un auténtico nacionalismo deportivo.

Vamos a comparar

¿Te interesan los deportes? ¿Por qué? ¿Cuál es tu deporte favorito? ¿Por qué? ¿Qué eventos te gusta ver en la televisión durante los Juegos Olímpicos? ¿Qué tipo de nacionalismo puede existir en los deportes? ¿Has sentido orgullo nacional durante alguna competición deportiva? ¿Por qué?

Del ajedrez al baloncesto... ¡A que no sabías esto!

¡El juego de billar se popularizó en Francia con Luis XIV, quien comenzó a jugarlo bajo la recomendación de sus médicos para aliviarse de sus problemas digestivos!

¡Durante la revolución francesa el rey, la reina, la sota en las cartas fueron reemplazados por libertad (reina), naturaleza (rey) y virtud (la sota)!

¡Benjamín Franklin fue uno de los pioneros en la fabricación de cartas en América!

¡En la cultura maya existía un juego parecido al baloncesto en el que se mataba al capitán del equipo ganador!

¡Los presidentes George Washington, Thomas Jefferson y John Adams eran ávidos jugadores de canicas. Durante este período histórico las canicas eran tan populares entre los adultos como entre los niños!

¡Las cartas modernas se derivan de las cartas del tarot!

¡Coleccionar estampillas es el pasatiempo más popular del mundo!

¡El juego de canasta proviene del juego chino mah jongg, el cual se juega hace más de mil años!

¡Hay 170.000.000.000.000.000.000.000.000.000 diferentes maneras de hacer las diez primeras jugadas en un juego de ajedrez!

¡Los lados opuestos de un dado siempre suman siete!

¡En Irlanda del Norte hay más bicicletas que automóviles!

¡El juego de dominó fue inventado por monjes franceses! Su nombre se deriva de una frase en los servicios vespertinos: Dixit Dominus Domineo Meo.

¡Hay corridas de toros en Detroit doce veces al año! Muchos de los mejores toreros españoles, mexicanos y algunos norteamericanos entrenados en España torean allí, aunque no se permite matar al toro.

¡En India las cartas son redondas en vez de rectangulares!

¡El país de Tonga una vez hizo una estampilla en forma de plátano!

¡Antes de 1930 las bolas de golf se hacían de cuero rellenas con plumas!

¡Así lo decimos!

Vocabulario primordial

la afición
ávido/a
el concursante
entretenido/a
el juego de azar
la máquina traga-
  monedas

el parchís
la pieza
el placer
el recreo
el/la torero/a
el toro
el turno

Adjetivos

diestro/a   *skillful; cunning*

Otras palabras y expresiones

cara o cruz   *heads or tails*
correr la voz   *to pass the word*
hacer trampa   *to cheat*
salir de parranda   *to go out on the town*

Vocabulario clave

Verbos

barajar   *to shuffle*
bordar   *to embroider*
coleccionar   *to collect (only for objects, not money)*
coser   *to sew*
exhibir(se)   *to exhibit; to display*
repartir (las cartas)   *to deal*
torear   *to bullfight*
trasnochar   *to stay out all night*

Sustantivos

la apuesta   *bet*
el asueto   *time off*
el banyi   *bungee jumping*
las canicas   *marbles*
las cartas; los naipes   *playing cards*
el certamen   *contest*
el dado   *dice*
el tablero   *game board*
las damas (chinas)   *(Chinese) checkers*
los dardos   *darts*
la estampilla   *post stamp*
la jugada   *play, move (in a game)*
la pluma   *feather*

Ampliación

Verbos	Sustantivos	Adjetivos
aficionar	la afición	aficionado/a
apostar	la apuesta	apostado/a
bordar	el bordado	bordado/a
coleccionar	la colección	coleccionado/a
exhibir	la exhibición	exhibido/a
hacer trampa	la trampa	tramposo/a
torear	el toro, el/la torero/a	taurino/a

LOS NAIPES

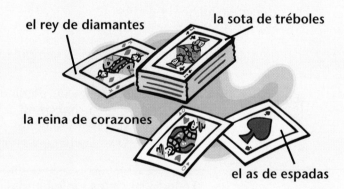

el rey de diamantes

la sota de tréboles

la reina de corazones

el as de espadas

¡cuidado!

retar/atreverse

Use **retar a** when you dare someone else to do something. **Atreverse a** expresses daring yourself to do something.

Te reto a jugar al ajedrez conmigo. *I dare you to play chess with me.*

Marta **retó** a Manuel a bailar toda la noche. *Marta dared Manuel to dance all night long.*

Me atrevo a escalar una montaña solo. *I dare to climb a mountain all by myself.*

¿**Te atreves** a pasear en moto? *Do you dare to take a ride in a motorcycle?*

cine/película

Cine refers to the place where a movie is showing or to the art or field of film-making. **Película** means movie (which has a title, plot, actors, etc.) or the actual film on which it is shot.

Anoche fui al **cine** a ver una **película** de horror. *Last night I went to the movies to see a horror movie (film).*

Estudio **cine**. *I am a film major.*

Suggestion for ¡Cuidado! Have students complete these statements in Spanish. *Te reto a…No me atrevo a…Una vez alguien me retó a…Mis amigos y yo nos atrevemos a…*

Aplicación

11-14 ¿Qué no sabías? De toda la información en **¡Así es la vida!**, ¿qué ya sabías? ¿Qué te parece más interesante? ¿Sabes el origen de algún juego que no se haya mencionado?

11-15 Los juegos de mesa. Explica dónde y/o cuándo se participa en estos juegos de mesa.

MODELO: el póquer

> *Se encuentra a mucha gente jugando al póquer en los casinos de Las Vegas y en Monte Carlo. A veces las apuestas pueden llegar a cientos o miles de dólares. Pero no es necesario ser rico para jugar al póquer. Cuando la gente lo juega con regularidad con sus amigos o amigas, lo hace por diversión y no se apuesta mucho dinero.*

1. el bingo
2. la canasta
3. el monopolio
4. la veintiuna
5. los corazones
6. el bridge
7. el dominó
8. el solitario
9. la ruleta
10. las damas

11-16 Tus juegos de mesa. Hablen de los juegos de mesa que prefieren. Expliquen cómo se juega algún juego de mesa que el/la otro/a no conozca.

Expansion for Activity 11-16. Have students find out how their parents and grandparents spent their free time and then compare it with what they do. Then have them identify and explain the generation differences.

Composición for Activity **11-17.** Have students use several terms in a paragraph.

11-17 Exprésate mejor. Lea las siguientes oraciones. Usa una variación de la palabra en itálica para escribir una oración nueva que elabore la idea de la oración original.

MODELO: La señora vestida de negro *apostó* mil dólares al número 6.
La apuesta *le ganó otros cinco mil.*

1. Las monedas antiguas están en una *colección* especial del Banco de Comercio.
2. Mi abuela hace unos *bordados* hermosísimos.
3. En la corrida que vimos en Sevilla, el *toro* fue el que ganó.
4. Sospechamos que el jugador de veintiuna es *tramposo*.
5. ¿*Exhibiste* tus tarjetas de béisbol en Nueva York?
6. En mi familia todos tenemos una *afición* por los naipes.

11-18 Colecciones. Muchas personas pasan tiempo coleccionando algo como estampillas. Hagan una lista de cosas que se coleccionan y hablen de lo que coleccionaban de niños/as y de lo que coleccionan ahora. Hagan comparaciones de sus colecciones. ¿Qué saben de las colecciones de sus padres o de sus abuelos?

11-19 Salir de parranda. En España es común que los jóvenes salgan de parranda y trasnochen. Salen con sus amigos a conversar, bailar, cenar y tomar, y muchas veces no vuelven a casa hasta la madrugada *(dawn)*. ¿Cómo se compara esta costumbre con su experiencia? ¿Qué hacen ustedes cuando salen de parranda?

Composición for **11-20.** Have students write their advice to each pair in the form of a brief letter including web addresses that can give them more information about the recommended activities.

11-20 ¿Qué hacer? Busca información en la red informática o en el periódico que les pueda ser útil a estas personas. Ten en cuenta la región donde viven, su edad y el costo de las posibles diversiones antes de hacerles tus recomendaciones.

1. **Elsa y Ester.** Estas dos hermanas vienen de La Habana, Cuba. Elsa lleva doce años en Miami, pero su hermana recién vino a vivir con ella tras la muerte de su esposo en Cuba. A las dos ancianitas les gusta jugar a las cartas y les gusta coser. Elsa es, además, una muy buena cocinera. Ester tenía fama entre sus amigas en Cuba de hacer los más lindos bordados que solía regalar en ocasiones especiales. Elsa quiere que su hermana se integre rápido en la comunidad de la pequeña Habana en Miami para que no se sienta tan sola en un nuevo país.

2. **Ramiro y Juan José.** Ramiro y Juan José son primos. A los dos les pareció buena idea venir a estudiar a Norteamérica porque querían mejorar su inglés. Ramiro fue a Los Ángeles porque le gusta mucho el espectáculo y siempre soñó con estar rodeado de estrellas de cine y televisión. Juan José fue a Toronto porque ahí tiene un amigo que le ofreció compartir el apartamento. Juan José se inscribió en algunas clases en la universidad tanto de inglés como de arte. Le gustan los museos pero también le gusta la vida nocturna.

3. **Nelson y Beatriz.** Esta pareja busca cómo entretenerse ahora que su última hija ha salido para la universidad. Viven cerca de Louisville, Kentucky y les gusta viajar. Hablan inglés y español. Les gusta coleccionar antigüedades, especialmente juguetes, muñecos, revistas y juegos de mesa de la primera mitad de este siglo.

Estructuras

2. Uses of definite and indefinite articles

Suggestion for art. In talking about the illustration, emphasize the use of the definite article. Additional statements: *Me gusta el parchís también. Pero no me gustan nada las cartas. ¿Qué juego te gusta más?*

El monopolio es mi juego favorito.

The definite article

In Spanish as in English, the definite article (**el, la, los, las**) is used with nouns that are specific or known to the speaker. However, the definite article in Spanish has uses that differ from English.

◆ before nouns or nominalized adjectives used in a general sense, as well as nouns dealing with concepts and abstractions

Me gusta jugar a **las** cartas.	*I like to play cards.*
A **los** americanos les encanta **el** béisbol.	*Americans love baseball.*
El tiempo libre es importantísimo para mí.	*Free time is very important for me.*
Los toreros españoles tienen que ser valientes.	*Spanish bullfighters have to be brave.*

◆ with days of the week (except after **ser**), seasons, meals, hours, and dates

El lunes vamos al museo.	*On Monday we're going to the museum.*
Hoy es miércoles.	*Today is Wednesday.*
En **la** primavera tendré más tiempo para practicar ajedrez.	*In spring I will have more time to practice chess.*
En España **el** almuerzo es la comida más importante.	*In Spain lunch is the most important meal.*
La corrida de toros comienza a **las** siete de la noche.	*The bullfight begins at 7:00 P.M.*
El 15 de septiembre de 1997, el Servicio Postal de los Estados Unidos puso un sello de $0,32 honrando al Padre Félix Varela Morales.	*On September 15, 1997, the U.S. Postal Service placed a 32-cent stamp on sale honoring Father Félix Varela Morales.*

◆ with the names of languages, except after **hablar** and verbs of learning, or the prepositions **de** or **en**

El español es mi idioma favorito.	*Spanish is my favorite language.*
¿Estudias vietnamés también?	*Do you also study Vietnamese?*
Los estudiantes están hablando portugués pero estudian inglés.	*The students are speaking Portuguese but they study English.*
El poema original está escrito en catalán.	*The original poem is written in Catalan.*

◆ with titles, except when speaking directly to the person or before **don, doña, fray, sor, san(to), santa**

La profesora Pedroso colecciona obras de pintores colombianos.	*Professor Pedroso collects works of Colombian painters.*
Profesora Pedroso, ¿por qué no trae la pintura de Botero a la clase?	*Professor Pedroso, why don't you bring the Botero painting to class?*
Vi a don Pablo jugando al billar.	*I saw Don Pablo playing billiards.*

◆ before certain geographical names although often omitted in the press and in colloquial speech

(el) África	(la) Florida
(la) América Latina	(la) Gran Bretaña
(la) América del Norte	La Habana
(la) América del Sur	(el) Japón
(la) Argentina	(la) Paz
(el) Brasil	(el) Paraguay
(el) Canadá	(el) Perú
(el) Ecuador	(la) República Dominicana
(la) China	El Salvador
(los) Estados Unidos	(el) Uruguay

◆ with articles of clothing and parts of the body when ownership is established by the subject

¿Dónde dejé **la** gorra?	*Where did I leave my cap?*
Levanten **la** mano si saben la respuesta.	*Raise your hand if you know the answer.*

The indefinite article

Suggestion for The indefinite article. Refer back to the drawing on page 349: *¿Por qué está contenta la mujer? (Tiene mucho dinero y* unos *hoteles.) ¿Qué tiene el hombre? (Tiene poco dinero y sólo* un *hotel.)*

The indefinite article (**un, una, unos unas**) is used less in Spanish than in English.

◆ before a noun that has not been identified previously

Hubo **un** presidente que era aficionado a las canicas.	*There was a president that was a fan of the game of marbles.*
Unas señoras miraban el juego de damas.	*Some ladies were watching the game of checkers.*

◆ before a noun that is modified

Los mayas tuvieron **una** civilización impresionante.	*The Mayans had an impressive civilization.*

The indefinite article is omitted in the following situations:

◆ after the verb **ser** when referring to an unmodified noun that identifies professions, occupations, nationalities, ranks, and affiliations

Suggestion to practice the omission of the indefinite article after *ser*. Have students identify professors and administrators in the university. For example, *El señor Gómez es sociólogo. La doctora Ramírez es decana.*

El Dr. Ceffalo **es profesor** de italiano.	*Dr. Ceffalo is a professor of Italian.*
La Srta. Juárez **es coleccionadora** de sellos.	*Miss Juárez is a stamp collector.*
La Sra. Gómez **es argentina**.	*Mrs. Gómez is an Argentinian.*
El padre de Jorge **es coronel** del Ejército Español.	*Jorge's father is a colonel in the Spanish Army.*
Mi abuela Irma **es católica**.	*My grandmother Irma is a Catholic.*

◆ before **cien, ciento** (*a/one hundred*), **mil** (*a/one thousand*), **cierto/a** (*a certain*)

Hay **cien** jugadas posibles.	*There are a/one hundred possible plays.*
En el Prado hay más de **mil** obras españolas.	*At the Prado there are more than a/one thousand Spanish works.*
Hay **cierto** juego de cartas que prefiero.	*There is a certain card game that I prefer.*

◆ after **medio/a** (*half a*), **tal** (*such a*), and **¡qué...!** (*what a*)

Suggestion for *medio/a*. In English we say "one and a half + noun"; in Spanish *un/a + sustantivo + y medio/a*. For example, one and a half baths: *un baño y medio;* one and a half cups: *una taza y media;* one and a half hours: *una hora y media.*

El acomodador sólo me dio **medio** billete.	*The usher only gave me half a ticket.*
Jamás he visto **tal** competición.	*I've never seen such a competition.*
¡Qué película más emocionante!	*What an exciting film!*

Aplicación

Responses to Activity 11-21.
1. *los* 2. *las* 3. *la* 4. *el* 5. *(blank)*
6. *(blank)* 7. *los* 8. *el* 9. *(blank)*
10. *los* 11. *(blank)* 12. *(blank)*
13. *la* 14. *(blank)* 15. *(blank)*

11-21 Los viernes por la noche. Completa el párrafo con el artículo definido o indefinido según se necesite o no.

Todos (1) _____ viernes a (2) _____ nueve de (3) _____ noche, nos reunimos en (4) _____ apartamento de mi compañero José. (5) _____ Don José, como lo llaman todos, es (6) _____ aficionado a (7) _____ juegos de mesa, especialmente (8) _____ dominó. Es un juego que siempre jugaba cuando vivía en (9) _____ Cuba, y ahora que vive en Miami, sigue la tradición. En Cuba era campeón de dominó y lo jugaba todos (10) _____ domingos en un parque de La Habana. Creo que ha jugado por lo menos (11) _____ mil veces y dice que hay más de (12) _____ cien maneras de ganar el juego. Cuando llegamos a su apartamento, nos quitamos (13) _____ chaqueta y nos sentamos a la mesa que tiene en la sala. Después de (14) _____ media hora, es evidente que él va a ganar el juego. ¡Qué (15) _____ jugador!

Expansion for Activity 11-22.
Have students expand the context with additional statements related to the original.

11-22 ¡Qué película más emocionante! Pon estas frases exclamatorias en algún contexto.

MODELO: ¡Qué película más emocionante!

   Anoche vi la película Titanic. *Aunque sabía cómo iba a terminar la historia, sentí un gran suspenso. ¡Qué película más emocionante!*

1. ¡Qué hombre más rico!
2. ¡Qué ciudad más bonita!
3. ¡Qué historia más trágica!
4. ¡Qué libro más interesante!
5. ¡Qué joven más diestro!
6. ¡Qué clase más difícil!
7. ¡Qué viaje más largo!
8. ¡Qué juego más divertido!

👥 **11-23 Los títulos.** En los países de habla española, es común usar los títulos de las personas. Piensen en personas a quienes conozcan que tengan los siguientes títulos y den detalles sobre ellas.

MODELO: profesor/a

   El profesor Ramírez enseña español. Sé que es aficionado al béisbol porque todos los lunes nos pregunta sobre los juegos del fin de semana.

Note for *licenciado.* A person with this title has a university degree that is the equivalent of a master's degree.

1. profesor/a
2. licenciado/a
3. san/santo/santa
4. ingeniero/a
5. maestro/a
6. presidente/a
7. don/doña
8. senador/a

👥 11-24 ¿A qué son aficionados/as ustedes? Expliquen a qué pasatiempos y deportes son aficionados/as, y cuáles no les interesan para nada.

MODELO: *Soy muy aficionado/a al esquí porque me gusta estar al aire libre en el invierno. No me interesa para nada el boxeo porque me parece muy violento.*

A propósito...

El ocio en el mundo hispano

El ocio es el nombre que se le da en español al tiempo libre que tiene una persona. Para el hispano este tiempo libre es fundamental para tener una vida social satisfactoria. Muchos hispanos miden la calidad de su vida por el tiempo que dedican a las diversiones. En España hay una revista semanal que se llama *La guía del ocio* que detalla la vida nocturna de Madrid.

Los jóvenes españoles salen a cenar los fines de semana entre las 10 y las 11 de la noche. Después acuden a bares hasta pasada la medianoche y desde esa hora hasta que el cansancio los llama a la cama, visitan sus discotecas favoritas.

La familia hispana se divierte junta. Es común que los padres y los hijos salgan a cenar y después vayan a un cine o al teatro en grupo. También son tradicionales las vacaciones familiares anuales, normalmente en la playa si la economía familiar lo permite. Si esto no es posible, siempre se puede ir al campo los fines de semana y muchas familias o tienen un pequeño chalet o un amigo que tiene uno donde se reúnen con sus amigos y otros familiares a comer una paella o una parrillada.

Vamos a comparar

¿Consideras que es importante el ocio? ¿Por qué? ¿Cómo pasas tu tiempo libre? ¿Te gusta salir en grupo o solo/a con tu pareja? ¿Por qué? ¿Cuándo te reúnes con tu familia? ¿Qué te parece la idea de pasar unas vacaciones con tu familia?

Warm-up for *A propósito...* Have students define their concept of free time and name some activities they associate with it.

Suggestion for *A propósito...* Ask students if they consider free time important and why.

Conexiones* for *A propósito... Have students explain the connection between free time and health.

3. Uses of the gerund and the infinitive

Suggestion for art. *Al contrario, el señor le dice: "Pedir otra carta es una buena idea. No apostar esta vez es aún mejor."*

Jugar esta mano te puede costar mucho dinero.

Suggestion for Use of the gerund. Remind students that the present participle is used with the verb *estar* for the progressive. For example, *No estamos jugando al póquer, sino observando el juego.*

In English the gerund (*-ing*) has several functions. Spanish counterparts for these functions vary. The following categories can help you distinguish the uses.

As a noun

English: gerund	Spanish: infinitive
Betting in a casino can be dangerous.	**Apostar** en un casino puede ser peligroso.
Embroidering every day is boring.	**Bordar** todos los días es aburrido.
No smoking.	No **fumar**.

As an adjective

English: gerund	Spanish: adjective
It was an entertaining contest.	Fue un certamen **entretenido**.
Bingo is a thrilling game of chance.	El bingo es un juego de azar **emocionante**.

As an adverb

English: gerund	Spanish: gerund
We did the tour walking.	Hicimos la gira **caminando**.
She threw the dice smiling.	Tiraba los dados **sonriendo**.

Aplicación

11-25 Avisos. ¿Qué avisos se ven en estos contextos? Explica por qué.

Expansion for Activity 11-25. Have students suggest additional contexts.

MODELO: en un avión

> *No fumar. Las aerolíneas prohíben fumar durante los vuelos domésticos por el llamado humo de segunda mano.*

1. en una piscina
2. en el estadio
3. en un partido de hockey
4. en un centro comercial
5. en la puerta de una discoteca
6. en un supermercado
7. en un club nocturno
8. en un casino

11-26 ¿Cómo lo hacen? Vuelve a escribir las siguientes oraciones, dándoles un contexto más completo. Trata de incorporar verbos de la lista a continuación.

Composición for Activity 11-26. Have students tie several statements together to form a paragraph.

MODELO: El jugador de fútbol salió del estadio.

> *El jugador de fútbol salió corriendo del estadio después de perder el partido.*

apostar	conversar	jugar	sonreír
bailar	correr	llorar	temblar
coleccionar	gritar	reírse	

1. Los jóvenes trasnocharon.
2. Los aficionados se levantaron.
3. La pareja pasó la noche en la discoteca.
4. Los jugadores de póquer miraban sus cartas.
5. El niño vivía con su abuelo.
6. El torero observó el toro.
7. La mujer apostó todo lo que tenía.
8. Las concursantes entraron al salón.
9. Los ancianos jugaban al bingo.
10. La señora puso una moneda de un dólar en la máquina tragamonedas.

11-27 ¿Qué opinan? Den sus opiniones sobre las siguientes actividades.

MODELO: jugar a las cartas

> *Jugar a las cartas es divertido, especialmente cuando gano. Juego a todo tipo de cartas, pero prefiero jugar veintiuna.*

1. apostar
2. jugar al dominó
3. torear
4. coleccionar estampillas
5. hacer trampa
6. ver certámenes de belleza
7. ver el golf en la televisión
8. coleccionar tarjetas postales

Síntesis

Actividades

Suggestion for Activity 11-28. Remind students that they can discuss these pastimes using the infinitive: *Practicar surf extremo es peligroso, pero practicar surf en tren es para ¡ni pensar!*

Suggestion for 11-28. Encourage students to use context to understand some of the unfamiliar vocabulary items in this piece of realia: *pedrera, fallo, balsa, hinchable, piraguas,* etc. Students will be able to get the gist of each sport's description, which in turn will help them figure out new vocabulary. Ask questions to check students' general comprehension and grasp of new vocabulary (INSTRUCTOR: *¿Cómo es el suelo de una cueva?* STUDENT: *Tiene muchas piedras.* INSTRUCTOR: *Sí, muy bien. Tiene piedras. El suelo y los muros son de piedra… es toda una* pedrera.) or associate new items with synonyms students will recognize (INSTRUCTOR: *¿Cuántos de ustedes saben remar una piragua, es decir una canoa?*).

👥 11-28 Los más "pasados". Lean esta lista de deportes emocionantes y decidan cuáles son los más peligrosos. ¿Cuáles han practicado o les gustaría practicar? ¿Por qué?

Los más "pasados"

Aunque la lista crece constantemente, porque casi a diario nace un nuevo deporte, éstos son los más practicados y los que proporcionan las emociones más fuertes.

Ala delta. Vuelo con un ala fabricada en nailon.

Alpinismo. Subir montañas. La variedad más difícil es ascender a las más altas, en solitario y en invierno.

Barranquismo. Descenso de cañones fluviales. Su dificultad radica en que hay que realizar paso de escalada y *rappelar.*

Building. Escalar edificios urbanos.

Caída libre. Saltar desde un avión abriendo el paracaídas varios minutos después de tirarse.

Escalada. Trepar paredes rocosas. Se controla el riesgo, pues la cuerda impide caer al suelo.

Escalada de cascadas de hielo. Subir por cascadas heladas en invierno con instrumentos muy sofisticados.

Escalada solitaria integral. Igual que la escalada, pero sin cuerdas. Aquí no se permite el mínimo fallo, pues la caída es hasta el suelo.

Espeleobuceo. Espeleología con equipo de submarinismo por galerías inundadas y sifones.

Esquí en cavernas. Descender con esquíes las pedreras de algunas cuevas.

Esquí extremo. Descender con esquíes vertientes de nieve hasta 60 grados de pendiente.

Esquí sobre piedras. Descender con esquíes pedreras de montañas a la máxima velocidad.

Gomeo. Tirarse desde un puente o una grúa con unas gomas elásticas atadas a los tobillos.

Hydrospeed. Descender aguas bravas en una cáscara que protege sólo la mitad del cuerpo.

Luge en pista. Tumbados sobre un patín, igual que el deporte olímpico que se practica sobre hielo, sólo que se corre en una pista todos al mismo tiempo en vez de uno en uno.

Parapente. Paracaidismo que se practica despegando desde una ladera.

Piragüismo extremo. Descender con piraguas por torrentes o ríos de aguas bravas.

Puenting. Se confunde con el gomeo. Consiste en tirarse desde un puente, pero atado a una cuerda que se pasa debajo del mismo y se sujeta al borde opuesto del que uno se tira.

Rafting. Descender cursos de aguas bravas en balsas hinchables.

Rappel en cascadas. Descenso por cuerdas con técnicas de montañismo en cascadas de agua.

Salto base. Saltar desde una altura y abrir manualmente, ya en el aire, el paracaídas.

Surf extremo. Es igual que el esquí extremo, pero con tabla de *surf.*

Surf del tren. Mantenerse sobre el techo de un tren en marcha, igual que el *surf* en el mar—pero sin tabla—sin más apoyo que el propio equilibrio.

Snowcicling. Ciclismo sobre nieve. Tiene distintas variantes; la más espectacular es una prueba similar al kilómetro lanzado con esquíes.

👥 **11-29 El ocio.** Vean este gráfico y comparen las cifras para el tiempo que tienen de asueto. En su opinión, ¿qué factores contribuyen a estas diferencias entre países? ¿Qué tienen en común los países con más días de asueto? ¿Cómo creen ustedes que pasan su tiempo libre en Finlandia? ¿En México? ¿En los Estados Unidos?

Conexiones **for Activity 11-29.** Have students look up the number of national holidays and the average number of paid vacation days in Mexico.

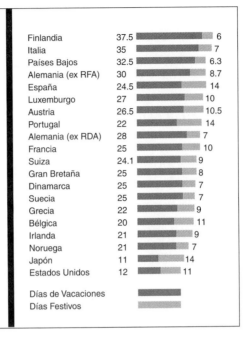

LOS QUE MÁS DESCANSAN

Los españoles tenían la fama de tener muchos días de asueto, pero esta gráfica demuestra que los más descansados son los finlandeses. México ni siquiera aparece en la estadística por su peculiar calendario laboral.

País	Días de Vacaciones	Días Festivos
Finlandia	37.5	6
Italia	35	7
Países Bajos	32.5	6.3
Alemania (ex RFA)	30	8.7
España	24.5	14
Luxemburgo	27	10
Austria	26.5	10.5
Portugal	22	14
Alemania (ex RDA)	28	7
Francia	25	10
Suiza	24.1	9
Gran Bretaña	25	8
Dinamarca	25	7
Suecia	25	7
Grecia	22	9
Bélgica	20	11
Irlanda	21	9
Noruega	21	7
Japón	11	14
Estados Unidos	12	11

👥 **11-30 La televisión: ¿Instrumento educativo, distracción o pérdida de tiempo?** Comparen el tiempo que ven televisión en otros países con el tiempo que la ven ustedes. ¿Qué programas suelen ver? ¿Son mayormente educacionales o sólo de entretenimiento? ¿Creen ustedes que la televisión tiene una responsabilidad social y educativa?

Expansion for Activity 11-30. Have students devise a schedule for a week without TV. How will they entertain themselves?

País	Minutos al día por habitante
Turquía	219
Gran Bretaña	216
Italia	215
España	211
Hungría	195
Grecia	194
Irlanda	188
Bélgica	184
Francia	181
Alemania	174

🧑‍🤝‍🧑 11-31 ¿Cómo lo pasan bien? Diseñen un cartel para invitar a la gente a pasarlo bien. Luego escriban un anuncio para la radio o la televisión para correr la voz. Preséntenle el cartel y el anuncio al resto de la clase.

LA LUNÁTICA

¡El lugar ideal para pasarlo bien!

Te invita a disfrutar de un ambiente divertido y agradable. Baila los 7 días de la semana, con la mejor música actualizada, como la salsa, el merengue, la cumbia y el tango.

Estamos localizados en el Centro Comercial Galería Houston, TX

Para reservaciones: 713-555-1839

Favor de vestir de buen gusto

👥 11-32 ¿Es deporte, arte, pasatiempo... ? Consideren varias actividades, sus participantes, su equipo y sus requisitos y luego den sus opiniones sobre cada una. ¿Es deporte? ¿Es arte? ¿Es pasatiempo? Podrían incluir, por ejemplo, el rugby, el patinaje, la equitación y el toreo.

Conexiones **for Activity 11-33.** Have students search the Internet for arguments for and against *el toreo.*

👥 11-33 Debate. Un grupo está a favor y el otro en contra de una de estas resoluciones:

◆ la semana laboral de 30 horas

◆ participación obligatoria en los deportes y las artes en las escuelas

◆ abolición del toreo por ser cruel con los animales

conexiones

El ocio y la tecnología. ¿Cómo nos ha afectado la tecnología con respecto al ocio? ¿Qué diversiones hay ahora que no había hace diez años? En grupos pequeños, hablen de los efectos de la tecnología en cómo el/la norteamericano/a típico/a pasa su tiempo libre. ¿Piensan que la tecnología ha tenido la misma influencia en otros países? ¿cuáles? ¿Quiénes aprovechan más la tecnología, los jóvenes o los mayores?

¡Demasiadas opciones! Les ha pasado alguna vez que estando en un restaurante con un menú muy variado el mero número de opciones les ha dificultado la selección? ¿Algo parecido les ocurre con el tiempo libre? O bien, ¿ya están hartos de siempre hacer la misma cosa, ir siempre a los mismos lugares con la misma gente? Trabajando juntos, hagan una lista de algunas diversiones que les ofrece la cuidad o el pueblo donde se ubica su universidad, pero de las cuales no se han aprovechado. Comparen su lista con la de otros grupos, y hagan una pequeña "Guía del ocio" para toda la clase organizando las opciones en categorías que faciliten la selección.

A ESCUCHAR

Adictos a la adrenalina. Escucha el artículo sobre los jóvenes que practican los deportes más peligrosos del mundo, como el banyi. Después, contesta brevemente las siguientes preguntas.

Expresiones útiles:

un chorro	*a rush*
peligroso/a	*dangerous*
carne de gallina	*goosebumps*
erizamiento de los pelos	*hair raising*

Comprensión.

1. ¿Qué estimula la adrenalina?
2. ¿Cuál es el objetivo de estos jóvenes?
3. ¿Qué hace el cerebro cuando detecta un peligro?
4. ¿Qué puede ocurrir en casos extremos?
5. ¿Has participado en algún deporte que produzca la sensación aquí descrita? Explica.
6. ¿Has oído de un incidente que haya tenido un fin trágico? ¿Qué ocurrió?

extremos se pueden producir arritmias cardíacas que en personas que no están en buenas condiciones físicas pueden resultar en un infarto del miocardio o en un aneurisma cerebral.

Note for _Conexiones._ These activities offer points of connection with popular culture and discussions of technology, and with the local and university communities. To expand on _¡Demasiadas opciones!_, encourage groups of students to spend some free time together engaged in one of the activities they come up with and report back to the class on their outing.

Warm-up for _A escuchar._ Have students name dangerous sports and identify the dangerous element in each.

Suggestion for _A escuchar._ Have students take notes as they listen to be able to summarize the article in their own words.

Suggestion for _A escuchar._ After students answer the _A escuchar_ questions, have them explain why some people like to risk their lives in dangerous sports.

Tapescript for _A escuchar._ ¿Qué incita a algunas personas a divertirse mientras ponen en juego su vida? Al parecer, cada vez que se lanzan a tumba abierta por una pista sobre un patín o se descuelgan por el torrente de una cascada sólo con cuerdas, su organismo segrega un chorro de adrenalina que estimula los centros del placer.

El objetivo de todos es la búsqueda del riesgo controlado y la superación del miedo ante una actividad peligrosa. Y su práctica produce las siguientes reacciones orgánicas: En el momento en que detectamos un peligro inminente, el cerebro envía un estímulo nervioso que activa las diferentes glándulas de nuestro organismo, entre ellas, las suprarrenales, responsables de la secreción de la adrenalina, una potente hormona.

Según el endrocrinólogo Carlos Gilsanz, "en estos deportes ocurre un choque psíquico: es el temor, la emoción o la reacción de alerta ante el peligro lo que desencadena la secreción de adrenalina y otras hormonas similares".

Esta alteración se registra a nivel de todos los órganos. Desde la piel, que se convierte en la típica carne de gallina y provoca el erizamiento de los pelos, hasta una vasoconstricción, que deriva el caudal hacia otros órganos y produce palidez intensa.

El problema es que en casos

Ritmos
Mecano

Mecano se formó al principio de los años ochenta. Con su estilo moderno y fresco, estos tres chicos han innovado y pavimentado el camino para otros grupos que los siguieron. Con más de ocho álbumes en su carrera, incluso versiones en vivo y recompilaciones, Mecano ha tenido un éxito total con entusiastas por todo el mundo. El grupo se desintegró después de haber producido *Aidalai*.

Bailando salsa

Sola en mitad de la pista
reconocí a la Carmela en acción.
—Yo te conozco de vista
—dije acercándome con decisión.
5 —Ven pa'ca° fisonomista   *para acá*
—y dando un giro° con transpiración   *spinning*
me regó por aspersión.°   *sprinkling with her sweat*

(estribillo)
Bailando salsa.
10 Bailando salsa.
Bailando salsa en el Stella,°   *un club español*
al son del ritmo sabrosón°   *delicioso*
de las caderas° de Carmela.   *hips*
Ella llevaba un vestido
15 escotadito° y con falda mini.   *low cleavage*
Yo iba a lo Lauren Postigo.°   *dressed in the style of an*
Con mi camisa color carmesí°   *actress from Cataluña,*
anudadita al ombligo;°   *Spain;* roja; *tied up with*
que lo que era   *a knot over the navel*
20 ir hecho un hortera°   *ridículo, como un recipi-*
ahora causa frenesí.   *ente de madera*

(estribillo)

Me dijo que se iba al baño
y yo quedé en esperarla sentao.°   sentado
25 —Ésta no vuelve, ¡Qué extraño!—
El camarero me trajo un recao…°   recado
—Se ha ido con Pedro Almodóvar-°   famoso cineasta español
—Gorda algarroba°, a ver si te saca   *fat carob bean*
anunciando alguna escoba.°   *let's see if he uses you in*
    one of his films
    announcing a broom

30 (estribillo)

Si la tía° está de vicio°   chica; *is into drugs*
acompáñala al servicio.°   baño
—Bailando salsa con Carmela.
No seas acomodaticio,°   *accommodating*
35 acompáñala al servicio.
—Si vas una noche al Stella.
Cuando veas que hay bullicio°   ruido
acompáñala al servicio.
—Al loro con la clientela.
40 En tu propio beneficio
acompáñala al servicio.
—Que el buitre° que no corre, vuela.   *vulture*
Cuando te haga algo extraño
acompáñala hasta el baño.
45 —Te pasas toa° la noche en vela°   toda; *despierto*
bailando hasta la tarantela.
Cuando veas merodeo°   fiesta
acompáñala al aseo.°   baño
—Las tías te sacan, te sacan, te sacan las pelas.°   pesetas
50 Si le chirria el cojinete°   *if her bearing creaks*
acompáñala al retrete.°   baño

—Y así acaba esta cantinela.°   canción
Bailando salsa.

Follow-up to *Ritmos*. After students listen to the song, have them identify Hispanic elements versus universal elements in it. Is it a serious song or one in which rhyme is more important? Elicit opinions from the class.

11-34 Describe la acción. ¿Qué esperas ver y escuchar en una discoteca? Describe los colores, las personas, los sonidos, los olores de este ambiente. Vuelve a escuchar la canción y trata de visualizar la escena. Compara la Stella con las discotecas que conoces.

11-35 ¿Los conoces? ¿Conoces a gente como Carmela? ¿Como el narrador? ¿Conoces un lugar como la Stella? Descríbelos.

Imágenes

Jaime Antonio González Colson

Jaime Antonio González Colson nació en la ciudad de Puerto Plata, República Dominicana en 1901. Desde que era niño era evidente su interés por las artes. Siendo aún muy joven realizó estudios de arte en Barcelona, España. Luego estudió en Madrid en la célebre Academia de San Fernando. Posteriormente, emigró a París. A mediados de los años treinta viajó a México. De regreso a Francia, González Colson expuso su obra con un éxito extraordinario, en ocasiones junto a Picasso, Braque y Dalí, entre otros. En 1950 regresó a Santo Domingo donde difundió desinteresadamente sus conocimientos y sus técnicas. Colson ganó muchos premios importantes por su gran talento artístico. Su pintura se caracteriza por su realismo dramático y energía gráfica. Sus temas casi siempre son sociales, los cuales recrea desde perspectivas geométricas y una poderosa luminosidad. Las formas cubistas que aprendió en Europa contribuyeron a sintetizar una robusta grafía y una extraordinaria fluidez lineal.

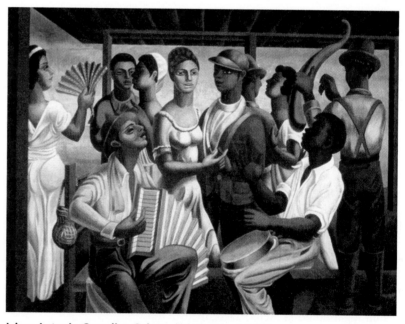

Jaime Antonio González Colson, "Merengue," 1937.

Perspectivas e impresiones

11-36 ¿Qué observas? ¿Qué te imaginas? Primero haz una descripción objetiva de este cuadro. Luego dale cuerpo dándoles nombres a los personajes, describiendo sus profesiones, sus intereses, etcétera.

11-37 El ritmo del merengue. Busca un ejemplo de música merengue y compara el sonido con el cuadro. ¿Tienen un estilo semejante?

Páginas
Guillermo Samperio

Guillermo Samperio nació en la Ciudad de México el 22 de octubre de 1948. Allí ha vivido toda su vida. Antes de dedicarse a la literatura, Samperio era dibujante y diseñador. También ha sido guionista y productor de radio. Ha coescrito una novela, *El hombre equivocado* (1988) y numerosos volúmenes de cuentos cuyos temas giran en torno a la realidad del ser humano en las grandes ciudades, siempre tratados con un gran sentido del humor. "Tiempo libre" pertenece a uno de sus libros de cuentos más conocidos: *Textos extraños* (1981).

Antes de leer

11-38 Metamorfosis. ¿Has conocido a gente que poco a poco asume las características físicas o la personalidad de su pareja o de su mascota? Explica.

Al leer, es importante reconocer el/la narrador/a. Con narradores omniscientes, hay menos interacción entre el/la lector/a y el/la narrador/a. Estos narradores presentan el argumento y la información de una manera relativamente objetiva. Por otra parte, cuando la narración es en primera persona, hay que tomar en cuenta el punto de vista del/de la narrador/a —sus prejuicios, sus virtudes o defectos intelectuales y emocionales y, sobre todo, su integridad—. ¿Cómo presenta la narración? ¿Es mentiroso? ¿Tiene motivos clandestinos?

11-39 Anticipar. Cuando se narra en primera persona ("yo"), se ve todo sólo a través de los ojos del narrador. Esto implica que puede ser difícil anticipar los eventos hasta que los revele el/la narrador/a. El desenlace puede resultar irónico, tal como en este cuentito. Mientras vayas leyendo, trata de visualizar lo que describe el narrador y aceptarlo desde su punto de vista, como si fueras el personaje principal.

Warm-up for *Páginas.* Explain and give examples of *realismo mágico.* Have students keep in mind the stories from previous lessons that dealt with fantasy.

Tiempo libre

Todas las mañanas compro el periódico y todas las mañanas, al leerlo, me mancho los dedos con tinta. Nunca me ha importado ensuciármelos con tal de estar al día en las noticias. Pero esta mañana sentí un gran malestar apenas toqué el periódico. Creí que solamente se trataba de uno de mis acostumbrados mareos°. Pagué el importe° del diario y regresé a mi casa. Mi esposa había salido de compras. Me acomodé en mi sillón favorito, encendí un cigarro y me puse a leer la primera página. Luego de enterarme de que un jet se había desplomado, volví a sentirme mal; vi mis dedos y los encontré más tiznados que de costumbre. Con un dolor de cabeza terrible, fui al baño, me lavé las manos con toda calma y, ya tranquilo, regresé al sillón. Cuando iba a tomar mi cigarro, descubrí que una mancha negra cubría mis dedos. De inmediato retorné al baño, me tallé con zacate°, piedra pómez y, finalmente, me lavé con blanqueador°; pero el intento fue inútil, porque la mancha creció y me invadió hasta los codos.

dizzy spells; costo

I used a scrubber
bleach

Ahora, más preocupado que molesto, llamé al doctor y me
20 recomendó que lo mejor era que tomara unas vacaciones,
o que durmiera. En el momento en que hablaba por teléfono, me di cuenta de que, en realidad, no se trataba de
una mancha, sino de un número infinito de letras
pequeñísimas, apeñuzcadas°, como una inquieta multitud   *grouped together*
25 de hormigas° negras. Después, llamé a las oficinas del pe-   insectos
riódico para elevar mi más rotunda protesta; me contestó
una voz de mujer, que solamente me insultó y me trató de
loco. Cuando colgué, las letritas habían avanzado ya hasta
mi cintura. Asustado, corrí hacia la puerta de entrada;
30 pero, antes de poder abrirla, me flaquearon° las piernas y   debilitaron
caí estrepitosamente°. Tirado bocarriba° descubrí que,   *noisily; lying on*
además de la gran cantidad de letras hormiga que ahora   *my back*
ocupaban todo mi cuerpo, había una que otra fotografía.
Así estuve durante varias horas hasta que escuché que
35 abrían la puerta. Me costó trabajo hilar° la idea, pero al fin *to reflect on (literally,*
pensé que había llegado mi salvación. Entró mi esposa, me   *to spin)*
levantó del suelo, me cargó bajo el brazo, se acomodó en
mi sillón favorito, me hojeó° despreocupadamente y se   *turned my pages*
puso a leer.

Follow-up for *Páginas*. Once
the students finish reading, have
them identify characteristics of
realismo mágico in the story.

Después de leer

11-40 Identificar. Identifica y resume estas partes de la narración. ¿Cómo caracterizas cada una: realista, impresionista, romántica, fantástica? ¿Por qué?

1. el contexto
2. la complicación
3. el desenlace

11-41 Reportero/a. Uno/a de ustedes toma el papel del señor y los demás lo entrevistan para un artículo del periódico.

11-42 ¡Luz, cámara, acción! Los miembros de la clase son directores/as de cine que dirigen al señor y a su esposa en una pequeña obra cinemática.

MODELO: *Primero, abre la puerta y sal de tu casa...*

Taller

Un relato fantástico

Suggestion for *Taller*. Have students illustrate their stories in a way that helps establish the context, but does not give away the irony.

En el cuento anterior se podría pensar que la acción tuvo lugar en un sueño (o en una pesadilla), o que la imaginación puede crear la realidad. Sigue los siguientes pasos para escribir un relato en primera persona en que narres algo común y corriente que luego se transforme en algo fantástico.

1. **Idear algo cotidiano.** Por ejemplo, las acciones de lavar la ropa, de hacer las compras, de ver la televisión o de escribir un ensayo.

2. **Presentar el contexto.** Comienza el cuento con una frase introductoria que señale la costumbre cotidiana de tu acción.

3. **Agregar detalles.** Añade varias frases en que muestres el ritmo diario de esta acción.

4. **Crear una complicación.** Escribe varias oraciones en que muestres la secuencia y el empeoramiento de la complicación y tus esfuerzos para resolverla.

5. **Revelar la resolución.** En una o dos frases, resuelve la complicación y cierra el relato.

6. **Revisar.** Revisa tu relato para ver si has dado suficientes detalles para desarrollar la fantasía. Luego revisa la mecánica.

   ❏ ¿Has incluido una variedad de vocabulario?
   ❏ ¿Has verificado los usos de los artículos definidos e indefinidos?
   ❏ ¿Has empleado bien el pretérito y el imperfecto?
   ❏ ¿Has seguido la concordancia de tiempos para el subjuntivo?
   ❏ ¿Has verificado la ortografía y la concordancia?

7. **Compartir.** Cambia tu relato por el de un/a compañero/a. Mientras lean los relatos, hagan comentarios y sugerencias sobre el contenido, la estructura y la gramática.

8. **Entregar.** Pasa tu relato en limpio, incorporando las sugerencias de tu compañero/a y entrégaselo a tu profesor/a.

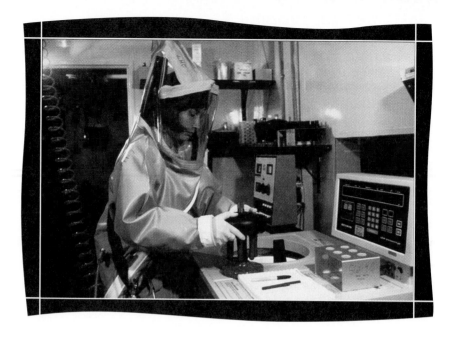

12 Hacia un nuevo milenio

Warm-up for ¡Así es la vida! Have students tell about their experiences with robots.

Warm-up for ¡Así es la vida! Have students work in small groups to draw up a list of five or more predictions for the next 50 years. See if any of the predictions repeat themselves among groups.

Suggestion for ¡Así es la vida! Help students with a few tricky vocabulary items: *vocinglero* (vociferous), *práctico* (as used here, harbor/tug boat pilot), *riñón* (kidney).

Suggestion for ¡Así es la vida! After students have read the article, review which of their predictions were included in the article. *¿El tono del artículo es optimista o pesimista?*

Follow-up for ¡Así es la vida! Once they read the *¡Así es la vida!*, ask students if the article worries them and why.

Comunicación

◆ **Talking about the next millennium**
◆ **Making excuses**
◆ **Exaggerating**

Estructuras

◆ *Se* **for unplanned occurrences**
◆ **The passive voice**
◆ **Diminutives and augmentatives**

Cultura

◆ **ITESM: La universidad virtual**
◆ **El observatorio La Silla: Fotógrafo del cielo**
◆ **Ritmos: Mecano**—*El fallo positivo*
◆ **Imágenes: Miguel Alandia Pantoja**—*Medicina boliviana*
◆ **Páginas: Marco Denevi**—*Génesis; Apocalipsis*

Los robots que nos cambiarán la vida

La nueva generación de autómatas: más inteligentes, casi humanos

La guerra de los robots ya está en marcha. Sus combates no ocurren en ningún campo de batalla específico ni tampoco está encabezada por jefes carismáticos y vocingleros como Cromwell, Robespierre o Lenin. Sin embargo, como toda contienda, también está produciendo numerosas bajas, aunque no se trata esta vez ni de muertos ni de heridos. Su incruento escenario no son las terribles barricadas callejeras sino los silenciosos laboratorios de las universidades y las naves de las fábricas, cada vez más grandes y cada vez más ausentes de presencia humana. La principal víctima —conviene saberlo— es el melancólico pasado, que está desapareciendo en forma alucinante. El futuro será inevitablemente global y también exponencial. Todos tendrán que adaptarse entonces a las nuevas cosas que vienen. Porque no se trata de una utopía, sino de una realidad tangible. Está previsto, en los países industriales, que las primeras fábricas totalmente robotizadas comiencen a funcionar en el año 2010. Un año después, según un estudio elaborado por el Instituto de Robótica de la Universidad de Carnegie Mellon, estarán a la venta los primeros robots antropomórficos capaces de atender al público en las oficinas. Los barcos de carga navegarán solos de un puerto a otro, sin ningún marinero a

bordo, guiados por robots vinculados a tierra por satélites y microondas. Estos barcos atracarán en los muelles sin intervención de prácticos. Los capitanes y la tripulación sólo existirán en las naves de pasajeros y su rol será mínimo. En el año 2012 habrán desaparecido los bomberos para combatir el fuego y rescatar a personas en los incendios: autómatas inmunes al calor y al humo extinguirán las llamas con productos químicos en lugar de agua, y salvarán a quienes se encuentren en peligro. En el año 2016 les llegará el turno a los hospitales: las mucamas y el personal de limpieza serán sustituidos por numerosos robots que lustrarán los pisos, desinfectarán los quirófanos, les servirán la comida a los enfermos, llevarán papeles y radiografías de un lado para otro, recolectarán nuestra sangre, dosificarán los medicamentos y asistirán a los médicos en el 80 por ciento de las tareas auxiliares.

Para el año 2020 los autómatas podrán diagnosticar sus propias fallas y reemplazar ellos mismos sus elementos defectuosos. En el año 2025 los cirujanos podrán implantar a quienes los necesiten riñones artificiales y otros órganos diseñados según las leyes de la robótica. En el año 2030 las escuelas tal cual las conocemos ahora, desaparecerán por completo y serán los autómatas quienes impartirán la instrucción tanto elemental como superior. Finalmente, en el año 2035, en los países industriales, los robots serán más numerosos que los seres humanos. Empezará, entonces, otra historia. ∎

¡Así lo decimos!

Vocabulario primordial

el aparato
la automatización
el brazo mecánico
el chip electrónico
el circuito electrónico
el circuito impreso
el microprocesador

el minicomponente
la nanomáquina
la nanotecnología
robotizarse
silencioso/a
los trabajos riesgosos

Otras palabras y expresiones

a bordo	on board
las barricadas callejeras	street barricades
en vivo	live (radio, TV)
estar en marcha	to be in progress
el fondo del mar	bottom of the sea
tal cual	such as; just as

Vocabulario clave

Verbos

alcanzar	to reach
atracar	to dock (ship)
lustrar	to polish; to shine
recolectar	to collect; to gather
salvar	to save

Sustantivos

el autómata	robot
la baja	casualty
el bombero	fireman
el/la cirujano/a	surgeon
la contienda	contest; dispute
la contraseña	password
la fábrica	factory
la falla	defect; flaw
el incendio	fire
el/la marinero/a	sailor
la mucama	maid
el muelle	pier, dock
la nave	ship, vessel; nave
el puerto	port
el quirófano	operating room
la tripulación	crew

Adjetivos

antropomórfico/a	anthropomorphic (of human form)
encabezado/a	headed
incruento/a	bloodless
previsto/a	foreseen

Ampliación

Para hacer cambios en el futuro

Verbos	Sustantivos	Adjetivos
adaptarse	la adaptación	adaptado/a
alcanzar	el alcance	alcanzado/a
archivar	el archivo	archivado/a
explorar	la exploración	explorado/a
funcionar	la función	funcionado/a
imitar	la imitación	imitado/a
operar	la operación	operado/a
planificar	la planificación	planificado/a
reemplazar	el reemplazo	reemplazado/a

¡cuidado!

The superlative *de*

In the superlative structure the preposition *in*, for example, . . . *in Latin America* or . . . *in the world,* is expressed with **de** in Spanish.

Ese nuevo microprocesador es el más pequeño **del** mundo.	*That microprocessor is the smallest in the world.*
Los trabajadores experimentados son los más productivos **de** la fábrica.	*The experienced workers are the most productive ones in the factory.*

Suggestion for ¡Cuidado! Have students create superlative statements using some of these terms. For example, *el puerto: El puerto más importante de los Estados Unidos es... la nave; el muelle; el marinero; la falla; el incendio.*

Aplicación

12-1 Categorizar. Apunta las categorías en que vamos a ver más y más presencia de los robots según el artículo que leíste. Da un ejemplo para cada categoría.

MODELO: *En la fabricación de automóviles, habrá robots que ensamblen el coche, lo pinten y lo prueben.*

12-2 ¿Qué implica esta invasión robótica? Conversen sobre las implicaciones económicas, políticas y sociales de los robots en cada categoría que hayan apuntado y también para los países no industrializados.

12-3 Tu propio robot. Describan cómo serían sus robots personales y qué tareas les harían realizar.

12-4 Inventar. Inventen pequeños relatos en que figuren estas palabras o expresiones.

MODELO: nave, atracar, tripulación

> *La tripulación de la nave la atracó con la ayuda del piloto, el cual era realmente un autómata.*

1. marinero, recolectar, antropomórfico
2. bombero, falla, incendio
3. quirófano, incruento, cirujano
4. mucama, contienda, lustrar
5. puerto, fábrica, barricadas callejeras
6. estar en marcha, a bordo, el muelle

12-5 Exprésate mejor. Lee las siguientes oraciones. Usa una variación de cada palabra en itálica para escribir una oración nueva que elabore la idea de la oración original.

MODELO: Se tuvo que *operar* al joven después del accidente. La operación *fue en el hospital San Francisco.*

1. La ciudad de Washington, D.C. fue *planificada* como una rueda con sus calles saliendo del capitolio en forma radial.
2. Tener un robot en casa estará al *alcance* de todos para el año 2010.
3. Los planes para la fabricación del robot personal están *archivados* bajo la letra *r.*
4. Se dice que han creado computadoras cuya inteligencia *imita* a la de los seres humanos.
5. *La adaptación* a clases sin maestros humanos no será tan fácil como sugiere el artículo.
6. ¿Cuál es *la función* de las torres de microondas que se ven por las carreteras?

Composición for Activity 12-5. Have students use some of these expressions to write an original paragraph.

Estructuras

1. *Se* for unplanned occurrences

Suggestion for art. *No tengo mi bolígrafo porque se me quedó en casa. Necesito usar tu computadora porque la mía se me descompuso. Préstame tus apuntes porque se me perdieron los míos, etc.*

> Se me olvidó tu contraseña, ¿me la puedes dar?

Suggestion for *Se* for unplanned occurrences. Have students explain the occurrence that resulted in the following: *No tengo mi cartera. No encuentro las llaves de mi coche. No funciona mi coche. No sirve mi bolígrafo. No hice la tarea.*

In order to describe an involuntary or unplanned event, Spanish frequently uses **se** in conjunction with the third person singular or plural of the verb. In such cases, the action is not viewed as being *carried out by* someone, but rather as *happening to* someone. Hence, the indirect object is used.

Se le perdió la cartera al marinero.	*The sailor lost his wallet.*
¿Se le cayeron los paquetes al autómata?	*Did the robot drop the packages?*
Se me quedó la maleta en el muelle.	*I left the suitcase on the pier.*
Se nos olvidó analizar el factor económico.	*We forgot to analyze the economic factor.*

◆ Possession is implied by the indirect object pronoun, therefore Spanish uses the definite article, not the possessive adjective as in English. The prepositional phrase **a** + *noun/pronoun* may be added for clarity or emphasis.

A ti se te cayó el transistor.	*You dropped your transistor.*
Al bombero se le ocurrió ir al puerto.	*It occurred to the fireman to go to the port.*

Aplicación

12-6 Un incendio. Completa el diálogo con la forma correcta de las expresiones de la lista. Una de las expresiones se usa dos veces.

Responses to Activity 12-6.
1. *se me quedaron* 2. *se le olvidó* 3. *se me habían perdido* 4. *se me olvidó* 5. *se nos murió* 6. *se le cayó* 7. *se le rompió* 8. *se me ocurre*

caerse
morirse
ocurrirse
olvidarse
perderse
quedarse
romperse

DRA. SALINAS: Dr. Romero, ¿tiene usted los planos para el aparato?

DR. ROMERO: Disculpe, Dra. Salinas, (1)_____ en casa.

DRA. SALINAS: No entiendo. ¿Por qué se los llevó a casa? Parece que usted está muy distraído.

DR. ROMERO: Es verdad. Ha sido una semana pésima para mí. El domingo salí con mi familia para dar un paseo y a mi esposa (2)_____ apagar el horno. Cuando llegamos a casa, me enteré que (3)_____ las llaves de mi casa y no podíamos entrar. Vimos que la casa estaba llena de humo y sabíamos que los gatos estarían en pánico. Quería llamar a los bomberos, pero estaba tan histérico que (4)_____ el número de teléfono. Por fin, los llamó un vecino y cuando llegaron, me pudieron salvar la casa. Sin embargo, (5)_____ un gatito, la mascota de mi hija menor. Y al entrar en la casa, (6)_____ una lámpara antigua a mi esposa y (7)_____ en mil pedazos. ¡Fue todo un desastre!

DRA. SALINAS: ¡Lo siento mucho, Dr. Romero! Especialmente lo del gatito. Pero (8)_____ una solución. Tengo una familia de gatitos recién nacidos en casa. Les regalo uno, ¡o dos, si quieren!

DR. ROMERO: Es usted muy amable. Mi hija le va a estar muy agradecida.

12-7 Un día desastroso. Cuente cada uno/a por escrito una experiencia en que todo le salió muy mal. Luego, cambien de historias y cada uno/a cuéntele a la clase lo que le pasó al/a la compañero/a.

👥 **12-8 Excusas en la oficina.** Inventen excusas para las siguientes situaciones.

MODELO: No tienes el informe preparado para la junta de directores.

> *Disculpen. Iba a repartirles a todos una copia del informe, pero se nos estropeó la fotocopiadora esta mañana.*

1. Hay muchas fallas en el informe que has preparado para tu supervisora.
2. Hubo un pequeño incendio en tu escritorio.
3. Llega la policía a la oficina durante la fiesta de retiro de tu jefe.
4. El secretario no encuentra el control remoto para la videocasetera.
5. Una planta exótica de tu jefe está amarilla y moribunda.
6. Hay una mancha oscura en los planos para la fábrica nueva.
7. No has terminado el análisis del mercado laboral.
8. Tu jefe tuvo que usar la escalera para subir diez pisos esta mañana.
9. Está mal programada la red de computadoras de la oficina.
10. Ya no hay café en la cafetera.

A propósito...

ITESM: La universidad virtual

El Sistema Tecnológico de Monterrey, México, estableció en 1996 una Universidad Virtual. El Sistema de Educación Interactiva por Satélite (SEIS) constituyó el inicio de este esfuerzo al comenzar en 1989 la transmisión y recepción de educación a distancia en el ITESM. En 1993 SEIS internacionalizó su servicio al ofrecer programación académica en sedes (*centers*) externas al ITESM. Hoy en día universidades públicas y empresas en el continente americano se han visto beneficiadas a través de este modelo de educación.

El crecimiento del SEIS, la necesidad de aplicar nuevas tecnologías en el mejoramiento de la educación a distancia y la oportunidad de participar más en la globalización académica motivaron en marzo de 1996 el surgimiento de la Universidad Virtual del ITESM.

En este programa de educación a distancia los profesores y alumnos se encuentran en lugares geográficos distintos durante las sesiones de clase, rompiendo de este modo con las barreras de tiempo y espacio, ya que el proceso de enseñanza no se lleva a cabo mediante interacción directa, sino a través de diversas tecnologías de telecomunicaciones, redes electrónicas y multimedia. Los alumnos reciben estas transmisiones en salones especialmente equipados, y pueden comunicarse con sus profesores en vivo durante la sesión satelital a través de teléfono, fax o correo electrónico.

La Universidad Virtual se ha convertido en una enorme red telemática compuesta de bibliotecas y redes electrónicas así como de laboratorios virtuales que interconectan áreas geográficas distantes generando mayor calidad y motivando el aprendizaje a distancia.

Cursos en los niveles de preparatoria, profesional, posgrado y educación continua son ofrecidos a través de este sistema que está impactando positivamente en los ámbitos educativos a nivel internacional.

Vamos a comparar

Antes de los avances tecnológicos y telecomunicativos, ¿cómo se llevaba a cabo la educación a distancia? ¿Tiene tu universidad cursos de educación a distancia? ¿Qué opinas de ellos? ¿En qué partes del mundo piensas que son particularmente beneficiosos estos cursos? ¿Por qué?

¿Qué pasaría si cayera un cometa en la tierra?

A raíz del descubrimiento de Shoemaker, las especulaciones de que un posible cometa chocara contra la Tierra comenzaron a escucharse. Los expertos aseguran que la única predicción segura apunta hacia el año 2126 con una probabilidad de colisión del 5 por ciento.

Ahora que tenemos menos actividades tras el fin de la Guerra Fría, los científicos proponen disparar bombas nucleares contra los asteroides y cometas que se acerquen. Afirman que las explosiones podrían desviar un asteroide letal antes que golpee el planeta.

Pero éste y otros planes contra los asteroides fueron criticados por el científico de Cornell, Carl Sagan. El renombrado científico advirtió que dicha tecnología antiasteroides puede recibir un mal uso; por ejemplo, un "loco" podría guiar deliberadamente un asteroide contra un país enemigo. Aunque parece la trama de una novela, en realidad la amenaza de asteroides y cometas, tema constante de la ciencia ficción, está siendo tomada con mayor seriedad por los científicos.

Observaciones telescópicas preliminares indican que pueden existir "miles de asteroides cercanos a la Tierra", es decir, cruzando la órbita terrestre. En las últimas décadas los geólogos descubrieron más de 100 cráteres sobre la superficie del planeta, todos formados por meteoros o asteroides durante miles de millones de años.

"Un objeto que tiene un kilómetro de largo se acerca cada 100.000 años luz, aproximadamente", indica el científico Gregory H. Canavan, del Laboratorio Nacional Los Álamos. "Ello significa que, en términos de la vida humana, que redondearé hasta un siglo, hay una posibilidad en 1.000 de morir a causa de esto".

Algunos meteoros son lo suficientemente grandes para llegar hasta la superficie de la Tierra, momento en el que son rebautizados como meteoritos. Han caído sobre automóviles, penetrado tejas y golpeado a desafortunados peatones. En 1954 una mujer sufrió un golpe de un meteorito en una pierna. Pero algunos "viajeros" espaciales son mucho más grandes. Incluyen un objeto del tamaño de un edificio de oficinas que estalló en 1908 sobre Siberia derribando miles de kilómetros cuadrados de bosque pero milagrosamente, sin matar a nadie y el Kleviatan, que golpeó Arizona hace decenas de miles de años, formando el Cráter Meteoro, de un kilómetro y medio de diámetro, actualmente una atracción turística cerca de Winslow.

Canavan y sus amigos en el Colegio Johndale Solem, de Los Álamos, sospechan que es más seguro detonar una bomba nuclear cerca, pero no sobre un asteroide, ya que la radiación desviaría el cuerpo celeste sobre una nueva trayectoria. Por contraste, detonar la bomba sobre el asteroide podría fragmentarlo en varios trozos sin alterar su movimiento. También contemplan mecanismos no nucleares en los que los científicos podrían:

★ Envolver una gigantesca sustancia reflectora como el *mylar*, sobre el asteroide, como la vela de un bote. La radiación del Sol y el haz continuo de partículas solares —el viento solar— desviarían la trayectoria del cuerpo celeste.

★ Disparar algunas toneladas de acero al espacio, estrellarlas contra el asteroide y dejar que la energía generada por el impacto desvíe el cuerpo celeste, como una bola de billar.

★ Colocar en el asteroide cohetes impulsados por energía nuclear, para acelerarlo gradualmente hasta una nueva órbita.

★ O bien, conductores de masa electromagnéticos pueden ser construidos sobre el asteroide, lanzando al espacio fragmentos de su superficie. Debido a que —como dijo Isaac Newton, hace tres siglos— cada acción produce una reacción igual en sentido contrario, el asteroide sería impulsado en la dirección opuesta a la de los fragmentos arrojados.

Vocabulario primordial

acelerar
atraer
celeste
clasificar
desintegrar
empujar
enfriar
espacial
el espacio

la estrella
expandir
la galaxia
opuesto/a
la órbita
el planeta
quemar
el satélite
el sistema solar

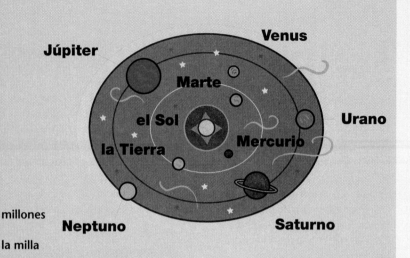

Las unidades

la decena	la centena	miles	millones
la onza	la libra	la tonelada	
la pulgada	el pie	la yarda	la milla
el mililitro	el centilitro	el litro	
el centímetro	el metro	el kilómetro	
el miligramo	el centígramo	el gramo	el kilogramo

Vocabulario clave

Verbos

amenazar	to threaten
apuntar	to point out
congelar	to freeze
chocar	to hit; to collide
derribar	to knock down
desviar	to divert
disparar	to shoot
envolver(ue)	to wrap up
encoger(se)	to shrink
estallar	to explode
golpear	to hit, pound
lanzar	to throw
redondear	to round off

Sustantivos

el agujero negro	black hole
el cohete	rocket
el peatón	pedestrian
la superficie	surface
el tamaño	size
la teja	(roof) tile
el trozo	piece

Adjetivos

renombrado/a	renowned
terrestre	earthly

Otras expresiones

debido a	due to
el sentido contrario	the opposite way
tras	after

Ampliación

Verbos	Sustantivos	Adjetivos
apuntar	el apunte	apuntado/a
chocar	el choque	chocante
derribar	el derribo	derribado/a
desviar	la desviación	desviado/a
envolver (ue)	la envoltura	envuelto/a
expandir	la expansión	expandido/a
golpear	el golpe	golpeado/a
quemar	la quemadura	quemado/a

¡cuidado!

desde/puesto que

The English word *since* refers to time, distance, and can also be used to mean *because (of)* or *due to*. However, the Spanish word **desde** only refers to time and distance; it never means *since* in the sense of *because (of)* or *as a result of*. Use **puesto que** for the latter.

Los científicos encontraron restos del meteorito en un área que se extiende **desde** Phoenix hasta Mesa.

Scientists found the remains of the meteorite in an area extending from Phoenix to Mesa.

Los aeronautas de NASA han trabajado en el diseño del cohete **desde** 1988.

The NASA astronauts have worked on the design of the rocket since 1988.

Puesto que los agujeros negros nunca han sido observados, no hay prueba definitiva de su existencia.

Since (Because) black holes have never been observed, there is no definite proof of their existence.

**Suggestion for ¡*Cuidado!* Point out that *puesto que* suggests something that exists and therefore is always followed by the indicative. Introduce *a causa de* and explain its use as well. *Puesto que* is followed by a conjugated verb, whereas *a causa de* is followed by a noun phrase. *Puesto que llueve, no se ven las estrellas. No se ven las estrellas a causa de la lluvia.* Have students transform these statements using *puesto que* and *a causa de. Viene un asteroide; muchos están en peligro. Los científicos hacen predicciones; los cineastas crean películas. La India estalla una bomba nuclear; Pakistán estalla una también.*

Aplicación

12-9 Exprésate mejor. Lee las siguientes oraciones. Usa una variación de cada palabra en itálica para escribir una oración nueva que elabore la idea de la oración original.

MODELO: —¡*Apunta* las razones para la importancia de los robots en el próximo siglo!
—¡No *te preocupes*! Ya las *tengo* apuntadas.

1. El *choque* que tuviste con el carro fue serio.
2. La bomba hizo *derribar* el edificio.
3. Después del incendio toda la maquinaria de la fábrica estaba *quemada*.
4. El tráfico alrededor de la fábrica fue *desviado* por el estallido.
5. Nos encontramos totalmente *envueltos* en una conspiración tras otra.
6. La *expansión* del programa de robótica ya no se efectuará ahora hasta el año 2005.
7. Los terroristas *golpearon* al prisionero.

Composición for Activity 12-9. Have students use some of these expressions to write an original paragraph.

12-10 Hay grandes cantidades. Explica cuántos hay en cada categoría.

MODELO: peces en el mar

Hay millones de peces en el mar y miles de especies.

1. gramos de café en una libra
2. peatones en la ciudad de Nueva York
3. onzas de refresco en una botella
4. kilogramos de azúcar en cinco libras
5. miligramos de aspirina en una pastilla
6. metros en un kilómetro
7. kilómetros desde Nueva York hasta San Francisco
8. estrellas en el cielo
9. cometas que han caído del cielo a la tierra
10. novelas de ciencia ficción

Conexiones for Activity 12-10. Have students report on distances and weights using the metric and English systems. For example, *la distancia entre la Tierra y la Luna; el peso del meteoro que cayó en Arizona; la velocidad del Concorde.*

12-11 ¿Qué pasaría si cayera un cometa sobre la Tierra? Haz una lista de seis o más consecuencias posibles si un cometa cayera sobre la Tierra.

MODELO: *Se destruiría toda una ciudad...*

Conexiones for Activity 12-12. Other more immediate disasters (*volcanes, incendios, temblores y huracanes*) have precipitated mass evacuation. Have students investigate and report on one of these emergencies.

👤👤 12-12 ¿Qué harían en ese caso? Si supieran con un día de anticipación que iba a caer un cometa, ¿qué preparativos tomarían? Pongan en orden de importancia de ocho a diez acciones y expliquen por qué.

MODELO: *Primero, sacaríamos dinero del banco porque tendríamos que comprar comida en el camino...*

Conexiones for Activity 12-13. The disagreement between India and Pakistan in 1998 brings this subject to the fore.

👤👤 12-13 Las armas nucleares. ¿Bajo qué circunstancias se debería usar armas nucleares contra una amenaza terrestre o celestial? Discutan los pro y los contra.

👥👥 12-14 Una trama de ciencia ficción. En grupos de tres o cuatro, piensen en una novela que hayan leído o una película que hayan visto en que figure un cometa o un asteroide. Trabajen juntos para preparar el relato y después preséntenselo a la clase.

Estructuras

2. The passive voice

In both Spanish and English, the active voice expresses an action in which the subject is active, that is, the subject performs the action. In the passive voice, the recipient of the action is emphasized and becomes the grammatical subject. The agent who performed the action can be introduced by the preposition **por.**

Los científicos diseñaron la bomba.	*The scientists designed the bomb.*
La bomba fue diseñada **por** los científicos.	*The bomb was designed by the scientists.*
El geólogo descubrió el cráter.	*The geologist discovered the crater.*
El cráter fue descubierto **por** el geólogo.	*The crater was discovered by the geologist.*

Suggestion for art. *El plan fue presentado por un grupo de científicos internacionales. El cohete fue diseñado por los rusos. La bomba fue construida por los norteamericanos.*

◆ The passive voice is formed with the verb **ser** + *past participle*. The past participle agrees in gender and number with the subject because it is used as an adjective.

La tecnología para destruir el meteoro **fue explicada** por la experta.	*The technology to destroy the meteor was explained by the expert.*
La distancia entre el cometa y la Tierra **fue calculada** por los físicos.	*The distance between the comet and Earth was calculated by the physicists.*

◆ In Spanish, the passive voice can also be expressed with the pronoun **se**. The reflexive **se** as a substitute for the passive voice is more common, but can only be used when the agent of the action is not expressed.

Se explicaron los pasos para proteger la Tierra.	*The steps to protect Earth were explained.*
El cráter **se** abrió como atracción turística.	*The crater was opened as a tourist attraction.*

◆ To describe the state or condition resulting from a previous action use **estar** + *past participle*.

El observatorio **está** abierto.	*The observatory is open.*
Las computadoras **estaban** apagadas.	*The computers were turned off.*

Aplicación

Expansion for Activity 12-15. Have students challenge each other with other discoveries and inventions.

12-15 Grandes descubrimientos e invenciones. Contesta las preguntas usando la voz pasiva y las respuestas de la lista.

MODELO: ¿Quién inventó la bombilla eléctrica?

Fue inventada por Thomas Edison.

los árabes	Alexander Graham Bell	Albert Einstein
Galileo	William Harvey	Sir Isaac Newton
Florence Nightingale	Leonardo da Vinci	Booker T. Washington
Wilbur y Orville Wright		

1. ¿Quién explicó la fuerza de gravedad?
2. ¿Quién afirmó la teoría de Copernicus que dice que los planetas giran alrededor del Sol?
3. ¿Quién inventó el teléfono?
4. ¿Quién formuló la teoría de la relatividad?
5. ¿Quién describió el sistema de circulación de la sangre?
6. ¿Quién planteó los muchos usos del cacahuate *[peanut]*?
7. ¿Quién fundó la Cruz Roja?
8. ¿Quiénes inventaron el avión moderno?
9. ¿Quién describió el primer helicóptero?
10. ¿Quiénes perfeccionaron un sistema de irrigación en España?

👥 12-16 ¿Cómo explican estas acciones y condiciones? Usa la siguiente información para formar frases que expresen un agente de la acción, simplemente el estado resultante o el **se** reflexivo como sustituto. Luego den más detalles sobre el evento o la condición.

MODELO: el planeta Marte / explorar

El planeta Marte fue explorado por el Pathfinder, pero luego se perdió la señal del robot y se decidió abandonar la misión.

1. el cometa Hale-Bopp / descubrir
2. la nave Titanic / hundir
3. la luna / abandonar
4. una guerra nuclear / prever
5. el primer satélite / lanzar
6. el chip electrónico / perfeccionar
7. la energía solar / utilizar
8. la tarea repetitiva / considerar
9. la energía atómica / explotar
10. la Tierra / habitar

Suggestion for Activity 12-17. Have students prepare and present the "Science Report" for a TV news broadcast.

12-17 Una invención o un descubrimiento. Describe y explica una invención o descubrimiento que conozcas. Utiliza la voz pasiva, el **se** impersonal y la condición resultante según más convenga.

MODELO: *Según las teorías actuales, las tierras que ahora se conocen como las Américas fueron primeramente habitadas por varias tribus asiáticas....*

Warm-up for *A propósito*...
Have students tell you about a visit they have made to an observatory.

Conexiones for *A propósito*...
Have students tell you the advantages or disadvantages of having an observatory at your college/university.

A propósito...

El observatorio La Silla: Fotógrafo del cielo

Los telescopios, como todas las máquinas construidas por el hombre, tienen sus limitaciones. La del telescopio es la atmósfera enrarecida que deben penetrar las imágenes emitidas por los cuerpos celestes desde millones de kilómetros y que se debilitan a veces hasta perderse del todo en el viaje. La solución perfecta es colocar el telescopio en un lugar en el que reciba las imágenes directamente y sin ninguna interferencia atmosférica, como es el caso del telescopio espacial *Hubble*, que flota sobre la Tierra a 650 kilómetros de altura, o colocar los telescopios en lugares donde la atmósfera sea casi perfecta y libre de la contaminación, la luz de las ciudades o las nubes y relámpagos *(lightning)*. Eso es lo que se ha encontrado en pleno desierto de Atacama, en la IV región de Chile, en lo alto de una colina llamada La Silla, a 2.379 metros sobre el nivel del mar, y a 600 kilómetros de la ciudad de Santiago. El lugar, debido a su altitud, tiene un aire poco denso y delgado que es fácilmente atravesado por la luz de estrellas y galaxias. Aquí las nubes y lluvias son muy escasas. Como en promedio, en La Silla se registran más de 300 noches despejadas (sin nubes) al año, además de que hay poca variación de temperaturas de la noche al día, lo que ayuda a evitar la expansión y contracción de los instrumentos por los ascensos y descensos de temperatura.

El Observatorio Espacial Europeo, llamado así por pertenecer a Bélgica, Dinamarca, Alemania, Francia, Italia, Países Bajos, Suecia y Suiza, tiene quince telescopios instalados dentro de edificios de color plateado con cúpulas blancas y tiene un gasto anual de US $27 millones. En el observatorio hay cerca de 250 personas trabajando, de las cuales 139 son chilenas. Mediante computadoras se maneja todo el sistema de óptica e información de los telescopios. Gracias a un sistema de seguimiento *(tracking)* es posible fotografiar objetos celestes con exposiciones que duran horas a pesar del movimiento de rotación terrestre.

Vamos a comparar

¿Crees que vale la pena un observatorio que cueste tanto? ¿Por qué? ¿Hay un departamento de física en tu universidad? Si lo hay, ¿tiene telescopio? Si no lo sabes, averíqualo. ¿Piensas que la Tierra es el centro del universo? ¿Por qué?

3. Diminutives and augmentatives

Suggestion for art. *El planeta Marte es más grande, pero Saturno es grandote. Venus es una mujercita en comparación con Saturno.*

La Tierra es pequeñita comparada con el planeta Marte.

Suggestion for practicing diminutives and augmentatives. Encourage students to use diminutive forms in everyday speech. For example, *¿Qué tienes en la mochilita? (Un papelito, un lapicito, un cuadernito, un librazo, y un trabajote para la clase.)*

In Spanish there are diminutive and augmentative suffixes that are added to nouns to express smallness or bigness. These endings may also express endearment, contempt, ridicule, and pity.

◆ The most common Spanish diminutive endings follow.

> **-ito/a, -illo/a** added to nouns ending in **-o, -a, -l**

La trama de la nove**lita** era la guerra fría.	*The plot of the little novel was the cold war.*
El astronom**illo** era un hombre muy agradable.	*The (nice) little astronomer was a very pleasant man.*

> **-(e)cito/a, -(e)cillo/a** added to nouns with endings other than **-o, -a, -l**

El hombr**ecito** era un químico distinguido.	*The (cute) little man was a distinguished chemist.*
Para ser mujer**cita**, es una científica muy cumplida.	*For a young woman, she's a very accomplished scientist.*
El profesor**cillo** era muy engreído.	*The (lousy) little professor was very conceited.*

◆ These are the most common Spanish augmentatives.

-aco/a, azo/a, -ón/ona, -ote/a

El lib**raco** de física era pesadísimo.   *The huge chemistry book was very heavy.*

¿Viste ese cohe**tazo**? Lo ayudé a construir.   *Did you see that big rocket? I helped build it.*

¿Viste la mansión? ¡Qué cas**ona**!   *Did you see the mansion? What a huge house!*

Tu amig**ote** no me cae bien.   *I don't like your big (vulgar) friend.*

Aplicación

12-18 Los diminutivos. Forma expresiones diminutivas y luego escribe oraciones donde las uses.

MODELO: cosa

> *Hay una* cosita *que me preocupa sobre la cuestión de los cometas. ¿Cuánto tiempo vamos a tener para evacuar la ciudad?*

1. emisión
2. cohete
3. cometa
4. meteoro
5. trozo
6. pequeño
7. hombre/mujer
8. luna
9. robot
10. nave

12-19 Es una exageración. Individualmente formen oraciones con la forma aumentativa de cada una de las siguientes palabras. Luego digan sus oraciones para que el/la otro/a reaccione y contradiga la idea.

MODELO: el perro

> E1: *Ayer en la calle enfrente de mi apartamento me asaltó un perrazo que me dio tal susto que no pude ni correr ni gritar.*
> E2: *¡No exageres! No era un perrazo sino un perrito.*

1. el asteroide
2. el telescopio
3. el accidente
4. la catástrofe
5. el hombre/la mujer
6. el reporte
7. la escena
8. la pelea
9. el agujero negro
10. el incendio

12-20 ¿Qué observan? Túrnense para explicar lo que se ve en estos contextos. Usen diminutivos y aumentativos lógicos.

MODELO: en el centro de computadoras

> *Se ven unas maquinotas, unos papelitos y muchos estudiantes frustraditos por sus trabajitos.*

1. en una nave espacial
2. en un laboratorio
3. en un observatorio
4. en un centro de comunicaciones
5. en una selva tropical
6. en un pedazo de ámbar
7. en una universidad virtual
8. en otro planeta

Actividades

👥 **12-21 La terapia genética.** ¿Han leído de casos en que la terapia genética haya ayudado a una persona con una enfermedad hereditaria? ¿Cuáles son las cuestiones económicas, sociales y personales que entran en este tipo de investigación?

Terapia genética, el futuro de la medicina

La mayoría de las enfermedades que sufrimos está ligada a una deficiencia en nuestros genes. Hasta la fecha, los investigadores han descubierto ya cerca de 1.000 enfermedades de origen genético. Se conoce que, por ejemplo, la hemofilia, las miopatías, algún tipo de sordera y hasta el cáncer del seno están en esta categoría. Pero, ¿podrán curarse? Éste es el gran desafío.

La terapia genética consiste en reemplazar los genes defectuosos por genes en buen estado. A pesar de que se tienen grandes esperanzas en este campo, aún estamos hablando del futuro.

👥 **12-22 La calidad de vida.** En los países en vías de desarrollo la calidad de vida es cada vez más difícil que en los países desarrollados. ¿Creen que tenemos el deber de mejorar la calidad de vida en aquellos países para que alcancen un nivel mínimo de salud y bienestar? Busquen datos en la red informática u otros recursos para apoyar sus recomendaciones.

👥 **12-23 Las vías de comunicación.** Hoy en la red informática y en la comunicación por vías electrónicas se han infiltrado casi todos los aspectos de la vida. Hablen de cómo estos recursos van a seguir afectando nuestra vida social y laboral en las primeras décadas del siglo XXI.

12-24 La sangre artificial. Lean el artículo a continuación. ¿Cuáles son las ventajas y desventajas de usar terapias artificiales? Incluyan consideraciones sociales, económicas y médicas en su conversación.

Hacia la sangre artificial

Como las transfusiones sanguíneas, si bien pueden salvar la vida de un paciente, también son un vehículo de transmisión del SIDA, investigadores de los Estados Unidos tratan de poner a punto un substituto de la sangre. Se trata de un derivado de la hemoglobina humana asociada a un derivado de la aspirina. Esta sangre semiartificial es capaz de circular dentro del cuerpo y de transportar el oxígeno a los tejidos (*tissues*), pero además puede ser administrada a cualquier paciente rápidamente ya que es compatible con todos los grupos sanguíneos. Además este producto puede conservarse hasta doce meses en lugar de sólo los 28 días que duran los glóbulos rojos almacenados.

12-25 El objeto. Inventen un objeto que les sirva para algún uso en el futuro. Describan sus componentes, su utilidad y su costo.

Suggestion for Activity 12-25. Have students draw the object and explain its use to the rest of the class.

12-26 La clonación de las células, los animales, ¿los seres humanos? ¿Bajo qué circunstancias debería permitirse la clonación de los organismos? ¿Quiénes tienen la responsabilidad de supervisar este tipo de investigación? Formen dos grupos —uno a favor y el otro en contra— para debatir la clonación.

12-27 Productos para el nuevo milenio. Explora la red informática u hojea revistas y catálogos de productos para consumidores para encontrar tres "productos del futuro". Deben ser productos que en los próximos veinte años podrían llegar a ser tan comunes como lo es el televisor hoy en día. ¿Para qué sirven los productos? ¿Son productos disponibles ahora? ¿a qué costo? Preséntale tus productos al resto de la clase para ver si los compañeros comparten tu opinión.

cone✕iones

Un paso adelante ¿y un paso atrás? Una de las ramas de la medicina en que hemos visto enormes avances en los últimos años es la genética. Ya es posible saber mucho sobre una criatura, hasta sobre su futuro, antes siquiera de que nazca. ¿Cuáles son las implicaciones éticas relacionadas con este fenómeno? En grupos pequeños, discutan las ventajas y las desventajas de los avances de la genética. Según piensan Uds. ¿qué efecto pueden tener dichos avances con respecto a los logros sociales de personas con enfermedades u otras condiciones congénitas? ¿En qué debe invertirse más, en la cura de enfermedades para las personas que ya las tienen o en la investigación de sus posibles causas genéticas?

Mañana, hoy será ayer. ¿Alguna vez le has oído a una persona mayor decir "En mi época..." (*In my day...*)? Cuando sean mayores Uds., ¿cómo verán "su" época? Juntos, imagínense el futuro y cómo habrán cambiado sus vidas. ¿Qué añorarán (*will you miss*) y de qué se reirán? Escojan dos o tres quehaceres cotidianos que a sus nietos les parecerán las arduas tareas de otra era y cuéntenselos a la clase como se imaginen contándoselos a sus nietos en el futuro.

 A ESCUCHAR

Los primeros trasplantes en México. Escucha el artículo sobre los avances de México en la cirugía de trasplante de órganos. Luego, contesta las preguntas según lo que oíste.

Comprensión.

1. ¿Por qué se consideran los trasplantes cirugía de categoría delicada?
2. ¿Cuándo y quién hizo el primer trasplante de corazón en México?
3. ¿Qué ocurrió entonces?
4. ¿Qué ha pasado gracias a los fármacos?
5. ¿Quién es el pionero de trasplante de tejido cerebral?
6. ¿Qué es posible ahora?

Ritmos
Mecano

Esta canción de Mecano también pertenece a su álbum *Aidalai*. Es sobre el SIDA, la enfermedad de las últimas dos décadas del segundo milenio.

12-28 La enfermedad y las víctimas. Cuando una persona padece una enfermedad grave, sufre de varios problemas. Además, no es la única víctima: los familiares también sufren. Apunta algunos problemas causados por la enfermedad.

MODELO: *El/La que contrae la enfermedad sufre no sólo de la enfermedad sino también de discriminación en el trabajo.*

Warm-up for *Ritmos.* Ask students if they know people who have died of AIDS.

Suggestion for *Ritmos.* Start a discussion about the importance of funding AIDS as opposed to funding other major illnesses.

El fallo positivo

El fallo positivo° anunció   *positive test results*
que el virus que navega en el amor
avanza soltando velas°   *tossing candles*
aplastando las defensas por tus venas.
5 Me prohibiste toda pasión
sin dar ninguna clase de razón
porque sabías que yo no haría
caso alguno° de la precaución.   *no me importaría nada*

Estribillo:
10 Pesando en la balanza del amor
la ciencia y la conciencia,
fue tu condena un nudo° de dolor   *knot*
estúpida sentencia
y es que tú eres lo que más quiero
15 y sin ti la vida es un cero.
La ignorancia de los demás
vestida de puritana y de santa moral
hablaba de divino castigo°   *divine punishment*
y la vergüenza al qué dirán°   *the social stigma of what people*
20 te empujó hasta que colgabas° al final   *will think; you were hanging*
tu cuerpo de una cuerda en el desván°   *loft*
ahogando° los sentimientos   *drowning*
y muchos momentos más de amar.
Estribillo

Follow-up for *Ritmos.* After students hear the song, have them explain its message in their own words.

👥 **12-29 El SIDA en el nuevo milenio.** Hace 20 años, muchos creían que el SIDA sería nuestro apocalipsis. ¿Cómo ha cambiado nuestra manera de pensar con respecto a esta enfermedad? ¿Cuál es el pronóstico para los infectados? ¿Cómo afecta el SIDA el costo del seguro médico?

***Conexiones* for Activity 12-29.** Have students research the rate of new AIDS infections and AIDS deaths over the last five years in the United States, Canada, Spain, and some Latin American countries. Compare the trends.

Imágenes
Miguel Alandia Pantoja

Miguel Alandia Pantoja, quien murió en 1975, se considera el muralista más importante de Bolivia. Su obra tiene gran influencia del muralista mexicano, Orozco, pero la obra del muralista boliviano es más suave y sencilla. Alandia Pantoja pintó murales para la Unión de Mineros en Cataví, Bolivia pero no fue hasta la revolución socialista de 1952 que su obra fue objeto de mayor demanda por su potencial propagandístico. El mural *Medicina boliviana* se encuentra en el auditorio del Hospital Obrero de la Paz, Bolivia. En este mural, Alandia Pantoja utiliza imágenes de flores y animales naturales de Bolivia, de prácticas medicinales indígenas y de su particular visión de la medicina moderna. Su mural se lee de izquierda a derecha como una historia con un fuerte comentario social.

Miguel Alandia Pantoja, "Medicina boliviana", 1957, Mural, Hospital Obrero de La Paz, Bolivia.

Perspectivas e impresiones

12-30 Ponlo en palabras. Cuenta la historia de la medicina según el mural.

12-31 El futuro. Discutan qué elementos, procedimientos, calamidades, etcétera, incluirían en la continuación de este mural en el siglo XXI.

Páginas
Marco Denevi

Marco Denevi nació en Buenos Aires, Argentina en 1922. Autor de la novela *Rosaura a las diez* (1955), que tuvo gran éxito, también tiene fama por sus excelentes cuentos. Su obra se conoce por su estilo juguetón, ingenioso e irónico y por sus temas fantásticos y universales. Su originalidad y su extraordinario dominio del lenguaje le han otorgado un lugar importante en las letras hispanas. Desde 1980, Denevi practica el periodismo político, lo cual, según él, le ha dado las mayores satisfacciones como escritor.

Antes de leer

12-32 Una dramatización. Desarrollen una escena para dramatizar los acontecimientos del *Génesis* y del *Apocalipsis*. Incluyan monólogos y diálogos. Luego, representen la escena para la clase.

Estrategias de la lectura

Como aprendiste en la **Lección 4**, varios elementos de una lectura pueden facilitar tu comprensión: las imágenes, el género, el primer párrafo y sobre todo, el título. El título es la portada de una lectura. El/la escritor/a a lo mejor escogió su título con mucho cuidado y reflexión. Antes de empezar una lectura, puede ser útil contemplar primero el título. ¿Qué te sugiere? ¿Qué implica sobre el contenido de la lectura?

12-33 El título. Denevi usa dos títulos sugerentes para los siguientes fragmentos. Apunta todo lo que te sugiera cada uno. Piensa en su uso histórico y en su sentido metafórico, y luego haz una predicción sobre el contenido de estas dos piezas. Mientras vayas leyendo, trata de confirmar o negar tu predicción.

Génesis (adaptado)

Con la última guerra atómica, la humanidad y la civilización desaparecen. Toda la tierra es como un desierto calcinado. En cierta región de oriente sobrevive un niño, hijo del piloto de una nave espacial. El niño come hierbas
5 y duerme en una caverna. Durante mucho tiempo, aturdido por el horror del desastre, sólo sabe llorar y llamar a su padre. Después, sus recuerdos oscurecen, se vuelven arbitrarios y cambiantes como un sueño, su horror se transforma en un vago miedo. A veces recuerda la figura de su
10 padre, que le sonríe o lo amonesta° o asciende a su nave   *admonish*
espacial, envuelta en fuego y en ruido, y se pierde entre las nubes. Entonces, loco de soledad, cae de rodillas y le ruega que vuelva. Mientras tanto, la tierra se cubre nuevamente de vegetación; las plantas se llenan de flores; los
15 árboles, de fruto. El niño, convertido en un muchacho, comienza a explorar el país. Un día ve un pájaro. Otro día ve un lobo. Otro día, inesperadamente, encuentra a una joven de su edad que, lo mismo que él, ha sobrevivido los horrores de la guerra atómica.
20 —¿Cómo te llamas?— le pregunta.
—Eva— contesta la joven.
—¿Y tú?— Adán.

Apocalipsis

El fin de la humanidad no será esa fantasmagoria ideada por San Juan en Salmos°. Ni ángeles con trompetas, ni monstruos, ni batallas en el cielo y en la tierra. El fin de la humanidad será lento, gradual, sin ruido, sin patetismo°:

5 una agonía progresiva. Los hombres se extinguirán uno a uno. Los aniquilarán las cosas, la rebelión de las cosas, la resistencia, la desobediencia de las cosas. Las cosas, después de desalojar a los animales y a las plantas e instalarse en todos los sitios y ocupar todo el espacio disponible, comen-

10 zarán a mostrarse arrogantes, despóticas, volubles°, de humor caprichoso. Su funcionamiento no se ajustará a las instrucciones de los manuales. Modificarán por sí solas sus mecanismos. Luego funcionarán cuando se les antoje°. Por último se insubordinarán, se declararán en franca rebeldía,

15 se desmandarán°, harán caso omiso° de las órdenes del hombre. El hombre querrá que una máquina sume°, y la máquina restará°. El hombre intentará poner en marcha un motor, y el motor se negará. Operaciones simples y cotidianas como encender la televisión o conducir un automóvil

20 se convertirán en maniobras complicadísimas, costosas, plagadas° de sorpresas y de riesgos. Y no sólo las máquinas y los motores se amotinarán°: también los simples objetos. El hombre no podrá sostener ningún objeto entre las manos porque se le escapará, se le caerá al suelo, se esconderá en

el Apocalipsis de San Juan de la Biblia

pathos

unstable

quieran

will go wild; no harán
add
subtract

will riot

un rincón donde nunca lo encuentre. Las cerraduras se tra-
barán°. Los cajones se aferrarán a los montantes° y nadie
logrará abrirlos. Modestas tijeras° mantendrán el pico tenazmente apretado. Y los cuchillos y tenedores, en lugar de
cortar la comida, cortarán los dedos que los manejen. No
hablemos de los relojes: señalarán cualquier hora. No hablemos de los grandes aparatos electrónicos: provocarán
catástrofes. Pero hasta el bisturí° se deslizará, sin que los
cirujanos puedan impedirlo, hacia cualquier parte, y el enfermo morirá con sus órganos desgarrados. La humanidad lan-
guidecerá entre las cosas hostiles, indóciles, subversivas. El
constante forcejeo° con las cosas irá minando sus fuerzas. Y
el exterminio de la raza de los hombres sobrevendrá a consecuencia del triunfo de las cosas. Cuando el último hombre
desaparezca, las cosas frías, bruñidas°, relucientes, duras,
metálicas, sordas, mudas, insensibles, seguirán brillando a la
luz del sol, a la luz de la luna, por toda la eternidad.

will get stuck; the drawers will grab their frame and stick tight; Humble scissors

scalpel

lucha

polished

Follow-up for *Páginas*. After students read the stories, ask them if they think the author is realistic or pessimistic and why.

Después de leer

12-33 ¿Cómo lo interpretas? Contesta las preguntas sobre los cuentos basándote en el texto mismo o en lo que puedas inferir de ellos.

1. En *Génesis*, ¿qué simboliza la nave espacial? ¿Encuentras otros símbolos o metáforas en este relato?
2. En *Apocalipsis*, ¿cómo termina el mundo? ¿Cómo se diferencia este fin con el de la *Biblia*?
3. ¿Qué sobrevive a la destrucción del mundo?
4. ¿Qué simbolizan para ti estas cosas?
5. En tu opinión, ¿qué vino antes: el génesis o el apocalipsis? Explica.

👥 **12-34 El peligro de nuestras creaciones.** En *Apocalipsis* los objetos
creados por el hombre se vuelven animados y controlan a sus creadores. Piensen en
escenarios fantásticos para ilustrar esta pesadilla.

MODELO: *Tengo un reloj que me controla. No puedo resistir el sonido de su timbre por la mañana. Me obliga a levantarme y apresurarme para salir
para la universidad. Obedezco el tic tac de su marcha, sea lenta o sea
rápida. No puedo escaparme de su influencia.*

Taller

Un ensayo editorial

Suggestion for *Taller*. Compile all of the articles into a publication entitled *El nuevo milenio*.

En el relato anterior, Denevi da su visión de cómo será el fin del mundo. Es un relato que podría publicarse en un periódico en la plana editorial. Piensa en otro escenario y escribe un ensayo editorial sobre una situación global. Puede ser una situación del pasado o una que se anticipa para el nuevo milenio.

1. **Idear.** Piensa en una situación que te parezca peligrosa o que pueda tener resultados desastrosos, por ejemplo, el déficit, la guerra en el medioeste, la explotación de los recursos naturales. Escribe tres o cuatro oraciones para explicar el problema.

2. **Presentar el tema.** Presenta el problema como lo veas en una oración. Da un ejemplo negativo, luego otro positivo.

3. **Detallar.** En un párrafo de ocho a diez oraciones, elabora las consecuencias de este problema

4. **Resumir.** Con una o dos oraciones, resume el problema y las consecuencias. La última consecuencia puede tener algún toque irónico, tal como en Apocalipsis.

5. **Revisar.** Revisa tu relato para ver si has dado suficientes detalles para desarrollar la fantasía. Luego revisa la mecánica.

   ❑ ¿Has incluido una variedad de vocabulario?

   ❑ ¿Has verificado los usos de la voz pasiva, los diminutivos y aumentativos?

   ❑ ¿Has seguido la concordancia de tiempos para el subjuntivo?

   ❑ ¿Has verificado la ortografía y la concordancia?

6. **Compartir.** Cambia tu ensayo por el de un/a compañero/a. Mientras lean los ensayos, hagan comentarios y sugerencias sobre el contenido, la estructura y la gramática.

7. **Entregar.** Pasa tu ensayo en limpio, incorporando las sugerencias de tu compañero/a y entrégaselo a tu profesor/a.

Verb Charts

Regular Verbs: Simple Tenses

Infinitive / Present Participle / Past Participle	Indicative					Subjunctive		Imperative
	Present	Imperfect	Preterite	Future	Conditional	Present	Imperfect	
hablar hablando hablado	hablo hablas habla hablamos habláis hablan	hablaba hablabas hablaba hablábamos hablabais hablaban	hablé hablaste habló hablamos hablasteis hablaron	hablaré hablarás hablará hablaremos hablaréis hablarán	hablaría hablarías hablaría hablaríamos hablaríais hablarían	hable hables hable hablemos habléis hablen	hablara hablaras hablara habláramos hablarais hablaran	habla tú, no hables hable usted hablemos hablen Uds.
comer comiendo comido	como comes come comemos coméis comen	comía comías comía comíamos comíais comían	comí comiste comió comimos comisteis comieron	comeré comerás comerá comeremos comeréis comerán	comería comerías comería comeríamos comeríais comerían	coma comas coma comamos comáis coman	comiera comieras comiera comiéramos comierais comieran	come tú, no comas coma usted comamos coman Uds.
vivir viviendo vivido	vivo vives vive vivimos vivís viven	vivía vivías vivía vivíamos vivíais vivían	viví viviste vivió vivimos vivisteis vivieron	viviré vivirás vivirá viviremos viviréis vivirán	viviría vivirías viviría viviríamos viviríais vivirían	viva vivas viva vivamos viváis vivan	viviera vivieras viviera viviéramos vivierais vivieran	vive tú, no vivas viva usted vivamos vivan Uds.

Vosotros commands

hablar	comer	vivir
hablad no habléis	comed no comáis	vivid no viváis

Regular Verbs: Perfect Tenses

	Indicative					Subjunctive	
	Present Perfect	Past Perfect	Preterite Perfect	Future Perfect	Conditional Perfect	Present Perfect	Past Perfect
	he	había	hube	habré	habría	haya	hubiera
	has	habías	hubiste	habrás	habrías	hayas	hubieras
	ha hablado	había hablado	hubo hablado	habrá hablado	habría hablado	haya hablado	hubiera hablado
	hemos comido	habíamos comido	hubimos comido	habremos comido	habríamos comido	hayamos comido	hubiéramos comido
	habéis vivido	habíais vivido	hubisteis vivido	habréis vivido	habríais vivido	hayáis vivido	hubierais vivido
	han	habían	hubieron	habrán	habrían	hayan	hubieran

Irregular Verbs

Infinitive / Present Participle / Past Participle	Indicative					Subjunctive		Imperative
	Present	Imperfect	Preterite	Future	Conditional	Present	Imperfect	
andar andando andado	ando andas anda andamos andáis andan	andaba andabas andaba andábamos andabais andaban	anduve anduviste anduvo anduvimos anduvisteis anduvieron	andaré andarás andará andaremos andaréis andarán	andaría andarías andaría andaríamos andaríais andarían	ande andes ande andemos andéis anden	anduviera anduvieras anduviera anduviéramos anduvierais anduvieran	anda tú, no andes ande usted andemos anden Uds.
caer cayendo caído	caigo caes cae caemos caéis caen	caía caías caía caíamos caíais caían	caí caíste cayó caímos caísteis cayeron	caeré caerás caerá caeremos caeréis caerán	caería caerías caería caeríamos caeríais caerían	caiga caigas caiga caigamos caigáis caigan	cayera cayeras cayera cayéramos cayerais cayeran	cae tú, no caigas caiga usted caigamos caigan Uds.
dar dando dado	doy das da damos dais dan	daba dabas daba dábamos dabais daban	di diste dio dimos disteis dieron	daré darás dará daremos daréis darán	daría darías daría daríamos daríais darían	dé des dé demos deis den	diera dieras diera diéramos dierais dieran	da tú, no des dé usted demos den Uds.

Irregular Verbs (continued)

Infinitive / Present Participle / Past Participle	Indicative					Subjunctive		Imperative
	Present	Imperfect	Preterite	Future	Conditional	Present	Imperfect	
decir diciendo dicho	digo dices dice decimos decís dicen	decía decías decía decíamos decíais decían	dije dijiste dijo dijimos dijisteis dijeron	diré dirás dirá diremos diréis dirán	diría dirías diría diríamos diríais dirían	diga digas diga digamos digáis digan	dijera dijeras dijera dijéramos dijerais dijeran	di tú, no digas diga usted digamos digan Uds.
estar estando estado	estoy estás está estamos estáis están	estaba estabas estaba estábamos estabais estaban	estuve estuviste estuvo estuvimos estuvisteis estuvieron	estaré estarás estará estaremos estaréis estarán	estaría estarías estaria estaríamos estaríais estarían	esté estés esté estemos estéis estén	estuviera estuvieras estuviera estuviéramos estuvierais estuvieran	está tú, no estés esté usted estemos estén Uds.
haber habiendo habido	he has ha hemos habéis han	había habías había habíamos habíais habían	hube hubiste hubo hubimos hubisteis hubieron	habré habrás habrá habremos habréis habrán	habría habrías habría habríamos habríais habrían	haya hayas haya hayamos hayáis hayan	hubiera hubieras hubiera hubiéramos hubierais hubieran	
hacer haciendo hecho	hago haces hace hacemos hacéis hacen	hacía hacías hacía hacíamos hacíais hacían	hice hiciste hizo hicimos hicisteis hicieron	haré harás hará haremos haréis harán	haría harías haría haríamos haríais harían	haga hagas haga hagamos hagáis hagan	hiciera hicieras hiciera hiciéramos hicierais hicieran	haz tú, no hagas haga usted hagamos hagan Uds.
ir yendo ido	voy vas va vamos vais van	iba ibas iba íbamos ibais iban	fui fuiste fue fuimos fuisteis fueron	iré irás irá iremos iréis irán	iría irías iría iríamos iríais irían	vaya vayas vaya vayamos vayáis vayan	fuera fueras fuera fuéramos fuerais fueran	ve tú, no vayas vaya usted vamos (no vayamos) vayan Uds.

Irregular Verbs (continued)

Infinitive / Present Participle / Past Participle	Indicative Present	Imperfect	Preterite	Future	Conditional	Subjunctive Present	Imperfect	Imperative
oír / oyendo / oído	oigo / oyes / oye / oímos / oís / oyen	oía / oías / oía / oíamos / oíais / oían	oí / oíste / oyó / oímos / oísteis / oyeron	oiré / oirás / oirá / oiremos / oiréis / oirán	oiría / oirías / oiría / oiríamos / oiríais / oirían	oiga / oigas / oiga / oigamos / oigáis / oigan	oyera / oyeras / oyera / oyéramos / oyerais / oyeran	oye tú, no oigas / oiga usted / oigamos / oigan Uds.
poder / pudiendo / podido	puedo / puedes / puede / podemos / podéis / pueden	podía / podías / podía / podíamos / podíais / podían	pude / pudiste / pudo / pudimos / pudisteis / pudieron	podré / podrás / podrá / podremos / podréis / podrán	podría / podrías / podría / podríamos / podríais / podrían	pueda / puedas / pueda / podamos / podáis / puedan	pudiera / pudieras / pudiera / pudiéramos / pudierais / pudieran	
poner / poniendo / puesto	pongo / pones / pone / ponemos / ponéis / ponen	ponía / ponías / ponía / poníamos / poníais / ponían	puse / pusiste / puso / pusimos / pusisteis / pusieron	pondré / pondrás / pondrá / pondremos / pondréis / pondrán	pondría / pondrías / pondría / pondríamos / pondríais / pondrían	ponga / pongas / ponga / pongamos / pongáis / pongan	pusiera / pusieras / pusiera / pusiéramos / pusierais / pusieran	pon tú, no pongas / ponga usted / pongamos / pongan Uds.
querer / queriendo / querido	quiero / quieres / quiere / queremos / queréis / quieren	quería / querías / quería / queríamos / queríais / querían	quise / quisiste / quiso / quisimos / quisisteis / quisieron	querré / querrás / querrá / querremos / querréis / querrán	querría / querrías / querría / querríamos / querríais / querrían	quiera / quieras / quiera / queramos / queráis / quieran	quisiera / quisieras / quisiera / quisiéramos / quisierais / quisieran	quiere tú, no quieras / quiera usted / queramos / quieran Uds.
saber / sabiendo / sabido	sé / sabes / sabe / sabemos / sabéis / saben	sabía / sabías / sabía / sabíamos / sabíais / sabían	supe / supiste / supo / supimos / supisteis / supieron	sabré / sabrás / sabrá / sabremos / sabréis / sabrán	sabría / sabrías / sabría / sabríamos / sabríais / sabrían	sepa / sepas / sepa / sepamos / sepáis / sepan	supiera / supieras / supiera / supiéramos / supierais / supieran	sabe tú, no sepas / sepa usted / sepamos / sepan Uds.
salir / saliendo / salido	salgo / sales / sale / salimos / salís / salen	salía / salías / salía / salíamos / salíais / salían	salí / saliste / salió / salimos / salisteis / salieron	saldré / saldrás / saldrá / saldremos / saldréis / saldrán	saldría / saldrías / saldría / saldríamos / saldríais / saldrían	salga / salgas / salga / salgamos / salgáis / salgan	saliera / salieras / saliera / saliéramos / salierais / salieran	sal tú, no salgas / salga usted / salgamos / salgan Uds.

Irregular Verbs (continued)

Infinitive Present Participle Past Participle	Indicative					Subjunctive		Imperative
	Present	Imperfect	Preterite	Future	Conditional	Present	Imperfect	
ser siendo sido	soy eres es somos sois son	era eras era éramos erais eran	fui fuiste fue fuimos fuisteis fueron	seré serás será seremos seréis serán	sería serías sería seríamos seríais serían	sea seas sea seamos seáis sean	fuera fueras fuera fuéramos fuerais fueran	sé tú, no seas sea usted seamos sean Uds.
tener teniendo tenido	tengo tienes tiene tenemos tenéis tienen	tenía tenías tenía teníamos teníais tenían	tuve tuviste tuvo tuvimos tuvisteis tuvieron	tendré tendrás tendrá tendremos tendréis tendrán	tendría tendrías tendría tendríamos tendríais tendrían	tenga tengas tenga tengamos tengáis tengan	tuviera tuvieras tuviera tuviéramos tuvierais tuvieran	ten tú, no tengas tenga usted tengamos tengan Uds.
traer trayendo traído	traigo traes trae traemos traéis traen	traía traías traía traíamos traíais traían	traje trajiste trajo trajimos trajisteis trajeron	traeré traerás traerá traeremos traeréis traerán	traería traerías traería traeríamos traeríais traerían	traiga traigas traiga traigamos traigáis traigan	trajera trajeras trajera trajéramos trajerais trajeran	trae tú, no traigas traiga usted traigamos traigan Uds.
venir viniendo venido	vengo vienes viene venimos venís vienen	venía venías venía veníamos veníais venían	vine viniste vino vinimos vinisteis vinieron	vendré vendrás vendrá vendremos vendréis vendrán	vendría vendrías vendría vendríamos vendríais vendrian	venga vengas venga vengamos vengáis vengan	viniera vinieras viniera viniéramos vinierais vinieran	ven tú, no vengas venga usted vengamos vengan Uds.
ver viendo visto	veo ves ve vemos veis ven	veía veías veía veíamos veíais veían	vi viste vio vimos visteis vieron	veré verás verá veremos veréis verán	vería verías veía veríamos veríais verían	vea veas vea veamos veáis vean	viera vieras viera viéramos vierais vieran	ve tú, no veas vea usted veamos vean Uds.

Stem-changing and Orthographic-changing Verbs

Infinitive Present Participle Past Participle	Indicative						Subjunctive		Imperative
	Present	Imperfect	Preterite	Future	Conditional	Present	Imperfect	
incluir (y) incluyendo incluido	incluyo incluyes incluye incluimos incluís incluyen	incluía incluías incluía incluíamos incluíais incluían	incluí incluiste incluyó incluimos incluisteis incluyeron	incluiré incluirás incluirá incluiremos incluiréis incluirán	incluiría incluirías incluiría incluiríamos incluiríais incluirían	incluya incluyas incluya incluyamos incluyáis incluyan	incluyera incluyeras incluyera incluyéramos incluyerais incluyeran	incluye tú, no incluyas incluya usted incluyamos incluyan Uds.
dormir (ue, u) durmiendo dormido	duermo duermes duerme dormimos dormís duermen	dormía dormías dormía dormíamos dormíais dormían	dormí dormiste durmió dormimos dormisteis durmieron	dormiré dormirás dormirá dormiremos dormiréis dormirán	dormiría dormirías dormiría dormiríamos dormiríais dormirían	duerma duermas duerma durmamos durmáis duerman	durmiera durmieras durmiera durmiéramos durmierais durmieran	duerme tú, no duermas duerma usted durmamos duerman Uds.
pedir (i, i) pidiendo pedido	pido pides pide pedimos pedís piden	pedía pedías pedía pedíamos pedíais pedían	pedí pediste pidió pedimos pedisteis pidieron	pediré pedirás pedirá pediremos pediréis pedirán	pediría pedirías pediría pediríamos pediríais pedirían	pida pidas pida pidamos pidáis pidan	pidiera pidieras pidiera pidiéramos pidierais pidieran	pide tú, no pidas pida usted pidamos pidan Uds.
pensar (ie) pensando pensado	pienso piensas piensa pensamos pensáis piensan	pensaba pensabas pensaba pensábamos pensabais pensaban	pensé pensaste pensó pensamos pensasteis pensaron	pensaré pensarás pensará pensaremos pensaréis pensarán	pensaría pensarías pensaría pensaríamos pensaríais pensarían	piense pienses piense pensemos penséis piensen	pensara pensaras pensara pensáramos pensarais pensaran	piensa tú, no pienses piense usted pensemos piensen Uds.

Stem-changing and Orthographic-changing Verbs (continued)

Infinitive Present Participle Past Participle	Indicative					Subjunctive		Imperative
	Present	Imperfect	Preterite	Future	Conditional	Present	Imperfect	
producir (zc) produciendo producido	produzco produces produce producimos producís producen	producía producías producía producíamos producíais producían	produje produjiste produjo produjimos produjisteis produjeron	produciré producirás producirá produciremos produciréis producirán	produciría producirías produciría produciríamos produciríais producirían	produzca produzcas produzca produzcamos produzcáis produzcan	produjera produjeras produjera produjéramos produjerais produjeran	produce tú, no produzcas produzca usted produzcamos produzcan Uds.
reír (i, i) riendo reído	río ríes ríe reímos reís ríen	reía reías reía reíamos reíais reían	reí reíste rio reímos reísteis rieron	reiré reirás reirá reiremos reiréis reirán	reiría reirías reiría reiríamos reiríais reirían	ría rías ría riamos riáis rían	riera rieras riera riéramos rierais rieran	ríe tú, no rías ría usted riamos rían Uds.
seguir (i, i) (ga) siguiendo seguido	sigo sigues sigue seguimos seguís siguen	seguía seguías seguía seguíamos seguíais seguían	seguí seguiste siguió seguimos seguisteis siguieron	seguiré seguirás seguirá seguiremos seguiréis seguirán	seguiría seguirías seguiría seguiríamos seguiríais seguirían	siga sigas siga sigamos sigáis sigan	siguiera siguieras siguiera siguiéramos siguierais siguieran	sigue tú, no sigas siga usted sigamos sigan Uds.
sentir (ie, i) sintiendo sentido	siento sientes siente sentimos sentís sienten	sentía sentías sentía sentíamos sentíais sentían	sentí sentiste sintió sentimos sentisteis sintieron	sentiré sentirás sentirá sentiremos sentiréis sentirán	sentiría sentirías sentiría sentiríamos sentiríais sentirían	sienta sientas sienta sintamos sintáis sientan	sintiera sintieras sintiera sintiéramos sintierais sintieran	siente tú, no sientas sienta usted sintamos sientan Uds.
volver (ue) volviendo vuelto	vuelvo vuelves vuelve volvemos volvéis vuelven	volvía volvías volvía volvíamos volvíais volvían	volví volviste volvió volvimos volvisteis volvieron	volveré volverás volverá volveremos volveréis volverán	volvería volverías volvería volveríamos volveríais volverían	vuelva vuelvas vuelva volvamos volváis vuelvan	volviera volvieras volviera volviéramos volvierais volvieran	vuelve tú, no vuelvas vuelva usted volvamos vuelvan Uds.

Spanish to English Glossary

This glossary contains the active and receptive vocabulary found throughout the text. Many exact cognates or cognates with predictable spelling differences, regular past participles, proper nouns, or words readily familiar to second-year students have been omitted. The gender of nouns is given except for masculine nouns ending in -o and -or, and feminine nouns ending in -a, -dad, -tad, -tud, or -ión. For nouns referring to people, such as those denoting nationality, occupation, or profession, only the masculine form appears in this glossary unless the feminine form follows an atypical pattern. Abbreviations are limited to the following: *adj.* (**adjetivo**), *sus.* (**sustantivo**), *m.* (**masculino**), *f.* (**feminino**), and *pl.* (**plural**).

A number following an entry corresponds to the chapter in which the item first appears as active vocabulary. Note that active items may have appeared as receptive vocabulary in an earlier chapter.

A

a bordo on board 12
a colores in color 6
a corto/largo plazo short/long term 9
a cuestas on one's back
a favor in favor 3
a fines de at/toward the end of 3
a la brasa charcoal grilled 8
a la medida custom-made 10
a la parrilla broiled; grilled 8
a la plancha grilled 8
a mediados in the middle; halfway
a menudo frequently; often
a partir de starting from/with; since 7
a pesar de despite; in spite of 3
a primera vista at first sight 5
a principios de at/toward the beginning of 3
a raíz de immediately after
a solas alone; by oneself
a través de through 2
a veces sometimes
abajo under; below
abalorio glass beads
abarcar to include; to cover 7
abastecedor supplier 9
abastecimiento supply; provision
abierto open; opened
abismo abyss; chasm
abogado lawyer
abolición abolition
abolicionista abolitionist
abolir to abolish
abonar to pay a fee 10
aborrecido hated; despised
abortar to abort
abrasadoramente burningly
abrazarse to embrace 5
abrazo embrace; hug
abrelatas *m.* can opener 8
abrigarse to take shelter
abrir to open
absolutismo absolutism
absorber to absorb
abstener(se) to abstain 3
abundar to be abundant
aburrido boring; bored
aburrir to bore
abusar to abuse 9
abuso abuse 9
acabar de + *inf.* to have just (done something)
acampamento camp site
acampar to camp

acariciar to caress 5
acceder to agree (to)
acceso access
acción action 6
acciones *f. pl.* stocks; shares 10
acechar to watch; to spy on
aceite *m.* oil 8
acelerar to accelerate 12
acelga chard 8
aceptar to accept 5
acerca de about
acercar(se) to bring closer; to approach 1
acero steel 2
acertar to guess correctly
acidez *f.* acidity; heartburn 8
ácido acid; acidic
aclarar to clarify
acobardar to daunt; to intimidate
acobardarse to cop out; to become cowardly 3
acomodador *m.* usher
acomodarse to make oneself comfortable
acomodaticio accommodating
acompañamiento accompaniment
acompañante companion; escort
acompañar to accompany 5
acomplejado with a complex 4
aconsejar to advise
acontecer to happen; to take place 5
acontecimiento event; happening; occurrence 5
acoplado adjusted
acorde *m.* harmony
acordeón *m.* accordion 6
acortar to shorten
acoso assault 9
acoso (sexual) (sexual) harrassment 7
acostarse to go to bed
acostumbrarse to become accustomed; to get used to 1
acreditado accredited
acreedor creditor
actitud attitude 4
acto act (of a play) 6
actor *m.* actor 6
actriz *f.* actress 6
actuación acting 6
actual present; current
actualizado updated; modernized
actualmente currently; presently 9
actuar to act; to work as 6
acuático aquatic
acuchillar to stab 9

acudir to show up; to present oneself
acuerdo accord; agreement
acusación acusation; allegation 9
acusar to accuse 9
adaptación adaptation 12
adaptarse to adapt 12
adecuado adequate
adelantar(se) to advance; to move ahead
adelanto advancement; progress 7
adelgazar to lose weight 8
además furthermore
aderezar to dress (a salad) 8
adicto addict
adiós *m.* goodbye
adivinar to guess 1
adivino fortuneteller 1
administrador administrator 10
administrar to administrate; to administer 10
adobar to season; to marinate (food) 8
adobo marinade; seasoning 8
adolescente adolescent
adónde to where
adoptivo adoptive; adopted
adornar to adorn; to decorate
adquirir to acquire
adrenalina adrenaline
aduana customs
aduanero customs agent
adverso adverse
advertencia warning 3
advertir to warn 3
aérea relating to the air; airborne
aeróbico aerobic
aeronauta aironaut
aeropuerto airport
afán *m.* zeal 4
afectar to affect 2
afecto affection
aferrararse to hold to; to cling
afición hobby; pastime 11
aficionado fan; fanatic 11
aficionarse to become interested in 11
afiliarse to affiliate oneself with
afinador *m.* tuner
afinar to tune (an instrument) 6
afirmar to affirm
aflicción sorrow 1
afligir to afflict 1
afortunado lucky
agarrarse to grasp; to clutch
agente *m./f.* agent 9
agilidad agility

agitar to agitate; to shake
agonía agony
agradable pleasant
agradar to please
agradecer to be grateful; to thank 5
agradecido thankful
agradecimiento thankfulness 5
agrado affability
agravar to aggravate; to make worse 2
agredir to assault; to attack 9
agregar to add
agresivo aggressive 4
agrícola agricultural
agricultor farmer
agricultura agriculture
agua water 2
aguacate *m.* avocado 8
aguacero downpour
agudizar to sharpen
agüero omen 1
agujero hole 12
ahogarse to drown 1
ahora now
ahorrar to save (money) 10
ahorros *m. pl.* savings 10
ahumar to smoke (food) 8
ahuyentar to drive away; to frighten
airoso airy; light
aislado isolated 4
aislamiento isolation
aislar to isolate 4
ajedrez *m.* chess
ajo garlic 8
ajustado right; fitting
ajustar to adjust
al azar at random 10
al horno baked 8
al pie de la letra word for word
al rato after a while 1
al respecto in this respect 7
al revés backwards
al vapor steamed 8
alabar to praise 5
alacena cupboard; closet
alambre *m.* wire 2
alambre tejido wire mesh; screen
alargar to extend
alarmante alarming 9
alba dawn
albañil *m./f.* bricklayer; mason 10
albóndiga meatball 8
alcachofa artichoke 8
alcalde *m.* mayor
alcance *m.* reach 12
alcanzar to reach 4; to achieve 6
alcatraz *m.* pelican
alcoba bedroom
alcoholismo alcoholism 9
aldea village
alegar to allege
alegrarse to become happy
alegría happiness
alejar to remove; to move away
alemán German

Alemania Germany
alentar to encourage
alergia allergy
aleta wing
alfombra carpet; rug
algarroba carob bean
álgida chilly; icy
algodón *m.* cotton
alguien someone
alguno any; some
aliento breath; courage 1
alimentación nourishment; food; feeding 3
alimentar to feed; to nourish 8
alimenticio food-related 8
alimento food; nourishment
alistar to list
aliviar to alleviate
alma soul 1
almacén *m.* department store; warehouse 10
almacenado stored
almeja clam 8
almendra almond
almíbar syrup 8
almohada pillow
almorzar to eat lunch
alojarse to lodge; to stay
alpinismo mountaineering
alpinista mountain climber
alquilar to rent 10
alquiler *m.* rent 10
alrededor around 2
altamente highly
altar *m.* altar
alteración alteration; change
alterado upset 4
alterar to alter 4
alterarse to get irritated; to get upset 4
alternar to alternate
alternativo alternative
alto tall; high
altruista altruistic; generous
altura height
alubia white bean
alucinante hallucinating; deceptive
aluminio aluminum 2
alzar to lift; to raise
amable friendly
amante lover
amar to love
amargo bitter
amarillo yellow
amarrar to tie up 9
ámbar *m.* amber
ambiental environmental 2
ambiente *m.* environment
ambigüedad ambiguity
ámbito area; environment 7
ambos both 5
amenaza threat 9
amenazar to threaten 9
ametralladora machine gun 9
ametrallar to (machine) gun down 9
amigable friendly
amistad friendship 5

amistarse to strike up a friendship 5
amistoso friendly 5
amnistía amnesty 3
amonestar to admonish; to scold
amor *m.* love
amor propio self-respect 4
amorío love affair; romance
amoroso loving 5
amotinarse to riot
amplio ample; big
añadir to add
analfabeto illiterate 7
análisis *m.* analysis
analizar to analyze
anaranjado orange
anca rump; haunches
ancho wide
anchoa anchovy 8
anciano elderly person 1
anestesia anesthesia
anestésica anesthetic
anillo ring
animación liveliness
animado animated; lively
animar to cheer on; to encourage 11
ánimo courage; spirit 5
aniquilar annihilate
anís *m.* anise; anisette 8
anoche last night
ansia yearning
antártico Antarctic
ante before
antemano beforehand
antena antenna 6
antepasado ancestor
anteriormente previously 3
antes before
antidiscriminatorio anti-discriminatory 7
antítesis antithesis
antojado eager; desirous
antojarse to want; to have a mind to
antorcha torch; lamp
antropólogo anthropologist
antropomórfico anthropomorphic 12
anudado tied up
anulación annulment
anular to annul; to destroy
anunciar to announce; to advertise 10
anuncio (**comercial**) announcement;
    commercial advertisement 6
apagar to extinguish; to turn off 1
apagón *m.* blackout
aparato device; appliance 2
aparecer to appear
aparentar to appear; to seem
apariencia appearance 5
apartamento apartment
apartar(se) to separate
apasionado passionate 4
apasionante exciting; thrilling
apasionarse to get excited; to become filled
    with passion 5
apellido last name
apenas barely

apeñuzcado grouped together
apertura opening
apetecer to be appealing (food)
apetito appetite
aplastar to flatten; to crush
aplaudir to applaud 6
aplauso applause 6
aplicable applicable
aplicar to apply
apocalipsis *m.* apocalypse
apodo nickname
aportación contribution 7
aportar to contribute 7
aporte *m.* contribution 7
aposento room; lodging
apostar to bet; to wager 9
apoyar to support 4
apreciar to appreciate 5
aprender to learn 10
aprendizaje *m.* learning 10
apresuradamente hurriedly
apresurarse to hurry; to hustle
apretado tight
apretujado squeezed; crushed
aprobar to approve
aprovecharse to take advantage 5
aproximadamente approximately
aproximarse to approach
apuesta bet, wager 11
apuñalar to stab 9
apuntar to note; to jot down; to point out 12
apuntarse to sign up 9
apunte *m.* notation 12
apuntes *m. pl.* notes
apuro hurry
árabe Arab
Arabia Saudita Saudi Arabia
arado plough
arancelario tariff; customs
árbitro umpire
árbol *m.* tree
arbusto bush
arca ark
archivar to file 10
archivo file; archive 10
arcilla clay
arco bow 11
arder to burn 7
ardiendo burning
ardor *m.* burning
arena sand
Argelia Algeria
argumento plot; argument
aristocrático aristocratic
armadura armor
armar to set up; to put together 10
armar trifulca to start a riot
armario closet
armas arms
armonía harmony 5
aro ring
aroma *m.* smell; aroma
arpillera sackcloth; tapestry
arqueólogo archeologist

arquitecto architect 10
arquitectura architecture
arrancar to snatch away; to root out
arrastrar to drag
arreglar to fix; to arrange 4
arrepentir(se) to regret; to repent 1
arrestar to arrest 3
arresto arrest 3
arriba up
arribar to arrive
arriesgado risky
arrodillarse to kneel 1
arrogante arrogant
arrojado thrown
arrojar to throw 1; to shed 7
arroyo brook, stream 2
arroz *m.* rice
arruga wrinkle
arruinar to ruin
arte *m.* art
ártico Arctic
artístico artistic
asaltar to assail; to assault; to mug 3
asalto assault
asamblea assembly
asar to roast 8
ascendencia ancestry
ascender to raise; to promote 10
ascenso ascent; raise; promotion 10
asegurar to assure; to ensure; to insure 2
asentado established; settled down 7
aseo hygiene
aseo personal personal hygiene 5
asesinar to murder 3
asesinato murder 3
asesino murderer 3
asesorías *f. pl.* consulting
asiático Asian
asilo asylum; sanctuary 3
asilo de ancianos nursing home 7
asimismo likewise 3
asistencia attendance
asistente assistant 10
asistir to attend
asma *m.* asthma 2
asociar to associate
asomar to appear; to become visible
asombrar to astonish
asombroso amazing
aspecto look; appearance; aspect
aspersión sprinkling
aspiración aspiration; dream
aspirar to aspire
asteroide *m.* asteroid
astro star
astrofísica astrophysics 2
astrología astrology 1
astronauta astronaut
astronomía astronomy
astronómico astronomical
astrónomo astronomer
astuto clever; astute 4
asueto time off 11
asumir to assume; to take on

asunto matter; business; affair 6
asustar to frighten 1
atacar to attack 3
ataque *m.* attack 3
atar to tie
atardecer *m.* afternoon; sunset
ataúd *m.* coffin
atemorizar to frighten
atención attention
atender to attend to
atentamente attentively
aterrizar to land
aterrorizar to terrorize; to terrify 3
atleta *m./f.* athlete
atlético athletic
atmósfera atmosphere 2
atoles hot drink made from cornmeal
atracar to dock 12
atracción attraction 5
atractivo attractive
atraer to attract 5
atrapar to trap
atrasado late; slow 2
atravesar to cross; to go through
atreverse to dare 1
atrevido daring
atribuir to attribute
atrocidad atrocity
atropellado run over
atún *m.* tuna
aturdido thoughtless; reckless
audición audition; hearing 6
audífono headphone
aullar to howl
aumentar to increase 2
aumento increase; raise (in salary) 2
aun even 1
aún still, yet 1
aunque although
ausente absent
auspiciar to foster; to sponsor
austríaco Austrian
auténtico authentic 3
autoayuda self-help
autobiografía autobiography
autobús *m.* bus
autóctona original; indigenous
autodescubrimiento self-discovery
autoestima self-esteem 4
autógrafo autograph 6
autómata *m.* automaton; robot 12
automático automatic 2
automatización automation 12
autónomo autonomous
auxiliar auxiliary; assistant
auxilio help; aid
avance *m.* advance 2
avanzar to advance 2
ave *f.* bird; foul
avejentado old-looking; aged
avenida avenue
aventajar to gain advantage 11
aventura adventure 6
aventurilla illicit affair

avergonzado ashamed; embarrassed 4
averiguar to verify; to ascertain 1
ávido avid 11
avión *m.* airplane
avioneta light aircraft
avisar to warn; to notify
aviso warning; notice
ayuda help
ayudante *m./f.* assistant
ayudar to help
ayuno fast (not eating)
azafrán *m.* saffron 8
azar *m.* chance; fate
azúcar *m./f.* sugar
azucena lily
azul blue

B
bacalao codfish 8
bacanal *f.* orgy
bachiller *m.* senior (in school); graduate
bachillerato diploma; degree
Baco Bacchus
bacteria bacteria 2
bahía bay
bailar to dance 6
bailarín dancer
baile *m.* dance 6
baja *sus.* casualty 12
bajar to lower; to descend; to get out
  (of a vehicle) 11
bajar de peso to lose weight 8
bajo short; low
bajo *sus.* bass 6
bala bullet 9
balada ballad 6
balanceado balanced
balanza balance; scale 8
balazo gunshot; bullet wound 9
balear to riddle with bullets 9
ballena whale
balón *m.* ball 11
baloncesto basketball 11
balsa pond
bancario bank-related
bancarrota bankruptcy 10
banco bench; bank
bandeja tray 8
baño bath
banquero banker
banquete *m.* banquet
banyi *m.* bungee (jumping) 11
barajar to shuffle 11
barba beard
barbaridad barbarity
barco barge; ship
barranquismo ravine climbing
barrer to sweep
barrera barrier; fence
barricada barricade 12
barrio neighborhood 7
barullo uproar; commotion
basado based
básico basic

básquetbol basketball 11
bastante enough
bastar to be enough
basura trash; garbage 2
basurero garbage collector; garbage can
batalla battle
batata sweet potato
batería percussion; drums 6
batidora blender; mixer 8
bautismo baptism
bayoneta bayonet
beatífico beatific
bebé baby
beber to drink
bebida drink
beca scholarship
béisbol *m.* baseball
beisbolista baseball player
Belice Belize
bélico bellicose; war (adj.)
bella beautiful
Bellas Artes Fine Arts
belleza beauty
bello pretty
beneficiado beneficiary
beneficiarse to benefit 5
beneficio benefit 10
beneficioso beneficial 2
Benín Benin
berenjena eggplant 8
berro watercress 8
besar to kiss
beso kiss
Biblia Bible
biblioteca library
bibliotecario librarian
bicicleta bicycle
bicultural bicultural
Bielorrusia Belorussia
bien *sus. m.* good; good deed 5
bienes raíces *m. pl.* real estate 10
bienestar well-being 3
bilingüe bilingual
billar *m.* billiards; pool
billete *m.* ticket; bill 10
billón trillion
biográfico biography
biología biology
biológico biological
biomédico biomedical
biónico bionic
bioquímica biochemistry 2
bisabuela great-grandmother
bisabuelo great-grandfather
bistec *m.* steak 8
bisturí *m.* scalpel
bizcocho cake 8
blanco white
blando bland 8
blanqueador *m.* bleach
blanquear to blanch; to bleach 8
bloque block; group
bloquear to block; to stop
boca mouth

bocadillo sandwich
bocadito bite-size piece of food; morsel
bocarriba on one's back
boda wedding
boicot *m.* boycott
boicotear to boycott 3
bola ball
boleta ballot
boleto ticket 6
bolsa bag; purse; kitty; stock exchange 10
bolsillo pocket
bomba pump; bomb 9
bombero firefighter 12
bombilla light bulb
bombón *m.* sweet; candy
bondad goodness 5
bondadoso good-natured 4
boniato yam
bonito handsome; pretty
bono bond; bonus 10
bordado embroidery
bordar to embroider 11
borde *m.* border; edge
borinqueño Puerto Rican
borrachera drunkenness 9
borracho drunk
borrar to erase 5
borravino dark purple
bosque *m.* forest; woods 2
bota boot
botar to throw away 2
bote *m.* boat
botella bottle 8
botón *m.* button
Botsuana Botswana
boxeador boxer
boxeo boxing 11
bravo fierce
brazo arm
brazo mecánico mechanical arm 12
Bretaña Britain
brevemente briefly
brillar to shine 6
brocheta skewer; kabob 8
broma joke
bronquitis *f.* bronchitis 2
brotar to sprout
bruja witch 1
brujo warlock; wizard 1
bruñido polished
brusco sudden; brusque
bucear to snorkel 11
bueno good
buitre *m.* vulture
bullicio noise produced by a crowd; uproar
buñuelo doughnut; fritter
burbuja bubble
burla deceit; trick; joke at someone's
  expense 7
burlar to toy with; to joke with
burlarse to make fun of 7
buró dresser
burro donkey
buscar to look for

butaca theater seat 6
butano butane
butifarra Catalan sausage

C
caballero gentleman
caballo horse
cabaña hut; cabin
cabello hair
caber to fit
cabeza head
cabina cabin
cabina de voto voting booth
cable m. cable 2
cabo end
cabra goat
cacahuate m. peanut
cacerola casserole; baking dish 8
cada each
cadáver m. cadaver 1
cadena chain; network 6
cadera hip
caer(se) to fall 7
café m. cafe
cafetera coffee maker; coffeepot 8
caída fall
caimán m. alligator
caja box 8
caja fuerte strongbox; safe 10
cajero cashier 10
cajero automático ATM; cash machine 10
cajón m. crate; drawer
calamar squid 8
calamidad calamity
calavera skull 1
calcinado calcined; burnt to ashes
calcomanía transfer
calcular to calculate
caldero soup pot; stew pot 8
caldo broth 8
calendario calendar
calentar to warm; to heat 2
calidad quality; worth 2
caliente hot
calificado qualified
calificar to qualify
callado quiet 5
callar(se) to be quiet
calle f. street
callejero of the street
callo tripe (Spain); intestines; callus 8
calmadamente calmly
calmar to calm
calmarse to become calm
calor heat
calumnia slander 5
calumniar to slander 5
cama bed
cámara camera 6
camarógrafo camera operator 6
cambiante changing
cambiar to change
cambio change
caminar to walk

camino road
camión m. truck; bus (Mex.) 10
campamento campsite 11
campaña campaign
campeón champion
campesino peasant; farmer
campo countryside
camposanto graveyard
caña (sugar)cane
canadiense Canadian
canal m. canal; channel 6
canasta basket; hamper
cáncer m. cancer 2
cancha field; court 11
canción song 6
candidato candidate
candidatura candidacy
canela cinnamon
canelón m. a type of pasta
canicas f. pl. marbles 11
canoa canoe
cañón m. canyon
cansado tired
cansancio fatigue; exhaustion
cansar to tire
cantante singer 6
cantar to sing
cantautor singer-songwriter 6
cante m. song
cantidad quantity; amount 2
cantinela song
canyengue style of tango dancing
caos m. chaos
caótico chaotic
capa del ozono ozone layer 2
capacidad capability; capacity
capacitado qualified
caparazón m. outer shell 5
capaz capable
capital f. capital city
capital m. capital (money)
capitán captain
capitolio capitol (building)
caprichoso capricious; spoiled
captar to captivate; to understand (slang)
capturar to capture
cara face
cara o cruz heads or tails 11
carácter m. character; nature; personality 4
característica characteristic
caracterizar to characterize
caramelo candy
carbón m. coal
carbono carbon
cárcel f. jail 3
cardíaco heart-related; cardiac
carga load; weight 5
Caribe Caribbean Sea
caribeño Caribbean
caricia caress 5
cariño affection; love
cariñoso affectionate 4
carismático charismatic
caritativo charitable 4

carmesí deep red
carne f. meat
carne y hueso flesh and blood
caro expensive
carpintero carpenter 10
carrera career 6; college education; major area of study 10; race 11
carretera road; highway
carro car
carta letter; card 11
cartearse to exchange letters 5
cartel sign 7
cartelera billboard; entertainment section (of newspaper) 6
cartelito little sign
cartera wallet; purse
cartón m. cardboard 2
casa house
casado married
casarse to get married
cascada cascade; waterfall
cáscara shell
casero domestic
casetera tape player 6
casi almost
caso case; account
casta immaculate; chaste
castañuelas castanets
castigar to punish 3
castigo punishment
castroísta Fidel Castro supporter
casualidad chance; coincidence 10
catarro cold
catástrofe m. catastrophe
cátedra professorship
categoría category
categorizar to categorize
catolicismo catholicism
católico catholic
caucho rubber
causar to cause
cautivar to capture; to captivate 6
caverna cavern; cave
caza hunting 11
cazuela pot 8
cebolla onion 8
cedido yielded
celebración celebration
celebrar to celebrate
célebre famous; celebrated
celeste celestial; light blue 12
celos jealousy
celoso jealous
célula cell
cementerio cemetery
cemento cement 2
cena dinner
ceniza ash 2
censura censorship 3
censurar to censor 3
centavo cent 10
centena hundred count 12
centenares m. hundreds
centigramo centigram 12

centímetro centimeter 12
centro center
cercanía closeness
cercanías nearby area 1
cercano nearby 1
cerdo pork 8
cerebro brain 4
cerillo match
cerrado closed
cerradura lock; latch
cerrar to close
cerro hill
certamen *m.* competition; contest 6
certeza certainty
certidumbre *f.* certainty
cerveza beer
cesar to stop; to cease
cestillo small basket
chaleco vest
chao goodbye
chaqueta jacket
charlar to chat
charola tray
chavo money *(slang)*
chele *m.* money *(slang)*
chicle *m.* gum
chile *m.* chili pepper
chilindrón *m.* meat and poultry in tomato and red pepper sauce
chino Chinese
chip (electrónico) computer chip; memory chip 12
chipirón *m.* squid (Spain)
chirla clam (Spain) 8
chirriar to creak
chisme *m.* gossip 5
chismear to gossip 5
chocante shocking
chocar to crash; to collide; to shock 12
chofer *m./f.* driver; chauffeur 10
choque *m.* crash; collision; shock 12
chorizo Spanish sausage 8
chorro stream; rush (of water, etc.)
chuletas chops (pork, lamb) 8
ciberespacio cyberspace
cibernética cybernetics 2
cibernético cybernetic
ciclismo cycling
ciclo cycle 7
ciego blind
cielo heaven; sky
cielo raso ceiling
ciencia science
ciencia ficción science fiction 6
científico scientific; scientist 10
ciento hundred
cierto certain
cifra figure (numbers); statistic 7
cigarrillo cigarette
cigarro cigar
cilantro cilantro; coriander 8
cima peak; summit
cinco five
cincuenta fifty

cincuentenario fiftieth anniversary
cine cinema; movie theater
cineasta filmmaker
cinemático cinematic
cinematográfico cinematographic
cinta tape
cintura waist
circuito circuit 2
círculo circle
circunstancia circumstance
cirio candle
cirrosis cirrhosis
cirugía surgery
cirujano surgeon 12
cita date; appointment; quote
citación quote; citation
citarse to make a date (with someone)
ciudad city
ciudadanía citizenship
ciudadano citizen
cívico civic
civilización civilization
civilizado civilized
clandestino clandestine; secret
clarinete clarinet 6
claro clear; of course
clásico classic
clasificación classification; rank 11
clasificar to classify 11
cláusula clause
clave *adj.* key; of central importance
clave *sus. f.* key (to a problem, etc.)
clavo nail
cliente/a client
clientela clientele
clima climate
climático climactic
clonación cloning
coalición coalition
cobarde *m.* coward 3
cobardía cowardice
cobija blanket
cobrar to charge; to get paid
cocaína cocaine
cocción cooking
cocer to cook 8
coche *m.* car
cochinillo suckling pig
cocina kitchen
cocinero cook
coco coconut
código code
codo elbow
coger to grab; to get
cognado cognate
cognición cognition
cogollo head of cabbage/lettuce 8
cohete *m.* rocket 12
cojinete *m.* bearing
col *m.* cabbage 8
cola line; tail
colaboración collaboration 6
colaborar to collaborate 6
colaborativo collaborative

colador strainer 8
colar to strain 8
colarse to sneak in
colcha bedspread
colección collection 11
coleccionar to collect 11
colega colleague
colegio (high) school
colesterol *m.* cholesterol 8
colgar to hang
coliflor *m.* cauliflower
colina hill
colindar to adjoin
colisión collision
collar *m.* necklace
colmo extreme
colocado placed 3
colocar to place 8
colonia colony
colonización colonization
coloquio colloquium; talk
comadre *f.* godmother
comal *m.* earthenware
combate *m.* combat
combatiente combatant
combatir to combat
combinar to combine
combustible fuel 2
combustión combustion
comedia comedy; play 6
comentar to comment on
comentario commentary; comment
comenzar to begin
comercial commercial
comercio commerce; business 10
comestible edible
cometa *m.* comet
cometer to commit
cómico funny; comical 6
comida food; meal
comienzo beginning
comisión commission; committee 10
comité committee
cómo how
como as; if; how
comodidad commodity; convenience 10
compacto compact
compañía company; companionship 5
comparar to compare
compartir to share 6
compatriota (fellow) countryman
compensar to compensate
competencia competition 6
competente competent
competición competition 6
competir to compete 6
competitivo competitive 6
competividad competitiveness
complacer to please; to humor
complejo complex 4
complementarse to complement one another 5
completar to complete
complicación complication
complicar to complicate

cómplice *m.* accomplice
componente *m.* component 12
componer to compose 6
comportamiento behavior 5
comportarse to behave 4
composición composition
compositor composer 6
comprar to buy
comprender to understand 5
comprensión understanding
comprensivo understanding 5
comprometedor compromising 7
comprometer to compromise
comprometerse to get involved;
    to get engaged 5
compromiso commitment; engagement 5
compuesto composed
computadora computer 2
común common
comunicación communication
comunicar to communicate
comunidad community
comúnmente commonly
con fluidez fluently 10
con respecto a with respect to; concerning 9
concebir to conceive; to imagine
concedido conceded; granted
concentración concentration
concentrarse to concentrate
concepto concept
conceptualizar to conceptualize
concertista concert performer; soloist 6
conciencia conscience; consciousness 4
concientizar to make aware
concierto concert 6
concluir to conclude
conclusión conclusion
concordancia agreement
concretar to make specific; to pinpoint
concubina concubine
concurrencia general public; crowd 5
concursante contestant 11
concurso contest 6
condado county
condena sentence; punishment
condenar to condemn
condición condition
condimentar to season 8
condimento seasoning; condiment 8
cóndor *m.* condor
conducir to drive
conducta behavior; conduct 4
conductor conductor; driver 6
conectar to connect
conejo rabbit
conexión connection 2
conferencia speech; conference
confesar to confess
confiado trusting; gullible
confianza confidence 5
confiar to confide 5
confiar en to trust in
confidencia confidence
confirmar to confirm

conflicto conflict
conformar to conform
conforme consistent; similar; in agreement
confundir to confuse
congelador *m.* freezer
congelar to freeze 2
congresista delegate; member (of congress)
congreso congress
conjeturar to make zconjecture; to guess
conjuntamente jointly
conjunto group; band 6
conllevar to bear
conmemorar to commemorate
conmover to move (emotionally) 6
connotado notable; famous
conocer to know; to be familiar with
conocimiento knowledge; consciousness
conquista conquest
conquistador conqueror
consabido well known; widely held
consciente conscious 4
consecuencia consequence
consecuente consequent
conseguir to obtain; to get
consejería counseling center 9
consejero advisor; counselor 11
consejo a piece of advice
consentido spoiled; pampered 5
consentir to spoil (someone)
conservación conservation; preservation
conservador conservative
conservar to preserve; to maintain 2
conservatorio conservatory
considerar to consider
consistir to consist
consolar to console
consolidar to consolidate
constelación constellation
constituir to constitute; to form
constructivo constructive
construir to construct; to build 2
consuelo consolation; comfort 5
consulta consult; consultation 10
consultar to consult 10
consultorio doctor's office 10
consumidor consumer
consumir to consume
consumo consumption
contacto contact
contador accountant 10
contagiar to give a disease to someone 2
contagiar(se) to get a disease, illness 2
contagio contagiousness 2
contaminación pollution; contamination 2
contaminar to pollute; to contaminate 2
contar to count 1
contemplar to contemplate
contemporáneo contemporary
contenido content
contestar to answer
contexto context
contienda dispute 12
continuación continuation
contra against 7

contrabandear to smuggle
contrabandista smuggler 9
contracción contraction
contradecir to contradict
contraer to contract; to shrink
contrario contrary; opposite 12
contraseña password 12
contrastar to contrast
contraste *m.* contrast
contratar to hire; to contract 6
contrato contract 6
contribución contribution
contribuir to contribute
control remoto remote control 6
controlar to control
conuco small holding; farm
convencer to convince
conveniente suitable
convenir to be advisable; to be suitable
conversación conversation
conversar to talk
conversión conversion 2
convertir to convert
convertirse to turn into; to become 1
convidar to invite
convincente convincing
convivir to live together
cooperación cooperation
copa cup
coquetear to flirt 7
corazón *m.* heart
corbata necktie
cordero lamb 8
cordillera mountain range
Corea Korea
coro chorus 6
corrección correction
correcto correct
corredor runner; agent; broker
corredor de bolsa stockbroker 10
corregir to correct
correo mail
correo electrónico e-mail 2
correspondencia correspondence
corrida running of the bulls
corrido a type of Mexican-American music
corriente current
corrupción corruption
cortar to cut
cortés courteous
cortina curtain
corto short
cosa thing
cosecha harvest 3
cosechar to harvest
coser to sew 11
cosmopolita cosmopolitan
costa coast
costar to cost
costear to finance 10
costero coastal
costilla rib 8
costo cost
costoso costly; expensive

costumbre *f.* custom; habit 1
costurero *adj.* related to sewing
costurero *sus.* tailor
cotidiano daily
cotizado sought after; popular 6
coto preserve; territory 7
cráneo skull; cranium
cráter *m.* crater
creador creator
crear to create
creativo creative
crecer to grow 10
creciente growing
crecimiento growth
crediticio related to credit
crédito credit
creer to believe
criar to raise; to bring up 7
criatura creature
criollo of mixed European and American origins
cristal *m.* glass 2
criterio criteria
crítico critic
cronología chronology
crudo raw
crujiente crackling; crunchy
cruz *f.* cross
cruzar to cross
cuadro painting
cuajada junket 8
cuajado coagulated
cualidad quality
cuándo when
cuando when
cuarto fourth; quarter
cubierta cover
cubierto cover; covered
cubimetro cubic meter
cubismo cubism
cubrir(se) to cover (oneself) 10
cuchara tablespoon; soup spoon 8
cucharita teaspoon 8
cuchilla knife 9
cuchillo knife 8
cuello neck
cuenta corriente/de ahorros checking/savings account 10
cuentiario collection of short stories
cuentista storyteller
cuento story
cuerda string; cord 8
cuero leather
cuerpo body
cuestión issue; matter; question
cueva cave
cuidado care
cuidar to take care of 5
culatazo kick; recoil
culinario culinary
culminación culmination
culminar to culminate
culpa guilt 3
culpabilidad guiltiness 3

culpable guilty 3
culpar to blame 3
cultivado cultivated
culto cultured; educated
cultura culture
cumbia a type of Colombian dance
cumpleaños birthday
cumplido complete
cumplir to fulfill
cuñado/a brother/sister-in-law
cuota quota
cúpula dome; cupola
curarse to recover; to get better
curiosear to glance at; to look over
curiosidad curiosity 1
curioso curious
cursar to study 7
cursillo short course; seminar
curtido weathered; tanned
curva curve

D
dados *m. pl.* dice 11
dama lady
damas checkers 11
damnificado damned
dañar to damage; to harm 2
dando giro spinning
dañino damaging; harmful, noxious 2
daño harm 2
dar to give
dar a conocer to make known 6
dar por sentado to assume 3
dar un paso to take a step 5
dar una palmada to pat (on the back) 5
dar vueltas a la manzana to go around the block
dardo dart 11
darle risa to make someone laugh 9
darse la mano to shake hands 5
datar to date (from)
dato data; piece of information 10
de balde in vain; for nothing
de entrada from the beginning/start 6
de golpe suddenly 1
de hecho actually 9
de repente suddenly 1
de seguido continuously 1
debatir to debate
deber to owe; should
deber *sus.* duty 3
debido a due to 12
debilitar to weaken
década decade
decena ten count 12
decidir to decide
décimonovena nineteenth
décimoquinta fifteenth
decir to say; to tell
decisión decision
declararse to propose; to declare one's love 5
declive decline 7
decorar to decorate
dedicar to dedicate

dedicarse to dedicate oneself to; to work in
dedo finger
defecto defect
defectuoso defective
deficiencia deficiency
deficiente deficient
déficit deficit
definir to define
definitivamente definitely
definitivo definitive
deforestación deforestation
deforestar to cut down trees 2
defraudar to defraud 9
degradante degrading 3
delante in front; ahead
delator conspicuous
delegado delegate
delgado thin
deliberadamente deliberately
delicado delicate
delicioso delicious
delincuencia delinquency
delincuente delinquent 9
delito crime 3
demagogo demagogue
demanda demand; request
demás rest; others 3
demasiado too much
demente demented 4
democracia democracy
democrático democratic
demográfico demographic
demora delay
demorado delayed
demorarse to be slow in
demostrar to demonstrate
dentro inside; in (abstract) 4
denunciar to denounce
dependencia dependence 5
depender to depend
dependiente/a clerk; salesperson
deportivo sporty
depositado deposited
depositar to deposit 10
depósito deposit; stash 10
depresión depression 1
depresor *m.* depressant
deprimente depressing 1
deprimido depressed
deprimirse to become depressed 1
derechista right-wing
derecho right; law 3
derivar to derive
dermatología dermatology
dermatólogo dermatologist
derogatorio derrogatory; disparaging 7
derramamiento de sangre bloodshed 3
derrame *m.* overflow; spillage
derretido melted; thawed
derribar to knock down 12
derribo shooting down 3; ousting 12
derrumbe *m.* crumbling; demolition 3
desafiar to defy
desafío challenge

desafortunado unfortunate
desagradable unpleasant
desalojar to evict
desamparado helpless; homeless 4
desaparecer(se) to disappear 2
desaparición disappearance 2
desarmar to dismantle; to take apart 10
desarrollado developed
desarrollar to develop 3
desarrollo development
desasociarse to disassociate oneself
desastre *m.* disaster
desastroso disastrous
desaventajar to yield advantage 11
desbordar to surpass
descalificación disqualification 11
descalificar to disqualify 11
descanso rest
descartado put aside 3
descender to descend
descendiente descendent
descenso descent
descomponerse to break down 5
desconcierto disorder; trouble
desconectado disconnected
desconfianza distrust
descongelar to thaw 8
desconocido unknown 1
descontar to take away
descontento unhappy
descortés rude; impolite 5
descreer to disbelieve
describir to describe
descripción description
descrito described
descubridor discoverer
descubrimiento discovery
descubrir to discover
desde since; from
desdichado unhappy 4
desear to desire
desechar to throw away; to waste 2
desecho rubbish; debris 2
desempleo unemployment
desengaño disillusion 1
desenlace *m.* outcome; denouement
desenvuelto outgoing 4
deseo desire
desesperación desperation 3
desesperarse to become desperate 3
desertificación desertification
desfile *m.* parade
desgano reluctance
desgarrado torn apart
desgarrar to rend; to shatter
desgracia disgrace
desgraciadamente unfortunately
deshabituarse to get out of the habit
deshacer to undo
deshonesto dishonest
desierto desert
desigualdad inequality
desilusión disillusion; disappointment 4
desilusionar to disappoint 4

desinfectar to disinfect
desinhibición loss of inhibition
desintegrar(se) to disintegrate 2
desinteresadamente uninterestedly; carelessly
desinteresado uninterested
desistir to stop
deslizar(se) to slip; to slide
desmandarse to go wild
desmayar(se) to faint 1
desmayo fainting spell
desmentir to deny
desmontar to dismount
desnudo naked
desobediencia disobedience
desocupado unoccupied
desorden *m.* disorder
despachador dispatcher
despachar to help; to dispatch
despedazar to break into pieces
despedida goodbye; farewell; firing
despedir to fire (from employment)
despedirse to say goodbye
despegar to take off
despejado clear
desperdiciar to waste 2
desperdiciar(se) to (go to) waste 8
desperdicio waste 2
despertar(se) to wake up
desplazamiento displacement
desplazar to displace
desplomarse to collapse
desplumar to pluck
despojar to plunder 5
despótico despotic
despreciar to have contempt for 5
desprecio scorn; contempt 3
desprender to detach 8
despreocupadamente unworriedly;
    nonchalantly
despreocupado carefree 4
despreocuparse to be unconcerned;
    to become impartial
después after; later
destacarse to stand out 3
desterrado exiled 3
destinado destined
destino destiny
destrozar to ruin; to smash
destrucción destruction 2
destructivo destructive
destruir to destroy 2
desván *m.* loft
desvanecido faint; dizzy
desventaja disadvantage 11
desviación diversion 12
desviar to divert; to deflect 12
detallar to detail; to list in detail
detalle *m.* detail
detención arrest
detener to detain; to arrest
detenido detained 3
determinar to determine
detestar to detest
detonar to detonate; to explode

deuda debt 10
devorar to devour
devotamente devoutly
día day
diablo devil
diagnosticar to diagnose
diálogo dialogue 1
diamante *m.* diamond
diámetro diameter
dibujante sketcher; cartoonist
dibujar to draw
dibujo drawing
dibujos animados cartoons 6
dichoso happy; lucky 4
dictadura dictatorship
diente tooth
diestro skillful; cunning 11
diferencia difference
diferente different
diferir to differ; to defer
difícil difficult
dificultad difficulty
difundir to diffuse; to disseminate; to spread 3
difunto deceased 1
digestivo digestive
dignidad dignity 3
dignificar to dignify 6
dilema *m.* dilemma
diligencia diligence
Dinamarca Denmark
dinámico dynamic
dineral *m.* a lot of money
dinero money
dios god
diosa goddess
dióxido de carbono carbon dioxide 2
diplomacia diplomacy
diplomático diplomatic
dirección direction; address
dirigir to direct; to manage
disciplinar to discipline
disciplinario discipline; disciplinary 7
disco record; disk
disco duro hard drive 2
discriminación discrimination
discriminar to discriminate
disculpa apology; forgiveness 5
disculpar to forgive; to accept one's apology 5
disculparse to excuse oneself
discurso speech; discourse
discusión argument; discussion 5
discutir to debate; to argue 5
diseminar to disseminate
diseñador designer
diseñar to design
disfraz *m.* disguise
disfrazarse to disguise oneself 1
disfrutar to enjoy
disfrute *m.* enjoyment 3
disgustar(se) to disgust (become disgusted) 1
disgusto displeasure; contempt 1
disidente dissident 3
disminución reduction 2
disminuir to reduce 2

disparar to fire (a weapon); to shoot 9
disparejo unlike; disparate
disparo (gun) shot 9
dispersar to disperse
disponer to prepare
disponible available 10
disposición disposition
dispuesto willing; ready 10
disputar to dispute; to fight for
disquete *m.* diskette 2
distancia distance
distinto different; distinct
distracción distraction
distraídamente absent-mindedly
distribuidor distributor 10
distribuir to distribute
diversidad diversity
diversión amusement; entertainment; diversion
diverso diverse
divertido fun
divertirse to have fun
dividir to divide; to split up
divino divine
divorciarse to get divorced 5
divorcio divorce
divulgar to divulge; to make known 7
divulgación circulation; popularization 7
doblar to fold; to dub (a film) 6
doble double
docente teacher; teaching 7
doctorado doctorate
documentación documentation
documental *m.* documentary 6
documento document
dólar *m.* dollar
doler to hurt; to ache
dolor pain
doloroso painful
doméstico domestic
domicilio home
dominación dominance
dominante dominant
dominar to dominate 4
dominicano from the Dominican Republic
dominio dominion
donación gift; donation 9
donar to give; to donate 9
donde where
dónde where
donjuanesco playboy
dorar to brown 8
dormido asleep
dormir to sleep
dormirse to fall asleep
dosificar to measure out (a dose)
dotado gifted; endowed 3
dramático dramatic 6
dramaturgo playwright 6
droga drug
drogadicción drug addiction 9
drogadicto drug addict
duda doubt
dueño owner
dulce sweet 8

duque *m.* duke
duquesa duchess
duración duration 3
durante during
durar to last
duro hard 8

E

ebanista woodworker 10
echar to throw
echar a perder to waste; to spoil 8
echar de menos to miss 5
echar piropos to flatter; to make catcalls 1
echar raíces to take root 3
eclesiástico ecclesiastic
ecológico ecological
economía economy
económico economic; economical 7
economizar to economize 4
ecosistema *m.* ecosystem 2
ecuatorial equatorial
ecuatoriano Ecuadorean
edad age
edificio building
editado edited
educación education; upbringing; manners
educar to educate
educativo educational 7
EEUU USA
efectivo *adj.* effective
efectivo *sus.* cash 10
efecto effect 2
efecto invernadero greenhouse effect 2
efectos especiales special effects 6
efectuar to effect; to carry out
eficacia efficacy
Egipto Egypt
egoísta egotistical; selfish 4
ejecución execution 3
ejecutar to execute 3
ejecutivo executive 10
ejemplo example
ejercer to practice 7
ejército army
elaboración elaboration
elaborar to elaborate; to make
elástico elastic
elección election; choice
eléctrico electric
electrocutado electrocuted
electrodoméstico home appliance
electromagnético electromagnetic
electrónica *sus.* electronics 2
electrónico electronic
elegante elegant
elegible eligible
elegido elected
elegir to elect; to choose 4
elemento element
elevar to elevate; to lift
eliminación elimination
eliminar to eliminate
embajada embassy
embajador ambassador

embarazo pregnancy
emboscada ambush 3
emboscar to ambush 3
embotellar to bottle 8
embriagado drunk
embriagarse to become intoxicated 9
embriaguez *f.* drunkenness; intoxication 9
embrujado bewitched 1
embrujar to bewitch; cast a spell on 1
embrutecer to become stupid 3
Emiratos Emirates
emisión emission
emisora (radio/TV) station 6
emitir to broadcast; to emit
emocional emotional
emocionante exciting 6
emocionarse to get excited 4
empanada turnover 8
empanado breaded 8
empanar to bread; to batter 8
empeñar to pawn
empeoramiento worsening; decline
empeorar to worsen 4
empezar to begin
empleado employed; employee 10
emplear to employ 10; to hire
empleo employment 10
empresa company; firm 7
empresarial managerial
empresario empresario; entrepreneur 10
empujar to push 12
empuje *m.* push; thrust 6
en contra against 3
en marcha in progress 12
en regla in order; up to date 10
en seguida right away
en vela awake
en vivo live (broadcasting) 6
enajenación alienation 4
enajenante alienating
enajenar to alienate 4
enamorado in love
enamorarse to fall in love 5
encabecimiento head; heading; title
encabezado headed 12
encabezar to head up; to lead 6
encantador charming 5
encantar to charm; to enchant
encanto charm
encarcelar to imprison 3
encargado (person) in charge
encariñarse to endear oneself to someone 4
encebollado cooked with onions 8
encender to set on fire, to light; to turn on 1
encerrarse to enclose oneself
enciclopedia encyclopedia
encima on top
encoger(se) to shrink 12
encontrar to find
encubierto hidden; concealed
encuentro encounter
endemoniado possessed (by the devil)
endeudarse to get in debt 10
endulzar to sweeten 8

energía energy 2
enero January
enfadarse to get angry 5
enfado anger 5
enfatizar to emphasize
enfermedad illness
enfermero nurse 10
enfermo sick; ill
enfisema emphysema 2
enfrentar to confront
enfríar to chill; to cool down
engañar to deceive 4
engaño deceit, deception 1
engominado glued; stuck
engordar to put on weight 8
engreído vain; conceited
enlatado canned 5
enlatar to can; to put up 8
enloquecer(se) to become insane 1
enmienda amendment; correction
enojar to anger
enorme enormous; big
enrarecido rarefied
enredado tangled; confusing
enriquecer (zc) to enrich
ensaladera salad bowl 8
ensamblaje *m.* assembly
ensamblar to assemble
ensayar to rehearse 6
ensayo essay; rehearsal 6
enseguida right away
enseñanza teaching; instruction 10
enseñar to teach
ensuciar to dirty; to soil 9
entender to understand
entendimiento understanding 4
enterarse to find out 1
entero entire
enterrar to bury 1
entidad entity
entierro burial 1
entorno surroundings; environment 7
entrada entrance; beginning
entrar to enter
entre between
entreabierto half open
entregar to turn in
entrelazado intertwined
entremés appetizer 8
entremeterse to intrude
entrenado trained
entrenamiento training 10
entrenar to train 10
entretejido interwoven
entretener to entertain 6
entretenido fun; entertaining 11
entretenimiento entertainment 6
entrevista interview 10
entrevistador interviewer
entrevistar to interview 10
enviar to send
envidia envy 5
envidiable enviable
envoltorio wrapping

envoltura wrapping; wrapper 12
envolver to wrap up 12
envuelto involved 5; wrapped 8
epílogo epilogue
episodio episode
epistolaria epistolar
epitelio epithelium
época epoch; period
equilibrado even-tempered 4
equilibrar to balance 4
equilibrio balance
equipaje *m.* equipment
equipo team; equipment 10
equitación horseback riding 11
equitativo equitable; fair
equivalente equivalent
equivaler to be equivalent
equivocación mistake 4
equivocarse to make a mistake 4
erizmiento raising
erótico erotic 6
erradicar eradicate
erróneo erroneous
erupción eruption
es decir that is to say 5
escabroso rough; rugged
escalar to climb 11
escaldar to scald
escalera stair
escalfar to poach 8
escalofrío chill; goosebump
escalón step; rung
escalopa thinly sliced filet 8
escalopar to cut into thin slices
escandalizar to scandalize
escándalo scandal 9
escaño seat (in legislature)
escapar to escape
escaparate *m.* display window
escarcha frost
escaso scarce
escena scene 6
escenario scene; set (play or film) 6
esclarecedor enlightening 7
esclarecer to clear up 7
esclavitud *f.* slavery 3
esclavo slave
escoba broom
escoger to choose 3
escolar scholastic
escolaridad schooling 7
escoltar to escort
esconder to hide 1
escondido hidden 1
escondite *m.* hideout 9
escote *m.* low-cut neckline
escribir to write
escrimido wielded 7
escritor *m.* writer
escuchar to listen
escuela school
escultor sculptor
escultura sculpture
esencial essential

esfera sphere
esforzarse to exert oneself; to make an effort 3
esfuerzo effort
esgrima fencing; swordplay 11
esmeralda emerald
espacial spatial 12
espacio space 12
espalda back 8
espárrago asparagus
espasmódico spasmodic
espátula spatula 8
especial special
especialista specialist
especie *f.* species 2
específico specific
espectacular spectacular
espectáculo show 6
espectador spectator 6
especular to speculate
espejo mirror 1
espeleología speleology
esperanza hope 1
esperar to expect; to wait; to hope 1
espeso thick 1
espía spy
espiar to spy
espinacas *f. pl.* spinach
espinal spinal
espíritu *m.* spirit 1
espiritual spiritual 1
espontáneo spontaneous
esposa wife
esposas *f. pl.* handcuffs
esposo husband
espuma foam
espumar to foam 8
esqueleto skeleton 1
esquema *m.* diagram; scheme
esquina corner
estabilidad stability
estable stable
establecer to establish
establecimiento establishment
estadista statistic; statistician
estado state
estado de ánimo mood 4
estado de cuentas financial statement 10
estafa swindle; con; scam; fraud 9
estafador swindler; con artist 9
estafar to swindle 9
estallar to burst; to explode 12
estambre *m.* yarn
estampilla stamp 11
estar al día to be up to date
estatal of the state
estatura stature
estatus *m.* status
estera mat
estilista stylist; hairdresser 10
estilo style
estimado respected
estimar to esteem; to respect
estimular to stimulate
estímulo stimulus

estipulación provision; stipulation
estofar to stew 8
estomacal stomach-related
estómago stomach
estrago havoc
estrategia strategy
estratégico strategic
estrella star 6
estremecer(se) to shake; to vibrate
estrenar to debut 6
estreno debut; premiere 6
estrepitosamente noisily; loudly 7
estrés stress 4
estresar to strain 4
estribar to be based 10
estropear to ruin
estructura structure
estuche *m.* case
estudiar to study
estudio studio; study 6
estufa stove 8
estúpido stupid
etapa step in a process; phase 7
eternidad eternity
eterno eternal
ético ethical
Etiopía Ethiopia
etnicidad ethnicity 7
étnico ethnic
euforia euphoria; joy
Euskadi Basque
eutopía utopia
evacuar to evacuate
evaluación evaluation
evasivo evasive
eventualmente eventually
evidencia evidence
evitar to avoid 1
evocar to evoke
evolucionar to evolve
exactitud *f.* exactness; accuracy
exagerar to exaggerate
exangüe bloodless
exánime lifeless
excavación excavation
excentricidad eccentricity
excéntrico eccentric 5
excepcional exceptional
excitabilidad excitability
excitación excitement; arousal
excitante arousing; exciting
exclamatorio exclamatory
exclusivamente exclusively
exhibición exhibition; exhibit 11
exhibirse to exhibit 11
exigencia demand; requirement 3
exigir to demand 3
exilarse to go into exile
exilio exile
existente existent
existir to exist
éxito success 6
exitoso successful 4
exótico exotic

expandir to expand 12
expansión expansion 12
expatriarse to leave one's country
expectativa expectation; hope
experiencia experience
experimentar to experience 4
experto expert
explicar to explain
exploración exploration 12
explorar to explore 12
explosión explosion
explotación exploitation
explotar to exploit; to explode 3
exponencial exponential
exponer to exhibit; to expose
exportación export; exportation
exposición exposition
expresar to express
expresivo expressive
expuesto exposed; exhibited
expulsado expelled; ejected
extender to extend
exterminio extermination
externo external
extinción extinction 2
extinguir to extinguish 2
extinto extinct 2
extorsionar to extort 3
extrañar to miss; to long for 1
extranjero foreign 6
extranjero *sus.* foreigner
extraño strange 1
extrasensorial extrasensory
extraterrestre extraterrestrial 1
extremadamente extremely
extremo extreme
extrovertido extroverted; outgoing 5

F
fábrica factory 2
fabricado made
fabricante manufacturer 2
fabricar to make; to manufacture 2
fabuloso fabulous
facción faction
fácil easy
facilidad ease
facilitar to make easy
factible feasible
factura bill; invoice 10
facturar to invoice; to check (baggage)
facultad faculty; power
falla fault; defect; failure 12
fallecido dead
fallecimiento death; dying
fallo positivo positive test result (medical)
falsificación forgery; falsification 9
falsificar to falsify; to forge 9
falta lack
faltar to need; to be lacking
fama fame 6
familia family
famoso famous
fanático fan; fanatic 6

fantasía fantasy
fantasma *m.* ghost 1
fantasmagoria phantasmagoria
farándula show business 6
farmacéutico pharmaceutical
fármaco prescription drug-related
fascinar to fascinate
fastidiar to annoy
fatiga fatigue
favorito favorite
fe *f.* faith
febrero February
fecha date
fecha límite deadline 11
felicidad happiness
feliz happy
feminino feminine
feminismo feminism 5
feminista feminist
fenomenal phenomenal; awesome 1
fenómeno phenomenon 1
feo ugly
feroz fierce
fertilidad fertility
festejar to party
festividad festivity
feto fetus
fiambre *m.* cold cut; deli meat
fianza bail 9
fiar to sell on credit 10
ficción fiction
fidelidad fidelity; loyalty 5
fideo noodle 8
fiebre *f.* fever
fiel loyal; faithful 5
fiesta party
figura figure
figurar to figure; to represent
fijar to fix; to focus
fijo fixed; secure
fila row (of seats) 6
filmar to film
filosófico philosophical
filtrable penetrable
filtrar to filter 8
filtro filter 2
fin de semana weekend
fin *m.* end
finalizar to finalize
finalmente finally
financiamiento financing 10
financiar to finance 10
financiero financial
finanzas *f. pl.* finances 10
fino fine; excellent
firma signature 6
firmar to sign 6
firme firm
fisgón/ona snoop
físico physical
fisiculturismo body sculpting; working out 11
fisonomista physiognomist
flan *m.* a custard pudding with caramelized sugar

flauta flute 6
flecha arrow 11
flor *f.* flower
florecer to bloom
florido flowery
flotar to float
fluidez *f.* fluency
fluir to flow
fogata bonfire 11
fogón kitchen range; stove burner 8
folleto pamphlet; brochure
fomentar to foment; to encourage
fondo bottom; background 12
fondos *m. pl.* funds; funding 10
forcejeo struggle
forense forensic 9
forestal forest *(adj.)*
formación training; education
formar to form; to make up
fortuna fortune
forzar to force
forzosamente forcibly; by force 10
fosforescente phosphorescent
fósforo phosphorous; match
foto *f.* photograph
fotógrafo photographer
frac *m.* dress coat
fracasar to fail 4
fracaso failure 4
fractura fracture 11
fracturarse to break 11
fragancia fragrance
fragante fragrant
frágil fragile
fragmento fragment
francés/esa French
Francia France
franco frank; sincere
frase *f.* phrase; sentence
fraude *m.* fraud 9
freír to fry 8
frenar to brake; to slow down 7
frenesí *m.* frenzy
frente before; in front of
frente *sus. f.* forehead
frente *sus. m.* front; front line
fresa strawberry 8
fresco fresh
fresón strawberry (Spain) 8
fricción friction
frijol *m.* bean
frito fried
frívolo frivolous
frontera border
frotar to rub 9
frustración frustration
frustrado frustrated
fruta fruit
fruto fruition; product; reward 6
fuego fire
fuente *f.* fountain; source
fuera outside (abstract) 4
fuerte strong
fuerza force; strength; power

fugitivo fugitive
fulminado fulminated; exploded
fumar to smoke
función function; show 12
funcionar to work (machine); to run;
    to function 12
funcionario official; functionary
fundación foundation
fundador founder
fundar to found; to institute 3
fundidor caster; metal worker 10
funeraria funeral home; mortuary
furibundo raging 7
furor *m.* fury
fusilamiento shooting; execution
fútbol soccer 11
futuro future
futurólogo one who studies the future

G
gabinete *m.* cabinet; office furniture
gafas *f. pl.* eyeglasses
galante gallant; charming
galardonado rewarded
galaxia galaxy 12
galeón *m.* galleon
gallego Galician
gallina hen; chicken
galón *m.* gallon
gana desire; appetite
ganador winner 6
ganancia winnings 6
ganar to win 6
gancho hook; knitting needle
garaje garage
garantizar to guarantee
garganta throat
gasífero *adj.* gas bearing
gasolina gasoline
gastar to spend; to waste 10
gasto expense; expenditure 10
gastronómico gastronomical
gato cat
gazpacho a cold tomato-based soup
gelatina gelatin
gemido cry; wail 1
generación generation
género genre; kind; gender 7
generosidad generosity
generoso generous
genética *sus.* genetics 2
genético genetic
genetista geneticist
genio disposition; nature; genie
gente *f.* people 7
gerente manager 10
gestación process; gestation
gesticular to gesture; to talk with one's
    hands 5
gesto gesture 5
gigante *m.* giant
gigantesco giant; huge
gimnasia gymnastics; exercise 11
gimnasio gymnasium

Ginebra Geneva
ginebra gin
gira tour 6
girar to turn; to spin
giro bancario/postal bank check/money
    order 10
gitano gypsy 1
globalización globalizaiton
glóbulo globule
gobernante governing
gobierno government
golf *m.* golf 11
golpe *m.* blow; coup 3
golpear to hit; to pound 12
golpiza bash; bashing
goma rubber; gum
gomeo bungee-jumping
gongo gong
gordo fat
gorra cap
gota drop
gozar to enjoy
gozo joy
grabación recording 6
grabar to record
gracejo charm; grace
gracioso funny
grado degree
graduación graduation
graduarse to graduate
grafía lettering; spelling
gráfica *sus.* graph; diagram
gráfico graphic
gramática grammar
gramo gram 8
grande great; big
graneado grainy
grasa fat 8
gratinar to brown with bread crumbs,
    cheese, etc. 8
gratis free of charge 10
gratuita free of charge
gratuito gratuitous; gratis 3
grave serious 2
gravedad seriousness 2
grelo turnip
griego Greek
gripe *f.* flu
gris gray
gritar to shout; to scream 1
grito scream 1
grosella currant 8
grosero rude 4
grosor thickness 8
grúa crane; tow truck
grueso thick
grupo group
guante *m.* glove
guardaespaldas *m./f.* bodyguard 9
guardar to keep; to save
guardia *m./f.* guard 9
guayaba guava
gubernamental governmental
guerra war

guerrero warrior; combatant 3
guerrida prone to war
guerrillero *adj.* warlike; bellicose
guía *f.* guide (book)
guía *m./f.* guide (person)
guiñar un ojo to wink 5
guión *m.* script 6
guionista scriptwriter; screenwriter
guisado stew
guisantes *m. pl.* peas 8
guisar to stew 8
guiso stew; cooked dish
guitarra guitar 6
guitarrista guitarist
gusano worm
gustar to be pleasing
gusto pleasure

H
haber to have (auxiliary)
habichuela bean
habilidad ability
habitación room; bedroom
habitante *m.* inhabitant 7
habitar to inhabit; to live in
hábito habit; custom
hablar to speak; to talk
hacer to make; to do
hacer caso to pay attention
hacer frente to stand up to; to face 7
hacer las paces to make peace; to make up 5
hacer plancha to surf; to windsurf 11
hacer trampa to cheat 4
hacia toward
halagüeño flattering; alluring
hallar to find
hallarse to find oneself in a certain place or position 7
hambre *f.* hunger
hamburguesa hamburger
harina flour; meal
harto full; satiated
hasta until
hay there is/are
haz *m.* beam (of light)
hechizo spell
hecho fact
helado ice cream
helicóptero helicopter
hembra female
hemofilia hemophilia
hemoglobina hemoglobin
hepático *adj.* hepatic; liver
heredar to inherit
herencia heritage; inheritance
herida wound 5
herir to injure; to wound 1
hermana sister
hermano brother
hermético airtight 8
hermoso beautiful; pretty
héroe *m.* hero
herramienta tool
hervir to boil 8

hervor *m.* boiling
hidrógeno hydrogen 2
hielo ice 11
hierba herb; grass
hierro iron 2
hígado liver 8
hijo/a son/daughter
hilar to spin; to piece together (fig.)
hinchable inflatable
hipoglicemia hypoglycemia
hipoteca mortgage 10
hipótesis *f.* hypothesis
hispano Hispanic
hispanoamericano Spanish-American
histérico hysterical
historia history; story
histórico historic; historical
hogar *m.* home; hearth
hogareño homebody
hoja leaf
hojalatero tinsmith; metal worker 10
hojaldre *m.* puff pastry
hojear to leaf through; to skim
holandés Dutch
hombre *m.* man
hombre/mujer de negocios businessperson 10
homenaje *m.* homage
homicida *m./f.* murder victim 9
homicidio homicide 9
hondo deep 1
honra honor 3
honrado honest; honorable 4
hora hour; time
horario schedule
hormiga ant
hormiguero anthill
hornear to bake 8
horno oven 8
horóscopo horoscope 1
horrendo horrendous
hortaliza vegetable-related
hortera wooden bowl
hoy today
hueco hole
huelga (de hambre) (hunger) strike 7
huérfano orphan
huerta vegetable garden
hueso bone
huésped *m./f.* guest
huevo egg
huir to flee 1
humano human 3
humedad humidity
humilde humble
humillación humiliation 7
humillante humiliating; humbling 5
humillar to humiliate; to humble
humo smoke 2
humor *m.* mood; temper
humorista humorist
hundir to submerge 8
hundir(se) to sink; to plunge
huracán *m.* hurricane
hurgar to poke around

I
ibérico Iberian
identificar to identify
ídolo idol 6
idóneo suitable; fitting
iglesia church
ignorancia ignorance; unawareness 7
ignorar to be unaware
igual equal
ilegal illegal
ilegítimo illegitimate
iluminar to light; to illuminate
ilusión illusion
ilustrado illustrated
ilustrar to illustrate
ilustre illustrious
imagen *m.* image
imaginación imagination
imaginarse to imagine 1
imitación imitation 12
imitar to imitate; to emulate 12
impactante striking
impactar to impact
impacto impact
imparcial impartial
impartir to impart
impedido hindered; disabled 5
impedimento impediment 7
impedir to impede; to obstruct
imperante prevailing 7
ímpetu *m.* impulse; impetus 9
implantar to implant
implementar to implement
implicación implication
implicar to implicate
imponer to impose; to establish 10
importancia importance
importante important
importe *m.* cost
imposible impossible
imprescindible essential; indispensable 7
impresión impression
impresionante impressive
impresionar to impress; to strike
impresionista impressionist
impreso printed 12
impresor printer (person)
impresora printer (machine) 2
imprevisto unforeseen 10
imprimir to print
improvisarse to improvise
impuesto tax; tariff 10
impulsar to motivate; to impel 10
impureza impurity
inadaptado maladjusted
inamovible fixed; immovable
incapaz incapable
incendiar to set on fire 2
incendio fire 9
incertidumbre *f.* uncertainty 5
incidencia incidence
incidente *m.* incident
inclinarse to stoop; to bend
incluir to include

inclusive including
incluso including
incógnito unknown
incomensurable huge; oversized
incomodidad discomfort; inconvenience
incomparable incomparable
inconsciente *adj.* unconscious
inconsciente *m.* unconscious; subconscious 4
incorporar to incorporate
incorpóreo unembodied; bodiless
increíble incredible
incrementar to raise by increments
incruento bloodless 12
indefinido indefinite
indicar to indicate
índice *m.* index; rate; ratio
indiferente indifferent
indígena indigenous
indigenista indigenous
indio Indian
indiscreto indiscreet
indiscriminado indiscriminate
individual individual
individualista individualist
individuo *sus.* individual
indócil unruly; inflexible
indocumentado undocumented
índole *f.* nature; disposition; kind 7
indulto pardon; reprieve 3
industria industry
industrializado industrialized
inefable indescribable
ineficiencia inefficiency
inesperadamente unexpectedly 9
inevitablemente inevitably
infantil infantile
infarto (cardíaco) (heart) attack 2
infección infection
infectar to infect 2
inferencia inference
inferir to infer
infiel unfaithful
infierno hell
infinidad infinity
influencia influence
influir to influence 4
influyente influencing
información information
informar to inform; to report
informática computer science 2
informe *m.* report 3
ingeniería (nuclear) (nuclear) engineering 2
ingeniero engineer 10
ingenioso ingenious; clever
ingerencia interference 3
ingerir to ingest
Inglaterra England
ingrediente *m.* ingredient
ingresar to enter; to deposit
ingreso income 10
inhalador *m.* inhaler
inherente inherent
inhibición inhibition
inhibir to inhibit

inhibitorio inhibiting
inhumano inhuman; inhumane 3
inicial initial
iniciar to initiate
iniciativa initiative 10
inicio beginning
injusticia injustice
injusto unjust
inmaduro immature 5
inmediatamente immediately
inmediato immediate
inmensidad immensity
inmenso immense
inmigración immigration
inmigrante immigrant
inmún immune
inmunidad immunity 3
inmutable immutable; changeless
innovación innovation
innovado innovated
innovador innovative; innovator 6
innovar to innovate 6
inocencia innocence
inocente innocent
inquerir to inquire
inquietante disturbing
inquieto nervous; disturbed; restless 4
inscribir(se) to inscribe; to register
inscripción inscription
insecto insect
inseguridad insecurity 5
inseguro insecure 4
insensible insensitive
insertar to insert
insistir to insist
insobornable incorruptible
insostenible untenable
inspirar to inspire
instalación installation; installment
instalador installer 10
instalar to install 10
instantáneo instantaneous
instante instant
institución institution
instituir to institute
instituto institute
instrucción intruction; teaching
instrumento instrument
insubordinar to stir up; to rouse a rebellion
insultante insulting 7
insultar to insult 7
insulto insult 7
intacto untouched; intact
integrar to integrate
integrarse to be a part of 7
integridad integrity
intelectual intellectual
inteligencia intelligence
inteligente intelligent
intemperie *m.* bad weather
intencionadamente intentionally
intensidad intensity
intenso intense
intentar to try 4

intento attempt
interacción interaction
interactivo interactive
interamericano inter-American
intercambiar to exchange
interconección interconnection
interconectar to interconnect
interés *m.* interest 10
interesante interesting
interesar to interest; to be interesting
interferencia interference
intermisión intermission 6
internacional international
interpretar to interpret; to play (a role);
    to sing (a song) 6
interrogación interrogation
interrogar to interrogate 9
interrogatorio interrogation; questioning 9
interrumpir to interrupt
intervalo interval; intermission
intervención intervention
intervenir to intervene
intimismo intimacy
íntimo close; intimate 5
intoxicación intoxication
introducir to introduce; to put forth
introvertido introverted
intuición intuition
intuir to know by intuition; to have a hunch
inundación flood
inundado flooded
inusitado unusual
invadir to invade
invalidez *f.* invalidity; disability 3
inválido invalid
invasión invasion
invención invention
inventar to invent
inveritr to invest 10
invernadero greenhouse
inversión investment 10
inverso inverse; opposite
invertir to invest
investigación investigation; research
investigador investigator; researcher 7
investigar to investigate; to research
invierno winter
invitar to invite
involucrado involved
ir to go
Irán Iran
ironía irony
irónico ironic
irrigación irrigation
irritativo irritating
irrumpir to intrude; to barge in; to rush into
isla island
itálica italics
izquierda left

J
jabón *m.* soap
jactarse to boast; to brag
jadeante panting; gasping

jamás never
jamón *m.* ham
jardín *m.* garden; yard
jarina light rain
jaula cage
jefe/a boss 10
jerarquía hierarchy
jeringuilla syringe
jimagua twin
jinete *m./f.* horseman/woman; rider 11
Jordania Jordan
jornada laboral workday 2
joven young
joya jewel
joyería jewelry store
jubilación retirement
jubilarse to retire 10
judías *f. pl.* beans 8
judío Jewish
juego (de azar) game (of chance) 11
juez judge
jugada play; move (in a game) 11
jugar to play
jugo juice
juguete *m.* toy
juguetón playful
juicio judgment; trial 3
julio July
junio June
junta meeting; group
juntar to join
junto together 5
junto a next to
jurado jury
juramento oath 9
jurar to swear 9
jurisdicción jurisdiction
justicia justice 9
justificar to justify
justo just; fair 9
juvenil juvenile
juventud youth
juzgar to judge 9

K
Kenia Kenya
kilo kilogram 8
kilómetro kilometer 12

L
labio lip
laboral work-related
laboratorio laboratory
lacón *m.* ham
lácteo *adj.* dairy
láctico lactic
ladera slope; hillside
lado side
ladrón/ona thief 1
lago lake 1
lágrima tear
lagrimear to shed tears
lamentar to lament; to regret
lamento lament; moan

lámpara lamp
lana wool
languidecer to languish
lanza spear
lanzar to throw 12
lápida tombstone
lápiz pencil
largo long
lasaña lasagna
lastimeramente harmfully
lata can 8
látigo whip
latino Latino
lavabo bathroom sink
lavaplatos dishwasher
lazo tie
leche *f.* milk
lector reader
lectura reading
leer to read
legumbre *f.* vegetable
lejano distant
lejos far
lema *m.* slogan
leña firewood
leninista supporter of Lenin
leño log; timber
lentamente slowly
lentejas *f. pl.* lentils 8
lento slow
león *m.* lion
letal lethal
Letonia Latvia
letra draft; bill of exchange 10
letra letter; lyrics
letrero sign 7
levadura yeast
levantar to lift; to raise
levantar pesas to lift weights 11
levantarse to get up
levemente lightly; slightly
ley *f.* law 7
leyenda legend
Líbano Lebanon
libertad freedom
Libia Libya
libra pound 8
libre free
librería bookstore
libreta notebook; account book
libreto script; libretto; notebook 6
libro book
licencia permit, license; degree 10
licor *m.* liquor
líder *m.* leader
liderado leadership; directorate
lienzo linen
liga league
ligado bound; tied
ligero light 9
limitación limitation
limitante limiting
límite *m.* limit
limón *m.* lemon

limonada lemonade
limpiar to clean
limpieza cleanliness
limpio clean
lindo handsome; pretty
línea line
lingüístico linguistic
lío mess
líquido liquid
lirio lily
lirón sleepyhead (figurative)
literalmente literally
literario literary
literatura literature
litro liter 8
Lituania Lithuania
llama flame
llamar to call
llanto crying; weeping
llanura plain
llave *f.* key
llegar to arrive
lleno full
llevar to take; to carry away
llevarse por delante to overcome 5
llorar to cry 1
lluvia (ácida) (acid) rain 2
lobo wolf
loción bloqueadora sunblock
loco crazy
locura insanity 1
locutor (radio/TV) announcer 6
lógico logical
lograr to achieve 3
Londres London
loseta tile
lotería lottery
loto lotus
lotomanía lottery craze
lucha fight; struggle 3
lucha libre wrestling 11
luchar to struggle; to fight 4
lucidez *f.* brilliance
lucrativo profitable 10
luego later; then
lugar *m.* place
lúgubre mournful; dismal
lujo luxury
luminosidad luminosity
luna moon
lustrar to polish; to shine 12
luz *f.* light

M
macabro macabre
macedonia type of salad
machetezo blow with a machete
machismo machismo 5
madera wood 2
madre *f.* mother
madrileño from Madrid
madrugada early morning; the wee hours
madrugar to get up very early in the morning
maestro teacher 10

magia magic 1
mágico magical 1
magnífico magnificent
mago magician; wizard 1
maíz *m.* corn
Malasia Malaysia
malcriado spoiled; rude; bad-mannered 5
maldecir to disparage; to curse
maldito damned
malestar *m.* indisposition
maleta suitcase
maletín *m.* briefcase
malévolo malevolent 1
malhablado foul-mouthed 4
malhumor bad mood 4
malicioso cunning; malicious
malnutrición undernourishment; malnutrition
malo bad
maltratar to mistreat 7
maltrato mistreatment 7
mamífero mammal
mancha stain; spot
manchar to stain
mandar to send; to order
mandato command; mandate
mandatorio mandatory
mando order; command
manejar to drive; to manage
manera way; manner
maní *m.* peanut
manía compulsive habit 4
maniático compulsive 4
manicurista manicurist
manifestación demonstration; riot
maniobra maneuver
mano *f.* hand
mansión *f.* mansion
manteca butter
mantener to maintain; to sustain 2
mantenimiento maintenance 2
mantequilla butter
manzana apple
maoísta supporter of Mao Tse-tung
mapuey *m.* a tuber like the potato but harder in consistency
maquillaje *m.* makeup 6
maquillarse to put on makeup
máquina machine
máquina tragamonedas slot machine 11
mar *m.* sea
maravilla marvel
maravilloso marvelous
marcado marked; distinct
marcha liveliness
marciano Martian
mareo nausea; dizziness
margarita daisy
mariachi *m.* Mexican musical group
marido husband
marinero sailor 12
marino marine
mariscos seafood
mármol *m.* marble
Marruecos Morocco

Marte Mars
martirio martyrdom
marzo March
más more
más allá afterlife; hereafter 1
masa quantity; the masses; crowd 9
mascar to chew
máscara mask 1
mascota mascot; pet
matanza killing; massacre 3
matar to kill 3
materia prima raw material 2
maternidad maternity
materno maternal
matiz *m.* shade; hue
matriarcado matriarchy
matrimonio marriage; married couple
máximo maximum
mayo May
mayor major
mayoría majority 7
mayormente chiefly; mainly
mecánico mechanic; mechanical 10
mecanografía typing 10
mecanografiar to type 10
mecanógrafo typist 10
medalla medal
mediano medium-sized 8
medianoche *f.* midnight
mediante through; by means of 3
médico doctor; medical
medida means; measure; measurement 2
medio half
medio ambiente environment 2
mediodía *m.* noon
medioeste *m.* Middle East
medios de difusión broadcasting 2
medios *m. pl.* means 2
medir to measure 8
meditación meditation
mejilla cheek
mejillón *m.* mussel
mejor better
mejoramiento improvement (abstract) 4
mejorar to improve 4
mejoría improvement (concrete) 4
melancólico melancholy
mellizo twin
melocotón *m.* peach 8
melodía melody 6
memoria memory 4
mencionado mentioned
menestra a type of vegetable soup or stew
menor minor; younger
menos less
mensaje *m.* message 5
mensual monthly 10
mentaildad mentality 4
mente *f.* mind 4
mentir to lie 4
mentira lie; untruth 4
mentiroso liar; lying
menú menu
mercadeo marketing

mercader merchant
mercado market
mercancía merchandise 10
mercantil mercantile; trading
merecer(se) to deserve
merengue *m.* a type of Caribbean dance
mérito merit
merluza hake; haddock 8
mermelada marmalade
mero mere; same (Mexico)
merodeo merriment; partying; fun
mes *m.* month
mesa table
meseta plateau
mestizo person of mixed European and Indian blood
meta goal; objective 4
metáfora metaphor
metafórico metaphoric
metálico metallic
metamorfosis *f.* metamorphosis
meteorito meteorite
meteoro meteor
meteorológico meteorological
meter to put in; to insert 8
metro meter 12
metro subway
metrópolis *f.* metropolis
mezcla mixture 6
mezquino spiteful; cruel; small-minded
micrófono microphone 6
microondas microwave
microprocesador microprocessor 12
miedo fear
miedoso fearful 1
miel *f.* honey
miembro member
mientras while
migrar to migrate
migratorio migratory
mil *m.* thousand
milagro miracle
milagrosamente miraculously
milenio millenium
miligramo milligram 12
mililitro milliliter 12
militante militant
militar military; soldier
milla mile 12
millón *m.* million
millonario millionaire 6
miniatura miniature
mínimo minimal; minimum
ministerio ministry
minoría minority 7
minoritario *adj.* related to the minority
minuto minute
miopatía muscle disease
mirada look; glance
mirar to look at
misa mass
miseria poverty
mismo same; self
misterio mystery

misterioso mysterious
mitad half
mito myth 1
moda style
modalidad form; kind; variety
modelaje *m.* modeling
modelo *m./f.* model 10
módem *m.* modem
moderno modern
modificar to modify
modo mode; manner
moflete *m.* chubby cheek
mojar to wet
molde mold; baking form 8
moldear to mold; to form 8
mole *m.* a dish from Puebla, Mexico, made with cocoa, ground nuts, peppers, and spices
moler to grind
molestar to bother 5
molestia bother 5
molesto troubled; annoyed
momentáneo momentary; fleeting 9
momento moment
moneda coin; currency 10
monetario monetary
monje *m.* monk
mono monkey
monólogo monologue 6
monóxido (de carbono) carbon monoxide 2
monstruo monster 1
montaña mountain
montañero mountaineer
montañismo mountaineering; mountain biking 11
montante *m.* frame
montar to mount; to ride
montar (una tienda) to pitch (a tent) 11
montón *m.* a large amount
monumento monument
morada dwelling; abode
morado purple; violet
morales *f. pl.* morals 4
morcilla blood sausage
morder to bite
mordida bite; bribe (figurative)
moribundo dying
morir(se) to die 1
mortificado mortified; terribly upset
moscatel *m.* muscatel grape
mostrador counter
mostrar to show
motivo motive; reason; motif
mover(se) to move
movimiento movement
mucama maid (Argentina) 12
muchacha girl
muchacho boy
muchedumbre *f.* crowd 9
mucho much; a lot
mucosa mucous
mudarse to move
mudo mute
mueble piece of furniture

muelle *m.* dock; pier 12
muellemente smoothly
muerte *f.* death 1
muerto *adj.* dead 1
muerto *sus.* dead person 1
muestrario collection of samples
mujer *f.* woman; wife
muleta crutch
multar to impose a fine 9
multiformato of various formats
multimedio multimedia
múltiple multiple
multitud multitude; crowd
mundial relating to the world; worldwide
mundo world
muñequitos children's show with puppets 6
municipio municipality
muralla wall
murmullo murmur
museo museum
música music
músico musician
muslo thigh
mutante *m.* mutant
mutilar to mutilate
muy very

N

nácar *m.* mother-of-pearl
nacer to be born
nacimiento birth
nación nation
nacional national
nada nothing
nadador swimmer
nadar to swim 11
nadie no one
nailon *m.* nylon
naipes *m. pl.* playing cards 11
nalgada spanking
nanotecnología nanotechnology 12
naranja orange
narcotraficante drug dealer
nariz *f.* nose
narración narration
narrativa narrative
nata cream
natación swimming 11
natal native
natalidad (rate of) birth
naturaleza nature
náufrago castaway; one who is shipwrecked
náusea nausea
navaja knife; blade 9
nave espacial spaceship
nave *f.* ship 12
navegable navigable
navegar to navigate; to sail 11
necesario necessary
necesidad necessity
necio stupid
nefasto harmful; disatrous 2
negación denial; refusal 7
negar to deny

negarse to refuse 7
negativo negative
negociación negotiation; deal
negociar to negotiate; to do business 10
negocio business 10
negrero slave owner
negro black
nervioso nervous
ni nor
nicotina nicotine
nieto grandson
nieve *f.* snow
niñera baby sitter
niñez *f.* childhood 1
ninguno none
niño child
nitrógeno nitrogen 2
nívea snowlike
nivel de vida standard of living 3
nivel *m.* level 2
noche *f.* night
Nochebuena Christmas Eve
nocivo harmful; noxious
nocturno nocturnal
nodriza wet nurse
nombrar to name
nombre *m.* name
nopal *m.* prickly pear
norma norm; trend
noroeste *m.* northwest
nota note; grade 6
noticia a piece of news
noticiero newscast 6
novela novel
novelista novelist
novia girlfriend; fiancée; bride
noviembre november
novio boyfriend; fiancé; groom
nube *f.* cloud
núcleo nucleus
nudillo knuckle
nudo knot
nuevo new
número number
nunca never
nupcial nuptial
nutrición nutrition
nutricionista nutritionist
nutriente *m.* nutrient
nutrir to nourish 8
nutritivo nourishing

O

o or
objetivo objective
objeto object
obligar to force; to oblige
obligatorio obligatory
obra work (of art, etc.)
obrero worker
obsceno obscene
observar to observe
obsesión obsession 4
obsesionarse to obsess about something 4

obstáculo obstacle
obtener to obtain
obvio obvious
ocasión occasion
océano ocean 2
ochenta eighty
ocho eight
ocio leisure time 2
oculto hidden 5
ocupar to occupy
ocurrir to happen; to occur
odiar to hate 7
odio hate; hatred 7
oficina office
oficina de correos post office 10
oficio occupation; profession
ofrecer to offer
ofrenda (religious) offering
oído inner ear
oír to hear
ojalá if only it were so; I hope/wish that
ojo eye
oler to smell
olfatorio olfactory
olivo olive tree
olla saucepan; pot 8
olor m. smell; odor
oloroso fragrant
olvidar to forget 3
olvidarse to forget 5
ombligo navel
omnisciente omniscient
onda (radio) wave 2
onza ounce 8
opaco opaque
opción option 4
ópera opera
operación operation 12
operar to operate 12
opinar to have/give an opinion 6
opinión f. opinion 6
oportunidad opportunity
opositor competitor; candidate
opresión oppression 3
opresivo oppressive
oprimir to oppress
optar to opt; to choose
optimismo optimism
optimista optimistic; optimist 4
opuesto opposite 12
opulencia opulence
oración prayer; sentence
oráculo oracle
órbita orbit 12
orden f. command; religious order
orden m. order; structure
ordenado organized 4
ordenador m. computer (Spain) 2
ordenar to order
orégano oregano
oreja ear
organismo organism
organización organization
organizar to organize

órgano organ 6
orgullo pride
orgulloso proud
orientación sexual sexual orientation 7
oriental eastern
oriente m. east
origen m. origin
originalidad originality
oriundo native; from
oro gold 10
orquesta band; orchestra 6
orquesta orchestra; band
ortogar to grant; to bestow
ortografía spelling
oscurecer to darken; to become dark 1
oscuridad darkness 1
oscuro dark 1
otoño Autumn
otro other; another
ovación ovation
oveja sheep
oxígeno oxygen 2
ozono ozone

P

paciencia patience
pacífico peaceful 3
pacifista pacifist 3
pacto pact; agreement
padecer to suffer
paella a Spanish rice dish with saffron, shellfish, chicken, and sausage
paellera shallow cast iron or steel pan for making paella 8
pagar to pay
pagaré m. promissory note 10
pago payment 10
país m. country
paisaje m. countryside
pájaro bird
palabra word
pálido pale 1
paliza beating; thrashing
palmada slap; pat
paloma dove; pigeon
palomitas (de maíz) popcorn 6
palpar to touch; to feel
pámpano vine branch
pan m. bread
pancarta placard; banner
pandilla gang 9
panfleto pamphlet 3
pánico panic
pantalla screen 2
pañuelo handkerchief
papa potato
papalote m. kite
papel m. paper; part, role (in a play) 1
papelera waste basket
papeleta slip of paper
papillote m. aluminum foil or paper wrap 8
paquete m. package
Paquistán Pakistan
paracaídas parachute

paracaidismo sky diving 11
paracaidista sky diver
parado stopped
paradójico paradoxical
paralizar to paralyze
parapente m. parachuting from a slope
parar to stop
parchís m. Parcheesi 11
parcial partial
parecer to appear; to seem 7
parecerse to resemble
pared f. wall
pareja couple
paréntesis m. parentheses
pariente m. relative
párpado eyelid
parque m. park
párrafo paragraph
parrilla grill 8
parrillada cookout; barbecue
parroquia parish
parte f. part
participio participle
partícula particle
particularmente particularly
partido party
partir to leave; to start from
pasadizo passage; corridor
pasado past
pasaje m. ticket for passage; passage (of a text)
pasajero passenger
pasar to happen; to occur; to pass
pasear to stroll
paseo walk; stroll
pasillo hallway
pasión passion
paso step
pastel m. pastry; pie; cake
pastilla pill
patata potato (Spain)
patetismo pathos
patín m. skate
patinador skater
patinaje m. skating 11
patria fatherland; mother country
patrocinar to support; to sponsor 6
patrulla patrol 9
patrullar to patrol 9
pauta trend; norm
pavimentado paved
pavo turkey 8
pavor m. dread; terror
paz f. peace
peatón pedestrian 12
pecado sin
pecho chest; breast
pechuga breast (of chicken) 8
pedazo piece
pediatra m./f. pediatrician
pedido request
pedir to ask for
pedrera stone quarry
peinar to comb

pelar to peel 8
pelea fight
pelearse to fight
película film; movie 6
peligrar to be in danger; to endanger 9
peligro danger 2
peligroso dangerous
pelo hair
pelota ball; baseball game 11
peluquería beauty parlor
pena pain; suffering; penalty 1
pena capital/de muerte capital punishment 9
penado afflicted, suffering 1
penalización penalty 11
penalizar to penalize 11
penetrar to penetrate
pensamiento thought 4
pensar to think 4
pensar en to think about 5
pensión pension; boardinghouse 10
pequeño small
pera pear
percebe *m.* goose barnacles
percebir to perceive
percepción perception 1
percha perch; clothes hanger
percibir to perceive 1
percusión percussion
perder to lose 1; to miss 6
pérdida loss 1
perdurar to last; to endure
perfeccionar to perfect
pergamino parchment
periódicamente periodically
periódico newspaper
periodismo journalism
periodista journalist
perjudicar to harm; to jeopardize 2
perjudicial harmful 2
permanecer to remain; to stay 1
permiso permission
permitir to allow; to permit
pero but
perpetuar to perpetuate 7
perro dog
persecución persecution 3
perseguir to follow; to persecute 3
persona person
personaje *m.* character
personal *adj.* personal 7
personal *sus.* personnel 7
personalidad personality
perspectiva perspective
pertenecer to belong 7
perturbador disturbing
pesa weight; barbell 11
pesadilla nightmare 1
pesado heavy 10
pesadumbre *f.* grief; sorrow
pesar to weigh 8
pesca fishing 11
pescado fish (as food)
pescar to fish
pesimista pessimist; pessimistic 4

pésimo abominable
peso weight 8
peste *f.* plague
peste *m.* insult
petición petition
pétreo stony
petróleo oil; petroleum 2
petrolero related to oil
petroquímica petrochemical
pez *m.* fish (as animal)
pianista pianist
picante spicy 8
picar to chop; to mince; to burn (taste hot) 8
pico sharp point
pie *m.* foot 12
piedra rock; stone
piel *f.* skin
pierna leg
pieza piece 2
pigmento pigment
pillar to catch
pilluelo scoundrel
piloto pilot
pimienta pepper 8
piña pineapple
pintor painter
pintura painting
pío chirp; peep
pionero pioneer
pipa pipe
pipí *m.* pee
piragua canoe
piragüismo canoeing
piropear to make a flirtatious remark;
    to make catcalls 7
piropo flirtatious remark; catcall
pisar to step
piso floor
pista path; track; court; dance floor 11
pisto fried hash of peppers, tomatoes, and
    onions
pistola pistol, handgun 9
pitisalé *m.* sun-dried and salted beef or pork
placer *m.* pleasure 4
plancha iron; skillet; surfboard
planear to plan
planeta *m.* planet 12
planificación planning 10
planificar to plan 12
planilla list; table; form
plano flat
planta plant 2
plantear to propose; to establish
plasmar to mold; to shape
plástico plastic 2
plata silver; money 10
plátano banana; plantain
plateado silvery
plato plate; dish
playa beach
plazo term 10
plebiscito plebiscite
plenamente fully 3
pleno full; complete 7

plomo lead 2
pluma feather; pen 11
pluvial rainy
población population 5
poblano from Puebla, Mexico
poblar to populate 5
pobre poor
pobreza poverty 7
poco little; bit; few
poder to be able to
poder *sus. m.* power 9
poderío power; might 5
poderoso powerful
poesía poetry
poeta poet
policíaco police/detective-related (novel,
    film, etc.) 6
policromado multicolored
política politics; policy 7
político politician; political
póliza policy 10
pollera chicken coop; skirt (Argentina)
pollo chicken
Polonia Poland
polvo dust
pólvora gunpowder
pomelo grapefruit (Spain) 8
pómez *f.* pumice
poner en marcha to start up
póquer *m.* poker
por ahí/allí around there
por ahora for now
por aquí around here
por cierto by the way
por Dios for God's sake
por ejemplo for example
por eso that's why
por favor please
por fin finally
por lo general in general
por lo visto apparently
por medio de through; by means of 3
por poco almost
por si acaso just in case
por su cuenta on his/her/their own
por supuesto of course
por último finally
porcentaje *m.* percentage
porciento percent
porque because
portada cover; front
portarse bien/mal to behave/misbehave 4
porteño from Buenos Aires
posar to rest
poseedor owner; possessor
poseer to possess; to have
posgrado postgraduate
posibilidad possibility
posible possible
posición position
postrado prostrate
postre *m.* dessert
postura posture; position; stance
potable safe to drink 2

pote *m.* pot; jar 8
potencial *m.* potential
prácticamente practically
práctico *sus.* harbor pilot; tugboat operator
preceder to precede
precio price
precisamente precisely
preciso precise
predecible predictable
predecir to foretell; to predict 2
predicción prediction 2
predominar to predominate
preferencia preference
preferencial preferential
preferir to prefer
preguntar to ask
prejuicio prejudice 7
preludio prelude
prematuramente prematurely
premio prize 6
prenda piece of clothing; garment; jewel
prendido stuck
prensa press; news media
preocupación worry
preparación preparation
preparar to prepare
prescribir prescribe
prescrito prescribed
presencia presence
presentación presentation
presentar to introduce; to present
presentarse to show up 10
presentimiento premonition 1
presentir to have a premonition of
preservación conservation; preservation
presidencia presidency
presión pressure
preso *adj.* under arrest; imprisoned 3
preso *sus.* prisoner
préstamo loan 10
prestar to lend; to loan 10
prestar to loan
prestar atención to pay attention 5
prestigio prestige
prestigioso prestigious
presumido presumptuous 4
presumir to presume
presunto supposed; alleged
presupuesto budget 10
pretender to try to; to intend
prevenir to prevent 2
prever to foresee 2
previo previous
prevista foresight 2
previsto foreseen 12
primero first
princesa princess
principalmente principally
principio *adj.* principal
principio *sus.* beginning
principios principles; morals 4
prisión prison
prisionero prisoner

privación deprivation
privado deprived; private 5
privilegiado privileged
proa bow (of a ship)
probar to try; to taste
problema *m.* problem
procedimiento procedure; process 3
procesar to process
procesión procession
proceso process
proclamar to proclaim
procrear to procreate
procurar to try to
prodigio prodigy; wonder
prodigioso prodigious
producción production 2
producir to produce 6
producto product
profesión profession
profesional professional
profundo profound; deep
profusión profusion; wealth
programa *m.* program
progresivo progressive
prohibición prohibition 7
prohibido prohibited; outlawed
prohibir to prohibit; to forbid 7
prolífica prolific
promedio average
promesa promise
prometer to promise
promoción promotion
promover to promote; to advance 3
pronosticar to predict
pronóstico prognosis; forecast
pronto soon
propagandístico propagandistic
propiciado favored
propiedad possession; ownership; property 3
propio own
proponer to propose
proporción proportion
proporcionar to give; to supply
propuesta proposal
prostitución prostitution 9
prostituir(se) to prostitute 9
prostituto/a prostitute 9
protagonista protagonist; main character 6
protección protection
proteccionismo protectionism
proteger to protect 2
proteína protein 8
protesta protest
protestar to protest 7
provechoso advantageous
proveedor supplier; dealer
proveer to supply; to provide 9
provenir to come from 9
provincia province
provocación provocation
provocar to provoke
próximo next
proyección projection 6

proyecto project; plan
prueba test; quiz
psicoanálisis *m.* psychoanalysis
psicología psychology
psicólogo psychologist
psiquiatra *m./f.* psychiatrist
psíquico psychic 1
psiquis *f.* psyche
publicar to publish; to publicize
publicidad advertisement; publicity 6
publicitario advertising
público public; audience
pudrir to rot
pueblo people; town; village 6
puente *m.* bridge
puerro leek 8
puerta door
puerto port 12
puesto position; job 10
puesto que since 3
pulgada inch 12
pulido neat; tidy
pulidor polisher; finisher 10
pulmón *m.* lung
pulmonar pulmonary
pulpo octopus
puñado handful
puñal *m.* knife 9
puntapié kick
puntillas tiptoes
punto point
puntuación punctuation
puntualmente punctually
punzante shooting; sharp (pain)
pupila pupil
pureza purity
purificar to purify 2
puritano puritan
puro pure 2

Q
qué what; which
que that; who
qué dirán *m.* what people will say 4
quedar to stay; to remain; to be located
quedar por hacer remain to be done 3
quedarse to stay
queja complaint 7
quejarse to complain 1
quemadura burn 12
quemar to burn 2
querer to want
querido dear
queso cheese
quiebra bankruptcy 10
quién who; whom
quien who
quietud serenity
química chemistry; chemical 2
quince fifteen
quirófano operating room 12
quitar to remove
quitarse to take off (clothing)
quizá/quizás maybe; perhaps

R

rabillo corner (of the eye)
rabiosamente furiously
racista racist 3
radar radar 2
radiación radiation 2
radicarse to establish oneself; to reside
radio *f.* radio (media) 6
radio *m.* radio (appliance) 6
radioactividad radioactivity
radiografía radiography; X ray
radioyente radio listener 6
ráfaga gust; burst
raíz *m.* root; origin
rallador grater 8
rallar to grate 8
ramo branch; bouquet
rana frog
rapidez *f.* quickness
rápido quick
rappelar to rappel
raro strange; peculiar 1
rasgo feature; trait 7; trace, sign 9
rato (short) time; while
ratón *m.* mouse
rayo ray
raza race; breed 7
razón *f.* reason 4
razonable reasonable
razonar to reason 4
RCP CPR
reacción reaction
realidad reality
realismo realism
realizar to complete; to accomplish
rebanada slice 8
rebanar to slice 8
rebelar(se) to rebel 4
rebelde *m./f.* rebel 4
rebeldía rebelliousness 4
rebelión rebellion
rebozo shawl 1
recaudar to collect (funds, taxes); to recover
recepción reception 6
rechazar to reject 7
rechazo rejection 7
recibir to receive
reciclaje *m.* recycling
reciclar to recycle 2
recién recently
recién casados newlyweds 5
reciente recent
recientemente recently
recipiente *m.* serving dish 8
recital *m.* recital 6
reclamar to claim; to demand
reclutar to recruit
recobrarse to regain consciousness; to recover
recoger to gather; to pick up; to collect 3
recolectar to collect 12
recomendación recommendation
recomendar to recommend
recompensa compensation
reconciliarse to reconcile 3

reconocer to recognize; to acknowledge 5
recopilación summary; compilation
recordar to remember 4
recordatorio reminder; memento
recorrer to wander 1
recrear to recreate; to amuse
recreo recreation; recess 11
recto straight; strait-laced 5
recuerdo memory; recollection; souvenir 4
recurso recourse
red *f.* net
red informática Internet 2
redondear to round off; to round out 12
redondo round
reducción reduction
reducir to reduce
reemplazar to replace 12
reemplazo replacement 12
reestructurar to restructure
referencia reference
referencia reference; referral 10
referéndum *m.* referendum
reflejar to reflect
reflejo reflection (image)
reflexión relection (thought)
reflexionar to reflect upon something 7
refrán *m.* proverb; saying
refresco refreshment; soft drink 6
refrigerador *m.* refrigerator
refugiado refugee
refugiarse to seek refuge; to take shelter
regado spread out; strewn about 3
regalo gift; present
regar to sprinkle; to water (plant)
regente regent
régimen *m.* regime; routine
región region
regionalismo regionalism
registrar to register; to take note of
regla rule; ruler
regresar to return
rehabilitación rehabilitation
rehabilitar rehabilitate
rehabilitar to rehabilitate 9
rehabilitativo rehabilitative
rehén *m.* hostage 3
rehogar to simmer 8
reina queen
reírse to laugh
rejilla small grill; hibachi 8
relación relation
relacionar to relate
relajación relaxation 9
relajarse to relax 4
relámpago lightning bolt
relato story, tale 1
rellano landing
rellenar to stuff 8
relleno *adj.* stuffed 8
relleno *sus.* stuffing 8
reloj *m.* watch
reluciente shining; glistening
remar to row 11
remarcar to remark

rematado hopeless
remediar to remedy; to fix
remedio remedy 3
remitir to submit
remolacha beets 8
remoto remote
remover to remove
remuneración compensation; pay
rendija niche; crack
rendimiento output
rendir to produce; to yield
renombrado renowned 12
renovar to renovate
rentable profitable; financially attractive 7
repartir to distribute; to deal 11
repercusión repercussion
repicar to ring; to patter (figurative)
replegar to withdraw 5
repleto replete; full
repliegue *m.* withdrawal 5
reportaje *m.* (news) report 6
reportar to report
reportero reporter
represalia reprisal 3
representar to represent
represión repression 3
represivo repressive
reprimido repressed 4
reprimir to repress 3
repujado embossed
reputación reputation
requisito requirement
resbaladizo slippery
rescatar to rescue 2
rescate *m.* rescue 2; ransom 3
reseña critical review 6
reseñar to critique; to write up
reservar to reserve
resfriado cold (illness)
residencia residence; dormitory
residuo residual
resignarse to resign oneself 1
resistencia resistence
resistir to resist
resolución resolution
resolver to resolve 5
respaldar to back; to support
respectivamente respectively
respectivo respective
respetar to respect 7
respetarse to respect each other 7
respeto respect 5
respirar to breathe
respiratorio respiratory
responder to respond
responsabilidad responsibility
respuesta answer
restar to subtract
restaurador rebuilder
resto rest; remainder
restricción restriction
restringido restricted
restringir to restrict; to limit
resuelto resolute

resultado result
resultante resulting
resultar to result; to turn out to be
resumen summary
resumir to summarize
retar to challenge; to dare someone 1
retener to retain 9
retirarse to retire
retiro retirement 10
retomar to retake; to regain
retorcer to twist
retraso delay
retratar to portray
retrato portrait
retrete *m.* bathroom
reunión meeting
revelar to reveal
revisar to revise
revista magazine
revivir to relive; to revive memories of
revolteo fluttering; flitting
revolución revolution
revólver *m.* revolver, handgun 9
revuelto scrambled
rezar to pray
ribera riverbank
rico rich
rictus *m.* grin
ridículo ridiculous
riesgo risk 10
rifle *m.* rifle 9
rincón *m.* corner
riñón *m.* kidney
río river 2
riqueza richness; wealth 7
risa laughter
ritmo rhythm 6
rival *m./f.* rival 6
rivalizar to rival 6
robar to rob 9
robo robbery 9
robótico robotic
robusto robust
roca rock
roce *m.* light touch
rocoso rocky
rodear to surround 6
rodilla knee
rogar to beg
rojo red
rol *m.* muster; part
rollo roll 8
romance *m.* romance
romántico romantic
romper to break
rondar to haunt 1
ropa clothing
rosa rose; pink
rosado pink
rosca ring-shaped roll
rosquilla ring-shaped pastry
rostro face; countenance
rotación rotation
roto broken

rotundo round
rozagante robust
rubor *m.* blush
rudo rough 4
rueda wheel 11
ruido noise 1
ruina ruin
ruleta roulette
rústico rustic
ruta route

S
sábado Saturday
saber to know
sabio wise 5
sabor flavor 8
sabroso tasty
sacacorchos *m.* corkscrew 8
sacar to take out; to pull out 10
sacarse un peso de encima to take a weight off one's shoulders 5
sacerdote *m.* priest
sacrificar to sacrifice 6
sacrificio sacrifice
sal *f.* salt 8
salario salary 10
salchicha pork sausage
saldo balance 10
salir to leave; to go out
salir airoso to come through with flying colors 5
salir de parranda to go out on the town 11
salitre *m.* sea salt in the air
salmón *m.* salmon
salón de belleza beauty parlor 10
salón *m.* (dance) hall; room; living room
salsa sauce; Caribbean dance
saltar to jump
saltear to sauté 8
salto jump; leap
salud *f.* health
saludable healthy 2
saludar to greet
saludo greeting
salvación salvation
salvaje wild; savage
salvar to save 2
sangre *f.* blood
sanguíneo sanguine
sano healthy
santo saint
sarcasmo sarcasm
sarcástico sarcastic
sartén *m./f.* frying pan 8
satélite *m.* satellite 2
satírico satirical
satisfacer to satisfy
satisfactorio satisfactory
satisfecho satisfied
sazón *f.* seasoning 8
sazonar to season 8
sección section
seco dry
secretario secretary 10

secreto secret
secuencia sequence
secuestrador kidnapper 9
secuestro kidnapping; abduction
secundaria secondary
sed *f.* thirst
seda silk
sede *m.* center; headquarters
seguido continuous; successive
seguimiento pursuit; chase 7
seguir to follow; to continue
según according to
seguridad security; safety 9
seguro sure
seguro *sus.* insurance 3
sello seal; stamp
selva jungle 2
semana week
semanal weekly 10
semanario *sus.* weekly
sembrar to sow (seeds); to plant
semejante similar
semejanza similarity
semilla seed
seña sign; signal
senador senator
señal *f.* sign; indication
señalar to signal; to point out 7
sencillo simple; single (record) 6
seno bosom; breast
sensación sensation
sensible sensitive 4
sentado established
sentarse to sit down
sentencia sentence; punishment 9
sentenciar to sentence 9
sentido sense 1
sentimiento feeling
sentir to feel; to sense; to be sorry 1
separarse to separate 5
sepia cuttlefish 8
septiembre September
sequedad dryness
sequía drought 2
ser *sus. m.* being; entity 3
serenidad serenity
sereno/a night watch person 1
seriamente seriously
serie *f.* series 6
seriedad seriousness 4
serpiente *f.* serpent
servicio service
servidumbre *f.* servitude 3
servir to serve
sesión session
severo severe
sexo sex
sexto sixth
sexto sentido sixth sense
sexualidad sexuality
SIDA *m.* AIDS
siembra sowing; seeding 6
siempre always
sierra mountain range

sifón *m.* siphon
siglo century 3
signatario signatory 3
signo (del zodíaco) (zodiac) sign 1
siguiente following; next
silbido whistle
silencioso silent 12
silla chair
sillaruedas wheelchair
sillón armchair
simbolizar to symbolize
símbolo symbol
simple simple; mere; pure
sin without
sin embargo nevertheless
sinceridad sincerity
sincretismo syncretism
sindicato labor union 3
sinfonía symphony 6
sinfónica symphonic
Singapur Singapore
sinnúmero large amount; endless
sino but (rather)
sintetizador synthesizer 6
sintetizar to synthesize
síntoma symptom
sintonizar to tune (a radio) 6
sinvergüenza *m./f.* scoundrel 4
siquiera at least
sistema *m.* system 9
sitio place
situación situation
situado situated
sobrante left over 8
sobrar to be left over
sobre on, over; about 2
sobre *sus. m.* envelope 10
sobrecoger to startle
sobregirar to overdraw 10
sobregiro overdraft 10
sobrenatural supernatural 1
sobrepeso excess weight
sobreuso overuse
sobreviviente survivor
sobrevivir to survive 7
sobrino nephew
sociedad society
socio-ecológico socio-ecological
socorro help
sol *m.* sun
soldado soldier
soledad solitude
soledad solitude 1
solemne solemn
soler to tend to; to be in the habit of
solicitar to apply for (a job); to request 10
solicitud application 10
solidaridad solidarity
sólido solid
solitario solitary; alone
sollozar to sob
sollozo sob
solo alone 4
sólo only

solomillo sirloin 8
soltar to toss
soltero single; unmarried
solución solution
solucionar to solve
sombra shadow 1
sombrero hat
sometido subjected (to)
sonajero baby rattle
soñar to dream
sonar to sound
sonido sound
sonreír to smile
sonriente smiling
sonrisa smile
sopa soup
soportar to withstand; to put up with 4
sorbete *m.* sherbet
sordera deafness
sordo deaf
sorprender to surprise
sorpresa surprise
sorteo sweepstakes; drawing
sortija ring
soso bland 8
sospecha suspicion 5
sospechar to suspect 5
sostener to hold up; to maintain
sostenido steady; sustained
soviético Soviet
suavizar to soften; to tenderize 8
subdesarrollado underdeveloped
subir to go up; to raise; to board 11
subir de peso to put on weight 8
sublevarse to rise up; to rebel 3
subrayar to underline
subsistir to subsist; to live
substancia substance
subtítulos subtitles 6
subversivo subversive 3
suceptible susceptible
suciedad filth 9
sucio dirty 9
sucursal branch; subsidiary
sudado sweaty
sudar to sweat 11
sudor *m.* sweat 11
Suecia Sweden
suegra mother-in-law
suegro father-in-law
suela sole
sueldo salary
suelo floor
suelto loose
sueño dream
suerte *f.* luck
suéter *m.* sweater
suficiente sufficient; enough
sufragio right to vote; suffrage 3
sufrimiento suffering 1
sufrir to suffer 1
sugerencia suggestion
sugerir to suggest
suicidarse to commit suicide

Suiza Switzerland
sujetar to fasten
sujeto subject
sulfuroso sulfurous
sumamente extremely; exceedingly
sumar to add
sumario summary
sumerger to submerge
sumiso submissive 4
superar to overcome 1
superestrella superstar
superficie *f.* surface 12
supervisar to supervise 10
supervisión supervision
supervisor supervisor 10
supervivencia survival
suplemento supplement
suponer to suppose
suprimir to suppress 3
supuesta assumption; hypothesis
sur *m.* south
sureño southern
surgimiento emergence
surgir to emerge
suroeste southwest
surrealista surreal; surrealist
suscitar to start; to provoke
suspenso suspense
suspirar to sigh
sustancia substance 2
sustancial substantial
sustantivo noun
sustituto substitute
susto fright 1
sutil subtle

T

taínos a native people of the Caribbean islands
tabacalero tobacco grower 3
tabaco tobacco
tablero game board 11
tabular to tabulate
tacaño stingy 5
tacón *m.* heel
tacto tact
Tailandia Thailand
taita *m.* a name used for one's grandfather or uncle
tal cual such as 12
tala tree felling
talco talcum powder
talento talent 6
talentoso talented
tallarín *m.* noodle
taller workshop
talón (de pago) (payment) coupon 10
talonario (de cheques) checkbook 10
tamaño size 12
también also
tambor *m.* drum 6
tampoco neither; either
tan so
tanque *m.* tank
tapa hors d'oeuvre

tapar to cover 8
tapiz *m.* tapestry
taquilla box office; ticket office 6
tarantela a type of Italian music/dance
tarde late
tarde *sus. f.* afternoon
tarea homework
tarifa tariff; tax
tarjeta card 5
tarjeta (de crédito) (credit) card 10
tarta cake; tart
tártaro tartar
tasa rate 10
tasas arancelarias customs assessments
tatuaje *m.* tattoo 9
tatuar(se) to tattoo; to get a tattoo 9
taurino of or related to bulls and
    bullfighting 11
taxista taxi driver 10
taza cup 8
teatral theater-related; theatrical
teatro theater
techo roof 1
tecla key (on a keyboard) 2
teclado keyboard 2
técnica technique
técnico technical; technician 2
tecnología technology
tecnológico technological
teja (roof) tile 12
tejano Texan
tejer to weave
tejido tissue; woven cloth
tele *f.* television
telecomunicación telecommunication
teledemocracia teledemocracy
teléfono telephone
telenovela soap opera 6
telescópico telescopic
televidente TV watcher 6
televisión television 6
televisor television set 6
telón *m.* (theater) curtain
tema *m.* theme
temblar to tremble 1
temer to fear 1
temor *m.* fear 1
temperatura temperature
templado temperate
templo temple
temporada period of time; season 6
temprano early
tenaz tenacious 4
tenazmente tenaciously
tendencia tendency
tendido hung; stretched out
tenebroso dark; gloomy
tenedor *m.* fork 8
tener to have
tenis *m.* tennis 11
tenista tennis player
tensión tension
tenso tense
tentación temptation

tenue delicate
terapia therapy
tercermundista *adj.* Third World
tercero third
terciopelo velvet
terco stubborn 4
térmico thermic
terminar to finish
ternera veal 8
terrateniente landowner
terrenal earthly
terrestre earthly 12
terrón *m.* clod; lump
terrorismo terrorism
terrorista terrorist
tesoro treasure 10
testículo testicle
testigo witness 3
tetera baby's bottle 8
textil *adj.* having to do with textiles
tez *f.* complexion
tiburón *m.* shark
tiempo completo full-time 10
tiempo parcial part-time 10
tienda store; tent
tienda (de campaña) tent 11
tierra land; native country 6
tijera scissors
timbre *m.* bell; buzzer
timidez *f.* bashfulness, shyness 4
tímido shy
tinta ink
tinto red (wine)
tío uncle
tipo type
tira cómica comic strip
tirano tyrant
tirar to throw; to shoot 9
tiro (gun) shot 9
tiroteo exchange of gunfire 3
título title; degree
tiznado blackened
tobillo ankle
tocar to touch; to play (an instrument) 6
todavía still, yet 1
todo all
todos all; everyone
tolerancia tolerance 3
tolerar to tolerate
tomar to take
tomar por sentado to take for granted 5
tomar prestado to borrow 5
tomate *m.* tomato
tomillo thyme
tonelada ton 12
tono tone
tópico (old wives') tale
toque *m.* touch
torcedura sprain; strain 11
torcer(se) to twist 11
torear to bullfight 11
toreo bullfighting
torero toreador; bullfighter 11
tornado transformed

torneo tournament 11
toro bull 11
toronja grapefruit 8
torpe clumsy
torre *f.* tower 1
torrente *m.* rushing stream
torta cake; tart 8
tortilla omelette (Spain)
tortuga turtle
tortura torture 3
tos *f.* cough
tostadora toaster 8
tostar to toast 8
totalmente totally
tóxico toxic
trabarse to get stuck
tradición tradition
tradicional traditional
traductor translator
traer to bring
traficante trafficker; smuggler 9
traficar to traffic in; to deal (drugs) 9
tráfico traffic
tragamonedas slot machine
tragar to swallow; to gulp 8
tragedia tragedy
trágica tragic
tragicomedia tragicomedy
trago drink; beverage 5
traicionado betrayed
trama plot; intrigue
tramitación negotiation; procedure 7
trampa unfair move; trick 11
tramposo tricky; swindling; cheating 11
tranquera gate
tranquilidad peace and quiet 4
tranquilizante *m.* tranquilizer
tranquilizar(se) to calm down 4
tranquilo peaceful
transacción transaction
transcurrir to pass by; to elapse
transformar to transform
transfusión transfusion
transición transition
tránsito transit
transmisión transmission; broadcast 6
transmitir to transmit; to broadcast 6
transparente transparent
transpiración perspiration
transportar to transport
transporte *m.* transportation
tras after 12
trasero back; buttocks
trasladar to move
trasnochar to stay out all night 11
traspasar to go through
trasplante *m.* transplant
trasto piece of junk; thingy
trastorno upset (mental or physical) 4
tratar de to try to
tratar(se) de to deal with; to be about 6
trato treatment 3
trayectoria trajectory
tremendo tremendous

trepar to climb up on
tribu f. tribe
tribunal m. criminal court; court proceeding 9
trigo wheat
trigueño dark-skinned
tripulación crew 12
triste sad
tristeza sadness 1
triunfal triumphant 6
triunfar to triumph 6
triunfo triumph 6
trompeta trumpet 6
tropa troop; body
trópico tropical
trozo piece; chunk 12
trucha trout
trueno thunder
trufa truffle 8
tumba tomb 1
tumbado prone; lying down
turbado disturbed; worried
turco Turkish
turístico relating to tourism
turno turn; shift 9

U
ubicación location
ubicado located
Ucrania Ukraine
últimadamente ultimately
últimamente lately
último last; ultimate
último modelo latest model 10
único only
unidad unit; unity 7
unido united
unirse to come together; to unite 5
universidad university
universitario relating to the university
universo universe
uranio uranium 2
urbano urban; sophisticated
urbe f. large city
urgente urgent
urgir to be urgent; to be needed 10
usar to use
utilizar to use
uva grape

V
vaca cow
vacaciones f. pl. vacation
vacío empty 1
vagamente vaguely
vago lazy; vague
vainilla vanilla
valentía bravery 3
valer to be worth
validez f. validity
valiente courageous 4
valija suitcase
valle m. valley
valor m. value 7
valoración assessment

valorar to value 7
valores m. pl. values 4
vandalismo vandalism 9
vandalizar to vandalize 9
vanguardia vanguard
vanidoso conceited; vain 4
vapor m. steam; mist; haze
vaquero cowboy 6
variación variation
variar to vary
variedad variety 6
vario varying; various
varón m. male 7
vasco Basque
vaso glass
vecindad vicinity; neighborhood
vecino neighbor
vegetación vegetation
vegetal vegetable
vegetariano vegetarian
vehículo vehicle
vejez f. old age 3
vejiga bladder
vela sail; veil; candle
velar to keep vigil
velludo hairy
velo veil 1
velorio wake
vena vein
vencer to conquer; to defeat; to overcome 4
vendedor salesperson
vender to sell
venir to come
venta sale
ventaja advantage 11
ventana window
ventas f. pl. sales 10
ventilador m. fan
ventilar to ventilate
ver to see
veraneo summer holiday
verano summer
verdadero true; real
verdura green vegetable; greens 8
vergüenza embarrassment; shame 4
versión version
vertiente m. slope
vespertino evening
vestido dress
vestirse to get dressed
vestuario wardrobe
vez f. time; instance
vía route; way
viajar to travel
viaje m. trip
vicio vice; bad habit 4
vicioso depraved 4
víctima victim
vida life
video/vídeo video 6
videocasetera VCR (video cassette recorder)
videograbadora VCR (video cassette
    recorder) 6
videojuego video game

vidrio glass
vieira scallop
viejo old
viento wind
vientre m. belly
vietnamés Vietnamese
vigente in effect; prevailing 3
vigilante vigilant
vinillo thin wine
vino wine
violación rape 3
violador rapist 9
violar to violate; to rape 3
violentarse to act out; to become violent 9
violento violent
violín violin 6
virgen virgin
visión vision
visitante visitor
visitar to visit
vista view; vision
visto seen
vistoso eye-catching; pretty
visualizar to visualize
vitamina vitamin 8
viudez f. widowhood 3
vivienda housing 3
vivo alive
vocablo word
vocinglero vociferous
volar to fly
volcán m. volcano
voleibol volley ball 11
voltear to turn over
voluble unstable
volumen m. volume
voluntad will; willfulness 3
voluntario volunteer
volver to return
vomitar to vomit
votante voter
votar to vote
voto vote
voz f. voice
vuelo flight
vuelta return

Y
ya already
yarda yard (measure) 12
yema yolk
yogur m. yogurt
yuca casaba; yucca

Z
zacate m. lawn; grass (Central America)
zafiro sapphire
zanahoria carrot
zapateado tap-dance
zapato shoe
zodíaco zodiac 1
zona zone
zumo juice (Spain)

Index

Credits